U0100549

大展好書　好書大展
品嘗好書　冠群可期

大展好書　好書大展
品嘗好書　冠群可期

中國道家內丹養生之道祖師　中華民族神聖祖先　黃帝　聖像

中國道家丹道養生祖師老子聖像

中華易祖伏羲聖像

鍾離權、呂洞賓論道圖（圖存於呂祖故里山西芮城縣永樂宮）

此帧呂純陽祖
師聖像係民國
廿五年丙子清
明前一日中國
山東省主席韓
復渠特用飛機
在太空攝影之
真容也事真此
確由美國三藩
市宗師伍佩琳
寄來囑刊《抱
松鶴記》書之
內

孚佑帝君呂祖先師聖像

7

像聖身月師先祖呂

老子《道德經》丹道養生高師呂洞賓

黃鶴樓前吹笛時白蘋紅蓼滿江湄

衷情欲訴無人會只有清風明月知

呂祖黃鶴樓墨寶真跡

黃帝、老子丹道當代傳人吳雲青坐像

《中國道家養生與現代生命科學系列叢書》第 2 輯 編委會名單

本叢書所載中國道家丹道修真長壽秘傳師承

1. 吳雲青（1838～1998）

中華聖祖黃帝，老子創立道家丹道修真長壽當代 160 歲傳師，世界著名壽星。（詳況登陸央視四台發現之旅「肉身不腐之謎」）

2. 邊智中（1910～1989）

中國道家華山派丹道修真長壽當代傳師，世界著名生物學家牛滿江道功師父。

3. 李理祥（1893～1996）

中國道家龍門派丹道修真長壽當代百歲傳師，中國當代著名道家醫學傳師。

4. 李嵐峰（1905～1977）

中國道家金山派丹道修真長壽當代傳師，張三豐太極拳與丹道修真長壽當代傳師。

5. 唐道成（1868～1985）

中國道家武當派丹道修真長壽當代 117 歲傳師，中國當代著名道家醫學傳師。

6. 趙百川（1876～2003）

中國道家青城山丹道修真長壽當代 127 歲傳師，中國當代著名長壽老人。

7. 李靜甫（1910～2010）

中國當代華山丹道道醫著名百歲道長、華山道教協會原會長。

呂洞賓 丹道修真 長壽 精華

12

《中國道家養生與現代生命科學系列叢書》
總主編蘇華仁簡介

· 蘇華仁與恩師吳雲青1996年合影於西安樓觀台老子說經台

蘇華仁道長，道號蘇德仙，20 世紀中葉出生在舉世聞名的《周易》發源地和世界文化遺產殷墟與甲骨文的發祥地──中國古都安陽（古都安陽同時是中華智聖鬼谷子的故鄉）。

為追求宇宙天地人大道，年輕時曾雲遊四海、尋真問道，三生有幸於 1980 年被 1998 年 160 歲坐化、至今金剛肉身不壞的世界著名丹道養生老人吳雲青收為入室掌門弟子，精心培養長達十八年。（世界著名壽星吳雲青老人修道養生和坐化肉身不朽情況主要載《人民日報》1980 年 9 月 10 日、中央電視台四台國際頻道「發現之旅」欄目 2010 年 11 月 25 日晚間以「肉身不腐之謎」節目播出，登錄央視網站即可觀看）；蘇華仁道長還曾師從當代道功名師李嵐峰、當代華山道功名家邊智

中、117 歲的丹道高師唐道成、終南山百歲道醫李理祥、青城山 127 歲道長趙百川、當代佛門禪宗泰斗虛雲法師弟子九華山佛學院首座法師釋明心、佛門密宗泰斗釋圓照、佛門淨土宗百歲禪師釋淨嚴，有緣學得中國道家內丹與佛家禪修秘傳。

蘇道長曾於 1980 年被中國禪宗祖庭少林寺行正禪師委任為副主持，二人同住一屋。現任中國道教十大名山羅浮山軒轅庵、紫雲洞道長。

他將中國道家內丹養生學傳授給海內外有緣的國家、地區和人士，同時用中國道家內丹養生修真學為攻克聯合國公布十七種疑難雜症中的十六種（艾滋病除外）進行了多年探索，取得不少科研成果，康復患者無數，享譽海內外。

蘇華仁道長數十年從事內丹養生修煉，基本上已達先天境界，對各種中國道家內丹養生理論和功法有全面而獨到的精煉解釋。如今，揮手之間，口中金津玉液泉湧無窮，身輕如燕、行走無聲、皮膚已煉至橘子色……是不可多見的理論與實修兼具、有正宗傳承、用生命證明了丹道絕學的當代道家高人。

蘇華仁道長還兼任中國老子道學文化研究會常務理事，中國作家協會河南分會的會員，中國安陽《周易》研究會常務理事，中國珠海市老子道學文化研究會名譽會長，中國珠海市古中醫養生發展研究會會長、新加坡道家養生學會名譽會長等職。

近年來，蘇華仁道長與世界著名易道泰斗唐明邦、董應周和山西科學技術出版社副總編趙志春等同道精心編著《中國道家養生與現代生命科學系列叢書》（共十二冊），蘇道長擔任

總主編。本叢書由山西科學技術出版社（正體字版：大展出版社有限公司）出版後受到海內外同道好評。書目如下：

1. 《老子<道德經>養生之道》
2. 《藥王孫思邈道醫養生》
3. 《道家內丹功與現代生命科學》
4. 《太極拳祖師張三豐內丹養生》
5. 《<周易參同契>與道家養生》
6. 《世界著名壽星吳雲青談中國傳統養生之道》
7. 《<黃帝外經>丹道修真長壽學》
8. 《<鬼谷子>與茅山道派丹道修真學》
9. 《葛洪<抱朴子>道醫丹道修真長壽學》
10. 《呂洞賓丹道修真長壽精華》
11. 《華山陳摶老祖丹道修真長壽學》
12. 《道家南宗丹道修真長壽學》

通訊地址：中國廣東博羅縣羅浮山寶田國際會議大酒店
　　　　　中醫養生理療中心轉軒轅庵　蘇華仁道長收。
郵　　編：516133　　手機：13138387676，13542777234
電子郵箱：su13138387676@163com
公開郵箱：su13138387676@126com　密碼：510315
網　　站：www.djyst.com
博　　客：http://blog.sina.com.cn/suhuaren
　　　　　http://hi.baidu.com／蘇華仁

北京愛心中立高文化有限責任公司，是一個專門研究、傳承、創新、傳播經典文化的組織，公司以全真和合論為指導理論，以提升全民文化自覺自信為己任，以健康國民身心為宗旨，以促進和平和諧為目的，秉承傳統，契合當代，弘揚國學經典文化，傳承孝道養老美德，結合傳統工藝精髓，發展身心健康事業。

公司目前在北京、河北、山東、甘肅等地共有連鎖店 18處，公司秉著「誠信合作、互利共贏」的理念誠邀社會文化精英與愛好者共謀發展、共促和諧。

電話：010-51811253

地址：北京豐台區小屯路 9 號立高大廈

目錄

呂洞賓 丹道修真 長壽 精華

18

≫ 緒 論 ≪

呂洞賓祖師繼承、弘傳中華聖祖
伏羲、黃帝、老子丹道養生修真學是
我們人生和全人類獲得康壽超凡、
事業成功的科學法寶

——《呂洞賓丹道修真長壽精華》緒言與簡介

蘇華仁（道號：蘇德仙）

一、《呂洞賓丹道修真長壽精華》編注緣起

當我們人類面對人生道路上種種問題難以解決，渴望獲得身心康壽、事業成功時

當我們人類仰望茫茫宇宙、大千世界紛紜景象難以解密，渴望掌握其發展規律時

「以史為鑒，令人明智」——

中國明君唐太宗人生名言提醒我們從讀千秋史中獲得大智慧

當我們靜觀細參記載中華五千年文明史的中國《二十四史》後，您也會像筆者用詩的語言講的那樣自然而然明白：

参透萬物與人生，修成丹道最高明，

黃帝、老子尚如此，我輩自應步道蹤。

溯源距今七千年來、無數修煉中國道家丹道養生修真學者

啟迪我們：

　　由中華民族神聖祖先伏羲、黃帝、老子開創的中國道家文化、是舉世公認的中國傳統文化的主幹，而中國道家養生文化核心：中國道家丹道養生修真學，是我們人生和全人類獲得康壽超凡、事業成功的法寶。

　　故呂洞賓祖師平生禮贊中華聖祖伏羲、黃帝、老子甚多，此僅舉呂洞賓祖師在其名詩《窯頭坯》中、用詩的語言禮贊中華聖祖伏羲、老子，詩曰：

> 伏羲傳道至如今，窮理盡性至於命，
> 老子自此號嬰兒，留形住世不知春…

　　同時，呂祖在《七言律詩一百零七首・其一百零三》禮贊中華聖祖黃帝（內含禮贊如來佛祖）詩如下：

> 曾戰蚩尤玉座前，六龍高駕振鳴鑾。
> 如來車後隨金鼓，黃帝旗旁戴鐵冠。
> 醉捋黑鬚三島暗，怒抽霜劍十洲寒。
> 軒轅世代橫行後，直隱深岩久覓難。

　　緣於七千年來，無數修學中華聖祖伏羲、黃帝、老子創立的中國道家丹道養生修真者，所取得的身心康壽超凡、天人合一效果真實而神奇、舉世公認，故中國數千年來歷朝歷代中國道家丹道養生修真者人才輩出。

　　諸如中國春秋、戰國之際中華智慧聖人鬼谷子，中國東漢「萬古丹經王」《周易參同契》作者魏伯陽，中國晉代、道家百科全書《抱朴子》作者葛洪，中國唐代、中華藥王孫思邈，中國唐代、八仙之首漢鍾離，中國唐代、道家東、西、南、北、中派傳師呂洞賓，中國宋代、先天易道集大成者、中國華

山陳摶老祖，中國北宋、南宋之際、南宗祖師張伯端、石泰、薛道光、陳泥丸、白玉蟾，中國金、元之際、北派祖師王重陽、邱長春真人、馬丹陽真人、孫不二真人、劉長生真人、王玉陽真人、譚長真真人、郝大通真人，中國元、明之際，中國太極拳祖師張三豐，中國清朝道學真人黃元吉等等。

而這其中，被譽為中國道家「天仙狀元」的呂洞賓祖師、平生學道經驗與教訓和弘道度人排除萬難而建立了豐功偉績，頗值得我們仰慕、學習、研究、繼承、發揚。以造福自己，同時造福世人，乃至宇宙天地人，而生生不息……

綜上所述，乃是我們編注《呂洞賓丹道修真長壽精華》的緣起。

二、《呂洞賓丹道修真長壽精華》特色

本書特色有三：

其一為從古至今，世間流傳的有關呂祖的道書甚多，而專言呂祖丹道修真精華本尚無，故為方便廣大慕道者，我們特編注《呂洞賓丹道修真長壽精華》。

其二，古丹道真人經驗之談：「得訣歸來好看書」，甚而講「得訣歸來方看書」，是指只有拜到古來修成丹道而獲年逾百歲而童顏的高師學得伏羲、黃帝、老子秘傳中國道家丹道養生修真口訣，才能明白讀哪些丹經道書為修煉丹道捷徑。

所以，筆者是按我的丹道恩師當代世界著名黃帝、老子秘傳丹道傳師，年逾百歲而童顏的丹道真人吳雲青所傳丹道口訣來選定《呂洞賓丹道修真長壽精華》一書丹道精華的。（吳雲青其平生經過修煉中國道家丹道養生修真學，創立了三大生命科學奇跡：1. 年逾百歲而童顏；2. 預知歸期，臨終坐化；3. 坐化之後肉身經年不腐。詳情請看《人民日報》1980 年 9

月 10 日四版、中央電視台四台國際頻道「發現之旅」欄目 2010 年 11 月 25 日晚間十點以「肉身不腐之謎」節目播出，登錄央視網站即可觀看）

其三，筆者在數十年修道歲月中，一邊按恩師吳雲青所傳丹道口訣修煉丹道，同時按吳雲青恩師所傳丹道口訣注意收集內含丹道真訣的古丹經道書，諸緣所致，我收集到一批古丹經秘本，這其中有一部份是呂祖丹道修真長壽古善本、秘本，今一併收入《呂洞賓丹道修真長壽精華》，其詳情請看本文第四節和本書，自然會知其詳況。

三、呂洞賓祖師事略

由於呂洞賓祖師在中國歷史上影響廣大深遠，故其中國正史《宋史‧陳摶傳》有其史跡，《道藏》、《續道藏》，有《呂祖志》、中國文學史上名著《全唐詩》中有其詩作二百餘首，由於其平生：學道之路頗傳奇，大智大勇修成道，傳道足跡遍中華，度人無數益神州，故在中國民間關於呂洞賓的故事就更多，多得數不清。

綜上所述：中國近代道學名家陳攖寧先生（生於 1880~1969 年仙逝），其一生治史嚴謹，學問淵博為海內外行家所公認，陳攖寧先生 20 世紀 30 年代主編《仙道月報》雜誌，其間所撰《呂純陽祖師事略》，所述有據，內容充實，評論精當，言簡意賅，僅千餘字，令人捧讀，嘆為觀止，今全文錄之，聊供同道共閱。

呂祖師純陽者，其祖先家居東平，繼遷京川。臨凡於河中永樂縣世德呂家。曾祖延之，終浙東廉使。祖渭，終禮部侍郎。父讓，為太子右庶子，遷海州刺史。讓有溫良恭儉四兄。母王夫人，於貞元戊寅（西元 798 年）4 月 14 巳時，就褥林

檟樹下，異香滿徑，天樂浮空。一白鴻似鶴，自天入懷而生。取名紹先。

其狀鶴頂龜背，虎體龍腮，翠眉鳳眼，修頸露顴。左眉角有黑子如筋頭大，後變赤色。足紋隱如龜拆。在襁褓，馬祖見之曰：「此兒骨格不凡，自是風塵表物。他時遇盧則居，見鐘則扣。」呂子怡怡自得，天資穎敏，周歲即能誦讀。知孝悌，親戚珍之。甫 5 歲，從外傅居，燈火 3 年，凡典墳百家無遺。年 20，命婚劉校尉女。

及長，身高八二寸，淡黃笑臉，微麻，三髭鬚喜頂華陽巾，服白襴衫，繫大皂條，貌類張子房，又似太史公。會昌 3 年，已 46 歲，兩舉進士不第。咸通初，呂祖奉親命，入長安赴試。憩酒肆中，慨然長嘆曰：「何日得第，以慰親心，何日得道，以慂我心。」旁一老翁，聞而笑曰：「郎君亦有出塵之志耶？」觀其人青巾白袍，長髯秀目，手攜紫杖，腰懸大瓢，並題三絕於壁曰：

> 坐臥常攜酒一壺，不教雙眼識皇都；
> 乾坤許大無名姓，疏散人間一丈夫。
> 得道神仙不易逢，幾何歸去願相從；
> 自言住處連滄海，別是蓬萊第一峰。
> 莫願追歡笑語頻，尋思雜亂可傷神；
> 閒來屈指從頭數，得到清平有幾人？

呂祖拜問姓字，答曰姓鍾離，名權，字雲房。呂亦題一絕曰：

> 生值儒家遇太平，懸纓重滯布衣輕；
> 誰能世上爭名利，臣事玉皇歸上清。

雲房見詩暗喜。時當飯，雲房自起執炊，呂祖忽困倦，伏

案假寐。夢以舉子赴京，進士及第，始自州縣而擢郎署台，諫給舍翰苑秘閣，凡諸清要，無不備歷。升而復黜，黜而復升，幾四十年。後又獨相 10 年，權勢薰炙。偶被重罪，籍沒家資，妻孥分散，流於嶺表，一身孑然，窮苦憔悴，立馬風雪中。方興浩嘆，恍惚夢覺。

雲房在旁微笑曰：「黃粱猶未熟，一夢到華胥。」呂祖悚然曰：「翁知我夢耶？」雲房曰：「子適來升沉萬態，榮悴多端，50 年間，直頃刻耳。得不足喜，喪何足悲？且有此大覺，而後知人世一大夢也。」呂祖感悟，再拜曰：「先生非凡人也，願求渡世術！」雲房曰：「子尚有數年塵緣未了，再會乃可」。遂別去。

呂祖恍惚如有所失，勉強赴春闈應試，竟名標雁塔，不禁啞然自笑曰：「又入黃粱夢耶？慎毋忘立馬風雪中時！」此為咸通元年庚辰 63 歲之事也。

至咸通 2 年辛巳 64 歲，出仕江州授德化縣令，遊廬山避暑，復遇鍾離，偕坐林間，清談永日，別後遂致仕歸家。徒步入終南，三遇鍾離。十遭魔試，初心不變，大道圓成。道成之後，即渡八仙中之何仙姑、曹國舅及劉海蟾祖師、華陽李奇，又於鄲邯道上渡盧生，其事與祖之遇鐘翁相彷彿。

蓋盧生名英，遇祖時，衣服垢敝，且嘆曰：「大丈夫生世不諧，困苦至此！」祖問之。

生曰：「士之生世，當建功立業，出將入相，以適其志。吾會勤學，自謂青紫可拾。今已 40，尚落魄不偶，非困而何？」言訖思臥，時旅店方炊黍，祖以青磁枕授之，夢與祖同。夢至被罪下獄，曰：「吾家有良田五頃，是禦飢寒，何苦求官，以至於此。今而後，再欲穿敝褐，乘青馬，行邯鄲道中，不可得也。」夢由少至老，歷盡窮達而醒。主人炊黍未

熟。

祖曰：「可適意否？」生嘆曰：「寵辱之遭，窮通之運，得喪之理，生死之情，盡知之矣。先生所以窒吾欲也。」遂再拜求渡。

今按呂祖之在神仙中，可謂最熱心渡世者。考呂祖全書中，則祖所渡之人，殊不可勝計。故今人若提及「呂純陽」三字，幾無人不知。唐宋以來之神仙，其願力之宏深、慈心之迫切者，殆不能出呂祖之右矣！

四、《呂洞賓丹道修真長壽精華》編注根源

對呂洞賓祖師，歷史已有定論，舉世早有公論：呂洞賓祖師是偉大的中華民族神聖祖先伏羲、黃帝、老子創立的中國傳統文化主幹、中國道家養生文化與中國道家丹道修真長壽學在中國唐、宋之際重要傳人與代表人物和弘道真人，其平生度人無數，其對中華民族乃至全人類康壽超凡建立了難以估量的豐功偉績。於此，無需筆者添足。筆者像許多好道者一樣：平生仰慕呂祖傳承的中華聖祖伏羲、黃帝、老子丹道，渴望自己成為一個呂祖式的人物。

筆者三生有幸出生在舉世聞名的《周易》發源地中國古都安陽一個世代慕道之家，我的父親叫蘇金銘（道號廣榮），平生喜愛中國道家導引術，尤愛收藏中國道家華山陳摶老祖書法珍品，我家中客廳牆壁正中就懸掛著華山陳摶老祖一個碩大的「壽」字，這個字寫得筆力淳厚、氣勢騰躍如飛龍，令人一望頓有飄然出世之感……

我的母親叫陳慶音，天性慈悲，勤勞脫俗，平生茹素，克勤克儉，她年輕時正式加入了由中華聖祖黃帝、老子創立的中國道家先天道派，平生習煉老子混元派秘傳的中國道家丹道養

生修真之道。

外祖母叫邱景祥，她秉性高雅，樂於助人，平生吃常齋，尤喜拜觀音，她中年時同我母親陳慶音一道加入由中華聖祖黃帝、老子創立的中國道家先天道派，平生習煉老子混元派中國道家丹道養生修真之道。

由於父母和外祖母修道，家中就設有道壇，上掛黃帝、老子、孔子、西王母、呂祖、藥王孫思邈等祖師聖像，又由於外祖母和父母親喜愛拜佛道雙修的觀世音菩薩，故家中又設有佛堂，內供佛祖如來、觀世音菩薩、濟公等祖師聖像，並備有《黃帝陰符經》、《黃帝內經》、《老子道德經》、《老子常清淨經》、《觀世音菩薩夢授真經》和《伍柳仙蹤》、《天仙正理》等道書、佛典。每逢初一、十五和黃帝、老子、孔子、西王母、如來佛、觀世音菩薩、呂洞賓祖師、藥王孫思邈聖誕、出家日、成道日，常有四方修道人和居士、信士來我家中拜道祖、拜佛祖、拜觀世音菩薩，故至今我家中仍存有古本道書、佛典和拜中華聖祖黃帝、老子等仙佛時用的瓷盤，至今觀瞻尤令我憶昔半個世紀之前恭拜仙佛的種種情景……

緣於上述：故我自幼受家教薰陶，也性慕修道，進而性喜收藏古道書、佛典和關於《易經》預測與中醫方面的古道書，也緣於此。故受中華聖祖黃帝、老子、佛祖、觀音、呂祖加持，我在數十年修道道路上，一方面努力追求大道，一方面收集到一些古善本道書、佛典和關於《易經》預測的古本、道醫中醫方面的，同時四方同道也給我送來不少古善本。

五、僅就目前我收集和四方同道聞風送來的關於呂洞賓祖師丹道養生修真稀世秘本古道書目錄如下：

1. 《鍾呂二祖著：試金石全旨》本秘本是舉世聞名的《周

易》發源地、中國古都安陽高道崔吉書老人饋贈我一大批古道書之一，本書內容與社會上廣為流傳的《鍾呂傳道集》、內容相似但其最大不同點是全書大多由通俗易懂的詩詞歌體寫成，令人捧讀頓感言簡意賅，思之便於理解，誦之朗朗上口，是書珍貴處為中國清朝乾隆丙午年間（即公元 1786 年）古本，而且為木刻板用宣紙印刷，保存完善。至今已有 225 年的歷史。

2. 《呂純陽丹經》本秘本是我 2010 年冬應邀參加香港先天道三教堂落成典禮時，偶然在香港先天道觀發現，捧讀之際，令人吃驚：《呂純陽丹經》內容中除了有一部分，大家常見的白玉蟾祖師注解的《呂祖指玄篇》外，另外有一部分世間絕無，故其彌足珍貴。觀其古本，紙黃字古，大約為清朝古本。

3. 呂洞賓秘注《老子道德經》兩種：本秘本由近代道學名家蕭天石收集：中國近代四川高道劉沅初藏，其注釋簡古，闡明黃帝、老子開創中國道家丹道養生修真長壽之道玄機，令人捧讀之際，大有豁然頓開茅塞，超然而入九霄之感……

4. 《呂仙翁百字碑》，本百字碑，古碑矗立秘而珍藏在呂洞賓故里山西永濟市芮縣永樂宮呂公祠內，世上稀傳，彌足珍貴。我最早於 1998 年冬、參加師兄弟劉天蟾「天蟾生命科學研究所」開業時首次看到其拓片，當即愛不釋手，師兄弟劉天蟾觀此慷慨相贈。2000 年春，我又特意赴呂祖故里瞻仰《呂仙翁百字碑》並參悟良久……因呂祖故里珍藏的百字碑主要開示修學中國道家丹道養生修真之道的性功下手功夫。而流傳甚廣、由張三豐祖師親自注解的《呂祖百字碑》主要開示修學中國道家丹道養生修真之道的命功下手功夫，兩個百字碑一主要言性功，一主要言命功，二者合璧乃性命雙修丹道功夫，可見《呂仙翁百字碑》至關重要，因觀其言簡意賅，故收錄於後，

誠供海內外有緣修學中國道家丹道養生修真之道功德之士，尊之行持方便。

> 本性好清靜，保養心猿定。酒又何曾飲，色慾已罷盡。
> 財又我不貪，氣又我不競。見者如不見，聽者如不聽。
> 莫論他人非，只尋自己病。官中不繫名，私下憑信行。
> 遇有不輕狂，如無守本份。不在人殼中，免卻心頭悶。
> 和光且同塵，但把俗情混。因甚不爭名，曾共高士論。

當我們細讀呂祖故里《呂仙翁百字碑》，您會發現同時會體會到：《呂仙翁百字碑》恰是呂祖精心參悟《老子道德經》十六章中「致虛極，守靜篤」、「歸根曰靜、靜曰復命」的體會而吟成詩，如您再配以《太上老君常清淨經》細讀參悟之，收穫更大、更益您修學中國道家丹道養生修真之學，如您能再進一步精讀細讀《老子道德經》全文和廣為流傳的呂祖百字碑，同時配上張三豐祖師《呂祖百字碑注釋》，您於丹道性功與命功收穫更大，倘您再能有緣拜得年逾百歲猶童顏的丹道高師，口傳您丹道下手口訣，您又能忠行、精進，如此，您步入仙境可期並大有希望。

5. 中國北宋大文豪蘇東坡手書《呂純陽祖師五言律詩十六首》、為中國近代道學名家玄中子祖上留下的傳家寶，並與中國近代道學名家常遵先先生二人親自注解之，本詩與社會上廣為流傳的《呂純陽祖師五言律詩十六首》大大不同，令真正得道並修煉成丹道的行家觀之，馬上會認定這是最古之《呂純陽祖師五言律詩十六首》，而今社會上通行的版本，顯然在漫長的歷史流通中有失誤之處。

中國大文豪蘇東坡手書《呂純陽祖師五言律詩十六首》自然珍貴，又加之由中國近代道學名家常遵先先生與玄中子兩位

丹道行家、經過多年認真揣摩細細參悟，然後再精心注解之，令我們今天讀之，於修煉呂洞賓祖師傳承的中華聖祖黃帝、老子秘傳的中國道家丹道養生修真之道，獲得康壽超凡、事業成功，確是一條捷徑。

6.《秘藏鍾呂傳道集》，本書最早見於由中國近代道學名家陳攖寧在中國 30 年代主編的《仙學月報》雜誌，是中國近代道學名家常遵先先生於 1918 年在中國雲南南部其友人處發現，「欣然錄而珍之，偶有所見，則加注解於篇幅，見者咸促於公同好。」茲於此，常遵先先生才公布於世，本秘本與社會上流傳的版本大不相同，社會上流傳的版本文不精煉、雅馴，而常遵先先生發現而錄而珍之的《秘藏鍾呂傳道集》詞簡義駭，較目前存於《道藏》中太清部收錄而後廣泛流於社會上的《鍾呂傳道集》更精微高雅，今特收錄於《呂洞賓丹道修真長壽精華》，誠供同道能在得道高師指導下，早入大道之門，早日成大道矣。

7.《呂純陽祖師‧史傳》，載於由香港易覺慈先生 1962 年編輯出版的《寶松抱鶴記》一書，本傳記與清乾隆 7 年壬戌（公元 1742 年劉體恕匯輯《呂祖全書》中《呂祖本傳》相較，將呂祖一生寫作時以編年體來寫故史實較為清晰。我們學習呂祖平生弘道偉績，尤先學習其平生事跡，這樣便於學習呂祖學道之坎坷傳奇、弘道度人超凡之煞費苦心，於此我們則可平生以呂祖為楷模，將我們中華民族神聖祖先黃帝、老子秘傳之中國道家丹道養生修真學排除萬難，學習到手，修煉成功，成為一個黃帝在《黃帝陰符經》中所講的達到「宇宙在乎手，萬造生乎身」真人境界，進爾因緣度人，成為一個呂祖式的偉人，不亦樂乎。

8.《宋史‧陳摶傳》，《宋史》是中國正宗史書《二十四

史》之一，其中陳摶傳中明確記載：陳摶與呂洞賓兩人互為師友，同修丹道。《宋史・陳摶傳》中記載：「關西逸人呂洞賓有劍術，百餘歲而童顏，步履輕疾，頃刻數百里，世以為神仙；皆數來摶齋中。」

《太華希夷志》卷下記載：華州知府陳堯佐拜謁陳摶，正談話間，「有一道士，風姿英爽，目如點漆，真神仙中人也。徑入坐次，希夷急避尊位，略談數語，皆方外之事。須臾，豹囊中取棗一枚與堯佐，卻而不受，希夷起接啖之。不久辭去。送於觀外。復會坐，堯佐曰，『此何人？』希夷曰：『即洞賓也。』堯佐悔愕不已。」

《宋史》、《太華希夷志》古今歷史學家公認為可靠資料，從以上二史書所載，我們可知中國歷史上確有呂洞賓其人，而且是高道，他與享譽中國易道界的中國宋初高道陳摶互為師友，同修丹道。故今將《宋史・陳摶傳》與《太華希夷志》有關記載一併收入書中。

9. 《呂祖仙師濟世匯編袖珍本》珍藏於香港先天道觀內，於「民國」37 年戊子（公元 1948 年）出版，本書匯編呂祖資料精煉，其中最珍貴的是書中收入了《呂祖仙師自敘傳》，本傳由中國明代天啟丙寅（公元 1626 年）秋月，時任山東濟南太守樊時英手書來鶴亭而傳世。

10. 《呂祖仙師覺世經》本書為豪華古秘本，本書係清末古本除收集呂祖覺世經典外，還收編了《呂祖靈籤一百籤》和《呂祖藥籤一百籤》。

筆者在編著《呂洞賓丹道修真長壽精華》一書中，將上述古道書秘本內容一併收入書內與海內外諸同道共同學習。

六、學習呂祖學道修道弘道經驗——速拜丹道明師是學道成道捷徑

眾所周知：呂洞賓祖師是中華民族神聖祖先伏羲、黃帝、老子開創的中國傳統文化主幹——中國道家文化核心中國道家丹道養生修真學忠實的傳承者、修學有大成就者，弘揚濟世度人功德無量者。

筆者自幼仰慕呂祖學道之志堅忍不拔、修道經歷萬難不棄，弘道之舉因緣隨方設教不遺餘力。敬仰呂祖之餘不禁試寫兩首小詩以贊之，今抄錄於茲，懇請行家指教之：

（一）禮贊呂祖

　　　身為仙真卻喜凡，樂將凡人度為仙，
　　　只因呂祖大慈悲，神州永世多神仙。

（二）呂洞賓祖師丹道傳四海

　　　仙真狀元呂洞賓，夢醒拜師鍾離權。
　　　潛心煉得內丹成，神遊華夏唐宋間。
　　　為將大道傳世人，煞費苦心度萬緣。
　　　道傳東西南北派，共修內丹是根源。

我和許多仰慕呂祖的人一樣：

由於仰慕呂祖進而便學習呂祖，在學習呂祖路上，我和大家一樣發現有「三多」。

（一）是古今稱自己是呂祖丹道秘訣傳人的多：古之，有許多人講自己是呂祖親傳，今者，您看雜誌上的廣告或在有關場合，稱自己是呂祖丹道正宗傳人的多，而且講得玄而又玄，令人真假難辨，望而卻步。

（二）是關於呂祖的文章多，社會上流傳的關於呂祖傳

記、自記、年表、丹書和故事、神話、傳說甚多，不少是將史傳與故事傳說混合為一來敘事，或者是將修煉丹道實景與神話異聞混合為一來寫文章，因此文章中相同、相通、相異處甚多，令人不知從何處讀為捷徑？書中相異處以何書為標準？哪些是史實？哪些是故事傳記？哪些是丹道實景？哪些是神話異聞？

　　最令我們大惑不解的是：有不少書中都講是呂祖丹道秘傳口訣真傳，真的是真傳丹道口訣嗎？難道自中華丹道高師廣成子傳中華聖祖黃帝丹道口訣始，千古不準立文字的丹道口訣，真的可以隨便寫到書上嗎？種種疑惑令我們莫衷一是、難以分辨，如墜入五里雲霧之中，久久不得其解，而且書令我們越讀越糊塗、越讀越茫然，我們不禁仰天長嘆：如何才能向前進學習到丹道真訣呢？

　　（三）是海內外關於呂祖的廟、觀、祠、庵多，由於呂祖功高德昭，古今供奉呂祖的廟、觀、祠、庵多，這是自然而然的現象，但是這些廟、觀、祠、庵裡大多是讓人進香做功德的，或請人扶乩的，或為人做法事的，而真正懂得呂祖傳承的黃帝、老子創立的中國道家丹道養生修真的得道高師卻稀之又稀，這使我們這些有志學習呂祖傳承的黃帝、老子秘傳的中國道家丹道養生學者深深感到步履艱難，不知路在何方？！

　　筆者數十年前年輕之際，也碰到了以上「三多」，經過幾十年的努力，在中華聖祖黃帝、老子和呂祖道家思想指導下，在他們求道精神鼓舞下，特別是三生有幸在黃帝、老子、呂祖丹道經典啟迪下，我拜到了真正的得道明師，在得道明師指導下，從這「三多」中選出了精華：

　　在得道明師指導下，學習到了世上萬分珍貴的中國道家丹道養生修真真訣。理解了呂祖在《敲爻歌》中講的「得遇仙師

是祖宗」的含意。古之修道大聖哲經驗之談：「得訣歸來好看書」，甚至講：「得訣歸來方看書」，因此學習丹道首要第一位的工作是拜得道明師，你拜到得道明師，才能辨清萬卷丹經中哪些是真經、哪些經失真，真經中內涵講的是什麼。那麼何為得道明師呢？

《黃帝內經‧上古天真論》曰：「上古知道者，法於陰陽和於術數，飲食有節，起居有常，不妄勞作，故能形與神俱，而盡終其天年，度百歲乃去。」不言而喻：「度百歲乃去」是真正的「知道者」（即得到丹道真訣並修成丹道的人）。我按上述原則經過數十年在神州訪道，其間甘苦雖難言表，但是我們中華聖祖伏羲、黃帝、老子創立大道和呂祖他們學道的經歷所受的大災大難、比我受的區區之苦難大得多得多，我受些磨難實令我難以啟齒矣。

經過伏羲、黃帝、老子、呂祖等古之高道、仙真護佑，我終於拜到數位年逾百歲而鶴髮童顏高師，他們是：

（一）世界著名丹道壽星吳雲青（1838-1998）（其平生經過修煉中國道家丹道養生修真學，創立了三大生命科學奇蹟：1.年逾百歲而童顏；2.預知歸期，臨終坐化；3.坐化之後肉身經年不腐。詳情請看《人民日報》1980 年 9 月 10 日四版、中央電視台四台國際頻道「發現之旅」欄目 2010 年 11 月 25 日晚間十點以「肉身不腐之謎」節目播出，登錄央視網站即可觀看）。

筆者三生有幸，1980 年秋在陝北延安青化寺後古洞中被吳雲青真人收為門內弟子並學得丹道口訣，此後與吳雲青老人相處十八個春秋，一直到 1998 年 8 月初，吳老坐化我的家鄉中國《周易》發源地古都安陽。

（二）終南山百歲道長李理祥（1893-1996）（其平生經過

修煉中國道家丹道養生修真學，而年逾百歲猶童顏，而且繼承了中國道醫學而濟世度人於終南山中，其事跡與道貌載於筆者編注的《藥王孫思邈道醫養生》）。

（三）中國河南泌陽白雲山百歲道長唐道成（1868-1985），唐道成道長為中國道家武當派丹道修真長壽學，當代117歲傳師，中國當代著名道家醫學傳師，其事跡與道貌載於筆者編注的《藥王孫思邈道醫養生》。

（四）中國道家青城山丹道修真長壽學當代127歲傳師趙百川（1876—2003），趙百川是中國當代著名長壽老人。（其事跡載於《中國道教》雜誌和中央電視台）。

（五）中國道家華山派丹道動功傳人邊智中道長（1910—1989），邊智中道長為中國華山丹道動功十九代傳人，世界著名生物科學家牛滿江道功師父。其事跡載於《世界日報》、《人民日報》和筆者編著的《實用道家養生之道與現代生命科學》。

（六）中國道家龍門金山派內丹道功當代傳師，張三豐太極拳與內丹養生當代傳師李嵐峰道長（1905—1977）。李嵐峰道長還長於道醫與少林武術和太極拳，其因緣度人育人無數。其事跡與道貌載於筆者編注的《張三豐太極拳內丹養生真訣》。

在以上六位高道諄諄教育和耳提面命下，我學到由中華聖祖伏羲、黃帝、老子創立，由呂祖等歷朝歷代高師一代一代秘傳下來的稀世之寶——中國道家丹道養生修真秘訣，從親身實修實證中，掌握了生命密碼，同時使我身心回春，使我深深明了呂祖在《敲爻歌》中詩吟的：

　　　　有人平卻心頭棘，便把天機說與君。

命要傳，性要悟，入聖超凡由汝做。

性命雙修玄又玄，海底洪波駕法船。

生擒活捉蛟龍首，始知匠手不虛傳。

在上述數位得道高師指導下，我漸漸明白了呂祖詩中的含意：中國道家丹道養生修真一定要性命雙修，而「性要悟」，性功，心性上的功夫，要自己在現實實踐的滄桑巨變中腳踏實地地去悟，才能開悟，才能悟開，宇宙天地人大自然變化規律。

「命要傳」指丹道命功一定要得道與成道高師秘傳面授，這是呂祖在詩文中特別特別強調的。因為縱觀五千年來中國道家丹道傳承史啟迪我們：宇宙之內，朗朗乾坤，大千世界，古今中外，中國道家丹道養生修真學中的核心機制性命雙修之「命功」，可以讓人類奪天地之造化，倒撥生命密碼，使人類回春，因此丹道命功是至寶，最寶貴的。故中國古代諸多大聖哲贊頌內丹道功時講：「朗朗乾坤，獨尊內丹。」也因此，古來丹道命功秘訣，自五千年前中國丹道宗師廣成子傳丹道與中華聖祖黃帝命功口訣時，就是採用只許師徒兩個人在場的情況下，秘秘口口相傳的，故稱口訣，而不准立文字，以防世間缺德小人學得天機，幹出傷天害理之事。

因此，呂祖在其名詩《敲爻歌》中用詩的語言、簡明地講述拜得丹道高師，學得丹道秘訣時吟道：

「得遇仙師是祖宗」（指學道首要「祖宗」之事，是拜得得道仙師）。

「一訣天機值萬金」（指丹道下手功夫秘訣，其價值「萬兩黃金價不賣」）。

「附耳低言玄妙旨」（指丹道奪天地造化玄妙秘訣之旨，

只準在師徒二人之間附耳低語，印心傳之）。

　　「口口相傳不記文」（指丹道口訣不准立文字，只准許師徒兩人秘爾口口相傳）。

　　靜心細讀呂祖的詩，細心地參悟，再悟其中的內涵……

　　只要我們在得道和修成丹道高師指導下堅持不懈地參悟，終有一天我們會醍醐灌頂，豁然開悟：

　　（一）學道必須先拜得道和修成丹道獲年逾百歲猶童顏的高道為師父：

　　因為東方科學是經驗科學，而丹道是東方經驗科學頂峰，因此學習丹道必須在修成丹道高師的指導之下才能學到口訣，修成丹道。古今社會上流傳那麼多丹書道書，大多講的是性功，我們知道：性功與命功，性命雙修是丹道基礎，社會上流傳的書是性功方面的書，是我們修煉丹道悟開性功的基礎和精神食糧，學習丹道命功口訣，書上不會有，即使是像呂祖詩中講到的命功，也全是「寓言隱喻」，欲得命功口訣先須自己功德厚重，如此才有可能有緣拜到丹道明師。

　　（二）「得訣歸來好看書」。這是古聖哲用畢生精力而求道、修道、成道後經驗與教訓之談，呂祖在《指玄篇下‧其十》中講：

> 曾讀仙經萬卷多，篇篇只教運黃河。
> 此中有盞長生酒，問道時人能吃麼？

　　同時我們細讀細悟，呂祖在《指玄篇下‧其一》：

> 世人宜假不宜真，難度長生上品經。
> 不免天機重漏泄，靈丹只是氣和精。

　　呂祖上述兩首詩讀完，我們細細參悟，收穫將會有如下幾

點：

（一）呂祖年輕時，也像我們一樣：「曾讀仙經萬卷多」，看到其中「篇篇只教運黃河」，但書中沒有下手口訣，而萬卷丹經內隱的「長生酒」即內煉生命本源精、氣、神，返還生命本源精、氣、神的核心機制「取坎填離」，呂祖《指玄篇上·其十一》謂「返本還源已到乾」，世間幾個道人能知道丹道天機而修成大道呢？

（二）世上一般的人宜聽信假的，故難以學習真道，所以得道高師難以度他們學到長生之丹道。那麼，什麼是真的大道呢？呂祖此刻慈悲心大發直泄露天機要旨：「靈丹只是氣和精」。即內煉人的生命，本源精、氣、神返還生命本源精、氣、神而結成「靈丹」。這是丹道的「天機」，也是我們今天通稱為：「中國道家丹道養生修真學」的「天機」。

於此，我們豁然明白：拜得高師學得丹道內煉精、氣、神，返還精、氣、神秘訣，是學習丹道根本大綱：「萬卷丹經」是通向丹道核心機制的階梯。我們看到呂祖平生學道經歷：呂祖拜得丹道高師鍾離權，才學得丹道「取坎填離」口訣，煉成了「返本還源已到乾」中國道家丹道養生修真大道。

七、筆者數十年學道路上收集到社會廣為流傳的呂祖全書四種

由於本人自幼受修道家庭薰陶，故少壯時便渴望學習到呂祖傳承、由中華聖祖伏羲、黃帝、老子創立的性命雙修、長生久視的中國道家丹道養生修真學，故在數十年雲遊神州，拜年逾百歲猶童顏修成丹道高師的途中，一方面重視拜師學道和修道，同時重視收集修煉中國道家丹道養生修真的古道書：真本、秘本、善本，還注意收集《易經》預測的古真本、古善

本、古秘本，「蒼天不負有心人」，使我學習到丹道秘訣，同時收集一批丹道與《易經》預測的古真本、古善本、古秘本、古道書。僅就收集到有關呂祖的道書丹書古真本、古善本、秘本如下：

（一）古今社會上廣為流傳，按出版年代順序屈指算來計有：

1. 《續道藏・呂祖志》，本書根據《道教大辭典・呂祖志》記載：本書不知何人撰寫，收入《續道藏》之中，《呂祖志》大多記述呂祖唐、宋年間的事，出書時間大約在明嘉靖 39 年（公元 1560 年）之前。

本人根據有關資料《道教史略講》（李養正編著，1997 年 8 月由中國道教學院出版）：中國道家呂祖所傳、道教東派代表人物陸西星曾經撰寫過《呂祖全書》、《道緣匯錄》，而且內含的《呂祖望江亭自記》由陸西星首披露於世。再者陸西星生於明正德 15 年（公元 1520 年），仙逝於明萬曆 34 年（公元 1606 年），其間恰是《呂祖志》在社會上廣為流傳的時間，根據以上資料，筆者認為《呂祖志》有可能是陸西星編著的《呂祖全書》，書中將在他之前和當時社會上流傳有關呂祖的文章匯編而成《呂祖志》，當然這只是我個人根據上述資料推論，不為定論，僅供呂祖研究者參考。我本人已收集到《續道藏》中的《呂祖志》多日。

2. 《呂祖全書》劉體恕匯輯清乾隆 7 年壬戌（公元 1742 年）初版

本書收集呂祖資料豐富，是社會上流傳較廣的版本，本書初刻於清乾隆 7 年壬戌（公元 1742 年），再版清乾隆 40 年乙未（公元 1775 年），三版於清嘉慶元年丙辰（公元 1796 年），四版於清道光 30 年庚戌（公元 1850 年），五版於「民

國」6 年丁巳（公元 1917 年），六版於「民國」九年庚申（公元 1920 年），七版於「民國」9 年庚辰（公元 1930 年），八版於中華人民共和國乙巳年（公元 1965 年），九版於中華人民共和國庚申（公元 1980 年）由台灣真善美出版社出版。以上九種版本，我收藏到第八版和第九版。

（二）《呂祖全書・呂祖年譜・海山奇遇》

根據蕭天石考證，本書始由中國道家丹道東派創始人陸西星初匯輯，再由中國道家丹道西派創始人李西月匯輯，李西月大約生於清嘉慶初年，他於清道光二十四年（公元 1844 年）曾重編《張三豐先生全集》，李西月大約在匯輯《張三豐先生全集》前後，匯輯了《呂祖全書・呂祖年譜・海山奇遇》。對於本書、中國近代著名道家學者蕭天石，在 1979 年由他創辦的自由出版社再版李西月《呂祖全書・呂祖年譜・海山奇遇》中評道：「本書搜羅廣博，所遺憾者，在年譜中對修道始末記述過簡，讀者如欲籍資有所取法，則宜讀《鍾呂傳道集》。」

（三）《新編呂洞賓真人丹道全書》董沛文主編，陳全林編校（2009 年由團結出版社出版）

本書編校陳全林是我多年同道，陳先生歷時多年學習呂祖傳承黃帝、老子丹道，編書則歷半年之久，集眾同道而成書，本書最大特色是將有關呂祖的著作包羅萬象而集於一書之內。是目前學習研究呂祖著作較為全面的一個版本。

筆者在前已經多次拜讀《呂祖志》《呂祖全書》《呂祖全書・呂祖年譜・海山奇遇》《新編呂洞賓真人丹道全書》獲益匪淺。

八、《呂洞賓丹道修真長壽精華》編選原則

綜上所述：根據呂祖求道、修道、成道、弘道的成功經

驗，為了將呂祖經驗擴而廣之、造福千秋萬代，我們特意經過長時期收集資料、篩選資料而編注《呂洞賓丹道修真長壽精華》，編選原則如下：

（一）先讓我們常常重溫呂祖成道經驗：

> 得遇仙師是祖宗，一訣天機值萬金。
>
> 附耳低言玄妙旨，口口相傳不記文。

根據以上呂祖成道經驗，我們編選《呂洞賓丹道修真長壽精華》，編選呂祖丹道詩文的原則自然而然就出來了。

以當代學得由呂祖傳承的中華聖祖伏羲、黃帝、老子創立的中國道家丹道養生修真學、因而得道成道的世界著名丹道傳人吳雲青傳承口訣為標準，來選編《呂洞賓丹道修真長壽精華》書中的呂祖丹道詩文。因為，吳雲青老人平生切實忠行呂祖傳承的中華聖祖伏羲、黃帝、老子丹道而創立了三大生命科學奇跡：① 年逾百歲猶童顏；② 臨終坐化預知歸期；③ 坐化至今肉身不腐。

（二）編選呂祖史傳、自記、年表以史實為原則

編選呂祖史傳，嚴格按照呂祖自記，中國《二十四史》正史與《道藏》中所錄，古今舉世公認治學嚴謹、知識淵博的道學行家親撰文章為主。

（三）以實踐效果好為原則：

中華聖祖伏羲、黃帝、老子創立中國道家丹道養生修真學傳承之始、就嚴格遵循一個大原則「真」──

一心求真：求宇宙大自然天地人生老病亡變化規律。

日日奉真：日日嚴格奉行真功真德，追求丹道真訣。

時時煉真：時時真修實煉中國道家丹道養生修真學。

常常弘真：常常因緣弘道度人，造福更多求道、修道、弘

道者。

　故古今中外無數認真實修中國道家丹道養生修真學實踐表明：只要平時切實按照《老子道德經》所倡導的，讓我們「道法自然」規律，「天人合一」生活，具體來講：就是我據學道幾十年的經驗與教訓總結的《道家養生廿字要訣》：

　　　　　永保童心，

　　　　　早睡早起，

　　　　　長年食素，

　　　　　煉好內丹，

　　　　　積德行功。

　實踐表明：只要日日嚴格按照《道家養生廿字要訣》生活，您就自然而然會身心康壽、超凡、事業成功、人生圓滿。

　筆者編注《呂洞賓丹道修真長壽精華》是按上述原則編選，其具體內容請海內外有緣同道一看本書目錄與內容便知。

九、現代人學習《呂洞賓丹道修真長壽精華》的現實意義

　現代人學習《呂洞賓丹道修真長壽精華》的重要意義十分明顯：因為現代人在人生道路上遇到的種種問題、疑惑，現代人仰望茫茫宇宙大千世界紛紜景象難以解密與掌握其規律而茫然，都可以透過學習修煉呂祖傳承、由中華聖祖伏羲、黃帝、老子創立的中國傳統文化主幹道家文化核心──中國道家丹道養生修真之道中得到圓滿解決，這是古今中外無數修學中國道家丹道養生修真之道成功經驗之談，古今中外無數修學中國道家丹道養生修真之道成功經驗表明，呂祖傳承中華聖祖伏羲、黃帝、老子創立的中國道家丹道養生修真之道、是全人類取得

身心康壽超凡、事業成功、天人合一的成功法寶。下面讓我們面對現代人類人生道路上的種種問題：

1. 當現代人類正在熱議人生目的究竟為何？何為真正的幸福人生？

2. 為什麼當代不少大哲學家、大科學家講：中國傳統文化可以拯救人類？

3. 中國傳統易、道、醫文化核心究竟是什麼？

4. 古今中外哪種養生方法最合乎宇宙天地人大自然變化規律？其方法最簡易？效果最好？

5. 現代人仰望茫茫宇宙大千世界紛紜景象難以解密與掌握其規律而茫然時，怎樣才能從必然王國進入自由王國？

下面讓我們從呂祖傳承中華聖祖伏羲、黃帝、老子創立的中國道家丹道養生修真學中找到圓滿的答案：

1. 現代人探求熱議：「人生目的究竟為何？何為真正幸福人生？」

答案請看呂洞賓祖師《窯頭坯》詩中名句：「窮理盡性至於命」，不言而喻：人之一生最為重要是生命，故人生首要之事、重要之事是養生，養好生命是人生真正的幸福人生與目的。

2. 為什麼當代不少大哲學家、大科學家講：中國傳統文化可以拯救人類？

答案從呂祖禮贊並注釋老子所寫的《道德經》中去找：老子《道德經》精闢地指出人與自然的關係：「人法地，地法天，天法道，道法自然。」同時，指出宇宙天地人大自然發展的規律：「道生一，一生二，二生三，三生萬物」。不言而喻：只要人類切實遵循老子在《道德經》中倡導的「道法自然」規律，「天人合一」生活，人類就可以自己救自己，同

時，可以保護好生我們養我們的地球、宇宙。所以，當代不少大哲學家、大科學家講：中國傳統文化能夠拯救人類。

3. 現代人熱議：「中國傳統文化易、道、醫文化的源頭與核心內容究竟為何？」

答案仍然請看呂洞賓祖師《窯頭坯》詩中名句：「伏羲傳道至如今，窮理盡性至於命」，不言而喻：中國傳統易道醫文化的源頭是伏羲創立的中國先天易、道、醫文化，而中國傳統易道醫文化的核心：「窮理盡性至於命」。

4. 古今中外哪種養生方法最合乎宇宙天地人大自然變化規律？其方法最簡易？效果最好？

答案請看呂祖《指玄篇下·二十四》中用詩的語言禮贊並指明：中華易祖伏羲、黃帝、老子創立的中國道家丹道養生修真學：

> 「龍虎金丹合先天，風雲際會泄甘泉，
> 白頭老子能如此，返老還童壽萬年。」

不言而喻：中國道家丹道養生修真學其方法「合先天」宇宙天地人大自然變化規律，其效果「白頭老子」修煉中國道家丹道養生修真學能使「返老還童壽萬年」。根據司馬遷《史書》記載：「老子蓋 160 歲或曰 200 餘歲，而不知所終。以其善養壽也。」

5. 現代人仰望茫茫宇宙大千世界紛紜景象難以解密與掌握其規律而茫然時，怎樣才能從必然王國進入自由王國？

答案在如下兩個方面去找：

甲、呂祖禮贊的中華易祖伏羲，根據《繫辭傳》記載：中華易祖伏羲在大約距今七千年前，面對茫茫宇宙、大千世界，採用仰觀俯察方法：仰觀天文，俯察地理，遠取諸物，近取諸

身，以通神明之德，以明養生之道。從而開創以「窮理盡性至於命」為源頭的中國傳統易、道、醫養生文化。

　　乙、呂祖禮贊的中華聖祖黃帝，在其傳世名著《黃帝陰符經》中用「天人合一」觀精闢指出：「宇宙在乎手，萬化生乎身」，同時指出「聖人知自然之道不可違，因而知之」。即人與大自然的關係是相互和諧而相互依存的關係。《黃帝陰符經》還指出「生者死之根，死者生之根」，既而萬事萬物的內涵是「陰陽相抱、陰陽互根」的辯證關係。「知之修煉，謂之聖人」。即人類由修煉成功中國道家丹道養生修真之道，就可以達到「天人合一」的聖人境界。

　　　　　　　　附記：本文寫於 2011 年 4 月 20 日—5 月 21 日
　　　　　　　　　　時在廣東羅浮山嘉寶田酒店中醫養生中心

✵第一章✵
呂洞賓史傳、自記、年表篇

第一節　中國正史《宋史·陳摶傳》中關於呂洞賓史跡

陳摶字圖南，亳州真源人。始四五歲，戲渦水岸側，有青衣媼乳之，自是聰悟日益。及長，讀經史百家之言，一見成誦，悉無遺忘，頗以詩名。後唐長興中，舉進士不第，遂不求祿仕，以山水為樂。自言嘗遇孫君仿、獐皮處士二人者，高尚之人也，語摶曰：「武當山九室岩可以隱居。」摶往棲焉。因服氣辟穀歷二十餘年，但日飲酒數杯。移居華山雲台觀，又止少華石室。每寢處，多百餘日不起。

周世宗好黃白術，有以摶名聞者，顯德三年，命華州送至闕下。留止禁中月餘，從容問其術，摶對曰：「陛下為四海之主，當以致治為念，奈何留意黃白之事乎？」世宗不之責，命為諫議大夫，固辭不受。既知其無他術，放還所止，詔本州島長吏歲時存問。五年，成州刺史朱憲陛辭赴任，世宗令齎帛五十匹、茶三十斤賜摶。

太平興國中來朝，太宗待之甚厚。九年復來朝，上益加禮重，謂宰相宋琪等曰：「摶獨善其身，不干勢利，所謂方外之士也。摶居華山已四十餘年，度其年近百歲。自言經承五代離亂，幸天下太平，故來朝覲。與之語，甚可聽。」因遣中使送至中書，琪等從容問曰：「先生得玄默修養之道。可以教人

乎?」對曰:「摶山野之人,於時無用,亦不知神仙黃白之事、吐納養生之理,非有方術可傳。假令白日沖天,亦何益於世?今聖上龍顏秀異,有天人之表,博達古今,深究治亂,真有道仁聖之主也。正君臣協心同德、興化致治之秋,勤行修煉,無出於此。」琪背,虎體龍腰,翠眉鳳眼,修頸露觀,鼻梁聳直,面白黃色,左眉角一黑子,如筯頭大,後變赤色,兩足文如龜折。等稱善,以其語白上。上益重之,下詔賜號希夷先生,仍賜紫衣一襲,留摶闕下,令有司增葺所止雲台觀。上屢與之屬和詩賦,數月放還山。

端拱初,忽謂弟子賈德升曰:「汝可於張超谷鑿石為室,吾將憩焉。」二年秋七月,石室成,摶手書數百言為表,其略曰:「臣摶大數有終,聖朝難戀,已於今月 22 日化形於蓮花峰下張超谷中。」如期而卒,經七日支體猶溫。有五色雲蔽塞洞口,彌月不散。

摶好讀《易》,手不釋卷。常自號扶搖子,著《指玄篇》八十一章,言導養及還丹之事。宰相王溥亦著八十一章以箋其指。摶又有《三峰寓言》及《高陽集》、《釣潭集》,詩六百餘首。

能逆知人意,齋中有大瓢掛壁上,道士賈休復心欲之,摶已知其意,謂休復曰:「子來菲有他,蓋欲吾瓢爾。」呼侍者取以與之,休復大驚,以為神。有郭沆者,少居華陰,夜宿雲台觀。摶中夜呼令趣歸,沆未決;有頃,復曰:「可勿歸矣。」明日,沆還家,果中夜母暴得心痛幾死,食頃而癒。

華陰隱士李琪,自言唐開元中郎官。已數百歲,人罕見者;關西逸人呂洞賓有劍術,百餘歲而童顏,步履輕疾,頃刻數百里,世以為神仙;皆數來摶齋中,人咸異之。大中祥符四年,真宗幸華陰,至雲台觀,閱摶畫像,除其觀田租。

第二節　《華山希夷志》中關於呂洞賓史跡

《太華希夷志》卷下記載：華州知府陳堯佐拜謁陳摶，正談話間，「有一道士，風姿英爽，目如點漆，真神仙中人也。逕入坐次，希夷急避尊位，略談數語，皆方外之事。須臾，豹囊中取棗一枚與堯佐，卻而不受，希夷起接啖之。不久辭去。送於觀外。復會坐，堯佐曰，『此何人？』希夷曰：『即洞賓也。』堯佐悔愕不已。」

第三節　呂洞賓真人自記與自傳

一、江州望江亭呂祖自記

吾京川人，唐末三舉進士不第。因遊江湖間，遇鍾離子，受延命之術；尋又遇苦竹真君，傳日月交併之法。久之，適終南山，再見鍾離子，得金液大丹之功，年五十道始成。

身長五尺二寸，面黃白，鼻聳直，左眉有黑子。服白襴衫，繫皂條。變化不可測，或為進士，或為兵。世多稱吾能飛劍戮人者，吾聞之笑曰：「慈悲者佛也，仙猶佛耳，安有取人命乎？」吾固有劍，蓋異於彼，一斷貪瞋、二斷愛慾、三斷煩惱，此其三劍也。吾道成以來，所度者何仙姑、郭上灶二人，性通羽，吾授之以歸相法。吾嘗謂：世人奉吾真，何若行吾行？既行吾行，又行吾法，不必見吾，自成大道。不然，日與吾遊何益哉？

二、呂洞賓祖師自敘傳

（本文由中國明代天啟丙寅公元 1626 年秋月、時任山東濟南太守的樊時英書於來鶴亭而傳世）

　　呂氏者仙也。有跡以傳於世久矣。諸子恐其未真。而又索余親筆以為之傳。然余之逢諸子，與諸子之逢余，皆非偶然也。故又不肯辭，乃直述之曰：余本唐之一宗人耳，名瓊，字伯玉。配金氏，生四子。長曰甘，次曰美，次曰豐，次曰充。余少也有相士嘗相余眉棱目活，鼻從項長，面修而潤，鬚茂而疏，真儒者之氣象。但山根上一痣，則當剋妻；太陰下一痣，則當剋子，皆不善也。獨喜鶴行龜息，聲自丹田中出，是乃遇仙得仙，而非凡庸之比矣。

　　時余尚未悟。復思余 10 歲能文章，15 好劍，20 即名時，50 始第。且授官而治邑。唯以德化人。妻孥之胥慶也如彼，長少之偕榮也如彼，於是始疑夫相者之人，為劣於相者也。不意唐有日月當空之禍，凡我同宗，觸之者滅，遭之者亡。余甚恐，是以棄四子而挾一妻，流移於山，卜築於洞。時為兩口，故更其姓曰呂。因在山下，故易其名曰岩。時處洞中，因聲其字曰洞賓。其後妻亦亡，而身亦孤，故編其號曰純陽子。肆觀於宇宙之間，寄傲於煙霞之外。朝訪仙朋，暮謁道侶。瞻方壺眺圓嶠遊十洲，玩三島雲乘鶴馭。虎嘯龍吟，而功名富貴之私，理亂安危之冗，舉不足在余之念矣。於是始信夫相者之人，為善於相者也。自今考之，由唐而五代而宋而金而元而明，世代不覺其九遷。自艾而耆而耆而耆而頤而期，壽算已歷乎十變。則遇仙得仙之言，蓋至是而益驗矣。於戲，以千載有余之秘，而一旦為知己者泄之。然余尚有十八字，伏列在旁，似人而非人，挽拘在下，似天而非天，挽拘在上。未可以盡泄之也。必候諸子三與之契，而又至於十月之久，然後可以與言，然後可以與言矣。

　　大明天啟（公元 1626 年）丙寅秋月濟南太守樊時英拜書於來鶴亭。

第四節　《中華仙學・呂純陽祖師事略》由 中國近代道學名家陳攖寧撰寫

陳攖寧

　　呂祖師純陽者，其祖先家居東平，繼遷京川。臨凡於河中永樂縣世德呂家。曾祖延之，終浙東廉使。祖渭，終禮部侍郎。父讓，為太子右庶子，遷海州刺史。讓有溫良恭儉四兄。母王夫人。於貞元戊寅（西元七九八年）四月十四日己時，就褥林檎樹下，異香滿徑，天樂浮空。一白鴻似鶴，自天入懷而生。取名紹先。

　　其狀鶴頂龜背，虎體龍腮，翠眉鳳眼，修頸露顴。左眉角有黑子如筋頭大，後變赤色。足紋隱如龜拆。在襁褓，馬祖見之曰：「此兒骨骼不凡，自是風塵表物。他時遇盧則居，見鐘則扣。」呂子怡怡自得，天資穎敏，周歲即能誦讀。知孝梯，親戚珍之。甫五歲，從外傳居，燈火三年，凡典墳百家無遺。年二十，命婚劉校尉女。

　　及長，身高八二寸，淡黃笑臉，微麻，三髭鬚喜頂華陽巾，服白襯衫，繫大皂條，貌類張子房，又似太史公。會昌3年，已46歲，兩舉進士不第。咸通初，呂祖奉親命，入長安赴試。憩酒肆中，慨然長嘆曰：「何日得第，以慰親心，何日得道，以愍我心。」旁一老翁，聞而笑曰：「郎君亦有出塵之志耶？」觀其人青巾白袍，長鬚秀目，手攜紫杖，腰懸大瓢，並題三絕於壁曰：

坐臥常攜酒一壺，不教雙眼識皇都；
乾坤許大無名姓，疏散人間一丈夫。
得道神仙不易逢，幾何歸去願相從；

自言住處連滄海，別是蓬萊第一峰。
莫願追歡笑語頻，尋思雜亂可傷神；
閒來屈指從頭數，得到清平有幾人？

呂祖拜問姓字，答曰姓鍾離，名權，字雲房。呂亦題一絕曰：

生值儒家遇太平，懸纓重滯布衣輕；
誰能世上爭名利，臣事玉皇歸上清。

雲房見詩暗喜。時當飯，雲房自起執炊，呂祖忽困倦，伏案假寐。夢以舉子赴京，進士及第，始自州縣而擢郎署台，諫給舍翰苑秘閣，凡諸清要，無不備歷。升而復黜，黜而復升，幾四十年。後又獨相十年，權勢薰炙。偶被重罪，籍沒家資，妻孥分散，流於嶺表，一身孑然，窮苦憔悴，立馬風雪中。方興浩嘆，恍惚夢覺。

雲房在旁微笑曰：「黃粱猶未熟，一夢到華胥」。呂祖悚然曰：「翁知我夢耶？」雲房曰：「子適來升沉萬態，榮悴多端，五十年間，直頃刻耳。得不足喜，喪何足悲？且有此大覺，而後知人世一大夢也。」呂祖感悟，再拜曰：「先生非凡人也，願求渡世術！」雲房曰：「子尚有數年塵緣未了，再會乃可。」遂別去。呂祖恍惚如有所失，勉強赴春闈應試，竟名標雁塔，不禁啞然自笑曰：「又入黃粱夢耶？慎毋忘立馬風雪中時！」此為咸通元年庚辰63歲之事也。

至咸通2年辛巳64歲，出仕江州授德化縣令，遊廬山避暑，復遇鍾離，偕坐林間，清談永日，別後遂致仕歸家。徒步入終南，三遇鍾離。十遭魔試，初心不變，大道圓成。道成之

後，即渡八仙中之何仙姑、曹國舅及劉海蟾祖師、華陽李奇，又於邯鄲道上渡盧生，其事與祖之遇鍾翁相彷彿。

蓋盧生名英，遇祖時，衣服垢敝，且嘆曰：「大丈夫生世不諧，困苦至此！」祖問之。生曰：「士之生世，當建功立業，出將入相，以適其志。吾會勤學，自謂青紫可拾。今已四十，尚落魄不偶，非困而何？」言訖思臥，時旅店方炊黍，祖以青磁枕授之，夢與祖同。夢至被罪下獄，曰：「吾家有良田五頃，是禦飢寒，何苦求官，以至於此。今而後，再欲穿敝褐，乘青馬，行邯鄲道中，不可得也。」夢由少至老，歷盡窮達而醒。主人炊黍未熟。祖曰：「可適意否？」生嘆曰：「寵辱之遭，窮通之運，得喪之理，生死之情，盡知之矣。先生所以窒吾欲也。」遂再拜求渡。

今按呂祖之在神仙中，可謂最熱心渡世者。考呂祖全書中，則祖所渡之人，殊不可勝計。故今人若提及「呂純陽」三字，幾無人不知。唐宋以來之神仙，其願力之宏深、慈心之迫切者，殆不能出呂祖之右矣！

第五節 《呂純陽祖師傳略》：本文載香港易覺慈匯輯的《寶松抱鶴記》

《仙鑒》云：呂祖係古聖皇覃氏臨凡，因提紀之君也。治世二百五十載，遜位入太白山。養真得道，證位天君，天君在天宮歷劫。至天寶元年，正月九日，侍元始天尊幾，與十極真人，演說靈砂丹訣，奉諭於唐朝。德宗貞元十四年，戊寅，四月十四日，巳時，降生河南呂宅，大振玄風。先世為河南蒲州永樂縣人，曾祖延之，仕唐終河東節度使。祖渭，貞元進士，終禮部侍郎。伯父四人：溫，貞元末進士，戶部員外郎，為衡

州刺使；良，早隱；恭，元和進士；儉，進士；父讓，元和進士，為太子右庶子，後遷海州刺史。母王夫人，向居東平，繼遷京川，誕生呂祖，幼名紹先。方初母就妊蓐時，異香滿室，天樂浮空，一白鶴自天而下，飛入帳中不見。生而金形玉質，鶴頂龜背，虎體龍腰，翠眉鳳眼，修頸露觀，鼻梁聳直，面白黃色，左眉角一黑子，如筋頭大，後變赤色，兩足文如龜拆。少聰敏日記萬言，矢口成文。

始在襁褓，馬祖見之曰：「此兒骨相不凡，自是風塵表物。他時遇盧則居，見鐘則叩。留心記取。」丁酉，時年 20 歲，父命婚劉校尉女。既長，身長八尺二寸，淡黃笑臉，微麻喜頂華陽巾，服白襴衫，繫大皂條。狀類張子房，又似太史公。（按：武昌黃鶴樓，有呂祖數十代元孫，題匾樓頭，可見仙嗣有人也；本傳與仙鑒，有二十不娶，結襠未近之說，不可為訓，特正之）癸亥，46 歲，本傳云，會昌中，兩舉進士，不第。丙寅，時年 49 歲，呂祖功名失意，遂浪流江州。私行至廬山，遇葛仙翁弟子火龍真人，姓鄭，名思遠，號小祝融。世稱神醫，遇人有疾，則書符誦祝，立見消融，與上古祝融氏相類。（仙鑒作祝融氏，非也，祝融氏位證衡山，為火德天君，並非火龍之號）真人見呂祖骨相清靈，遊心世外，即傳以內丹煉己之訣，製成通天靈劍（即天遁劍法）。並詩曰：「萬里誅妖電光繞，白龍一片空中皎。昔持此劍斬邪魔，今贈君家斷煩惱。」臨別囑曰：「子可居此山，以完玉煉，他日聞鐘聲響處，乃得聞金煉之訣。」呂祖遂拜謝，授畢而去。

宣宗大中元年，丁卯，時年五十江州望江亭自記云，三舉進士不第，因遊江湖，50 道始成，言初得小成也。己巳，時年 52 歲，草堂自記云：「予年 52 歲，修得內丹，依然儒士。寄身家圓，混俗人間，亦時有廬山之遊。（本傳作貨墨於人間）

庚午，53歲，歸宗廬山，皈依仙宗，將欲修大道於廬山也。丙午，59歲，草堂自記云：「予54至59歲，寄跡廬山養靜。入省父母，出臥煙霞。讀三教書，玩一壺景，往來輕健，道全其行，正在此時也。」

丁丑，60歲，遊羅浮山，有贈羅浮山道士詩綱目。大中11年，上好神仙，遣使迎道士軒轅集於羅浮山。大中11年，呂祖遊羅浮山，訪軒轅集。集，羅浮山道士，得桐君之傳，修煉羅浮山中，數百餘歲，容顏不衰。呂祖往訪之，適集被招入朝，獨自盤桓山內。忽遇馬仙來遊，相得甚歡。馬名湘，字自然，杭州鹽官人，遇魏伯陽，傳以大道。以大中十年歸家，借竹杖化形而去。十一年春，在梓潼白日飛升。

既而訪勝羅浮，得見呂之面，曰：「大仙伯也。」軒轅集還山，行過石橋，見石橋有二人下迎，一是馬自然，攜竹杖，掛酒瓢；一位裹青巾，衣黃衫，麻鞋皂絛，背劍執拂，如功曹使者。集問之，自然代答曰：「呂先生有出塵之志，度世之心。」集愕然曰：「得見何晚也！」聚首言心，臨別，作詩贈軒轅集而去（呂祖是時，未遇鍾離祖，仙鑒云：「馬自然曰：此正陽首徒，純陽子也。」〔誤〕馬自然有二：一係大中間人，自然其字也；一係劉海蟾弟子，自然其名也，所做道歌，有五遇海蟾為弟子之句，後人混為一人。殊不知海蟾遁跡，在燕王劉守光稱帝時，得道於後唐之間，距大中七十餘年，豈有海蟾未遇呂祖，其徒孫先成道者哉？）61歲，閒居家山。

懿宗咸通元年，己卯，時年62歲，呂祖奉親命，入長安赴試。至酒肆，浩然嘆曰：「何日得第，以慰親心？何日得道，以慰我心？」旁一道翁，聞而笑曰：「郎君有出世志耶？」觀其人，青巾白袍，長鬚秀目，手攜紫杖，腰懸大瓢。書一絕詩於壁曰：「坐臥常攜酒一壺，不教雙眼識皇都。乾坤

許大無名姓，疏散人間一丈夫。」其二曰：「得道真仙不易逢，幾時歸去願相從。自言住處連滄海，別是蓬萊第一峰。」其三曰：「莫道歡顏笑語頻，尋思世網可傷神。閒來屈指從頭數，得到三清有幾人？」

呂祖大驚，訝其狀貌奇古，詩情飄逸，因揖問姓氏。道翁曰：「吾復姓鍾離，名權，字雲房。」呂祖再拜延坐。雲房曰：「子可吟一絕，吾欲觀之。」呂祖遂書其後云：「生日儒家遇太平，懸纓重滯布衣輕。誰能世上爭名利，臣事玉皇歸上清。」雲房見詩暗喜，因同憩肆中，雲房自起執炊，為熟黃粱飯，呂祖忽覺困倦，枕案假寐。夢以舉子赴京，進士及第，始自州縣，而擢郎署台諫，給舍翰苑秘閣，及諸清要，無不備歷，升而復黜，黜而復升，前後兩妻富家女，婚嫁早畢，孫甥振振，簪笏滿門，幾四十年，又獨相十年，權勢薰炙，忽被重罪，籍沒家資，妻孥分散，流於嶺表，一身孑然，窮苦憔悴，立馬風雪中，方與浩嘆，恍然夢覺。雲房在旁微笑曰：「黃粱猶未熟，一夢到華胥。」呂祖悚然曰：「先生知我夢耶？」雲房曰：「子適來之夢，升沉萬態，榮悴多端，五十年間一轉瞬耳。得不足喜，喪不足悲，且世有此大覺，而後知人世一大夢也。」呂祖感悟，知功名皆幻境，再拜曰：「先生非凡人也，願求度世術。」雲房曰：「子骨節未完，志行未堅，若欲度世，須更數世可也。」呂祖磕頭乞度，誓修現在良因。雲房曰：「子尚有數年，塵緣未了也。」翩然別去，呂祖如有所失。不得已，強赴春闈，名書雁塔。呂祖啞然曰：「又入黃粱夢也，慎勿至立馬風雪時也。」辛巳，64 歲，出仕江州，復遇鍾離祖。（陳上陽云：以科舉授江州德化令，因縱步廬山遊澧水之上，遇鍾離祖授道。）咸通三年，呂祖宰江州德化縣。

六月炎天，遊廬山避暑，忽聞鐘聲響處，鍾離祖自山中出

來。心知其時到也，即求指使前途。鍾離祖即偕坐林間，授以金丹妙旨，並教其致仕歸家，早入終南山。呂祖即抽簪解組，卜吉小陽之月，即往從師。行次終南山第一層，即見師面。鍾離祖曰：「真信人也！子得火龍之法，今已煉還童體，當此64歲，卦氣盡而反於先天，復成干象，可號純陽。」（仙鑑，作上朝元始賜此號）又云：「而今而後，子即吾山中友也。」為更名曰岩，字洞賓，並勉其結庵靜坐，以煉還丹，私心易之，臨爐三次不就，心中茫然。鍾離祖曰：「人心未死，火候不嚴故也。必再冥心，入於泰定，乃可。」自是鍾離十試呂洞賓。

　　一日，坐榻上，杳冥中，忽云長安歸，見家人皆病歿，心無悼怛，但厚備棺具，已而歿者皆起。忽云鬻貨於市，議定其價，市者翻然只酬其半，呂亦無所爭，委貨而去。忽云元日有丐者，倚門求施，與以錢物，丐嫌其小，再為與之，丐嫌其遲，恣意謾罵，呂祖禮謝，丐者笑而去。忽云牧羊山中，遇虎來過，呂居羊群之中，虎目捨羊試呂，若貪人而賤物者，呂知不可免，值前當之，虎釋去。忽云居深山草舍觀書，俄來一女，年可十七八，光艷照人，妝飾靚麗，自言歸家迷路，借此小憩，夜逼同寢，調弄百端，呂竟不為動。忽云一日郊出，及歸舍中，所有盡皆劫盜席捲，殆無以供朝夕，呂了無慍色。躬耕自給，於鋤下見金數十餅，速掩之，不取。忽云於坊肆買古銅硯歸，磨之，金也，即訪主人還之。忽云有瘋狂道士，在城中市藥，自言服者立死，再世得度，旬日不售，呂異之，因買藥歸。道士曰：「自速購棺箱可也。」呂服無恙。忽云春江水發，喚渡至中流，高濤掀舞，眾皆危懼，呂祖端坐舟中不動，竟亦無虞。忽云獨在室中，見奇形怪狀，鬼神無數，有欲襲者，有欲殺者，一無所懼。復又有夜叉數十，械一囚，血肉淋漓，哭曰：「汝宿世殺我，急償我命。」呂曰：「殺人償

命。」其又奚辭，遽索道繩欲自盡，忽聞空中叱聲，鬼神皆不見。云房撫掌而下曰：「塵心難滅，仙才難遇，吾之求人，甚於人之求我也。吾見汝心君泰定，魔光十現，而皆不為所折，得道必矣。」（呂祖師云：人言鍾離祖師試我，而不知為我自試也。魔光十現，能持其心，必如是，乃可入室還丹，難哉難哉！或言呂祖師屢世簪纓，登進士第，何得有賣貨牧羊，躬耕自給諸事，又云武城取二三策，今於十試亦然。以十試為人間之事，必未嘗守己持心，經過魔煉者也。）

但功行未滿，授子黃白秘術，可以濟世利物，使三千功滿，八百行圓，方來度子。問曰：「所作庚辛，有變易乎？」曰：「三千年後，還本質耳。」呂祖愀然曰：「誤三千年後人，不願也為。」雲房笑曰：「子推心於此？三千八百，悉在是矣。」因與之敘棄世得道來歷，且言：受苦竹真君記曰：「此後有兩口者，即汝弟子。

若得其人，以吾日月交併法傳之。今詳君姓，實符苦竹之記矣。子來終南，未入妙境，予居鶴嶺，能從遊乎？」呂祖即往，星月交輝，四顧寂寥。雲房執手偕行，才數步，恍如騎快馬，歷山川，俄頃至洞南，門下鑰矣。雲房以鐵杖敲之，門忽自開，豁然明朗。（仙鑒與本傳，俱作以碧條繫呂祖，帶從門隙中入，未免是小說家言，今特正之。）登一高峰，至大洞門東，前有二虎踞守，雲房叱之，虎伏不動。引入金樓玉台，珍禽琪花，光景照耀，氣候如春。相與坐盤陀石，飲元和酒三杯。俄有一青衣，雙鬟金鈴，朱裳翠袖，雲履玉佩，異香氤氳，持璽紙金書，曰：「群仙已集蓬萊上宮，要先生赴天池會，論《五元真君神遊記事》。」雲房將去，呂祖慮其不返，賦詩送曰：「道德崇高相見難，又聞東去幸仙壇。杖頭春色一壺酒，頂上雲攢五岳冠。飲海龜兒人不識，燒山符子鬼難看。

先生去後身須老。乞與貧儒換骨丹。」雲房曰：「汝但駐此，不久仍還也。」遂望東南，乘紫雲而去。呂祖將所附素書，批閱玩誦。旬日，雲房又回，曰：「子在此岑寂，得無憶歸否？」呂祖曰：「既辦心學道，豈有家山思乎？」雲房曰：「善哉！吾今以九轉金液大還丹法，付傳於子。夫道有分合陰陽之妙，守陰則只是魄，守陽則是魂。若能聚魂合魄，使陰陽相會，是謂真人。」呂祖問曰：「魂魄冥冥，至理甚深，何以全形？」雲房曰：「慧發冥冥，泰定神寧。神既混合，豈不契真？金形玉質，本出精誠，大丹既成，身乃飛輕。」

呂祖問天地日月，四時五行，水火龍虎，鉛汞抽添，河車內觀，十魔九難等事，雲房悉傳以上真玄訣，洞達條明。「一曰衣食逼迫，一難也；恩愛牽纏，二難也；利名縈絆，三難也。災患橫生，四難也；盲師約束，五難也；議論差別，六難也；志意懈怠，七難也；歲月蹉跎，八難也；時世亂離，九難也。一六賊魔，二富貴魔，三六情魔，四恩愛魔，五患難魔，六神佛為害，是聖賢魔，七刀兵魔，八女樂魔，九女色魔，十貨利魔。」又問有何證驗？

雲房曰：「始也淫邪盡絕，外行兼修，採藥之際，金精充滿，陰魂消融。次心經湧溢，口出甘液；次陰陽搏擊，腹鳴如雷；此魂魄未定，夢寐驚恐；次或生微病，不療自癒；次丹田夜暖，形容晝清；次若處暗室，而神光自現；次若抱嬰兒，而上金闕；次雷鳴一聲，關節通而驚汗四溢；次玉液烹煉成凝酥，而雪花飛墜，或化血為乳，而漸畏腥膻，或塵骨將輕，而漸變金玉；次行如奔馬；次對境無心；次吹氣療疾；次內觀明朗；次雙睛如漆；次紺髮再生；次真氣足而常自飽；次食不多而酒無量；次神體光澤，精氣秀媚；次口生異味，鼻有異香；次目視萬里；次瘢痕消滅；次涕淚涎汗皆絕；次三尸九蟲盡

除；次內志清高，外景清虛，凡情皆歇，心境俱空；次魂魄不遊，夢寐自少，神強氣聚，不分晝夜；次陽精成體，靈府堅固，寒暑不犯，生死不干；次噓呵可干外汞；次神光坐臥常生；次靜中常聞天樂，金石絲竹之清，非世所常有；次內觀如遊華胥，樓台殿閣之麗，非世所常見；次見凡人腥穢；次見內神出現；次見外神來朝。

功德圓滿，應受籙圖，紫霞滿目，金光罩體；或見赤龍飛，或見玄鶴舞，彩雲繚繞，瑞氣繽紛，天花散空，神女下降，出凡入聖，逍遙自然。此乃大丈夫功成名就時也。」呂祖聞言，得大歡喜。雲房又授以《入藥鏡》一集曰：「得此採取，火候皆明矣。」問何上真所作？雲房曰：「崔公名鈺者手著，仙秩已高，為玄元真人也。」呂祖讀而贊之曰：「因看崔公入藥鏡，令人心地轉光明。」雲房曰：「予初於終南石壁間，得靈寶經三部，上曰《元始金誥》，中曰《元皇玉錄》，下曰《太上真元》，義凡數千卷，予撮其要為《靈寶畢法》（非今之所傳畢法也），為三乘六義，十六科。蓋明陰中有陽，陽中有陰，天地升降之道，氣中生水，水中生氣，心腎交合之機，以八卦運十二時，而其要在艮，以三田互相反覆，而其要在泥丸，至下手功夫，姑借咽氣漱液為喻。而真氣口訣，實在口口相傳，不在文字間也。」又以神丹數粒相示曰：「此非是世間五金八石，乃是異寶合成，有質無形，如雲如火，如光如影，可見而不可執。服之與人魂識合為一體，輕虛微妙，非有形之丹也。他日金液功成，亦須練此隨身，乃能點枯骨，度有緣，超不識字之群生，拔塵海中之九族也。」

復贈詩一章曰：「知君幸有英靈骨，所以教君心恍惚。含元殿上水晶宮，分明指出神仙窟。丈夫得遇真口訣，須要執持心猛烈。五行匹配自刀圭，內有龜蛇顛倒縮。三尸形神須打

盡，進退天機法六甲。知此三要萬神歸，來駕為龍離九闕。
九九道至成真日，三界四府朝元節。

> 氣翔翔兮神煊赫，蓬萊便是吾家宅。
> 群仙會飲天樂喧，雙童引入升玄客。
> 道心不退故傳君，立誓約言親灑泣。

　　逢人兮莫亂說，遇友兮不須訣。莫怪頻頻發此言，輕慢必
有陰司折。執手相別意如何，今日為君重作歌。說盡千般玄妙
理，未必君心信也麼。仔細分明付與汝，保惜吾言上大羅。」
呂祖聞言，盡豁塵俗，復盡問三元三清三寶三境之說，雲房
曰：「第一混洞大無元，從此化生天寶君，治玉清境，清微天
宮，其氣始青；第二赤混大無元，從此化生靈寶君，治上清
境，禹餘天宮，其氣玄黃；第三冥寂玄通元，從此化生神寶
君，治太清境，大赤天宮，其氣玄白。故九天生神氣經云：三
號雖殊，本同一也。（師云，此特分其層次耳）三君各為教
主，而又一氣相連，（此句師添）乃三洞尊神也。」授受將
畢，忽聞有叩戶聲，啟視，見二人，體凝金碧，相揖共坐，乃
清溪鄭思遠，太華施胡浮也。

　　思遠曰：「適為真人尹思逸丹成致賀，並造仙扉。」施
曰：「此一侍者何人？」雲房曰：「本朝呂海州之子，少習儒
墨。性靈心悟。大中間，得遇鄭公，傳以玉液還丹，天遁劍
法，既與予邂逅長安酒肆，志心奉道，始通陰陽，製煉形神入
道之微，」施答曰：「二師皆得此高弟子耶？」鄭正色曰：
「此雲房先生之正傳，吾與子，當贊成之。」施亦起敬曰：
「形清神注，目秀精藏，子欲脫塵網，可示一詩。」乃授以金
管霞箋，靈膠犀硯，即獻詩曰：「萬劫千生到此生，此生身始

第一章 呂洞賓史傳、自記、年表篇

覺非輕。拋家別國雲山外，煉魄全魂日月精。比見至人談九鼎，欲窮大藥訪三清。如今獲遇高人面，紫府仙扉得姓名。」

二仙嘆其才清，各以所秘相贈而別。（師云：鄭師復賜仙方，施翁特賜易經真解。）時春禽嚶嚶，雲房於洞口題曰：「春風塞空花露滴，朝陽拍海岳雲歸。」復曰：「吾朝元有期，十州羽客，玉清啟奏功行，以升仙階，恐汝不能久居此洞，後十年，洞庭相見。」取筆於洞中石壁上，草書曰：「晝日高明，夜月圓清，陰陽魂魄，混合上升。」

俄有二仙，綃衣霞彩，手捧金簡寶符。云上帝召鍾離權，為九天金闕選仙使，拜命訖。雲房謂洞賓曰：「住世修功，他日亦當如我。」呂洞賓曰：「岩之志，有異於先生，必渡盡眾生，方願升上界。」時翔鸞舞鶴，玉節金幢，仙吹嘹亮。雲房與捧詔二仙，乘雲冉冉而去。

壬午，呂祖 65 歲，是時鶴嶺閒居，有懷火龍先生，鍾離權先生之詩。至甲申，已 67，草堂自記云：鍾離祖師去後兩年，予居終南山中，殷勤修養，金液大丹，九還功成，十月神全，閒取金丹妙道，放為詩歌。時咸通甲申之 6 年也。乙酉，68 歲，咸通 7 年，呂祖金丹已成，不覺洋洋自喜。乃復從遊廬皁，至黃龍山。（南康志：黃龍山在縣西三十里。廬山志：由西道入隘口，兩山對峙，西北為廬皁，時文女仙跨黃龍升天處也。全書作武昌黃龍山（誤））。值黃龍誨機禪師升座，呂祖登播鼓堂聽講。師詰座下何人？呂祖曰：「雲水道人。」師曰：「雲盡水乾，何如？」呂祖曰：「嘆殺和尚。」師曰：「黃龍出現。」呂祖曰：「飛劍斬之。」師大笑曰：「咄，此固不可以口舌爭也，因問汝功夫如何？」呂祖曰：「一粒粟中藏世界，半升鐺內煮山川。」師曰：「這守尸鬼耳。」呂祖曰：「爭奈囊儲不死藥，安知與佛有參差？」師指鐵禪杖云：

「饒經千萬劫，終是落空亡。」呂祖豁然大悟，乃留一偈曰：
「棄卻瓢囊摔碎琴，大丹非獨水中金。自從一見黃龍後，囑咐
凡流著意尋。」遂拜禮辭去。

又《五燈會元》云：呂真人常遊廬山歸宗寺，未歲，道經
黃龍山，值黃龍禪師升座，呂問「一粒粟中藏世界，半升鐺內
煮山川」，且道此意如何？黃龍指曰：「這守尸鬼。」呂祖
曰：「爭奈囊儲不死藥，安知與佛有參差？」黃龍曰：「饒經
八萬劫，終是落空亡。」呂恍然大悟，再拜求指歸，言下頓
契。又《仙佛同源》云：黃龍誨機者，乃商山四皓之一，黃夏
公所化也。初引鍾離祖師，見東華帝君王玄甫，繼托跡於廬山
黃龍寺，架箭張弓，以俟呂真人，其慈悲可謂至矣。其所啟發
者，正復不小，則呂祖之受益黃龍，黃龍之傳燈呂祖，使其集
大成，歸神化者，豈淺也哉。咸通中，呂祖由南康黃龍山之湖
南，泛覽彭蠡洞庭，復由楚入蜀。聞王方平陰長生，常在平
都，因往訪不遇，遂遊青城山。他日，再過平都，方平一見即
驚曰：「神仙宗伯也。」相得甚歡。是時乙酉之歲，七月中
元，呂祖臨別題詩於壁云：「盂蘭清曉過平都，天下名山所不
如。兩口單行人不識，王陰仙館甚清虛。」又曰：「一鳴白鶴
出青城，再謁王陰二友人。口口惟思三島藥，抬眸已過洞庭
春。」武昌舊志：「唐懿宗時，有呂仙師者，來遊錦江，每歇
崖洞中，數日不出，人怪之。跡其處，只見衣冠草履，委棄於
地，已不知其所之矣。」呂祖詩云：「曾於錦水為蟬蛻。」或
即此也。丙戌，69歲。

至庚寅，73歲。以上五年，神聖功化之極，道德崇高之時
也。草堂自記云：「咸通中年，於感黃龍之示，更窮萬仞之
功，北極醫吾廬山，了卻歸空大道。自此則神滿太虛，法周沙
界，度人心事，無岸無邊。」錦州志：「仙人岩，在醫吾廬

山，北鎮廟東北，孤石峭拔，上鐫呂祖聖像，又名呂公岩，想即煉神處也。」74歲，辛卯，呂祖道成。歸家，後出遊江淮，試靈劍，斬長蛟，至洞庭湖，登岳陽樓自飲。雲房忽降曰：「來踐前約，上帝命汝眷屬，悉居荊山洞府，（時劉夫人尚在家）子之名字，已注玉清。三月十八日，引拜苦竹真君，酬傳日月交併法。苦竹望而嘆曰：「真仙宗也。復上朝元始玉皇，敕授選仙使者。」自此在人間隱顯度世，變化莫測。是時有洞庭湖君山頌詩，草堂自記云：「余作君山頌之前，雲房先生約於洞庭相見之，浪跡至此，恭候雲車，翹首青霄，徘徊詠嘆。」明日，先生來，曰：「上帝命汝眷屬，悉居荊山洞府。」逾日，復朝元始玉皇，敕授選仙使者。是時有赴瑤池仙會，留題詩壁，寄學道諸君詩，有醉後以道袍戲質酒家詩，有知音難遇。仍還星渚廬山詩，有過洪都西山，遇施希聖詩。壬辰至庚子，改元廣平，黃巢陷東都，入長安，稱大齊皇帝，有移家終南避亂詩。

以上九年，呂祖佩劍執拂，青巾草履，往來名山，有下廬山遇軒轅集來訪詩，有贈俠客劍客等詞，有贈嵩高上下石室主人詩，有遊華山遇馬湘詩，有商山度韓清夫詩，自真元十四年戊寅，至南唐末年乙亥，呂祖在唐歷年178歲矣，自是隱顯變化不一。歷朝顯現，威靈赫奕，惟其誓願度盡世間人。是以浮沉濁世，雖愚夫愚婦，罔不聞名起敬。嘗曰：「世人竟欲見吾，而不能行吾言，雖終日與吾同處，何益哉？若能忠於國，孝於家，信於交友，仁於待下，不慢自心，不欺暗室，以方便濟物，以陰德格天。人愛之，鬼神敬之，即此一念，已與吾同，雖不見吾猶見吾也。蓋人之性，念於善，則屬陽明，其性入於輕清，此天堂之路；念於惡，則屬陰濁，其性入於粗重，此地獄之階。天堂地獄，非果有主之者，特由人心自化成

耳。」宋藝祖建隆初，（或謂政和中）宮中有祟。白晝現形，盜金寶妃嬪。上精誠齋戒，虔禱奏詞，凡六十日，晝夜不息。一日，上晝寢，見東華門外，有一道士，碧蓮冠，紫鶴氅，手持水晶如意，揖上曰：「臣奉上帝命，來治此祟。」即召一金甲丈夫，捉祟擘而噉之。且盡，上問丈夫何人？道士曰：「此乃陛下所封，崇寧真君關羽也。」上勉勞再四，因問張飛何在？羽曰：「張飛為神累劫，世世作男子身，今已為陛下生於相州岳家矣。」上又問道士何人？道士曰：「臣姓陽，四月十四日生，覺而錄之，知為洞賓也。」自是宮禁貼然，遂詔天下有洞賓香火處，皆正妙通真人之號，當其顯現後苑，對上稱朱陵上帝。留語移時，上解赭袍玉帶賜之，命繪像於太清樓，塑像於景靈宮，歲時奉祀。

元世祖，封號純陽演正，警化真君。元武宗，加封純陽演正，警化孚佑帝君。所著詩詞，有渾成集，行於世，迨後降乩飛鸞，現化於五陵。演有前後《八品》，鄂渚棲真觀，演有《五品》。涵三觀，演有《三品》。及《參同契》諸經，湖南草堂，有聖德經。南海西樵雲泉仙館，演有《善與人同錄》，其先有《指玄篇》、《忠孝誥》、《修真傳道集》、《玉樞經贊》、《金剛偈》傳世。而靈應事跡，神通變化，呂祖全書中，皆備載之。

清季庚子春，粵城四境大疫，毒核猝發，朝起暮死，呂祖駐跡城西橫沙鄉，降方活人，逾三千數，有純陽子駐跡橫沙歌。「民國」三十三年，甲申，時世界戰亂，民其流離。呂祖憫世多艱，降廣州市西，何啟忠道士家，活人渡世。是年冬，至寶台弟子，恭奉呂祖仙師靈幾於恩寧路，逢慶首約，宣道濟世，救災恤貧，至今香火甚盛。飛鸞降有《至寶真經》，《照膽鏡》，《苦海慈航》，《琅環寶卷》等書，行於世。而其威

靈顯赫處，無時無地，莫不表現其救世憂民，渡人無量也。世傳呂祖姓李，名珏，字伯玉。唐宗室也，有四子，為避亂攜妻入山。以兩口為姓，因更姓呂，其後妻亡身孤，遂匾其號曰純陽子，皆非真事，不過呂祖自敘墨刻小像之喻言耳。

本宗云

純陽祖師姓呂，諱岩，字洞賓，號純陽子，河南歸德府，柘城縣人。按古之皇覃氏降世。父讓，為唐太子右庶子之官；母王氏。年 20，娶劉校尉之女。時年 46 歲，為唐天寶進士，遇正陽祖師於長安酒肆中。師授枕作黃粱夢，醒而悟，退而修道。5 月 20 日，天詔為九天採訪使，故有詩云，糾司天上神仙籍之句。證位純陽演正，警化孚佑帝君，授道於劉海蟾祖師。4 月 14 日寶誕。法派曰，純陽派。

郝天挺注呂祖云，咸通及第，兩調縣令，黃巢之亂，移家終南。

草堂自記云，干符間，黃巢作亂，余偕柳仙歸河中。發妻劍氏，在家為女冠，四子謀生於外。因攜入終南，付紫雲庵中，令何仙姑教之，尸解後，招入荊山洞府。（此有妻有子之實證也。）

第六節　呂洞賓祖師年表（原文載《至寶源流》）

唐德宗貞元十四年戊寅 4 月 14 日巳時降生河南呂宅。丁酉 20 歲奉父命婚劉校尉女。癸亥 46 歲會昌中兩舉進士不第。丙寅 49 歲功名失意浪遊江州，至盧山遇葛仙翁弟子火龍真人傳以內丹煉己訣及天遁劍法。宣宗大中元年丁卯 50 歲三舉進士不第道得小成。己巳 52 歲修得內丹依然儒士時有盧山之

遊。庚午 53 歲歸宗廬山。丙午 59 歲草堂自記云：予 54 至 59 寄跡廬山養靜讀三教書道全其形。丁丑 60 歲時遊羅浮山大中 11 年再遊訪軒轅集，適集被召入朝遇馬仙，軒轅還山馬介見集愕然，恨相見之晚，臨別贈詩而去。懿宗咸通元年己卯 62 歲奉親命入長安赴試，至酒肆遇鍾離太祖師一夢黃粱知功名皆幻叩首乞度，鍾祖卻之曰：子尚有數年塵緣未了，翩然別去。是歲春闈報捷中進士。辛巳 64 歲出仕江州德化縣令復遇鍾祖教之，致仕早入終南，遂抽簪解阻行次終南，第一層即見鍾祖曰：子已煉還童體，64 歲卦氣盡而返先天，復成乾象，可號純陽。為更名曰岩，字洞賓，結庵靜坐，自是經鍾祖十試，魔光十現不為所拆。傳以九轉金液大還丹法、復示以十魔九難，上真玄訣，再授玄元真人入藥鏡一集，鄭思遠師復賜仙方，施胡浮師特授以易經真解，是歲鍾祖證位九天金闕選仙拜命訖謂之曰：住世功修他日亦當如我。呂師曰：岩之志有異於先生，必度盡眾生方願登上界。壬午 65 歲鶴嶺閒居至甲申，67 歲大丹九還功成。咸通 7 年乙酉 68 歲遊廬阜，至黃龍山得誨機禪師傳燈而大悟誨機，禪師者商山四皓之一黃夏公也，是年呂師由黃龍而泛洞庭由楚入蜀晤王方平，方平一見驚曰：神仙宗伯也。至中元日題詩告別。69 至 73 歲感黃龍之示在北極醫吾廬山了卻歸空大道，神滿太虛法周沙界，山上孤石峭拔，鑴有呂師聖像即其煉丹處。辛卯 74 歲道成歸家縱遊江淮復至洞庭，雲房忽降曰：上帝命汝眷屬居荊山洞府，子已名注玉清，引拜苦竹真君：酬傳日月交並法，復上朝元始玉皇，敕授選仙使者，自貞元十四年戊寅，至南唐末年乙亥。呂師在唐歷年 178 歲矣，其他靈應仙跡，具載呂祖全書及至寶源流茲不贅。

天運乙未季秋（撮錄至寶源流）青松仙觀恭錄

第七節　呂祖參黃龍事考證（本節原載中國近代道學名家陳攖寧主編《揚善半月刊》）

一、呂祖參黃龍事質疑（玄一子撰寫）

俗傳呂祖師曾參黃龍一段公案，不佞聞之，不能無疑也。嘗讀《呂祖全書》中，略謂「呂祖道成之後，雲遊經黃龍山。值黃龍晦堂禪師升座。禪師問台下何人？呂祖曰云水道人。禪師曰云盡水絕如何？呂祖曰旱殺和尚。禪師曰黃龍出現，呂祖曰飛劍斬之。禪師曰此固不可以言語辯論也。遂問呂曰。爾有何道？呂祖答曰，一粒黍中藏世界，半升鐺內煮山江。禪師曰，這守尸鬼耳，呂祖曰爭奈囊儲不死藥，安知與佛有參差，禪師指鐵禪杖云，饒經百萬劫，總是落空亡。呂祖悟而吟詩曰，棄卻瓢囊摵碎琴，大丹非獨水中金，自從得見黃龍後，囑咐凡流著意尋」云云。

但讀伍沖虛真人手著之原版《仙佛合宗》，第九十八頁中，又是一說。今亦錄之於後。

仙佛合宗曰「佛家人見呂翁言仙佛同一覺照。遂誑言曾參黃龍禪師。然我昔常究此，而見為謗仙之惡口，自知仙佛決可兩從，亦欲與眾誦之，令知可兩從故。按呂翁以唐德宗貞元 12 年 4 月 14 日生，於唐文宗開成 2 年丁巳舉進士，時年 42 歲也，為德化縣令。出城遊廬山，遇異人，自言是鍾離權，共話有契，呂遂棄職，隨之七八年，後修成道。於 64 歲 5 月 20 日，在黃鶴樓前，飛升虛境，超出天地五行之外，世人皆知，不可昧者。

若黃龍者，乃豫章南昌府，寧州東鄉，黃龍山寺僧晦堂和尚，一語言僧俗耳。與黃庭堅居鄰，為言語文字友。並其徒號

死心者，皆宋季人也。豈有已經大定出陽神，而神通能歷過五百餘年不死之呂，反問五百餘年後之不能大定出神，而有死之僧以學死耶。呂翁至今屢屢顯聖度人，由已得定出定，不落生死輪迴者，而後能之。若黃龍則死後以至於今，獨不能顯聖如呂翁之度人。反誣謂能顯聖之仙，曾不能顯聖之凡僧。雖則毀謗上真，然黃何足榮？呂何足辱？細觀黃在未死前，不能神通如呂。已死後，又不能復出現於世如呂。此乃死後墮入輪迴久矣。所謂『終是落空亡』，正指此輩言也」云云。

以上二條，各有一說。吾人識淺，固不得而判決。爰為錄出。以待高明者考而正之。

二、呂祖參黃龍事考證（陳攖寧撰寫）

《揚善半月刊》第六十一期，有玄一子投稿，標題為「呂祖參黃龍事質疑」。蓋因坊間《呂祖全書》中載有此事，而《仙佛合宗》中又說此事是偽造的，不可信以為真。故疑莫能決，遂投稿於本刊，希望大家公開研究，得一結論。意甚善也！

吾人生在千年以後，而欲判斷千年以前事跡之是非真偽，談何容易。姑就余力所能及者，勉成此篇，以供眾覽。茲先搜集材料如後：

《指月錄》第二十二卷云：呂岩真人，字洞賓，京川人也。唐末三舉不第，偶於長安酒肆遇鍾離權，授以延命術。自爾人莫之究。嘗遊廬山歸宗寺，書鐘樓壁曰：「一日清閒自在身，六神和合報平安；丹田有寶休尋道，對境無心莫問禪。」（寧按：此詩首二句與別本不同，想亦有傳聞之誤。）未幾，道經黃龍山，睹紫雲成蓋，疑有異人，乃入謁。值龍擊鼓升堂。龍見，意必呂公也。欲誘而進，厲聲曰：「座旁有竊法

者。」呂毅然出，問：「一粒粟中藏世界，半升鐺內煮山川，且道此意如何？」龍指曰：「這守尸鬼。」呂曰：「爭奈囊有長生不死藥。」龍曰：「饒經八萬劫，終是落空亡。」呂薄訝，飛劍脅之，劍不能入。遂再拜，求指歸。龍詰曰：「半升鐺內煮山川即不問，如何是一粒粟中藏世界？」呂於言下頓契，作偈曰：「棄卻瓢囊槭碎琴，如今不戀汞中金；自從一見黃龍後，始覺從前錯用心。」龍囑令加護。（本篇全錄，一字不遺。）

《呂祖年譜》引《五燈會元》云：呂真人嘗遊廬山歸宗寺，未幾，道經黃龍山，值黃龍禪師升座。呂問：「一粒粟中藏世界，半升鐺內煮山川，且道此意如何？」龍指曰：「這守尸鬼。」呂曰：「爭奈囊儲不死藥，安知與佛有參差。」龍曰：「饒經八萬劫，終是落空亡。」呂恍然大悟，再拜求指歸，言下頓契。

《呂祖年譜》引《道緣匯錄》云：咸通七年，呂祖金丹已成，不覺洋洋自喜（寧按：呂祖心中事，做書的人如何能知道），乃復繼遊廬阜。至黃龍山，值誨機禪師升座。呂祖登播鼓堂聽講。師詰座下何人？呂祖曰：「雲水道人」。師曰：「雲盡水乾何如？」呂祖曰：「暵殺和尚！」師曰：「黃龍出現。」呂祖曰：「飛劍斬之。」師大笑曰：「咄，此固不可以口舌爭也，因問汝功夫如何？」（寧按：機鋒已畢，何必又問功夫，未免畫蛇添足。）呂祖曰：「一粒粟中藏世界，半升鐺中煮山川。」師曰：「這守尸鬼耳。」呂祖曰：「爭奈囊儲不死藥，安知與佛有參差。」師指鐵禪杖云：「饒經千萬劫，終是落空亡。」呂祖豁然大悟，乃留一偈云：「棄卻瓢囊槭碎琴，大丹非獨水中金；自從一見黃龍後，囑咐凡流著意尋！」遂拜禮辭去。

《呂祖年譜》引《仙佛同源》云：黃龍誨機者，乃商山四皓之一，夏黃公所化也。初引鍾離祖師見東華帝君王玄甫，繼托跡於廬山黃龍寺，架箭張弓，以俟呂真人。（寧按：一派神話，皆無稽之談。）其慈悲可謂至矣。其所啟發者，正復不少。則呂祖之受益於黃龍，黃龍之傳燈於呂祖，使其集大成歸神化者，豈淺鮮也哉？（寧按：趙緣督《仙佛同源論》中，無此說，不知其何所據而云然？）

　　《呂祖年譜》引《草堂自記》云：「咸通中，予感黃龍之示，更窮萬仞之功。北登醫吾閭山，了卻歸空大道。自此則神滿太虛，法周沙界，度人心事，無岸無邊。」（寧按：呂祖自己贊美自己，真大笑話。）

　　《呂祖全書》云：呂祖至武昌黃龍山，值誨機禪師升座。祖登播鼓台聽講，師詰座下何人？祖曰：「雲水道人。」師曰：「雲盡水乾何如？」祖曰：「嘆殺和尚。」師曰：「黃龍出現。」祖曰：「飛劍斬之。」（原注云：世因此語作為傳奇，有飛劍斬黃龍之事。昔柳真人曾辯此事，謂是答機鋒。信然。寧按：自從淨土法門盛行後，打機鋒就無人重視了。）師大笑曰：「咄，固不可以口舌爭也。」遂與指明大道。祖因呈偈曰：「棄卻瓢囊摵碎琴，大丹非獨水中金；自從一見黃龍後，囑咐凡流著意尋。」（末句《全唐詩》作「始悔從前錯用心。」）祖師證圓通佛果，蓋本於此。

　　《呂祖匯集》云：參黃龍誨機悟後呈偈一首，道書全集未載，照《全唐詩》錄入。詩曰：「棄卻瓢囊摵碎琴，如今不戀水中金；自從一見黃龍後，始覺從前錯用心。」（「如今不戀」，《神仙鑑》作「大丹非獨」；末句作「囑咐凡流著意尋」。）

　　清朝禮部尚書王文貞公崇簡《春夜箋記》云：「俗傳洞賓

戲妓女白牡丹，乃宋人顏洞賓事，非呂純陽也。」

《呂帝聖跡紀要》云：呂帝經鄂州之黃龍山，睹紫雲成蓋，知有異人，乃入。值誨機禪師升座，意必呂公也。欲誘而進，厲聲曰：「座旁有竊法者。」呂帝毅然出問曰：「一粒粟中藏世界，半升鐺裡煮山川，且道此意如何？」龍曰：「饒經八萬劫，終是落空亡。」帝君薄訝，飛劍脅之。不能入，遂再拜。龍曰：「座下何人？」答曰：「雲水道人。」龍曰：「雲盡水乾時如何？」帝君未及對。龍曰：「黃龍出現。」帝君恍然悟，求指歸。龍詰曰：「半升鐺內煮山川即不問，如何是一粒粟中藏世界？」帝君於言下大徹，呈偈曰：「棄卻瓢囊摵碎琴，如今不戀水中金；自從一見黃龍後，消盡平生種種心。」龍囑令加護。

同文書局石印《全唐詩》第三十二卷第六十二頁「呂岩詩」錄如後：

參黃龍誨機悟後呈偈

（原注：第二句缺一字）

棄卻瓢囊摵碎琴，如今不戀□中金；

自從一見黃龍後，始覺從前錯用心。

原集首附有作者略歷，其文如後：呂岩字洞賓，一名岩客，禮部侍郎呂渭之孫，河中府永樂縣人（一云蒲峻縣人）。咸通中，舉進士不第，遊長安酒肆，遇鍾離權，得道，不知所往。詩四卷。

《指月錄》第二十一卷云：鄂州黃龍山誨機超慧禪師，初參岩頭，問如何是祖師西來意？頭曰：「你還解救糍麼？」師曰：「解。」頭曰：「且救糍去。」後到玄泉，問如何是祖師

西來意？泉拈起一莖皂角，曰：「會嗎？」師曰：「不會。」泉放下皂角，作洗衣勢。師便禮拜曰：「信知佛法無別。」泉曰：「你見什麼道理？」師曰：「某甲問巖頭」，頭曰：「你還解救糍嗎？救糍也只是解粘，和尚提起皂角，亦是解粘，所以道無別。」泉呵呵大笑。師遂有省。（幻寄曰：玄泉若無後笑，幾乎帶累巖頭。黃龍一笑下脫卻毛角，尚未免牽犁拽耙。）問：「急切相投，請師通信。」師曰：「火燒裙帶香。」問：「風恬浪靜時如何？」師曰：「百尺竿頭五兩垂。」問：「毛吞巨海，芥納須彌，未是學人本分事，如何是學人本分事？」師曰：「封了合盤市裡揭。」師將順世，僧問：「百年後囊缽子什麼人將去？」師曰：「一任將去。」曰：「裡面事如何？」師曰：「線綻方知。」曰：「什麼人得？」師曰：「待海燕雷聲，即向汝道。」言訖而寂。（以上皆《指月錄》原文，一字不遺。學者欲知黃龍為何人，並其程度到何等地步，請研究此篇可也。）

　　《指月錄》第十七卷云：「鄂州巖頭全太歲禪師。（中略）唐光啟之後，中原盜起，眾皆避地，師端坐宴如也。」一日賊大致，責以無供饋，遂剚刃焉。師神色自若，大叫一聲而終。即光啟三年丁未四月八日也。（攖寧按：巖頭雖與本題無關，然欲知黃龍誨機是何時之人，不能不看此段記載。因為黃龍年代不可考，但黃龍曾經參過巖頭，必與巖頭同時，間接的可以得到一點線索。所謂光啟三年者，乃唐僖宗年號，即是民國紀元前一千零二十五年。於此可以確定黃龍誨機亦是光啟以前的人。呂祖雖是唐朝人，但其生年亦人各異說。或言貞觀丙午生，或言天寶十四年生，或言貞元十三年生，或言貞元十四年生。今以《呂祖年譜》斷為貞元十四年生，即是民國紀元前一一一三（按應作四）年，亦即是光啟三年前八十八（按應作

九）年。

　　《指月錄》第二十八卷云：太史山谷居士黃庭堅，（中略）既依晦堂，乞指捷徑處。堂曰：「只如仲尼道，二三子以我為隱乎？吾無隱乎爾者。太史居常如何理論？」公擬對。堂曰：「不是不是。」公迷悶不已。一日侍堂山行次。時岩桂盛開，堂曰：「聞木樨花香嗎？」公曰：「聞。」堂曰：「吾無隱乎爾。」公釋然，即拜之曰：「和尚得憑麼老婆心切？」堂笑曰：「只要公到家耳。」久之，謁死心新禪師，隨眾入室。心見，張目問曰：「新長老死，學士死，燒作兩堆灰，向什麼處相見？」公無語。心約出曰：「晦堂處參得的使未著在。」後左官黔南，道力愈勝，於無思念中，頓明死心所問，報以書曰：「謫官在黔南道中，晝臥覺來，忽而尋思，被天下老和尚瞞了多少。唯有死心道人不肯，乃是第一相為也。」（攖寧按：此段公案與呂祖黃龍皆無干涉。此名晦堂，彼名晦機；此是宋朝人，彼是唐朝人。《仙佛合宗》認為晦堂即是黃龍晦機，恐不免有誤。）

三、呂祖參黃龍事疑問（陳攖寧撰寫）

　　余所搜集呂祖參黃龍這件公案的材料，雖不能說完全，大概可以十得八九。若再有出此範圍之外者，都是些齊東野語，可以不論。

　　余等生於千載之下，而欲判斷千載以上之事，本極困難。況且又是方外的事，歷代以來士大夫都不屑注意，縱有所聞，亦一笑置之，誰肯浪費筆墨，加以考證。故而人異其說，說異其辭。佛教徒則烘雲托月，推波助瀾，唯恐呂祖不做和尚，唯恐呂祖不跪倒在黃龍面前。道教徒則咬定牙關，一概否認，說是佛教徒偽造出來的，唯恐呂祖名譽弄壞了，唯恐道教被佛教

壓倒了。另外更有一種在家人，非僧非道，亦仙亦佛，調和三教之流。他們雖承認有這麼一回事，卻又不承認呂祖是輸。他們說呂祖慈悲，為渡眾生故，所以示現如此。亦等於維摩居士，本來無病，為度眾生故，示現有病；文殊菩薩，久已成佛，為度眾生故，示現在佛座下求法。並非呂祖真有錯誤，後學不可執著跡相，致碍圓通。

總括起來，全國中人，對於呂祖參黃龍公案，有三種派別：

第一種，肯定派：認為這件事是鐵案，絲毫不可移動，如佛教徒是；

第二種，反對派：認為這件事是佛教徒偽造的，後來以耳為目，弄假成真，全不足信，如道教徒是；

第三種，調和派：認為這件事雖然不能說子虛烏有，但是呂祖故意示現如此，不可誤會呂祖真不悟性，不可誤會呂祖真被黃龍所折服，或又謂呂祖經過一番悔悟，因此證了佛果，如在家居士們、乩壇弟子們皆是。

以上三派，都被他們占盡了，現在叫我歸入哪一派呢？若入肯定派，是為盲從；若入反對派，是為武斷；若入調和派，是為騎墻。盲從與武斷，固然不是學者的態度，而騎墻派之模稜兩可，亦失卻研究家的精神。我只得自成一派。其派如何？即懷疑派是也。

所謂懷疑者，因為這件事有許多可疑之點，難以今人相信，若仔細推敲，便要露出馬腳。今試舉種種疑問如下：

第一問：《指月錄》云：「飛劍脅之，劍不能入。」請問呂祖用的是什麼劍？桃木劍？鐵寶劍？還是一條白光劍呢？

第二問：劍如何能飛？用手中之力拋出去呢？用丹田之氣吹出去呢？還是口中念念有詞祭出去？

第三問：劍何故不能入？黃龍有金鐘罩鐵布衫工夫嗎？身上穿了盔甲嗎？他的劍術勝過呂祖嗎？或者還是像現代紅槍會、大刀會之類，槍子打不入嗎？

第四問：黃龍之師巖頭和尚，遇到亂賊，不肯逃避，被賊殺死，大叫一聲而終。雖然他有視死如歸的定力，到底沒有刀槍不入的工夫，何故黃龍忽然有這樣大本領？

第五問：普通人在世俗上辯論是非，遇到意見不合時，結果只有拂袖而去。若無切膚利害，決不至於動武。呂祖是個得道的人，自然比普通人更加心平氣和，豈可因一言不合，就要飛劍傷人？幸而劍不能入，未曾闖禍。假使當日劍入黃龍之身，後事何堪設想？請問呂祖何以蠻不講理如此？

第六問：呂祖參黃龍詩，一共不過四句。歷代相傳，已經有許多不同的樣式。即如第二句，《指月錄》作「如今不戀汞中金」，《呂祖全書》作「大丹非獨水中金」；又如末句，《指月錄》作「始覺從前錯用心」，《呂祖年譜》、《呂祖全書》、《神仙鑒》皆作「囑咐凡流著意尋」，《呂帝聖跡紀要》作「消盡平生種種心」。請問哪一句是真？哪一句是假？或是全真？或是全假？

第七問：「一粒粟中藏世界，半升鐺內煮山川」，此意比較「於一毛端，現寶王剎，坐微塵裡，轉大法輪」之意，是異是同？若說是異，異在何處？若說是同，為什麼出在呂祖口裡就是「守尸鬼」？出在釋氏口裡就是「佛菩薩」？

第八問：《指月錄》所載呂祖參黃龍詩末句云：「始覺從前錯用心。」請問錯在何處？是否從前學長生術就算大大錯誤？呂祖當日既然痛悔前非，何不就把斬黃龍的那口劍回過來，斬了自己，以表示從今而後不再做守尸魂，倒也乾淨。何故仍舊要活在世上，仍舊要著書立說，將這些長生法術一代一

代流傳到現在？自己已經誤了，又要貽誤後人，未卜呂祖是何心理？

第九問：若依據《呂祖年譜》及《呂祖全書》所載，似乎飛劍之說不是實有其事，乃是答機鋒的。既然講到機鋒，當然不能離開口舌言語，為何黃龍又說「此固不可以口舌爭也」這句話？請問答機鋒不用口舌用什麼？是否要學不開口的機鋒，如眼睛翻上翻下，腳步三進三退，畫個圓圈，豎個指頭，拍兩拍，扭幾扭，種種捏怪？這些才算是機鋒嗎？

第十問：《呂祖年譜》引《仙佛同源》，謂黃龍誨機者，乃商山四皓，夏黃公所化云云。這些神秘奇怪之歷史，向來沒有見過記載。請問引《仙佛同源》的人，從何處得到這個消息？是否能免杜撰之嫌？

第十一問：《呂祖年譜》引《草堂自記》云云。呂祖是唐朝人，《草堂自記》到清朝才出現於世，請問此書是否呂祖親筆所作？若說真是呂祖自己做的，請問呂祖肉體是否尚在人間？若說是呂祖陽神所作，請問呂祖何故不肯把陽神消滅，偏要保留一千多年？是什麼意思？豈非由守「尸」鬼一變而為守「神」鬼嗎？豈非仍舊不能免貪戀長生之罪過嗎？

第十二問：俗傳呂洞賓三戲白牡丹，是否可信？《春夜箋記》說，此乃宋人顏洞賓事，誤加於呂祖身上。然則飛劍斬黃龍故事，是否亦為宋人顏洞賓事？宋朝亦有黃龍？這兩件事，久已被小說家寫作傳奇，弄得全國皆知。說假都是假，說真都是真。你們若說戲牡丹故事是誤，則斬黃龍故事安知不誤？請問呂洞賓與顏洞賓是一是二？

第十三問：學仙的人叫做守尸鬼。「守尸鬼」不是好東西，我們已經領教了。請問學佛的人叫做什麼鬼？拋尸鬼、棄尸鬼、爛尸鬼、滅尸鬼、無尸鬼，這些名字能用嗎？守尸的是

壞鬼，不守尸的是好鬼嗎？

第十四問：學仙的人經八萬劫，終落空亡，我們已經領教了。釋迦牟尼，活到 80 歲，就入涅槃。這種現象，是否不落空亡？若說是落，他的程度，比修仙人的差得遠了。一個能經八萬劫，一個不過八十年而已。若說不落，請問拿什麼作證據？設若沒有證據，難道不怕修仙的人反唇相譏嗎？

第十五問：《指月錄》載：黃龍擊鼓升堂，呂祖入謁，龍見，厲聲曰：「座旁有竊法者。」請問「竊法」二字作如何解釋？黃龍當日既然是擊鼓升堂，必定是公開演講，決不是嚴守秘密。而呂祖既稱入謁，必定是經過號房通報，或是先到客堂，由知客師引導，再至講堂聽講，決不是私自溜進去的。如何輕易把一個「竊」字加於呂祖身上？以竊賊視來賓，未免太不合禮。就算是呂祖沒有正式通報姓名，直撞進去，也不能說他是竊。因為和尚們講經說法，向來是公開的，無論何人，不管認識與不認識，都可以進去聽講。自古及今，已成慣例，為什麼黃龍獨要改變這個例子。

再者，提起「法」字，必須要有方法可以教人，並且這種方法，只有黃龍曉得，普通人皆不曉得，才配稱得起一個「法」字。請問黃龍所說之法，是什麼法？若說是佛法，其法能出三藏教典範圍之外乎？佛家藏經，既已公開，何故黃龍依經說法偏要守秘密？

《金剛經》云：「若人言如來有所說法，即為謗佛」；「無法可說，是名說法」；「法尚應捨，何況非法」。照《金剛經》的意思看來，釋家是以無法立教，不是以有法爭奇。既是無法，如何能竊？可知「竊法」二字簡直不通，若非妄語，便為戲論。

第十六問：《呂祖全書》云：呂祖呈黃龍偈末句，《全唐

詩》作「始悔從前錯用心」，祖師證圓通佛果，蓋本於此。請問呂祖證佛果有什麼光輝？不證佛果有什麼恥辱？呂祖何必定要證佛果？何必定要把神仙資格取消，鑽到釋門中去？何故情願降低自己身份？何故學世間凡夫一般的見識。

第十七問：《呂祖全書》云：遂與指明大道。請問這個「道」字，是就道家而言呢？還是就釋家而言？若謂就道家而言，無論什麼大道小道，乃自己本分事，呂祖豈有不知，何必要和尚們指明？若謂就釋家而言，普通和尚們都叫做「說法」、「傳法」，不叫做「說道」、「傳道」。假使和尚能講「道」，豈不變成道士嗎？若謂「大道」二字本是借用，以代替佛法二字，請問呂祖既修仙學道，又要佛法作什麼？若謂佛法勝過仙道，所以呂祖要改變方針。此等言語，出於和尚口裡，並不奇怪，若出於修仙學道人口裡，真有點頭腦不清，自相矛盾。做《呂祖全書》的人，亦犯了這個毛病。

四、呂祖參黃龍事評議（陳攖寧撰寫）

《孟子》曰：「盡信書則不如無書。」千載以前的事，誰也不能判斷他是真是假。若是假的，徒費唇舌；若是真的，乃等於一幕電影，早已一閃過去，不留痕跡了。我們今日為這件事，居然大開辯論，呂祖黃龍有知，豈不笑煞？這都是玄一子惹出來的是非，令我欲罷不能。

現在與將來，是科學實驗時代，空談的哲學與玄學，已經感覺根本動搖，何況再夾雜許多神話，如何能令人心悅誠服？仙佛兩家，立場不同，各人有各人的志願。雖不必捨己從人，亦不必強人就己，更不可貢高我慢，輕視外教。

論到究竟地步，長生就是不死，不死就是不滅，不滅自然不生，不生就是無生，無生自然無死，無死就是不死。不死豈

非長生嗎？黃龍執著一邊之見，不識究竟之理，於無分別中強為分別，隨意亂下批評。謬說流傳，至於今日。普通佛教徒，見解更不及黃龍，偏喜拾取黃龍之餘唾，動輒以「守屍鬼」、「落空亡」等語，動搖學仙者之志願。

一般學仙的人，腳跟欠穩，常常被他們引誘到釋氏門中去了。一入釋門，任你翻十萬八千里筋頭，也跳不出他們的圈套。此等人，仙家視為可憐憫者。

在我眼光中看來，黃龍並不見得怎樣高明，那幾句機鋒，也是老生常談，無甚妙義。呂祖當日何以如此欽折，不能令人無疑。

或問：陳攖寧若處呂祖地位將如何？答曰：抱定宗旨，永不改變。慢說什麼黃龍，即使釋迦牟尼復生，也不能令我屈服。若沒有這種毅力，在今日佛教風靡全國的時候，尚敢於開口提倡神仙學說嗎？

或問：陳攖寧的程度，超過呂祖嗎？答曰：不敢。呂祖智慧勝常，故能言下頓悟；我是個愚笨人，永遠沒有悔悟的日子。呂祖禮敬黃龍，是呂祖工夫深，有涵養。我器量太小，不能學呂祖那樣謙虛。「無明」這個東西，在我是永遠要保存，絲毫不許破的。別人家要想破我的無明，請他們先破一破自己罷。我不願講三教一貫，更不願講仙佛同源。當年印度釋迦牟尼，他就不懂中國神仙家的法門，何況後世佛教徒？呂祖參黃龍事，設若是假，固不足論，就算是真，亦只可說偶然遊戲而已，何必大驚小怪。

結論：這件公案，是真是假，殊無研究之價值，勸諸君留點有用精神，做實修實證事業，將來到了相當程度，自然就能徹底明白。犯不著因為這些類似小說家的古典，爭論是非。敢盡我最後的忠告。

五、呂祖參黃龍事考證續談（虞陽撰寫）

自前刊登載一篇玄一子的《呂祖參黃龍事質疑》，就陸續在該刊上發表過《考證》、《疑問》、《平議》諸篇，已將其相見時之內容荒謬，逐條指出，分析極明，本無再作續貂之必要。但究竟有無此事，千古疑團，依然未加斷語，終覺尚未達水落石出的地步。所以後來化聲先生似乎還以為這宗公案，可能亦善財難詢之例。

我們知道仙佛兩家開始發生齟齬，是在三武一周之故。在隋唐以前，佛教正在中土培養根基時期，只需一閱當時佛門中的著作，如肇論等，都是借重道家莊子等學說玄理，作進身之階。呂祖正在唐朝末期，經唐武宗毀寺，並勒令僧尼還俗之後。這種詬謗之來，自足順理成章之事，因為自漢代文景之治，及李唐以道教為國教，此段時期，可算道家隆盛時期。

我們在繼續考證之前，必須認清此種行腳參訪及爐錘鞭策，必定在參學未竟，宿習未清之本體肉身階段。（佛家稱之為報身）決無有神滿太清，應化度世時，（佛家稱之為化身）再有此類幼稚行為。認清此點後，再作下列之剖析，揚善刊中，列舉了十二疑問，揭露其不合邏輯，荒誕不經，只就其會見時，言語行為之情況上予以論列，本人現在再從空間與時間上加以查勘。

甲　地點問題

一、據引五燈會元云：「呂真人嘗遊廬山歸宗寺，未幾道經黃龍山，值黃龍禪師升座，呂問：……」

二、又引指月錄二十二卷云：「呂岩真人字洞賓，京川人也……嘗遊廬山歸宗寺，書鐘樓壁曰：『一日清閒自在仙，（仙誤作身）六神和合報平安，丹田有寶休尋道，對境無心莫

問禪。』未幾道經黃龍山，睹紫雲成蓋，疑有異人，乃入謁，值龍擊鼓升堂，龍見，意必呂公也，欲誘而進，厲聲曰：座旁有竊法者，呂毅然出問……」

三、又呂祖年譜引道緣匯錄云：「咸通七年，呂祖金丹已成，不覺洋洋自喜，乃復縱（『縱』誤作『繼』）遊廬阜，至黃龍山，（此下年譜原有附注『全書作武昌黃龍山，誤。』字樣，前刊略去未載）值誨機禪師升座，呂祖登播鼓堂聽講，師詰座下何人，呂祖曰：『雲水道人……』」

四、我現在再舉一段揚善刊所未錄者，景德傳燈錄廿三卷云：「鄂州黃龍山晦（晦宋磧玉元作誨）機禪師，清河人也，姓張氏，唐天佑中，遊化至此山，即帥施俸錢，建法宇，奏賜紫衣，號超慧大師，大張法席，僧問：不問祖師邊事，如何是平常之事？師曰：我住山得十五年，問如何是和尚家風……」這段甚屬緊要，以後再談，且將與黃龍有關之地名及僧名略摘如下：

六祖八世鄂州黃龍山誨機（懷州玄泉彥嗣）（天皇悟一支
　　派）
九世鄂州黃龍智顒（鄂州黃龍機嗣）（天皇悟一支派）
九世眉州黃龍繼達（鄂州黃龍機嗣）（天皇悟一支派）
十世鄂州黃龍仁（金陵清涼文益嗣）（法眼宗）
十二世隆興黃龍慧南（潭州石霜慈明嗣）（臨濟宗）
十三世隆興黃龍祖心晦堂（隆興黃龍南嗣）（臨濟宗）
十四世隆興黃龍死心悟新（隆興黃龍堂嗣）（臨濟宗）
十五世隆興黃龍道震（隆興泐潭清嗣）（臨濟宗）
十六世隆興黃龍法忠（舒州龍門遠嗣）（臨濟宗）
十六世洪州黃龍道觀（江州圓通道旻嗣）（臨濟宗）

十九世隆興黃龍慧開（平江萬壽月林師觀嗣）（臨濟宗）
廿六世建昌黃龍本來（京口金山慈舟濟）（臨濟宗）
六祖三世廬山歸宗智常（廬山在今九江之南）
四世江州廬山操（唐江州即今九江）
五世洪州泐潭寶峰（唐洪州即今南昌）
六世鄂州岩頭全豁（黃龍誨機師祖）（唐鄂州今之武昌）
六世洪州雲居道膺
七世江州廬山訥
七世南康軍雲居道簡（宋南康軍今之星子縣）
十二世江州歸宗可宣
十四世龍興府泐潭草堂善清（元龍興府即隆興）（亦即洪州今之南昌）
十七世江州東林道顏
廿一世廬山東林指南直（從右可知廬山屬江州）
廿一世南康雲居小隱師大（此處南康即元代南康路）

從上面前後二表，「黃龍」有鄂州、眉州、隆興、洪州、建昌等五種不同之州府名稱，「歸宗」有廬山、江州二種地名，「泐潭」有洪州、龍興府二種地名，而龍興府又即是隆興，「東林」有江州、廬山二種地名，「雲居」有洪州、南康軍、南康三地名，還要知道這裡的南康，不是贛州的南康縣，同省同名，而地則非一。此係歷經唐、宋、元、明各朝，將名稱更換，轄地變遷所致。

唐代之鄂州，大致為後來湖北省武昌府範圍，而唐代之廬山，乃在江州境內，即後來之江西省九江府範圍，沿江而下，兩者相距，不下六七百里，蓋唐宋時洪州，即元明之隆興，大致即後來之南昌府轄境。

　　元代擴大合併前朝江州與洪州之一部，將洪澤湖西北兩部，今星子、永修、都昌三縣，劃稱南康路，故如能明瞭上述變遷情形，則同寺異名，自無混淆矛盾之虞。

　　再自後表五世洪州溈潭，與十四世龍興府溈潭，同屬一地觀之。可知前表十六世洪州黃龍，與十九世隆興黃龍，亦必同屬一山。不過隆興之黃龍山，在今東鄉縣，絕不是所謂廬山之黃龍，因一屬江州，一屬洪州，而廬山與南昌府東鄉縣相距有四百多里也。

　　我們只需查閱禪宗傳燈及公案典籍中，從未見有江州黃龍某，或廬山黃龍某師之記載，即可曉然。至於前表九世眉州與廿六世建昌之黃龍，則一在四川，一近福建邊境，自屬異地，不致相混者。

　　再呂祖年譜六十一頁附注，有「南康志黃龍山在縣西三十里，廬山志由西道入隘口，兩山對峙，西北為廬阜，東南為黃龍山，晉時文女仙跨黃龍升天處也」云云。至於文女仙事，體道通鑒謂廬山青霞觀後，有一石，因文女真跨黃龍飛升，而名其石曰黃龍云。

　　又查彭澤湖邊之南康，或稱南康軍，後曾改為南康府，而非縣，既稱在縣西三十里，該志不知是否贛州之南康縣志。又山志稱，西北為廬阜，東南為黃龍山，可見黃龍為另一山名，而非廬山中鐵船峰附近今之黃龍寺也。

　　至於廬山之黃龍寺，與天池石門神龍宮相距不遠，明季徐霞客於萬曆中（1618），遊廬山所記，亦僅載有神龍宮，而尚無此鼎鼎大名之黃龍寺也。近人劉杰佛著「憶祖國河山」中載有「廬山北路風景，由牯嶺至圖書館，在擲筆峰南，西行過西人公墓，至交蘆橋，沿大道西行，至黃龍寺，為明僧了堂所建，因附近之黃龍潭而名，有林場，由寺下降龍石約半里，即

達黃龍潭，再下左行即烏龍潭」云。

可見廬山之黃龍寺，乃因潭得名，非因山得名，而建寺恐尚在萬曆之後也。且廬山數十大小峰巒中，並無黃龍作山名者，考其病原，乃在五燈會元與指月錄中，均載有「呂真人嘗遊廬山歸宗寺，未幾道經黃龍山」字樣。把遊廬山與黃龍連接在一起，使人迷誤，陷入聯想歧途，認作一事。這種捏造此故事而動筆的人，覺得真是十分聰明，他寫得極隱約而模稜，他只說「呂真人」無有名字，如有人以毀謗相質，他可以不承認指的是呂祖。又為什麼將遊廬山一句，寫在遇見黃龍的前面，所謂「未幾」，究竟是一天兩天？一月兩月？還是一年兩年？「道經黃龍山」，亦無確切的地點，究竟是那一州那一縣的黃龍山？「值黃龍禪師升座」，究竟禪師的法名是誰？是那一個黃龍禪師？

這位作者，他稱呼呂祖曰呂真人，不直書呂洞賓，這樣總顯出黃龍之更高地位，其用心亦良苦矣。這部五燈會元的作者，他是六祖下十九世臨濟宗的靈隱大川普濟禪師（或作慧明），約在宋朝末年紹定間（1228 年）所作，到了明神宗萬曆30 年（1602），幻寄瞿汝稷集成指月錄的時期，就添頭加尾，有了飛劍斬黃龍的謬傳了。

至如道門各籍所載，皆屬後代之人盲抄前人，以誤傳誤之作。而呂祖年譜附注之「全書作武昌黃龍山，誤。」字樣，更是誤中再誤，因為黃龍誨機並不在江西之廬山，而是在湖北武昌之鄂州黃龍山也。

乙　時間問題

仙佛合宗所言，晦堂之黃龍山，在南昌府寧州東鄉（縣名），是不錯的。但誤認誨機為晦堂，並誤計呂祖已經歷過

五百餘年，因為晦堂年齡雖無可考，但其衣缽弟子黃龍死心，是歿於宋徽宗政和五年，壽72歲（1044~1115）。則晦堂約生於真宗天禧年間（1020~1115約），則晦堂與呂祖之年齡，約小220年左右，如相差500餘歲，當在明朝矣。

欲查證時間，首先將呂祖之生年一談。此雖有四種不同說法，姑以李涵虛審定之唐德宗貞元十四年戊寅，最少之年齡為準（798），（括號中數字為公元，俾便計算）其他尚有貞元12年丙子（796），天寶14年乙未（755），貞觀20年丙午（646）等3種。除貞元12年與14年，只早2年，與本問題之黃龍不發生影響外，天寶14年，係早43年，至如貞觀20年，乃神仙通鑑所鼎力主張者，係早152年，則年歲更高，差距懸殊，與黃龍年齡，尤不相符合。

在此須順便一提者，即呂祖年譜中，缺大中13年己卯，多一咸通15年癸巳，應修正為懿宗咸通元年庚辰，咸通14年為癸巳。因此事跡年份相差1年，蓋各典籍中，都以庚辰為咸通元年，而非己卯。原因大中13年8月宣宗崩，懿宗即位，次年方改元咸通，而誤以即位之當年為咸通元年也。

又年譜30頁中，指呂祖「在襁褓中」馬祖見之曰：「此子骨相不凡，自是風塵表物，他時遇盧則居，見鐘即叩，留心記取」一節，在眉批上及附加括弧中注有「馬祖授記非四祖」七字。此注所稱之非四祖，當係指非禪宗四祖司馬道信大師，因為道門中無姓馬之仙真而有四祖的稱呼，則上面「馬祖授記」之馬祖，豈不變了南岳一世之道一禪師了。因道一俗姓馬，人皆呼之曰馬祖，大概這個加注的人，也是佛門中人，把仙道門中之事，又攪進佛門中人物出來了。年譜此段亦有附注，據稱係採取「史纂及編年考」，本來毫無問題，但如授記者為禪宗道一馬祖，則又牛頭不對馬嘴了。蓋因馬祖道一是在

貞元 4 年逝世的（788），呂祖乃貞元 14 年降生的，呂祖誕生時，馬祖道一已去世 10 年矣，如何授記，那麼年譜所載為呂祖授記的馬祖是誰呢？這位馬祖是名湘字自然，乃為魏祖伯陽弟子，於大中 11 年，在梓潼白日飛升的；也不是劉祖海蟾弟子馬（名）自然，此際順便加以校正。

前刊中，亦曾推算誨機年齡，因籍未記載，而以曾經參過之岩頭全豁，為光啟 3 年丁未（887）逝世，較呂祖誕生之年，遲後 89 年，即該時呂祖為 90 歲（揚善載「即是光啟 3 年前 83 年」誤，應作 89 年），但前刊以後，並未深入推敲。

前刊引指月錄所載岩頭全奯（即全豁），祇有逝世年份為光啟 3 年，而傳燈錄尚載明其壽為 60 歲，於是可知其生年為文宗太和 2 年（828）。黃龍誨機之師父為懷州玄泉彥，年代亦無可考，而岩頭全豁乃黃龍誨機之師祖，誨機雖曾參岩頭，但一因二人年齡差距較大，二或參學不及，一已在晚年，一尚在初學，故祇可向岩頭之直系嗣法人玄泉彥，繼續修學。故玄泉彥與誨機間之年齡差距，當屬較小，可能不及一世，（普通一世作 30 年計，是不太適當的，大概從統計數字上看來，約為二十七八年較為實在，因人們生育在過去大家庭制度中，三十歲前較密，而三十歲後較稀故也。但和尚兒孫因非親生，每世平均統計，6 祖至 35 世，不過 26 年弱）所以岩頭與誨機年齡之差，應在一世以上，可能尚不及一世又半，大膽的估計，約差三十幾歲。

當然如玄泉彥，並非承嗣岩頭之人，或黃龍將來另師他人，不在岩頭一系者，自不適合如此推論。

茲擬定岩頭黃龍年齡相差在 30 年與 40 年之間，此項擬定，亦有其理由。

一，如少於 30 年，則相差接近一世，不必再師玄泉而成

第二代之孫輩。

　　二，如超過 40 年以上，將牽涉參見岩頭訪問時之黃龍年齡，將在 20 歲以內，殊不合理。

　　詳細情形須細閱另繪之「年齡詳細分析線路圖」，因誨機初至黃龍山，為公元 905 年，即可依擬定二人之年齡差額範圍，算出初入黃龍山之確切年齡，當初約估，宜入山在 36 歲之後，及 50 歲之前。今按圖表，可縮為 38 歲至 48 歲之間，此項年歲，亦極適當。此際須翻閱前節（甲）地點問題之第四點，說「誨機在唐天佑中遊化至鄂州黃龍山，節帥施俸錢建法宇……大張法席……師曰：我住山得 15 年」云云，可見他募得節度使庫銀，拿來才大興土木，起造寺院，可以說他就是黃龍山的開山祖師，因為在他之前，尚無黃龍禪師的名號，以後不但本山，且他處亦陸續有黃龍起來了（隆興之黃龍，似以 12 世之慧南為最早）。

　　但唐天佑年號，共祇 3 年，天佑中，當可估定為公元 905 年，假使年齡太輕，在三十七八以下，則其資歷名望，均不足以動大軍人之心，為之大施庫銀，大建法宇，如年齡太大，體力已差，亦不合各方遊化，開基立業之時期（當然此指一般而言亦有例外）。並且如估計入山年齡，大於 48 歲以上時，又將牽連岩龍二人年差將在三十以下之不相符合（參閱圖表），今推定為 38 與 48 之間，極為妥合。

　　然後再研究誨機初參岩頭時之年齡，那段禪機問答，後來還引得玄泉呵呵大笑，究竟初見岩頭是在何時？初時估計當不會小於 18 歲，或大至 30 歲以上。

　　如太小，則尚未成年，年幼無知，而且他並非鄂州地方附近的人，他是很遙遠的河北省清河縣人，如何懂得遊歷到鄂州去參訪。如太大，在 30 以外，則不必再師同門之玄泉，而徑

嗣岩頭，且禪機問答亦甚幼稚，而與岩頭逝世年齡，亦有牽連發生不符之處（詳見圖表）。

因岩頭壽命，祇僅 60，而必須將年差壓少至 30 年以內之不合邏輯。從龍參岩年份，即可知其在岩頭逝世前若干年；或從岩卒前幾年，即可知其初參岩頭時，黃龍之年齡，又從圖表發現，龍初參岩頭後，不足 1 年（圖示*處），岩頭即被盜飲刃而亡，此亦為黃龍不得不從嗣法玄泉彥學習，並以為師之最大原因。

附算式表及閱圖法

算式表

1. 龍生年份＝岩生年份 828 十岩龍年差。

2. 龍初入黃龍山年齡＝龍入山年份 905－（龍生年份－1）

3. 龍參岩在岩卒前幾年＝岩逝世年齡 60－（龍參岩時龍齡＋岩龍年差）

4. 龍參岩在岩卒前幾年＝岩逝世年份 887.5－龍參岩年份

5. 龍參岩年份＝岩逝年份 887.5－（龍參岩在岩卒前之年數）

6. 龍參岩年份＝岩逝年份 887.5－（岩卒時龍齡－參岩時龍齡）

7. 參岩時龍齡＝（龍參岩年份＋岩逝年齡 60）－（岩逝年份 887.5＋岩龍年差）

8. 參岩時龍齡＝岩逝年齡 60－岩龍年差－參岩卒前年數

9. 岩卒時龍齡＝岩逝年齡 60－岩龍年差

閱圖法

1. 從左年差橫線交「入山，卒年線」沿上，得龍入山年

齡。

2. 從左年差線橫向右，交「入山卒年線」沿下底部，即是岩頭逝世時之龍齡。

3. 「入山卒年線」其左下方，為參岩卒前之年份，右上方，為卒前年數。

4. 初參岩時，在岩卒前幾年，及參岩龍齡之查法。

5. 從圖上，參岩時位置，向下引申，其下底部。即是初參岩時之龍齡，從該點，橫向右邊所指，即岩頭逝世前之年數。

推論結果：

岩龍年差	參岩龍齡	參岩卒前	入山龍齡	岩卒龍齡
35 年 龍生 863 年	24.583 （作 25 歲）	年數 （不足一 年，0.417 年） （5 個月）	43 歲 （905 年）	25 歲 （887.5 年）

從下圖附表，茲推定岩頭、黃龍、年齡相差為 35 年，初入黃龍山之誨機為 43 歲，初參岩頭時誨機為 25 歲，但不足 1 年，岩頭即逝。照此判斷，其出入範圍，相差不會大於 5 年，龍生年份，應為公元 863 年，唐懿宗咸通 4 年，當無大差距離。

年齡詳細分析路線圖

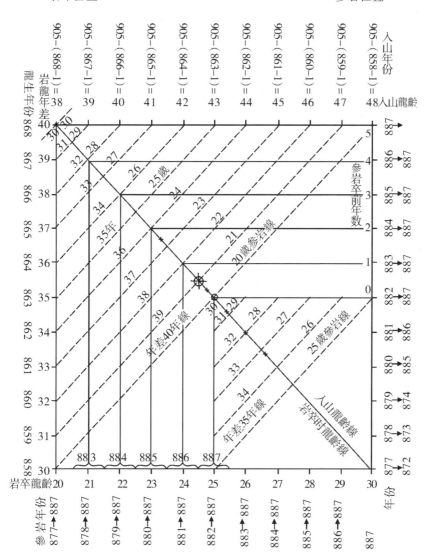

○ 靜位中心
岩卒位置

⊕ 綜合中心 (解法略)
參岩位置

現在再制一「黃龍誨機一系及前後同輩年代表」，以助參考。

（呂祖誕生於公元 798 年）黃龍誨機一系及前後同輩年代表

	六祖下五世法號 生年 比呂祖
	德山鑒 780 大18
	石霜諸 807 小9
	夾山會 805 小7
	洞山價 807 小9
	投子同 819 小21

	六世法號 生年 比呂祖 比岩頭
	岩頭全豁 828 小30 0
	雪峰存 822 小24 大6
	大光誨 837 小39 小9
	樂普元安 834 小36 小6
	雲居膺 822 小24 大6
	曹山寂 840 小42 小12
	龍牙遁 835 小37 小7

	七世法號 生年 比長慶
	玄泉彥 大1
	無（估計八五三）
	羅山閑 大4
	瑞岩彥 小3
	無（估計八五七）
	玄沙備 835 大19
	長慶稜 854 0
	龍華照 870 小16
	龍冊恳 864 小10

	六祖下八世法號 生年 比黃龍 （905）至山
	黃龍誨機 0
	無（計八六三）
	大寧隱微 886 小23
	瑞峰神禄 872 小9
	羅漢桂琛 867 小4
	林陽 892
	風穴 896
	資福 895

	九世法號 生年 比黃龍
	黃龍達 無
	黃龍顯 無
	清凉益 885 小22
	普淨常覺 896 小33
	報劬玄應 910 小37

從上列「同輩年代表」中，我們可知黃龍的前三世，高師祖輩的年齡，除德山鑒生於公元 780 年，較呂祖生於公元 798 年，大 18 歲外，其餘同輩的如石霜諸，較呂祖小 9 歲，夾山會小 7 歲，洞山價小 9 歲，投子同小 21 歲，所以德山鑒在同輩內是特出的大年齡。

再看黃龍前二世師祖岩頭豁，生於公元 828 年，他比呂祖遲 30 年，比師父德山小 48 歲，雖然相距甚大，但在同輩中，除雪峰存，雲居膺比他大 6 歲外，其餘如大光誨、樂普（一作浴浦）安、曹山寂、龍牙遁多要比他小 6 歲至 12 歲。

再看黃龍的前一世師父玄泉彥，師叔羅山閑，及瑞岩彥，可是這三位年代，都無可考，不過羅山閑的嗣法弟子大寧隱微，生於公元 886 年，小於他祖師 58 歲，又瑞岩彥的嗣法弟子瑞峰神祿，生於公元 872 年，小於他祖師 44 歲，我們可以約略估計羅山閑的生年在公元 857 年，瑞岩彥的生年約在公元 850 年左右，所以玄泉彥的生年，照一般每世約為 25 年計，應在公元 853 年左右，他的年齡，適在二位同門師兄弟之間。這一輩其他派系人除玄沙備，他僅比師父雪峰存小 13 歲而特高外，餘如長慶棱之公元 854 年與玄泉彥相仿，其他龍華照、龍冊恖等，又皆小十餘矣。

現在再看黃龍本身一輩，他的情形就不同了，他曾與師父玄泉同參在岩頭座下，所以他的年歲必與玄泉相差不大。照上述的估計結果，祇相差約十年，所以黃龍在同輩中，他一定又是一位老大哥無疑。

回頭來查勘一下，上列年代表，是否如此？同門的大寧，小他（863）23 歲，瑞峰小他 9 歲。別一派中，祇有羅漢桂琛生於公元 867 年，小他 4 歲，至如林陽端、風穴沿、資福遠，都要小至 29 至 33 歲之譜。

再看黃龍的下一輩；大寧與瑞峰，其嗣無可考；誨機的嗣法二人，黃龍達、黃龍顯，他們的年代亦無記載；其他列系的如清涼益，生於公元 885 年，小於誨機 22 歲；普淨常覺、新劬玄應，則小黃龍 33 歲及 37 歲不等，適符一世半之譜；是故前段的推斷，諒無錯忒。

丙　結論

既如上述，地點先已混淆，並不在於廬山，而年代相距達 65 年，為黃龍上 3 代高祖輩時代之人，他是 6 祖下第 5 世一輩和尚時代之人，而指月錄把呂祖列在第 9 世和尚之中，誨機初至之黃龍山，是與他師祖之岩頭在同一鄂州之內，黃龍當時年約 43 歲，而呂祖已達 108 歲。得當時有權勢者之助，而大事興建院宇，迨興建完成，所謂登座擊鼓，大張法席，當在 45 歲之後（907 年之後），即是當在呂祖 110 歲之後。按照黃龍他自己預估居山壽終的年歲，曾說「我住山得 15 年」，這話雖是帶著機鋒性質，但是在歷來公案中，很多以這種記錄方式來隱約表示他能預知死亡時期之方法。如屬確作預言的話，那麼誨機壽命與他師祖岩頭，不相上下，應為 60 左右了。

　　然則呂祖與黃龍遇見的年份，應當就在這 15 年之中了，因為如在此際之前，黃龍山廟宇尚未建造，何來大張法席的地盤？那麼呂祖遇龍時，年齡是 110~125 歲之間矣。就是因為五燈會元，指月錄等都稱呂祖曰呂真人，於是道綠匯錄等，就盲目的推想到應該在金丹已成之後，還虛之前，晤值誨機年份，謂是咸通 7 年（丙戌公元 866 年），殊不知咸通 7 年，呂祖為 69 歲，誨機尚在牙牙學語後，常在懷抱不足 4 歲之嬰孩階段，真是荒謬無比。

　　現在不知其他各種燈譜中，有無此種情事？但比較翔實之

景德傳燈錄黃龍公案中，即無呂祖之記載。

我懷疑這場是非之罪魁禍首是五燈會元，也是有原因的。因為他不是就製造了這件不實的黃龍故事，更在自己佛門內編造了兩個天皇道悟，天王道悟的雙包案件，據說就是欲想把後來發揚的雲門法眼兩宗，脫離石頭希遷一系，而轉移到馬祖道一門下去的關係。

這件雙包案，弄得禪宗中烏煙瘴氣，聚訟千年（欲知內情，請參閱指月錄 716、720 頁及「民國」33 年普慧版景德傳燈錄十四卷 72~74 頁），清祖燈大統中，就駁斥他捏造事實，歷引偽證，而雪峰廣錄澄清了事實，證明其謬誤。

天皇悟生於公元 748 年，世壽亦 60，傳法於龍潭崇信，即德山之師。呂祖如真有請益，亦應向龍潭信討教（約大於呂祖 30 歲左右），時代上方為合理，編造者未暇細察，致釀此笑話。五燈會元尚還客氣些，遇見時由呂祖先開口的，舉一粒粟，半升鐺，芥子須彌之義，問此意如何？到了指月錄裡，有所謂「紫雲成蓋疑有異人」「意必呂公」「欲誘而進」等，加油添醬的把寫作者自己，變成了一位有他心通神通的人物了。

試思假使是呂祖先開口的話，不說他是一個有道的人，也不說他是唐武宗會昌時人，怎樣會到五代後梁時期去與黃龍見面？爭長論短，就是一個 120 歲相近的凡人，他還會同他後代數輩的人來逞機鋒嗎？又什麼「呂薄訝，飛劍脅之，劍不能入」。不但作口舌之事，而竟動武起來，寧有是理？這簡直是呂祖去上門尋釁了。

假使說是黃龍先開口的話，一見面就「厲聲曰：座旁有竊法者」。把呂祖當做小偷看待，重要之佛經如華嚴、涅槃、楞嚴等經中，皆以世尊竊比於大仙以自重，雖然禪宗以後風行棒喝，難道棒喝是這樣用法的嗎？難道黃龍一入禪宗，就可以如

韓愈所辟，目無尊長的，可對前輩仙真，不必再講禮貌了嗎？宗門燒木佛，踏足毘羅頂上行，那是佛教自己門內事，他人不便過問，但豈可燒到踏到門外他人頭上起來？

以上乃都以呂祖的最少年齡，與黃龍相差 65 歲推論的。倘以貞觀丙午為準，則呂祖比南岳懷讓還大 31 歲，與六祖慧能為同時人，將大於五代初年弘法之黃龍誨機 217 歲，那就更不用說了。

從上逐節分析，黃龍公案之是否事實，已可不言而喻，宗門素以「如何是本來真面目」作話頭參究，今予豈好辯哉！亦只為顯示事實真面目（此處借用真面目三字意義），而不得已也。希諸見者，除我慢，祛偏執，勿染舊習，勿事譌言，障蔽元明，自繫轤櫪，跂予望之。

※ 第二章 ※

呂洞賓禮贊伏羲、黃帝、老子篇

第一節　呂洞賓禮贊中華易祖伏羲精選

> 伏羲傳道至於今，窮理盡性至於命。
>
> 了命如何是本元，先認坎離並四正。
>
> 坎離即是真常家，見者超凡須入聖。
>
> 坎是虎，離是龍，二體本來同一宮。
>
> ——錄自呂祖《窯頭坯歌》

第二節　呂洞賓禮贊中華聖祖黃帝精選

（內附呂洞賓贊佛祖如來）

> 曾戰蚩尤玉座前，六龍高駕振鳴鑾。
>
> 如來車後隨金鼓，黃帝旗旁戴鐵冠。
>
> 醉捋黑鬚三島暗，怒抽霜劍十洲寒。
>
> 軒轅世代橫行後，直隱深岩久覓難。
>
> ——錄自呂祖《七言律詩 107 首・103》

> 雲鬢雙明骨更輕，自言尋鶴到蓬瀛。
>
> 日論藥草皆知味，問著神仙自得名。
>
> 簀冷夜龍穿碧洞，枕寒晨虎臥銀城。
>
> 來春又擬攜筇去，為憶軒轅海上行。
>
> ——錄自呂祖《七言律詩 107 首・69》

第三節　呂洞賓禮贊中華道祖老子精選

鐵牛耕地種金錢，刻石時童把貫穿。
一粒粟中藏世界，半升鐺內煮山川。
白頭老子眉垂地，碧眼童兒手指天。
若向此中玄會得，此玄玄外更無玄。
　　　　　——錄自呂祖《七言律詩107首·96》

自隱玄都不記春，幾回滄海變成塵。
玉京殿裡朝元始，金闕宮中拜老君。
悶即駕乘千歲鶴，閒來高臥九重雲。
我今學得長生法，未肯輕傳與世人。
　　　　　——錄自呂祖《七言律詩107首·74》

四海皆忙幾個閒，時人口內說塵緣。
知君有道來山上，何以無名住世間。
十二樓台藏秘訣，五千言內隱玄關。
方知鼎貯神仙藥，乞取刀圭一粒看。
　　　　　——錄自呂祖《七言律詩107首·80》

本來無作亦無行，行作之時是妄情。
老氏語中猶未決，瞿曇言下更難明。
靈竿有節通天去，玉藥無根得地生。
今日與君無悋惜，功成只此是蓬瀛。
　　　　　——錄自呂祖《七言律詩107首·22》

一三五數總皆春，後地先天見老君。
花發西川鋪錦繡，月明北海慶風雲。
好拋生計於斯覓，莫逞浮華向外營。

念念不忘塵境滅，靜中更有別乾坤。

——錄自呂祖《指玄篇・上・5》

真鉛大藥本無形，只在人心暗與明。

老子懷胎十個月，功行圓滿自通靈。

——錄自呂祖《指玄篇・下・16》

龍虎金丹妙合天，風雲際會泄甘泉。

白頭老子能知此，返老還童壽萬年。

——錄自呂祖《指玄篇・下・24》

呂洞賓

丹 道 修 真

長壽 精華

※第三章※
呂洞賓傳承黃帝、老子丹道篇

第一節　張三豐禮贊《老子道德經》
呂洞賓祖師秘注詩

> 呂祖首序定評論，自敘尤開八德門。
> 又見關中來紫氣，真看李下毓玄孫。
> 欲教後世人同度，能使先天道益尊。
> 多少注家推此本，寶函長護鎮崑崙。

第二節　老子《道德經》呂洞賓秘注全文

一、重刊老子道德經呂祖秘注二種蕭天石序

余庋藏《呂祖秘注道德經心傳》凡四種，其中二種內文同版本不同，今特選刊其二種公之於世，要亦恐其久而失傳也，第一種《道德經釋義》一書共二版本，一為廣州漱珠岡純陽觀藏版，一為掃葉山房版。前者字大版大而古樸，共二原冊，內容多回道人呂洞賓自題詞一文，餘則均同，以有殘頁，補綴不易，故改取此掃葉山房版。

原書將上陽子之《道德經轉語》，及古今本考正二文，編次例於呂祖釋義正文之前，此與一般體例不合，故將全書主文之八十章秘注提前，而將〔轉語〕，〔考正〕二文改次於後，使主從有別，輕重得宜也。卷末附輯《太上老子清靜經》及

《呂祖金玉經秘文》，所以存原版書之實，故不忍割捨耳，《金玉經》一書，余於選刊《道藏精華》第九集時，曾將青城山天師洞藏之秘抄本，附於該集之七《悟真寶筏》一書內，其行文說道，不少有優於本書者在，讀者互為參照，即知余言之不誣也。

《呂祖道德經解》一書，係成都經堂版，所解與前述有異，二而非一。此書為四川劉門開祖劉沅止唐先生，於清光緒12年重鐫本。止唐為有清一代之大儒，一生著作等身，可考者計凡二十八種之多，人恒稱〔川西夫子〕而不名，晚年致全力修煉內丹。

本書為劉止唐係於丙辰由京西歸，道出陝西漢中留候張良廟下，遇靜一老人，知其有緣可造而授之，終得大道其昌，未負此一老神仙也。

1975 年，蕭天石於石屋草堂

二、老子《道德經》釋義河上公舊序

五味辛甘不同，期於適口，麻絲涼燠不同期於適體，學術見聞不同，要於適治。今夫天下所以不治者，貪殘奢傲，吏不能皆良，民不能皆讓，以及於亂。誠使不貪矣，不殘矣，慈儉而讓矣，天下豈有不貪不殘，慈儉而讓，乃有不治者乎？

今夫儒者蹈高仁義，老氏不言仁義，而未嘗不用仁義；儒者，蹈禮法，老氏不言禮法，而未嘗不用禮法，以濡弱謙下為表，以空虛不毀萬物為實。見素抱樸，少私寡慾，而民自化焉。故其言曰：「我有三寶，持而行之，曰慈曰儉，曰不敢為天下先。」

慈，非仁乎？儉，非義乎？不敢為天下先，非禮乎？故用世之學，莫深於老氏。今儒者不務自治，而虛名之幻，內貪殘

而外仁義，處奢傲而治禮文，此乃「忠信之薄而亂之首也」，而老氏之所下也。

三、老子《道德經》呂祖秘注李明徹序

大道之宗空空洞洞，包涵無極，主宰三才，流行造化，養育群生，本無言說。無言不顯，無說不明。是以太上老子立五千餘言，發大道全體宗源，統太虛一貫，至齊家治國平天下，為聖為賢之大本也。

祖師悲憫，普化均天，釋義經文，貫修真正脈，發玄理精微，指示真常，明性命之學，使學者知返本竅源，識修真正路，定靜靈明不落傍流曲徑，達悟無上真空，如是啟諸同學，應會龍沙，皆籍祖師普度之聖心也哉。

四、老子《道德經》呂祖秘注釋義凡例

（一）《道德經》上下二卷，古本今本，略有異同，有古本多一二字一二句者，有今本多三四字三四句者，有古本某字，今本又作某字者，有此本作某字，別本又作某字者，無所考正，唯有存疑，何敢妄言是非，定從違耶？晉王弼題是書曰：「道德經，不析乎道德而上下之，猶近於古歟？」其文字則多誤謬，殆有不可讀者，令人惜之。今一以真人釋義為定，不敢泥乎古，亦不敢徇乎今。今既詳所釋之義，而更考經文，知古今傳寫，誠不無誤謬耳。於是校其同異，列於卷首，以備參稽。

（二）古本今本，皆無音釋，不揣固陋，謬為考核增補，經文則有音有切，釋辭則去切存音，蓋以字下地步短狹故也。隨考隨筆，間有遺漏，惟賴後之君子補之。

（三）俗慣用字，相沿日久，不知其非，敢為考正一二。

如「者個」，用「這個」，考「這」字，並無「者」字音義。毛晃曰：「凡稱此個為者個，者，即物之辭也。又此也。俗多改用「這」字，這，倪殿切，音彥，迎也。《周禮》有掌訝，主迎，「訝」，古作「這」。郭忠恕《佩觿集》曰，迎這之彥，為者回之者，其順非有如此者。又俗語辭多用的字，讀《朱子語類》等書，又用「底」字，考「的」，丁歷切，丁入聲，明實也。又婦人額飾有丹的，射侯之中，曰的，又當入聲，又音「灼」，無低音。今本朱子用底字，凡供役使者曰「小底」。《晉公談錄》云：皇城使劉承規，在太祖朝為黃門小底。又齊韻低，今用底字。雖無取義，或亦不致大謬也。又如經文悅忽，作恍惚，考悅一作恍，忽俗作惚，心旁重文，不必作惚之類，今改正之，非敢從古悖今也。

（四）經文分章，原不可易，河上公章句，則以第一章為「體道」，二章為「養生」之類，釋義則削去，惟照原文，如道可道章第一，天下皆知章第二之類。蓋詩經關雎麟，語孟之學而為政，梁惠王離婁等，即以本文起語為章，不必蛇足也。其所分體道，養生等名，仍載之轉語章下，以便觀覽。

（五）經文所解不一，真人則一以體道修真為主。故凡家國天下民人車器等，總約於一身不事外求，蓋謂身既修，而家國天下，皆可舉此而措之耳。呂祖自序云：「八十一章之中，縱橫順逆，隱喻良多，隨人志之，所在遁世立名，無不可以為法。」斯言得之矣。上陽子陳觀吾有《道德經》轉語及偈八十一首，皆是過來人，作指實語，頗與真人之解相發明，開悟後人不小，並附於前，俾讀者涵詠經文，會通釋義，再詠嘆此詩，自能快然豁然，不斤斤於章句中求之也，惟讀者深思而自得之。

（六）前列授經圖，蓋本古人左圖右史之義，且讀者一展

卷開，覺函關紫氣，繚繞目前。執鞭欽慕，今人有超然世外之思。

五、道德經呂祖釋義卷之上

純陽真人釋義

道可道章第一

道，可道，非常道。名，可名，非常名。無名，天地之始；有名，萬物之母，故常無欲以觀其妙，常有欲以觀其竅，此兩者，同出而異名，同謂之玄，玄之又玄，眾妙之門。

道，乃混元未剖之際，陰陽未分之時，無天地以合象，無日月以合明，無陰陽以合氣，無造化以合其道。這是個「道」字，可道，心可道其妙，而口難道其微，謂之可道。

道不可須臾離，而瞻之在前，忽焉在後。這是可道底。仰之彌高，鑽之彌堅。如此之玄，非空於玄，而實有玄之之妙。如此光景，豈是口可道，只可心領會，而心可道，非常道，是心可道之道，非尋常日用五倫之道，非治國安民之道，非天地化生之道，非陰陽順逆之道。這個道，豈是有作有為尋常之道？故曰「非常道」。

名，何謂是名？無動無形，無機無化，無極無虛，無空無相，這就是名。名不知其為名，故名也。可名，是心名其名，難謂口可名其名。心領神會，可名其名，謂之可名，非常名，是心之名，非有形有相之名。虛中虛，空中空。虛中有實，空中有相，只可意取，不可聲名。非口名其名，非一切有影有響之常名也，連有影有響，算不得此名，而況有實具者乎？只在先天中求先天。這就是可道之道，可名之名了。連先天中之先

天，還算不得道名二字，就是強為道為名，只是不開口，者就是道之可道，名之可名。此二句，方是道經老子之意。方說得其奧旨，這才是非常道，非常名。

無名天地之始，天地之始，是混元純一不雜，一團底性中之性，為之始。連天地也在後生，連陰陽也在後剖，那時節才是無為之始，天地二字都合不上，這是太上老子恐後人不知所以然，強安天地二字在此句之中，既無名之始，何嘗有天地之形？既無天地，又何為無名之始？此天地二字，要另看。那時節，有天地之性存於中，而無天地之形，這就是無名天地之始，有名萬物之母。這個萬物，在外講，就是天地化生之道。夫妻、父子、君臣、朋友化育之理。在內講，體道，乃得此中之根本，現如意之光，珊瑚、瑪瑙、珍珠、寶石之相，要在一個母字之上求，方有萬物，這是個性中有為。

萬物之母，這是個實中求虛，而虛中返實的景象。也說不出有為萬物之母妙處。要體此道，體此名，方知母之奧妙，此正是有為萬物之母了。俱是個虛靈中景象，是個有名的萬物。從混元之母而生，故曰：「有名萬物之母，故常無欲以觀其妙」。因有母而化生出萬物，才道一個故字，因故而實中才生出一個虛無的境界。故吾常無慾以觀其妙。不從萬物中來，安得從萬物中而觀妙。這就是慮而後能得。那個莫顯乎微，又得那個莫見乎隱。這才是個天命之謂性，率性之謂道。到此率性底地步，吾故能常常無欲以觀吾道之妙，故曰：「故常無欲以觀其妙，常有欲以觀其竅。」

竅，非耳目口鼻之竅，乃生死存亡出入必遊之竅，所關甚重，所繫非輕，此其竅也，吾若有欲，而身不得道之妙，從世俗中出入，此亦之竅門也。吾若無欲，而心領神會，得道之妙，皆從此道之妙，而求其道妙之竅，任其出入關閉，皆由於

我。而不由於竅之督令。自專之權柄，這就是在明明德。而止於至善之道。吾方能常常去有慾之心，以觀吾道之竅。此竅字從母字中來。上妙字從始字中出。總是元始之母。而生妙於竅，皆從心可道之道，從心可名之名，而合於始生之母，方得到一個妙字。知其之竅自然之竅，非造作有欲之竅，體道之妙，知道之竅，此兩者豈不是同出之門戶者也，妙於心，而竅於意，同其玄之又玄的境界，在那個囫圇之時，溶化之際而不可道其道之妙，而不可名其名之玄，都玄而又玄，到無為之始，無聲無臭的時節，唯精唯一，言那個能體道之士，慎篤之輩，除此安得入眾妙之門，篤信謹守，抱一無為之始，以心道其道，以心名其名，方得入其門，知其妙，以悟混元之母而得其至妙之竅，此之謂其道也。嗟乎，道之義大矣哉，而復無其言。

天下皆知章第二

天下皆知美之為美，斯惡己；皆知善之為善，斯不善己，故有無相生，難易相成，長短相形，高下相傾，音聲相和，前後相隨，是以聖人處無為之事，行不言之教，萬物作焉而不離，生而不有，為而不恃，功成而弗居。夫惟弗居，是以弗去。

天下皆知美之為美，斯惡己，皆知善之為善，斯不善己，天下皆知，是抱道之人皆知，非尋常之人皆知。要體認此理，美，是到了美處，為美，是到了極美處，到盡頭田地，若知靜而知美，不知靜而不知美，既不知靜，安得知美？既不知美，而惡從此斯生己，善之為善，是善能達道者，方能知善，那不達道者，安得能知善，既不知善，那不善從此斯生已，善美是知其微，美之為美，善之為善，是到了知微底虛靜處，再加潛

修，惡與不善，俱化為美，為善，就知極美之妙，極善之妙，美不知斯惡，善亦不知斯不善，到了美而知其極美，到了善而知其極善，如此抱道，故知其「有無相生」，是陰陽反覆之理，一定而不可移，人稟無中生有而來，亦抱至道，從有中而反無，方知盡善盡美，美善不知，是有無相剋，盡其善盡其美，故有無相生，吁嗟乎，大道之難，鋼堅石固，成之亦易，難也得到，易也得到，同到彼岸，豈不相成？

大道無二，豈不相形，有何長短，正人行邪，邪亦入正，邪人行正，正亦入邪，何患長短，傍正底路，高下相傾，是水往下，高也到此，下也到此，沒有，有，二底法門，音聲相和，是抱道者，彼唱此和，此唱彼和，言其心意相和，同懷至道，前後相隨而不離也，如此懷道底聖人，方以無為而處事，心領神會，而行不言之教，萬物作焉，而不離我規矩之中，萬物生於無為，又何嘗有中生萬物，春到動植自生，不假作為，就如人到靜，種子自現，又何嘗有作為，自生而不知其生，故生而不有，此有名無質之秘物，方能自知其美而爭美，自知其善而爭善，若為方知其有美有善，既性中為到有萬物時，而不可恃其有，有了方得，得後功才成，成其一，而無所以居之，是混其體，而無其質，既無其質，就無所以可居，即無可居夫惟弗居，一得永得，是以不去，此養自己元神，而居無為之境，生於不有之時，方能知其盡善盡美，故有無相生，難易長短，高下，音聲，前後，相成，相形，相傾，相和，相隨之景象，是以聖人方能處無為之事，行不言之教，如此，無為不言萬物方能現象，不離混一之中，故生而不有，為而不恃，功成而弗居，夫唯此弗居，是以才養得吾身而弗去，使天下養身者，不得外於此。

不尚賢章第三

不尚賢，使民不爭；不貴難得之貨，使民不為盜；不見可欲，使心不亂。是以聖人之治：虛其心，實其腹，弱其志，強其骨；常使民無知無欲，使夫知者不敢為也，為無為，則無不治。

此章安爐立鼎底說話，不尚賢，不禮有德之士，此是外說，內說，不親於外，而唯知有內，外若尚賢，而民就有競爭之端，內若尚賢，而心就生人我之念，內外不尚賢，民爭就息，我若不生，這爭心無法可法，惟不尚治之，不貴難得之貨，使民不為盜，難得之貨，是稀奇之物，人見即生貪心，豈不懷盜心，此外講也，內講是目內觀無著於物，我之貪心從何染物，故不為外欲盜，念就無物而生。

世之財物，人人愛底，一見即欲，不見不欲，人之心就不亂了，我無見，我就無欲，使我內觀之心無馳於外，守唯精唯一，只知有道，而不知有欲，如此，是以聖人之治，苟能不爭不為盜，方能降伏其心，使猿馬不外馳，不生欲，若是才得虛其心，能虛心，只知飽食暖衣，除此之外，不生一點雜念，實我之腹，弱我爭盜之志，強我體而守我鼎，養後天之藥，以補我先天之靈，常常使我無知無欲，存一念於靜中，故不敢為爭為盜，以亂我之心，以作無為之道。若有為，民就有爭，有盜，有亂之心，從此而生。

若以法度治他，在治之時，其爭盜亂之心不起，過治之時，依舊復萌，惟為無為，不但爭盜亂之心不起，而且不萌，若如是，不但民可治，而大道亦可以成矣，惟無為則無不治，痛也夫，養心之要，煌煌於章句之中，胡不勉勉而參求，外治民而內立鼎，以生堅固之心，遇火不避，遇水不回，立焚立溺，就死而不生退心，如此，方能造道，不辜負吾輩，講五千

第三章 呂洞賓傳承黃帝、老子丹道篇

113

言之秘要。

道沖章第四

道沖而用之，或不盈，淵兮似萬物之宗，挫其銳，解其紛，和其光，同其塵，湛兮似若存，吾不知誰之子，象帝之先。

此乃見道之實，知其味，得其理，充塞乎天地，飽味乎己身，故沖滿於體，而用之不窮，已知有道而不可滿，一滿，而其得妙有幾不能，已精而益求其精，已妙而益求其妙，守道不盈，則知淵源之妙，方明道之宗旨，而知萬物之本源，此大聖人方能。稍有盈則溢，或者有堅其志，不至於盈，而方能造到大聖人，知宗，知萬物者也，豈不淵乎。

到此一步，不可效子路之勇，進得勇，而退心易生，勇進則用於心，使心勞而退念出，效顏子之默，不用於心，而用於神，故銳鋒而自挫，不知有銳，亦不知挫銳之心，其外之紛不能入，外紛不入，不待解而紛自無，不外於默，一默，諸紛不能亂我之神，擾我之神，分我之心，散我之氣，耗我之精，不亂，不擾，不分，不散，不耗，如此性光方現，使我靜內生光，才能知其妙，明其理，方得深入其奧，沖而用之，到沖的地步，才叫作和。

人煉形如地靜寂不動，才叫作同其塵，塵，土也，地也，地屬坤，乃煉坤之質，從陰中求出點陽明之象，現而為光，光生則坤靜，坤靜則湛兮而成道，道非無，無而若存焉，嬰兒一現，我不知是誰之子，在杳冥之中，我不知有我，而安知辨別其子，帝，我也，要返於一來之際，而復我本來面目，歸於無始之先，合道以為我，合我以為道，才叫作道沖而用之。

嘻嗟夫，子等學道者，要飽味乎身心，養浩然之氣，充塞

乎天地，不盈乎志，不挫其銳，不解其紛，無鋒不挫，無紛可解，到其同塵之寂靜，而知性光之沖和道不知為道，子不知為子，那時節，子不欲會吾，吾欲會子耳。同其聲，同其應，子是吾耶？吾是子耶？總不外道沖而用之，吾與子也，這景象，知道之妙，明道之理，深入於道之奧，不但吾與子，而充塞乎天地之外者也。

天地不仁章第五

天地不仁，以萬物為芻狗；聖人不仁，以百姓為芻狗。天地之間，其猶橐籥乎？虛而不屈，動而愈出，多言數窮，不如守中。

此章是用默，以歸於不言，而心領神會其至道之妙，用意如茲，止存其性而不知其身，天地乃至高至厚，居無德之體，恩澤布於萬物，而無施仁之心，「不仁」，是天地無容心，以仁施萬物，萬物得天之太和，故生之育之，長之成之，此天地仁也，乃天地容萬物，而萬物感，天地化育之德，不有形跡，是上德不德，上仁不仁，不仁處，正是為至仁也，天地以不仁長存，修身之聖人，效天地之不仁，運化育於一身。百姓指一身而言之，非他是我之意也，身為國，心為君，意為民，心以無為化身，意以無為守法，如此是仁也。

冥冥之中，不見施仁，是聖人效天地上仁不仁處，而修己，故乃以百姓為天地之芻狗，天地不仁，無聲無臭，高也，明也，博也，厚也，此天地之仁也，而萬物感之不見其仁，此所以不仁處，而仁大矣，此所以不見仁，而仁宏矣。

此是天地之修，亦是天地之橐籥，為天地，尚以無為橐籥，為人修身，何不效天地以無而為橐籥，天地之間無何以修身，其猶橐籥而以無為為之乎？是以修身用虛而不屈強為之

名，用虛以修者，領虛之美，得虛之妙，無處強名，無處強道，虛之極而動方生，一動愈出，美而愈知其妙，到此難言矣，多言而無可言，故數窮不如知我之美，會我之妙，抱我至中至道，而守我冥忘之理，常存真一之氣，以樂天真，豈不謂聖人修身，效天地之不仁也哉，虛之理妙矣！

天地之不仁，仁矣，玄玄乎至大至剛也。

谷神章第六

谷神不死，是謂玄牝。玄牝之門，是謂天地根，綿綿若存，用之不勤。

此章是體道之實，知道之微，用道之妙，登道之岸，從虛而入，跟上章而來，虛而不屈，動而愈出，是者谷神之源，譬如山，四面皆是巒嶺，中是深谷，落葉聞聲人身上下皆實，惟中常虛，將谷譬言之。山谷聞聲，乃山之虛神耳，山有虛神，故千萬年無更變之端，目今如此，千載之後亦如此。

人之修身，當推此理，一個幻身只有中之內一點靈氣，四肢百骸，皆是無用，若有嗜欲，虛靈就被他埋沒，終日用心，勞碌於外，神從耳目口鼻舌身意散盡，安得不死。若求不死，須問靈神，靈神所居，上不在天，下不在地，中不在人，在虛靈不昧，一點真性之中，近學者不知說出多少落地，上降下升，用性光會合，黃婀牽引，為坎離交參，一點金液發於玄牝，玄牝生芽，方得性命歸宗，樂於冥忘之間。

從吾性中見出，是不昧之性，非氣質之性，要點下落，須遇高人，高人指點，如夢初覺，如醉方醒，得來不費半文錢，若求庫藏無處覓，非他言難易相生，不可求輕，得玄牝之門，在空谷之中，視之不見，聽之不聞，瞻之在前，忽焉在後，在無聲無臭之間，鉛汞合一，方知下著。

此理深淵，似日月運行，東出滄海，西沒窮谷，晝夜反覆，無息而往，此理即是身中下落，水中取金，火中取木，金木相並，譬如月感日精而光生，日返月華而晦出，俱是造化之氣所感，身中豈無真一之氣而生。上不上，下不下，中不中，在杳杳之中，而生真一之氣，引上接下而歸黃庭，此庭之名亦是多了，才叫做天地之根，要歸甲子周流，去而復返，返而復去，身中要金木降升，離而合，合而離，離合之妙在於真一之中，真一之源，在於一點性光之內，性光之居，在於虛靈之中，虛靈之神，在於空谷之間，空谷之處，在於幻身之中，幻身常無，神乃得一，神一，而性命方來朝宗。

性命合，而魂魄潛跡，收來入神，方能雪光，雪光一出，便是慧照，慧照無間，才是綿綿若存，使之不窮，用之不竭，才如山谷，常靜而存神，是謂綿綿，若用心存，就不是了，要似若聞耳，勤字，莫作勤苦上看，此勤是綿綿不絕之意，用之不勤，是無窮無盡之妙，而無刻暇，是體我之道，樂我之妙，豈不綿綿而用之不窮，人生在天地間，返天地之化工而成真，抱真以合天地，人之玄牝，是天地之根，天地之根，亦是人之玄牝，總不過要人明天地之理以修道，返道以合天地，方是谷神不死章之旨。

天長地久章第七

天長地久。天地所以能長且久者，以其不自生，故能長生，是以聖人後其身而身先，外其身而身存。非以其無私耶？故能成其私。

此章因秉公而無私存，聽其物之消長，隨其生也，殺也，無容心於物，以靜治之，天之職蓋，天地之職載，以無聲而生，故能長且久，在於不自生，以聽萬物生育，隨天地之氣感

之，隨其萌敗，故不耗天地之元精，方能長生，是以聖人體天地而修吾身，先以靜御氣，後以精養身，無身不成道，有身不歸真，先以靜而抱真，後以後天而養身，才是後其身，而身外之身方得，先外我之假身，而存我之真形，無他，乃一靜而存，無私於物耶？

天地以無私而開，人以無私而合，天地無容心以感萬物，聖人效天地，亦無容心而抱全真，總不過要人心合天地，天地以清虛之氣而轉周，聖人以清虛之氣而運動，天地能長久，聖人法天地，不能長存，無是理也。

故能成我無私之私，以靜而守我真形，待天地反覆之時，而我之真形無壞，此所以天長地久，聖人合天地而長存，只是無私心於物，存無聲無臭於身，其真乃成。

上善若水章第八

上善若水。水利萬物而不爭，處眾人之所惡，故幾於道矣。居善地，心善淵，與善仁，言善信，政善治，事善能，動善時。夫唯不爭，故無尤。

此章要人修道若水，水乃無心之物，善字，百福之根，上善底，無事不無規矩，諸事無外感應，水滋物，無容心，人所惡底污穢之地，而水不爭，內功用水而若水，如是故不爭者等人，可幾近於至道也。

下七句有兩說，外說，人能持善，不擇善地，而地善也，人善地善，豈身不安乎，心存善而心公，一公，心淵於海，而無物不容，心善方能人善地善，七句中在心字，與善仁，他本改作此人字看，吾不然。與，普也，心存善，無處不普，普與善，無處不仁，作人字便輕了，言善信心存善，出言必善，心存善，為政必化而治矣，百姓無不瞻仰，心存善，作事無不中

節，心存善，有道則見，無道則隱，一動無不合時，如此，夫惟若水之不爭，故無尤，居善地，則心安，心善淵，則神定，與善仁，則義存，言善信，則志立，政善治，則化普，事善能，則無惑，動善時，則天命知，若是可近於道矣。

此外說也內說，心正意誠，即是善字總領，水是圓通的，修道如水之圓通，正誠圓通，無道不成，水乃養命之源，水升火降，聚則結為金液，散則無處不周，如滋養萬物一般，雖污穢之所，無不沾之地，乃降宅，一善，則身外之身，處而安之，存正誠，則心淵而冥之，存正誠，則意外意，周流用之而不窮，存正誠，我之魂魄不為我之治，合之而成真種子，一有性中景象，乃吾身之事也。

唯我能知，他人安能，存正誠入於冥忘，性發而後動，方知命歸根，此其時也，要圓通若水，可動則動，可靜則靜，善能正誠圓通，動靜方得隨時，無人無我，安得有爭？夫惟不爭，幾成於道，故無尤，無尤若水，方能上善，方得如此，信道之不浮矣。

持而盈之章第九

持而盈之，不如其已；揣而銳之，不可長保；金玉滿堂，莫之能守；富貴而驕，自遺其咎。功成，名遂，身退，天之道。

此章修身之要，要人有道而不自滿，持真而無驕心，入性之後，任其自然，在冥忘中，不知其有，如是乃得道之士，初入道門，有此數病，持，是有了，勇猛向前不知進退，故至於盈，一盈，不知其住火，而使其盈，不如不修。

此句上合其天，而同天之虛無，體無始之真，只是中和以修之，方成久持之功，而無漏泄。銳，乃趨進之心，及不可

持，其心揣之而無保，因銳也，富貴，乃涵養之功，用之不窮取之不竭，若驕之，前若水之功，豈不自養，而安能成無極之道，合我本來面目，故使我常常綿悟。

而丹之液，金也，玉也，久在虛氣之中，故守之，得其常存，少有驕心，則不能守，而泄天元一炁，世辭之矣，要久守，除非退其身，方得成我之功，遂我之名，而合天地萬物造化之樞機，返無極之至道，乃得常持而不盈，能保能守，不至於漏其真，泄其元，一混合其天，不外中和之旨。

載營魄章第十

載營魄抱一，能無離。專氣致柔，能嬰兒。滌除玄覽，能無疵。愛民治國，能無為，天門開闔，能為雌。明白四達，能無知。生之，蓄之，生而不有，為而不恃，長而不宰，是謂玄德。

此章體道之實，周遍內外，使魄成真，一團性光內照，無中尋有，以樂天真，抱真一道，而永住黃房，如嬰兒，無知無識田地，返其太無之始，以滌除瘴魔，保我無極大道，以合天地，方得愛我真一之元，治復我身心，並一切凡想，無放於外，才能開其天門，閉其地戶，以養我一團太和之氣，上合天之清浮，下合地之重濁，中澄我之身心，不空我本來面目，方得自明其明，自復其復，一點陽神，周遍六合，通天達地，無所不照，無處不普，才為真人。

於是生之氣，蓄之神，生氣於無為之中，冥冥忘忘，為之而不恃，其可道之道，可名之名，故長生，而天地神明，所以玄之又玄，無處主宰於我，是謂玄德。不由天，不由命，而由我一點道心，誰能似此全德全玄，而不改初心，豈非神也，仙也。

三十幅章第十一

三十幅，共一轂，當其無，有車之用；埏埴以為器，當其無，有器之用；鑿戶牖以為室，當其無，有室之用。故有之以為利，無之以為用。

此章要人外靜而內動者也，車乃載重，腹內輪轉之物，從舉步至千萬里，其形隱若泰山，而無可撼，聽其腹之轉動，若周天移星換宿，週而復始，此陰陽變化之樞機，而車不知己之動，隨輪之轉也。

埏埴，乃土之平，而無造作之功，聽其自然，隨人造作以為器，借水火以成形。室乃人之居，若不開牖（即窗），其室不明。三者，車不知為車，聽其輻也，埏埴不知其為埏埴，聽其器也。室不知為室，聽其牖也。輻乃車之黃庭，器乃埏埴之黃庭，牖乃室之黃庭；車無輻不行，埏埴無器不用，室無牖不明，人無中宮不生；輻壞車敝，器壞埏埴亡，牖壞室崩，中宮壞氣斷；車修輻，埏埴修其器，室修其牖，人修其中宮；此四者，當無以為車，為器，為室，為人。

既無為將何修之？故有之以為利，有利必死，無之以為用，無用必生，此乃修身之譬，修真之要端也，隨氣之生，無隨心之死也，焉益身仙，心旺軀死，總不過要人留氣而去心也。

五色章第十二

五色，令人目盲；五音，令人耳聾；五味，令人口爽；馳騁田獵，令人心發狂；難得之貨，令人行妨。是以聖人為腹不為目，故去彼取此。

此章教人觸物不著，一心內聽，收神，收身，收心，收意，五色，是內五臟，五音，是內五行，五味，是內五行中藥

物，馳騁田獵，是內五朝元，難得之貨，是內一點靈明，聖人為腹不為目，是內觀，外不著，五色雖言外，而其意在內，凡人順行，外著五色，天目閉而凡目開，豈不盲乎，內和五臟，使真一柔順，不染邪氣，而如天中五岳，立極陰陽，億萬年不朽，五岳之氣，和而上升，與太和交合，故不敗常存。

土中生水而滋養流通萬國，此要緊之脈，如人五臟，不使其枯，常潤其中，脈絡周流遍身，脈清則氣和，氣和則道立，道立則基地固，基地固則外色彩，一彩則世之五色，一毫不著，二目光明，豈能盲我乎，目乃神之門，門戶高大，神守其宅，魔豈能入？魔既不入，神明內聽，則五聲了，我之明，不向外馳，而禾方得來朝，禾一朝，酸甜苦辣，吾自啖之，豈他人得知。

實實得其中奧味，任其金木來交，五行聚合，方產紫英，其貨一得，聖人只知有內，忘其軀殼，豈有目於外，耳於外，口於外，心於外，行於妨乎。聽而不知其聞，食而不知其味，到無聲臭時，色豈能著我目乎？聲豈能聽我耳乎？味豈能聽我口乎？馳騁田獵，豈能亂我心乎？奇珍異寶，難得之貨，豈能動我念乎？

修真之子，一心內守，外判陰陽，靜體無極，返混元於我腹之中，出其身於太虛之上，故去彼之色、音、味、馳騁難得之貨，而取此中之色、音、味、馳騁、田獵、難得之貨，靜中生之育之，養我之清氣，助我之靈根，守我之神明，出我之真身，以我合天，以我合全，以我之道而同太空，總從為腹而不為目，方得取真一之性，而生其命，就是天上仙子，不過是斷外接內四字，以歸於空，從空中返有，日月合明，而成其道，道之成，在於耳目心三字，三者聚而成道，散而成鬼，可不慎乎，嘆其人為此而喪，守此而生，聚此而成，諸子勉之慎之。

寵辱章第十三

寵辱若驚，貴大患若身。何為寵辱若驚？寵為上，辱若下，得之若驚，失之若驚，是謂寵辱若驚。何謂貴大患若身？所以有大患者，為吾有身，及吾無身，吾有何患，故貴以身為天下者，則可以寄天下；愛以身為天下者，乃可以托天下。

此章要人得失如一，不為此所著，外說榮華為寵，患難為辱，內說無為為寵，有為為辱。深一步說，得靈為寵，失靈為辱，我從空裡得來，孜孜汲汲，唯恐有失，常以驚為念。我道日長而無消化之日，若遇無知，授之作為，是吾辱也，要我洗滌參求，徨徨然速歸正道，若無驚心，沉於苦海，常存驚心，漸歸正去邪，此講人之自盲，吾今日開光，再講內功寵辱，要存真內照，見我本來，是我寵也，唯恐毫釐之差，常存若驚，靈性倘有一念之差，是我辱也，凡人有寵必有辱，惟驚字守之，此驚非怕也，一念不動，是驚，一物不動，是驚，空中顯相，是驚，光中霹靂，是驚，有中無，是驚，虛靈不昧，是驚，驚難盡述，如此若驚，有寵而無辱也。

貴大患若身，有身就無患，無患亦無身，患乃身中出，身從患中生，一靜之後，絲毫運用，是吾患也，崩鼎者，一患也，痰絕者，二患也，火炎無水者，三患也，四肢不動者，四患也，目眩而無光者，五患也，氣不接者，六患也，口不能言者，七患也，五臟炎枯者，八患也，有骨無肉者，九患也，不明大道者，十患也。此患皆從天之身而來，亦從重命而來，若輕命，輕後天之身，惟重先天身，患從何來，有為患生，無為患絕，貴大患者，是重命入邪之人。

人重命，方去修，不管邪正，死死下功為重命怕死，誰知死期更速，重性輕命，方得無患，命中不得性，性裡常生命，

故若驚若身，而貴我真全之理，倘有察處，以若驚而守若身，何謂寵辱？辱為下，元海枯竭，故先天不生，是辱也，後天作，而補先天是寵也。得真靈若驚，失本來若驚，是謂寵辱若驚。

何謂貴大患若身？所以有大患者，為後天身耳，及吾存先天之身，而無後天之身，吾何患之有，貴以先天之身為天下者，則可以寄其身，而塞於天下，愛吾先天之身為天下者，乃可托虛靈之身於天下，是存道身外凡身，如此寵其身而無辱於身，無患於身，方是清靜常存之道，而無入邪之心，此是修真至妙，願學者勉之。

視之不見章第十四

視之不見，名曰夷；聽之不聞，名曰希；搏之不得，名曰微；不可致詰，故混而為一。其上不皦。其下不昧，繩繩不可名，復歸於無物；是為無狀之狀，無象之象，是為恍惚，迎之不見其首，隨之不見其後，執古之道，以御今之有，能知古始，是謂道紀。

此章是知「道」，不可以色聲力求之者也。道本無見，不可色求，道本無聞，不可聲求，道本無得，不可力求，道之渺矣，豈能見乎？惟夷夷然自見，道之奧矣，豈能聞乎，惟希然自聞，道之玄矣，豈能得乎？惟微微然自得，三者，合於天而全於人，不可詰之而窮其理，見於內，聞於內，得於內，精一而見，氣一而聞，神一而得，方為混一。

其上不皦，瞻之莫知其高，其下不昧，俯之莫知其淵。言其難聞難見難得之道，上達於天，下達於地，中合於人，要體此理，究其奧，通其玄，會其無中之有三家合混初之體，如痴中知痴，醉中知醉，方乃見乃聞復乃得，繩繩然而專心精致，

呂洞賓
丹道修真
長壽
精華

不落頑空，才有真象出現，使為無狀之狀，無象之象，本真一出，聚則成形，散則成氣，何有實狀，何有實象，故此不著若是，方為恍惚，到杳杳然。

迎之不見其首，隨之不見其後，玄不知其玄，道不知何道，強名不見不聞不事，故曰夷希微耳，古之道者，以身合天，以德合天，以心合天，三者既合，是為真道。今之人口雖言而身未體也，就雖體，不過勞心勞意而苦其形，是謂執古之道以御今之有，倘或苟能知古人，體元始之初以修身，如是者，乃見乃聞乃得，是謂修道之綱紀，能時時如是，刻刻體此，方能如天之清，如日之升，如月之恒，如松柏之茂，如南山之壽，如此無疆之道，何不體此而　勉行之？

道在不動，道在不行，道在不言，道在不目，道在不耳，道在不心，道在不意，道在不息，道在不知，知內尋知，息內尋息，意內尋意，心內尋心，耳內尋耳，目內尋目，言內尋言，行內尋行，動內尋動，苟如是，皆可上沖。

古之善為士章第十五

古之善為士者，微妙玄通，深不可識。夫唯不可識，故強為之容。豫兮若冬涉川，猶兮若畏四鄰，儼兮其若客，渙若冰之將釋，敦兮其若樸，曠兮其若谷，渾兮其若濁。孰能濁以靜之徐清？孰能安以久之徐生？保此道者，不欲盈。夫唯不盈，是以能敝不新成。

此章是借古之修者教後之人，古之人從實，無穿鑿，今之人，從精，莊妙嚴，以作外相，上古修者善士，小心謹慎，故微妙玄通，深不可識，夫微者，道之幽深，故不可識；妙者，道之精粹，不可識，玄者，道之難窮，不可識，通者，道之廣博，無所不通，不可識。此四者，體道者，能搜微究妙，悟

玄，通遍三界，內外無一不燭，言道微妙玄通，入定內，細細覺察，方得通達。外說達天下，內說達全神之靈，使他暗裡珠明，光透百骸，形神俱妙，與道合真，故無可識。

故不識，容者道之體，本來無容，強名為容，豫者，是我虛中用虛，如冬川不可涉，如涉川一樣警惕，方得不漏，稍放，就不能生，猶兮若畏四鄰，此乃澄靜本來，猶恐有外魔來攻，如有鄰舍竊取，存敬畏以防之。

儼若客，修身，如宴有尊客之前，不敢放肆，方守靜到底澄清，渙若冰將釋，入靜大定時，如履春冰一般，防其驚異，恐走失靈根，致生不測，保身之要也。敦兮其若樸，不尚雕琢，素其玄風，不可搬運身心，存澄靜為用，體元始之理，行元始之事，以神歸元始，以氣合元始，以身化元始，以心意混元始，皆成一炁之樸。

曠兮其若谷，廣曠虛中，若太虛之體，為一大竅，任其烏兔東西，炁合自然，存靈守真，中中乃得，是我舉動之靈，歸於空谷，渾兮其若，濁本來混一，灰心乃靈，從靈中炁合，復渾，又從此渾中求明，到此明處，人以為濁，唯我獨清，任以馬牛呼之，只自固真一，返其當來，以脫尸骸，方能解脫，不使鬼神專權，唯我自主，始見真神，是內清而外若濁，以遮凡塵俗目，此隱聖故耳，如此雖妙，孰能似古善士者，濁內求清，清中更澄，要時時徐行，弗得貪求，如此清矣，孰能似善士安身心，久久如一，體本末終始，先後不改如初，方似古善士，如此修行，乃可以近道，而生定靜慮得之妙。

後之學者，遂一遵行，才有明德新民之奧理，率性以近其道，盡性以生其道，才叫做致中和。合天地以育萬物，不過是安之久而生，靜之極而生，這是個無中有了，從前一一體行，如冰如鄰如容如濁如川如古善士方能保此道，保此道者，守中

無盈，不盈難溢，倘有妄生，盈乃克生，夫惟不盈，是以能斂其形，斂其心，斂其意，方乃成焉。要人小心漸進，無妄無退，方得學古之善士，行精一無二之功，乃得全真，是以借古人而儆後學者也。

致虛極章第十六

致虛極，守靜篤，萬物並作，吾以觀其復。夫物芸芸，各歸其根。歸根曰靜，靜曰復命，復命曰常，知常曰明。不知常，妄作凶。知常容，容乃公，公乃王，王乃天，天乃道，道乃久，沒身不殆。

此章是逐徑之妙，一層深一層，一節玄一節，要人層層通透，節節光明，致虛極，何也？虛從何來？從空裡來，何謂極？徹底清為極，何謂致虛極？身心放下為致，身心窈忘，為致虛極，何謂靜？絲毫不掛，為靜，何謂篤？純粹精一，為篤，何謂守？專一不離為守，何謂萬物？虛中實，無中有，為萬物。何謂並作？皆歸於一，為並作，何謂吾？靈中一點是吾也，何謂觀其復？內照本來，何謂以？得其神而返當來。

何謂物芸芸？諸氣朝宗，物來朝宗暖烘烘，蒸就一點神光，何謂各歸其根，是從無而生，虛而育，打成一塊純陽，常住於中，何謂歸根？曰靜，是有中復無，實內從虛，靜者太和之氣，天地之靈是靜也，何謂復命？返其元始，是命也。覺其本來，是命也，虛空霹靂，就是嬰兒落地一聲，是命也。

人得此生，仙得此道，何謂常？得之曰常，何謂知常曰明，明得這個是明，明此理，通此妙，參此玄，得此道，何謂不知常，不明這個是不知，何謂凶？不知其靜，不知靜裡求玄，動中求生，有裡著手，故凶也。既不知靜，又得知動，知有此動，此有，從靜生者吉，從動裡尋有，有中取動，安得不

凶。何謂知常曰容？知常靜之妙，知靜裡常動之微，靜中動，無所不通，無物不容，言其博也，厚也，高也，明也，悠也，久也，微也，妙也，巍巍乎，煥乎其有道也。就如儒經云：靜而後能安，安而後能慮，慮而後能得。又如子思云：道也者，不可須臾離也，致中和，天地位焉，萬物育焉。又如顏子有云，仰之彌高，鑽而彌堅，瞻之在前，忽焉在後。又如孟子有云，盡其心者知其性也。又如釋典云，無無明，亦無無明盡。又如大法云，不出不入，此皆容也。

何謂公，無人無我，無聲無臭，普照萬方，惟澄而已，何謂王，一澄乃公，公得其旨，統領謂虛，歸於密室，湛寂無為，是為王也。何謂天？金木交並，湛寂真神，無微妄，無微無，無虛中之物，合陰陽之炁，按五行之虛，得天地之和，體清虛之妙，得無極之真，是一天也，何謂道？靜如清虛，徹底澄澄，是謂玄，玄之為玄，是為道也。道本無名，借道言真，返之混沌之初，無言可言，無道可道，是為道也。何謂久？無言無道，是久也，何謂沒身不殆，既無言無道，身何有也，無有何殆也，是以為殆，妙哉斯明矣。

太上下知章第十七

太上，下知有之，其次親之，譽之；其次畏之，其次侮之。信不足焉，有不信焉，猶兮其貴言，功成、事遂，百姓皆謂我自然。

此章大旨在何處？在清欲澄心，何為太上，澄清後返之於純，合元始之初，謂之太上。何為下知有之，諸氣不生，神凝之後，眾皆歸宗，謂之下知，凝結於內，謂之有之。下乃諸宗也，既知有之，其性鎔也，既鎔，親之，譽之。

何也？要刻刻防之。親也，唯恐有失，關閉來鎔譽也，要

我含太和以養之，存極靜以鑄之，鑄劍之要，全在忘中得，靜中采，采中忘，是親也，譽也，既親之譽之，何故又畏之何也，我不驚恪恐入於頑空，其空一頑，鼎翻火散，其害不少，是以畏存之，既存畏，又侮之，何也，稍有不純，其藥爆現，侮我之靈，神即分散，是侮也，敬謹固守，養其真靜，純粹精一，抱元合虛，不令其侮此真趣味。

信猶不足，焉有不信，而有動者乎，既靜而信之，又貴言之，何也，我以篤信真靜，猶若無言而守也，是無言也，猶之乎貴言一般，何為功成事遂？驪龍得珠，豈不謂功乎，彩鳳驪珠，豈不謂事遂？如實諸脈歸宗，情性為一，俱合太和，以為而使之然也，皆謂之曰，我得之自然而已哉。

大道廢章第十八

大道廢，有仁義；智慧出，有大偽；六親不和，有孝慈；國家昏亂，有忠臣。

此章大意何說？此意功到方見妙，何為大道？默默無言，靜極無知，謂之大道。無往不是道，又何廢也？不廢，不為道，廢盡乃為無極，既廢為何仁義有？廢到不識處，諸脈絡，循規蹈矩，一一朝元，不待勉強而來，不言即仁也。不為即義也，不言不為，合成一處，其中若有仁有義存焉，以無為，其德含容，其量恢廓，豈不有仁義存於中？

何為智慧出，有大偽？煉己以愚，修行以痴，方得成丹，苟有智慧，加之作為，用心用意，勉強胡行，諸魔迭至，諸障肆生，無不作假，大偽生焉。若在愚痴內，生出智慧，諸魔不侵，諸障不出，何偽之有？若煉得愚痴，不識不知，是亦偽也。人身是假，人神是真，有大偽，去其身而留神，謂之大偽。何為六親？

眼耳鼻舌心意，何為不和，不見，不聽，不臭，不味，死心，忘意，謂之不和，既不和，又何有孝慈？孝者順也，慈者愛也，順性愛靈，返天之根，天根既得，子孝母慈，和合骨肉，母抱其子，子伏其母，是謂有孝慈。何為國家？身心是也，虛中亦是也，性命又是也。

何為昏亂，心不定，入世而昏，心不定，逐境而亂，塵欲內集，昏亂吾中，氣性不斷，先天性不生而昏。凡命不惜，真炁絕而亂，身心定，虛中靜，性命應，定靜應，元神慶，昏於中，取於外，外亂內昏，金木相親，外昏內亂，水火相並，昏者冥也，亂者交也，一冥一交，神仙之道，何為有忠臣，忠臣是意安也，精中華，皓中白，交而純粹，合而杳冥，復神於中，內合天形，是為忠臣。

絕聖棄智章第十九

絕聖棄智，民利百倍；絕仁棄義，民復孝慈；絕巧棄利，盜賊無有。此三者以為文不足，故令有所屬。見素抱樸，少私寡欲。

此章申言何也，恐人易看，不留心窮究，故復按也。請其旨，要人到上德不德，情欲塵心，一毫不著。希聖希賢，念頭一毫不染，盡忠盡孝的意思，都不存毫釐之念，到無為地步，是此旨也。何為絕聖，忘神入太虛，何為棄智，忘忘於空。何為民利百倍，無為後，諸氣化淳，聽其自然，謂之民利百倍。何為絕仁，冥中更冥。何為棄義，除意歸仁。何為民復孝慈，入無為，到了捉摸處，不知己快，不知己樂，聽其生化，謂之民復孝慈。何為絕巧？不自作了然而生枝葉，恐聰明反被聰明誤。何為棄利？不生貪求，恐求盈而反溢也，無為，盜賊無有，不聰明，不求盈，而無害生，謂之盜賊無有。

何為此三者，虛空靈是也。何為以為文，不粉飾造作，自作聰明而求盈。何為不足，故令有所屬？以中求中，為之不足，以中求中，不盈不溢，常常冥忘，不待去求，而自令有所歸，何為見素？不彩之文之。何為抱樸？不粉之飾之。何為少私？不貪之求之。何為寡欲？不盈之溢之。總歸純化無育的地步，合於無極之始，反歸於空，乃申明上章之意也。

絕學無憂章第二十

絕學無憂，唯之與阿，相去幾何？善之與惡，相去何若？人之所畏，不可不畏。荒兮，其未央哉！眾人熙熙，如享太牢，如登春台。我獨泊兮其未兆，若嬰兒之未孩，乘乘兮，若無所歸。眾人皆有餘，我獨若遺。我愚人之心也哉！沌沌兮俗人昭昭，我獨若昏；俗人察察，我獨悶悶。澹兮其若海，飂兮似無所止。眾人皆有以，我獨頑且鄙。我獨異於人，而求貴食於母。

此章自知玄玄，獨落根本，只知有靈，不知有身，又何況人可得而知也。絕學無憂絕無有之學，抱中而已，豈有憂哉。唯之與何，惟靈內之根，守純陽之氣，寧無憂之神，與人隔障，可得易聞，欲知之人，而人不知，靈神能去幾何。有無相通，呼吸相應，善惡不分，有靈必有神，有神必生靈，善者靈也，惡者神也，相去有何若哉，言其神靜生靈，靈徹通神，人之畏，畏性不生，畏命不靈，無虛也，無靜也，虛靜不極，豈不畏哉。我若虛也，虛之極，我若靜也，靜之極，我若極也，極之至，又何畏性命之畏哉。

上「畏」字之，我有驚醒，終日惕惕，下「畏」字之，是性命，是虛靜，荒兮其未央哉，荒非荒也，一物不著，一絲不掛，無天無地，日月暗明，惟混而已，謂之荒也。其未央，恍

第三章 呂洞賓傳承黃帝、老子丹道篇

惚未生，不知有冥，不識有空，如此境界，有何中央，是未央哉。眾人熙熙，若有所得而自快，盈其心，滿其志，止於此而已矣，如享太牢，如登春台，因盈也，因滿也，不知盈滿而自害，我獨泊兮，我到未央時，不敢苟且愈堅其志，愈恒其心，只執於中，連中也不知，是為泊然其未兆，我到未央時，若嬰兒之未孩，知識不生，聞見不開，嬰不知其嬰也，乘乘兮若無所歸，嬰不知為嬰，此時候有何歸著到寂然之境，靜到寂寞之鄉。「眾人皆有餘」，為勝心二字，自滿自貪，謂之有餘，我獨若遺，到一境，滅一境，入一步，殺一步，得一趣，忘一趣，知一妙，去一妙，自己危微精一，謂之若遺，人到玄玄處，秋毫不貪，飛灰不染，方為若遺，我若遺，愚人之心也，寂然不動，輝輝兮，燦爛於中，冥冥兮，性升於空，沌沌兮，返之混始，歸之混沌，俗人昭昭，盈心滿志，自以洞然為昭昭也，我歸元始之初，神不知為神，氣不知為氣，虛不知為虛，入與混然，惟昏昏然不識，若未胎嬰一樣，我獨頑且鄙，此頑非頑也，五行自運，天地自交，陰陽自混，乾坤自一，謂之頑也，鄙非鄙也，精粹純一，謂之鄙也。

我獨異於人，默默無為，著中不著，異於人而合於天也，混沌合於我，我還歸於混沌，謂之異於人，而混沌同也，混沌之內，唯知有中，母乃中也，昏默之中，採先天精華，含養於內，謂之求食於母。

孔德之容章第二十一

孔德之容，惟道是從。道之為物，惟恍惟惚。惚兮恍兮，其中有象；恍兮惚兮，其中有物。窈兮冥兮，其中有精；其精甚真，其中有信。自古及今，其名不去，以閱眾甫。吾何以知眾甫之然哉？以此。

請問此章大旨，此章虛中著實，空中生有，自知自覺，涵容養中是謂孔德之容，心不虛，不能容，心不空，不能量，虛空方得應物，道為何物？是先天生的炁。炁生道，從道凝為物，人何能使物凝中，初然下手，下手處在太虛立基，去心意，住基。合恍合惚，謂之初進，此一講也。

　　凡人修道，必先由此，後至恍惚，復為熔金，熔化養體，如坐大火中，周天雲霧，如入冰山，方為恍然，崑崙鎮頂，不能力支，方為忽然，恍惚之中，中若有象，見如不見，知如不知，方為真象，恍中生惚，惚內返恍，內若物存，覺如不覺，存如不存，方為真物，既惚中返恍，恍中生惚如影一樣，為何有名，吾不改之，因存因有，著定於中，是其名也，名乃害也，其害不去，焉有眾甫，不存他，不有他，不著定於中，是去名也，去名亦是去害，害去氣熔，名去神化。甫字，當作父字看，亦當主字，亦當神字，目不觀，目神入矣，耳不聞，耳神收矣，鼻不息，鼻神凝矣，口不言，諸神聚矣，謂之眾甫，諸神聚其舍有主，諸神化，其氣有父，諸神存，其名不去，是為眾甫，為眾甫，方得若窈若冥，到了窈冥時，才得神化，氣結，精凝，而成道如此。

曲則全章第二十二

　　曲則全，枉則直，窪則盈，敝則新，少則得，多則惑。是以聖人抱一為天下式。不自見，故明；不自是，故彰；不自伐，故有功；不自矜，故長。夫唯不爭，故天下莫能與之爭。古之所謂曲則全者，豈虛言哉？誠全而歸之。

　　此章是教人純一不雜，自無驕貪者也，太上之婆心，恐人自驕自貪，常存好勝之心不自加功，而妄採取，有害清靜之

道，教人常存不盈不滿之意，故以式示之，凡學道者，從曲而生，深究太陰之理，從月之三日，生陰，三日取陽光方明，故漸加採取，功到自然滿盈，曲則漸直，初三，初八，十一，十三，十四，十五，十六故望曲則盈，如月也，枉者，要人純其精一其華，精華純而生，用華不用精，固精採華，窪者小土塘，水多則盈，要人防溢之害，弊者，弊其著採，弊其採守，去有為之弊，存意中意，太虛中運用生化之理，少者，一絲不著，多者，妄心極用，是去此數件，清之，一之，虛之，極之，是以聖人教人式如此。

故舉言之，人無矜，故道生，前不自者，默其功，而聽其自然來往生化，未免強用他之功，氣聚自生，氣烘自化，氣融自結，氣純自成，氣化自泰，泰後自旋，自轉微意，一點落於宮中，氣後合混沌時，如太虛中一點金星，天水相映，總從「不自是，不自矜」中來，是以不爭，不爭者，因不自是自矜，方處不爭，到不爭時，豈有虛謬哉，深為後人而詳說之，因曲、枉、窪、弊、少、多者六字，總不過要人去有存無，去勝存樸，去貪存實，是以不爭而歸式之。

希言自然章第二十三

希言自然：飄風不終朝，驟雨不終日。孰為此者？天地。天地尚不能久，而況於人乎？故從事於道者，道者同於道；德者同於德；失者同於失。同於道者，道亦樂得之；同於德者，德亦樂得之；同於失者，失亦樂得之。信不足，有不信。

此章言其自然，不待作為。希言者，言貴於無，如飄風亦然，倘天心不靜，飄風即起，不能恒耳，如人之功，其鉛方起，意即外馳，豈能恒乎。驟雨如人之功，水方來朝，心即他

向，火不能降，雖朝無益，如驟雨不終日耳。

如此用功，孰謂是先天地，此乃谷之餘，天地尚且不久，火來水散，水朝火滅，不能合一，天地豈能久乎？人妄採後天，乾坤毫無主機，人乃神也，神豈能返舍，無是理也，故從事於道，言靜極之功，去有而就無，故從之靜，從之無，道者同於道，同天地不言太虛之體，德者同於德，同天地生化萬物之機，失者同於失，同天地虛靈不昧。無言無動，而合天地之道，同於道者，同生化肅殺之權，如人有動有靜，相生相剋，與天地無絲毫差謬，樂自然之道，故得之。

同於德者，同天地含弘廣大，無不復載，其有容也若此，樂其自然之道，故得之。同其失，同天地虛靈不昧，風雲雷雨，無意而生，無意而散，絲毫不著，如此容靜，包羅乾坤，聽其自然，合天地，樂我自然希言之道，故得之。如此合天，信之尤為不足，焉有不信之理乎，太上教人，不過體天惜己而修，忘德忘失，無容心於物也。

跂者不立章第二十四

跂者不立，跨者不行。自見者不明，自是者不彰，自伐者無功，自矜者不長。其在道也，曰餘食贅行。物或惡之，故有道者不處也。

此章從虛自運，不待勉強，何為跂者不立？跂者，是斜身不正，謂之跂，故不立為何譬跂，意邪心著世欲，猿馬不收，何能得靜，何故得靜，正其心，澄其意，毫無染著，故能得靜，何為跨者不行，跨者，一腳而立，不能行也，譬此者何也，因人不漸進，知而不行，如獨腳而立，豈能久乎，是以警後學也，不靜，安能得起不虛，詎能得知，人若聞道，不從漸修，焉能成乎。

何為自見者不明，自有邪見妄自為是，不規自然，豈通透內學，若有通透，將何求之，似愚似痴，終日默默不待勉強，自作聰明，不求明而自明也，何為自是者不彰，自立偏見，終日妄參，其大道不能彰顯，將何求彰，常存不滿之心，不生速進之心，終日自足，豈能彰乎？要不自足，虛虛靜靜，常若蠢然，澄見底，不求彰，功到自見，此彰非外彰彩之意，乃內中運行生化之機，方合太上本旨，何為自伐者無功，外說如滿山倉槐古柏，樵人日採山之槐柏，日採不覺，月採年採漸漸待盡，山之秀氣，漸漸消散，久之為一枯山，如人終日目視耳聽，口言鼻臭，身勞神損，氣耗精枯，終日不覺，久之如枯山者同，又如人妄相授受，不歸清靜大道門頭，終日或守或放，耗水抑火，每日燒煎，其已不覺，久之亦如枯山同。

何為自矜者不長，人少靜，微有覺意，便生自誇之心，矜心一存，道無漸進，今日如此，年如此，終此而已，因自矜自誇故也。焉有漸進之理，將何得漸進，有恐聞之心，存不足之意，堅之固之，精之一之，再加一篤字，不求長而自長也，如此自然與道合也，何為道合？要如餘食贅行，人不知以後天餘食之氣，精心切悟，以為己害，起後天地，精心切悟。去靜中參悟，後天中先天，贅行，是不動貌，心貪身懶之意，既心貪身懶，為何譬道，言如人外不動而外勤於功，就如身懶心貪贅行一般。

何為物或惡之？物乃靈物也，因自見，自是自伐，自矜，不從自然，不歸清潔，靈物豈能起乎，若或有惡者然，何為故有道，道乃自然之玄，有道的人，不見，不是，不伐，不矜，此為故有道，何為故有道者？不跂立，不跨行，從清靜自然，不待勉強中而來者，無速進之心，無矜誇之意，入於冥忘，常在虛無之境而不處，見是伐誇有為之地也，故不處。

有物混成章第二十五

有物混成，先天地生，寂兮寥兮，獨立而不改，周行而不殆，可以為天下母。吾不知其名，字之曰道。強為之名曰大。大曰逝，逝曰遠，遠曰反。故道大，天大，地大，王亦大。域中有四大，而王處一焉。人法地，地法天，天法道，道法自然。

此章旨在何處？在一大字，修在何處，結穴在寂寥，混成，物是何物，靈明隨氣而結，空洞之中混成有質，此質虛象無形，結而成丹，謂之有物混成，何為先，何為後，積穀為先，採陰精為後，著意為後，一切有為為後，寂靜中生，虛靈中出，空洞中升，無杳中來，無有中見，虛實中成，為之先，皆謂之先天地而生。何為先天地，混元中未有天地，而天地性存，未有陰陽，而陰包陽，陽包陰，陰中生陽，陽中生陰，謂之先陰先陽，取而用之，謂之先天地。既有先天地，要寂寥何用，不寂，陰中陽不生，不寥陽中陰不出，寂寥之中，天地生而合一，陰陽聚而泰交，何為獨立不改，天地不可改，天地為獨立，至道為獨立，天地不外於道。而況萬物乎，謂之不改，何為周行而不殆，天旋地轉，周流生化，豈有崩墜乎。天地原以一氣化成，天中之天，地中之地，天中之地，地中之天，一氣混融，出於自然。道乃天地，亦是流行而不殆，天地可殆，而道不能殆也，何為可以為天下母，母者以氣成道，道生天地，天地生萬物，而萬物亦本於道，是以為母，可以為天下之母，言其無事不本於道也。

何為吾不知其名，字之曰道，太上亦不知何為道，言其純粹精一，至玄至妙，不知為何名，想像自推之曰：「字之曰道」。何為強名之曰大，無往不包，無處不利，通流陰陽，強之曰大。何為大曰逝，逝者，無處不周，謂之曰逝，逝曰遠，

遠者，天上地下，流道流行，謂之曰遠，遠曰反，反者，天地萬物，無不本於道而生，無不歸於道而化，謂之曰反。

生無不本於道，化無不歸於道，故曰道大，何為天大，地大，王大，天故大也，天本於道，地故大也，地本於天，王故大也，王本於地，天地王皆本於道，道故大也，殊不知道亦本於自然，天所以覆萬物故曰大，地所以載萬物，故曰大，王所以統萬物，故曰大，道所以保羅天地萬物故曰大。

何為域中？域中者，天地萬物之王宰。道凝於天，而為天之域中，道凝於地，而為地之域中。道凝於萬物，而為萬物之域中，人能體道，道凝於人，而為人之域中，何為四大？天地王道，謂之四大，精氣神靈，謂之四大。四大皆空，而道處於中，謂之王處一焉。

何為人法，天法，地法，道出於自然，人能自然，如地之靜，故常存，謂之人法地，地得天之雨露下降，生化之機，地固結而常存，謂之地法天，天稟清虛之氣，凝虛於上，不動無為而合道，謂之天法道，道本於虛無，常含湛寂之體，聽無為之生化，謂之道法自然，自然之中，有物混成，感先天地而生，凝寂寥而化，隨自然之機，而合混成之道，謂之自然。

重為輕根章第二十六

重為輕根，靜為躁君。是以君子終日行，不離輜重，雖有榮觀，燕處超然。奈何萬乘之主，而以身輕天下。輕則失臣，躁則失君。

此章教人溫和弱體，靜動相宜，漸進的意思。重為輕根，是從少而多，從靜而動，雖性命為重，世事為輕，先去世事之輕為根，從靜而為本，根本既固，方能重性命，如人負物，先力寡不能勝，從輕而漸重，方才能勝。人不去世事，安能全性

命之重乎。靜為躁君，君者，心也，心屬火，安得不躁，煉乎靜以制之，一靜心純一虛火降，是以君子重性命，而虛靜降君，降國之君，常常若惕，如負自重，終日堅心清靜，行若負重者然，人能惕惕不忘，清靜真一，雖有榮觀，燕處超然，而終日不離虛靜之機。

奈何人君主天下者，以身輕天下，是眾末留本，妄想邪見，其國易於傾頹，身者，國也，臣者，氣也，離於靜則失臣，躁於心則失君，一講也。重為輕根，何也，重者丹也，輕者氣也，氣為丹之根。重者，性也，輕者，命也，性為命之本，築末必先務本，謂之重為輕根，靜為躁君，何以靜者？清而澄躁者，妄而生，以澄止妄，以靜治躁，清者妄息，常澄其心，靜其意，清其神，如此心則灰去，是以君子終日不離輜重，何也，是以修真之士，終日乾乾，若惕如有重任者，一時不能拂去，是以君子終日不離輜重者然，終日不離靜澄，而煉其主，雖有榮觀，燕處超然，若何？靜中有奇景異象，雖有榮觀處而以無為化之。

澄中雖超然燕處之暢，亦以無為治之，「奈何萬乘之主」，何也？奈有血肉而為之主君其國者，此患也，「以身輕天下」，何也？是形骸之累，又有血肉主宰其身，內不能灰，外不能化，奈何有累於我哉，去心輕身，從無為治國，清靜治君，是謂奈何，「輕者失臣」，何也？君不能以清靜化，國不能以無為治，溫良恭儉之臣，見躁其君，亂其國危邦安肯出任，故常隱於海國，而不化行天下，是「輕則失臣，躁則失君」，何也？君不能以無為治國，馳騁田獵，好作為世欲之事，如此昏亂，安得不躁？失其靜，而君亦以失之，不靜有為，為之失也，是謂躁則失君。

善行無轍跡章第二十七

善行無轍跡，善言無瑕讁，善計不用籌策，善閉無關鍵，而不開。善結無繩，約而不可解。是以聖人，常善救人，故無棄人。常善救物，故無棄物，是謂襲明。故善人，不善人之師，不善人，善人之資。不貴其師，不愛其資。雖智大迷，是謂要妙。

此章太上教人隨機化育，不待勉強而聽自然者也，是一團無中有的景況。

何謂善行無轍跡，善乃人之本性，父母未生之初，就有善性，是一點落根源的時候，未有化育，就有此善，即先天也。行是發生歸鼎，先天一來，只可意取。豈有轍跡。若有轍跡，即是採取有為功夫，大道本於自然，謂之善行轍跡。

何為善言無瑕讁？善若言即有瑕生，即有詭詐，善不言，則瑕玷詭詐從何而起，方得還白不言謂之善言，自然謂之無瑕讁。何為善計不用籌策？淳化之民何用刀兵，不計為善計，氣和了先天即生，何用子午卯酉？著意籌策，能善用計者，就用不著籌策。何為善閉無關鍵，而不可開？不閉為善閉，何用閉穀道，通三關，開崑崙？從夾脊兩關，臍下元海，何竅要閉，何竅要開？終日用心用意，去自搬弄，豈不惜哉。善閉者，出自自然而關竅自然通透，自然光明。著於關鍵者，而關鍵沉於淵海，昏昏無著者，虛無之關鍵，周天為大竅，無有隔障，善閉而無關鍵，不可開而自開也。

何為善解無繩約而不可解？不結為善結，著意採來，容心凝結者，不是養性命，是送性命。不是養長生藥，是自練毒丹而害生也。終日耗後天之寶，耗竭氣散，懼寒，懼暖，懼風，懼濕，面金唇玉皆不善結者。倘後有同志者，宜以此戒，聽其自然，神氣凝結不待用意，而自從規矩準繩中而結，一結成

丹。豈可解也？何為是以聖人常善救人，故無棄人，聖人是善言、善行、善計、善閉、善結的人。人者，身也，是以聖人愛身，常修身而不棄身也，恐人於塵囂枷鎖之累，故救身而抱道也。何為常善救物，故無棄物。物者靈也，恐人於有為，常存救人之心以無為化之，故出自然聽其生育，無向凡俗而不棄也。何為「襲明」？天無容心生物，亦無容行化行人體；天無容心修身，亦無容心凝結，聽物之生化是為襲明。

何為善人不善人之師，無為之人，不假造作，是有為之規模，是有為之人，用意造作為無為之榜樣。聖人修自然之道，體天之無為。故不貴其師，不愛其資，雖有智人，體杳冥而若大迷，是謂得道要妙，總不過無容心於道，而聽自然者也。

知其雄章第二十八

知其雄，守其雌，為天下谿。為天下谿，常德不離，復歸於嬰兒。知其白，守其黑，為天下式。為天下式，常德不忒，復歸於無極。知其榮，守其辱，為天下谷。為天下谷，常德乃足，復歸於樸。樸散則為器，聖人用之，則為官長，故大制不割。

此章何意，要人守道，分理陰陽。

何為知其雄，守其雌？雄是陰中陽生，雌乃先天一氣，知而不採，謂之知其雄。守而自來，謂之守其雌。何為為天下谿？分理陰陽，則天下柔和。谿乃淳也，天下淳，陰陽自然分理。天下，指一身而言，一身無為，常德不離，德者，道也。人本清虛，清虛陰升，清虛陽降，陰升陽降，其德乃長。真常不離，反與嬰兒同體。嬰者，氣未定，五臟未全，皆虛空也。人能無五臟者，方能知其白而守其黑也，以嬰兒為天下抱道之式。人能如嬰兒，觸物不著，見境無情。為天下式者，真常之

德，無差忒矣。道得淳化，反歸於無極，而合太虛之無為。

知其白，不若守黑，白能易染，而黑無著，靜到白時，如月返晦，到晦時，收斂之象也。知其榮，榮則有害，不如常守其辱，辱心一存，萬事無不可作，無為存辱。為天下谷，谷者，虛其中，一身常能虛中；為天下谷，此之謂也。常德乃足，中能常白，其道常存。道存，而反歸於樸。

樸者，全完之器，樸散而成器，散者分其樸，而聖人用之，聖人能守中精一，則純一而不雜，為天下管轄，統天下之民，歸於一國。聚萬成一淳化無為之國，分理陰陽，五行之造化歸於一統。則大之而不割也，一身純陽，分理陰陽，其煉而成體，豈能割乎，知雄守雌，以柔治剛之意也，太上教人無為化淳，聽生化之自然，不假勉強也。

將欲取天下章第二十九

將欲取天下而為之，吾見其不得已。天下神器，不可為也，不可執也。為者敗之，執者失之。凡物或歔或隨，或呴或吹，或強或羸，或載或隳。是以聖人去甚，去奢，去泰。

此章是教人無為，法天行事，絲毫不掛的意思。將欲取天下而為之，天下者，一身也，取者修也。為者，無為之道也。人若修身，必本於無為，諸事若不造作，則不能成。唯道不然，將欲修身，必本於清靜自然之道。如今世人，若不些小言一二著，長笑而逝矣，吾見其不得已也。

天下神器，何嘗有為。以湛然常寂，聽其自然生化，隨機靜動，故不可為也，有為必敗於性，有著必失於命，不為不著，性命常存。凡先天氣生，聽其隨行。內應於呴，外應於吹，出入自由，不待勉強而羸也。若有微意，非太上至玄之

道，亦非不壞真空長生之道也。

或載或墮，若修清靜，隨其左衝右衝，上旋下繞，待其中千穴萬竅，忽然一旦豁然貫通，方得根深蒂固，載值於中宮。無齗無豫。是以聖人修身，必先去甚而無妄心，去奢而無繁華之心，去泰而無勝心。心既無而一身無不自然。合太上傳道之本心，同太虛而歸真空，無為真空，安得不取天下乎？

以道佐人章第三十

以道佐人主者，不以兵強天下。其事好還。師之所處，荊棘生焉；大軍之後，必有凶年。故善者果而已矣。不敢以取強，果而勿矜，果而勿伐，果而勿驕，果而不得已，果而勿強。物壯則老，是謂不道，不道早已。

此章清靜無為，不加造作，造作早已。以至道佐人主者，不言為道。道之渺矣。清靜即是至道，以清靜之道治伏我心，我心治伏，人主安矣。不以兵用天下，兵者，雜氣運行。如一國之主，亂行不道。不得已而用兵。用兵必有勝敗，其國必亡。如人修身、必先治心。心馳不一、運行雜氣、或長或短、見功速而成者少，其身早已，其事好還。還者是造作之顛倒。殊不知師之所處，禾麥盡盡，民豈生焉。如人之雜氣所止之處，血肉凝聚，病則生焉，就如荊棘者然，與至道毫無關係，故善者不敢用強。

在上者，施無為之化；在下者，聽其自然歸伏，如善者心。心清靜，不待勉強，其氣自生，清靜果矣。而勿矜誇，無為果矣。荊棘不生而勿剪伐，自然果矣；而勿用強，果而不得已，乃清靜中一點真氣。至道本來連一點都是多了的。勿強於道，是謂真道，用強於道，是為不道，不道者，安得不早已乎，此乃太上教人，無為修道，以有為之說戒之。

第三章 呂洞賓傳承黃帝、老子丹道篇

夫佳兵章第三十一

夫佳兵者，不祥之器，物或惡之，故有道者不處。是以君子居則貴左，用兵則貴右。兵乃不祥之器，非君子之器，不得已而用之。恬淡為上，勝而不美，而美之者，是樂殺人也。夫樂殺人者，不可得志於天下矣。故吉事尚左，凶事尚右。是以偏將軍處左，正將軍處右，言以喪禮處之。殺人眾多，以悲哀泣之。戰勝，以喪禮處之。

此章用淳不用強，用和不用剛；用氣不用意，有意為強兵，故不祥。

夫佳兵者，溫良柔和，佳兵者凶，善用者吉，善用者，靜後用之；不善用者，開首用之。物或惡之而不致，故有道者，不先動，故不處，是以修道君子，處其靜而貴左。不靜者，處其動而貴右。先意故不祥。不祥亦有氣至，乃勉強採來谷氣，謂之不祥之器，非修道之君子。靜後動者氣不得己，而開導初進之人，故以下乘教人取後天而得效也。只快於一時，久則必敗，能恬淡清靜。自然之功，謂之虛無至道。苟有微意而不美，而美之者，入一境，殺一境，得一理，忘一理，不殺不忘，謂之佳兵。靜中動者，副將軍之謂也。居左而不凶，乃無意焉，動中動者，正將軍之謂也。居其右而不結，用意取也。唯精唯一，清虛而得天機，謂之性。厥終厥始，有動而得地機，謂之命。性定，命生，從此而生泣。

知命方知命難，因其有斷殺之志，故一戰得勝。言其心切意專也。苟有二念則不得，是以喪禮教之。不有殺人心，不可以入道；不有鐵石心，不可以求真。言其可教則教，不可則止，是以太上教人。如此用靜，不用動；用意，不用氣；不用氣，用氣立性而後命，以佳兵譬之，柔和治之，虛無修之，靜動得之，空空成之。所以有兵而不用，兵有勝敗，故不祥，教

人體此而修者也。

道常無名章第三十二

道常無名。樸雖小，天下不敢臣。侯王若能守，萬物
將自賓。天地相合，以降甘露，人莫之令而自均。始制有
名，名亦既有，夫亦將知止，知止所以不殆。譬道之在天
下，猶川谷之於江海也。

此章乃無人我，自得意思。道以混沌無名，常住真靜，與
太虛同體，不言不動，謂之道常無名。樸者，性也，大而通徹
天地，細而入於微塵，雖小天下不敢臣，臣者氣也。性定，氣
凝，謂之不敢臣。候王能自守，候王者，心也。心空神靈。若
果能如此守者，萬物將自賓服。萬物者，諸經脈絡是也。能定
而守靈，經絡再無不賓者也。

總歸大竅，一片光明，天地自然相合，下升上降，天地合
一，甘露二氣而生，混合於中。到此光景，人莫之令。人者、
靈中微意是也。到混沌時，有人不知其人，而自然定均，定均
時始制有名，定而後能慮是也，名既有之，不要妄貪。夫亦將
知止，知止，則有定期而漸進者也。能知止，所以不殆，譬言
道，天下莫不有之，無物不有道。凡天下萬物，以無為者亨，
以有為者咎。至弱者水也，川流者水也、水之不息，猶天地萬
物，不可須臾離道者也，謂之猶川谷之於江海也。

知人者章第三十三

知人者智，自知者明，勝人者有力，自勝者強。知足
者富，強行者有志。不失其所者久，死而不亡者壽。

此章教人內省自意思，不馳與外而守真靈，脫解無用之
軀，與天地同久也。

知人者智，明哲於外，非我之本分。自知者明，守自己之靈，虛中生白，光灼天地，自知其有，默默自得，而為之明。勝人者有力，不可以力勝人，以虛無至道勝人。力者，內光也，勝己者，自勝之中和，充塞於天地，與太虛同體者也；強內光之充塞，含容於我，知足者，知瑩白之光芒，無處不周遍。虛虛於中，守有於內，而不妄求，謂之知足。

富者，滿其體，一氣豁和，含光於中。強行者有志，堅其心、固其意、忘其形、存其虛、守其有。以待功成也。能常真靜，守其中，而不失其所。其道恆而天地交泰。陰陽合抱於中，恆常不二如此，豈不能久乎，道成而軀丟，光融而性存。雖死於世，而我實不死也，死則死矣，假形骸雖死而不亡。與天地同其德，與日月合其明，與陰陽合其道，與混沌同其體。道存而性融，形亡而光結，故壽而不死。無中下手，虛中能有，有中返空，性命合一，靈性常存，清光融融，謂之死而不亡。常存其於天地之外，包羅於萬象之中；空空洞洞，其真常靈，其道常存，真常至道，謂之不亡而壽。

大道氾兮章第三十四

大道氾兮，其可左右。萬物恃之以生而不辭，功成不名有。愛養萬物而不為主，常無欲，可名於小；萬物歸焉，而不為主，可名於大。是以聖人，終不為大，故能成其大。

此章是教人歸於大竅，而不著的意思。

大道，是虛無至玄至妙之道，無物不有，無處不到，謂氾兮。一靜之後，遍體皆空，無有障隔，此乃氾也。左之右之，無不通之，無不靈之。節節相通，竅竅光明，謂之其可左右。萬物，諸經絡也。心空，意無，萬物無不持之以生。熔成一

片，內外光灼，雖無心於萬物，萬物自然生之而不辭。常無雜意，可著可名者，雖道大而不見其大，入於微末。而於小焉；一氣熔成，萬物無所不歸，若無主焉，諸氣自然合一。若無主宰，而主宰存焉。此乃性中命也；性中得命，若可名於大。大道至微，實無所大，而大存焉。是以聖人修道，默默而不彰，隱潛而不見。道雖大，而始終不為其大，故能虛無以合道，默默以合天地，隱潛以合陰陽，成氾氾兮。合其至道之大而入於渺渺之天，恍惚存亡之間耳，故能成其大。

執大象章第三十五

執大象。天下往往而不害。安平泰。樂與餌，過客止。道之出言，淡乎其無味，視之不可見，聽之不可聞，用之不可既。

此章是教人不著的意思。象字，是有著而歸實，大象是不著而歸空。象本於中，守中而小；大象本於形，無形而空。本於中者害，空於形者不害。執大象忘形合虛，空中空形、四大皆為一竅，使我之神，清虛而合至道，任往來而不害。

天下者身也，身為天下。是普天之下，無物不載，無處不有，任日月之照臨空洞之乾坤，往往而不害。如人之身，空其形，絕其欲，清虛其神，默默於大竅。混沌於陰陽，不知有人，亦不知有我。故往往而不害，不害，安於神；不害，平和其氣；不害，交泰於性命，安於神，平和其氣，交泰於性命，皆歸於虛，虛中生有。樂與餌，是先天之真氣，聚而成樂，凝而為餌，如過客之往來，無定止之地。任來則來，任往則往。天下任其周旋。待通身經絡，靈通而合一，如是為丹，性中見命者是也。

無可以言道，道之出言，其無味，無味而自其味。無可以

耳聞。聽之不可聞，不聞之中，而自聞也。無可以目視，視之不可見，不見之中，而自見也。無可以著用，不用之中，而自用也。故不可見，不可聞，不可既者。言其道理精粹，無不貫通。成天地之大竅，而含容乎至道，虛虛實實，無無有有，皆一其氣耳，此謂「執大象」，而「天下往，往不害」者此也。歸中不中，忘形忘虛，昏昏默默，為一天地。混合陰陽，打成一個錦繡乾坤。

天地壞而我不壞，天地崩而我不崩。皆因不害一氣之至道，不見而見，不聞而聞，不用而用，如過客之行止。不著於中也。聽其自然而已，這個才為執大象，後學如此，方能了得性命。故天下而不害也，安平泰之至道也，如此至道，不可見聞，亦不可既也，此之謂也。

將欲歙之章第三十六

將欲歙之，必固張之；將欲弱之，必固強之；將欲廢之，必欲興之；將欲奪之，必固與之，是謂微明。柔勝剛，弱勝強。魚不可脫於淵。國之利器，不可以示人。

此章是盜天地之真一，陰鼎陽爐，剛火柔用。自知其密，純粹精微的意思。

將欲二字，將盡而未盡的時候，未得先天之初，欲深息聚氣。時含太和而歙之，歙合聚也。將欲合聚真一，必先張侈於外，張侈定而後歙；保合太和，含弘萬象，混一而成。必先收屬身心，身心定，而後含光內照。則真一之炁（氣）強。

氣充足，然後以和柔之。將欲弱之，必先待歙而強之後，然後充滿，方才以和制之。使其純一不雜，含太和柔之。是二八月之候也；卯酉之時也，無寒無暑，充和一炁（氣），謂之弱也。得之矣，從有中而返無，欲廢之矣，將欲廢之先。必

先興起於中，充滿四處，而後以和廢之。廢的是有質無形之物，不但煉去有形的，連有質的要盡煉去之。而成光，炫爍於內，恐光散去而欲奪之，必先與之以和；將欲奪之之先，以和而合天之化機。歙而聚合於一處，從中起於上，從上見於空。如魚潛於淵一般。溫溫一性，包裹命根。

虛見天心，謂之「魚不可脫於淵」。國之利器，是強也；國之利氣是明也；國之利氣，是剛也；國之利氣，是微也；明明能以柔制剛；微則能以弱制強。不明不微，為國之器。明也微也，為國之氣。剛強故多利，利則有害於身。柔弱亦多利，利則有益於己。剛強之利不公多害。柔弱之利，和平多益。只自知也，自明也。

入於玄，知不知焉知，明不明為明。己之不知不明，安能示於人？入於湛寂，合於真靜。如此之微，如此之妙。玄之有玄可以示乎？故不可以示人。

道常無為章第三十七

道常無為而無不為，侯王若能守，萬物將自化。化而欲作，吾將鎮之以無名之樸。無名之樸，亦將不欲。不欲以靜，天下將自正。

此章從無而有，有得還丹，丹成光生，以靜而進，從有而守，不欲之謂也。

大道常以混元為體，以無名為用。道常無為，無中生有，未嘗無為。無為而無不為。要王侯守之，王侯，靈也，真靈若能存，萬物從無中而生有，靜中而自化，靜極將自化。不靜不能生，安得自化靜極，極之至。於中方生，生後自化，化而能鎮，是我虛中。一點靈慧守起。來去聽其自然，以無名之樸。樸是欲也，不欲靜生，靜中萬物萌，萬物從靜中萌，從無中

生，從虛中化。化而斷欲，斷欲以無名之樸鎮之。鎮之光生，鎮之慧出，鎮之虛靈。

「無名之樸，亦將不欲，」此句是申明無名之樸意思。無名之樸，亦是不欲。何為不欲？不欲以靜，不欲即無為，不欲即王侯。能守，不欲即萬物化，不欲即鎮之，不欲即為無名之樸。雖不欲，無靜而不能，先以不欲靜之。靜之極，欲不能生。靜之至，欲不能萌。靜之至極，方為不欲。靜從不欲靜，不欲亦從靜不欲。入於虛空中。虛則有中，空則實，空其虛中，則不欲以靜。天下將自正，而合天，而合道。靜而符天之虛空。化而符天之日月。鎮而符天之不動。隨氣之運行，聽陰陽之樞機。天能靜，我亦能之。靜乃道之根，化乃道之苗。道之根苗，聽其自然，無不合道。無不合天。天道即合，大道成矣。謂之天下將自正。

素解曰，虛名是道，不動不生是無名，真心見是王侯，諸經絡是萬物。經絡諸氣會合於中。是自化，真心了了，不動不生，聽其自然，是鎮之。入於虛，靜之湛寂。是無名之樸亦是不欲。形乃天下也，虛中有物，物化而空，謂之自正，外無其形，內無其心。欲斷意絕，冥冥竊竊，入於慧光之中。充塞乎天地，彌漫於世界，皆成一片光華。性中得命，命合性空，才教做天地將自正。大道歸於無名，返於混沌，入於無極，而合大清，此章之謂也。

（道德經譯義卷上終）

六、道德經呂祖釋義卷之下

純陽真人釋義

上德不德章第三十八

上德不德，是以有德，下德不失德，是以無德。上德無為，而無以為；下德為之，而有以為；上仁為之，而無以為；上義為之，而有以為；上禮為之，而莫之應，則攘臂而仍之。故以失道而後德，失德而後仁，失仁而後義，失義而後禮。夫禮者，忠信之薄，而亂之首也。前識者，道之華，而愚之始也。是以大丈夫，處其厚，不處其薄；居其實，不居其華。故去彼取此。

此章是虛生明，空生慧，清靜合太虛的意思。

上德者，不言，不動，不聞，不見，合天之至真，謂之上德。無心於萬物，無心於身形。謂之不德，外忘其身，內忘其心。聽萬物自然之生化，隨其自然之流行，謂之上德不德。「德」字，道之別名也。即「道」字，非恩德之德也。這等才是個有德的，謂之是以有德。著心外用，謂之下德。有心用去，就有心望報，故為不失德。不合天之不言，不動，不聞，不見，亦無清靜自然之德。是以無德，外實而內空，外無而內有，實若無空若有，聽自然之生化，謂之上德。無為而無以為，不能虛心，而心外耗，不能實腹，而腹運虛。滿腹心，聽心之指揮。心動火盛，焚其腹。或守或運。形容日漸枯衰。無上德之自然。是以下德為之而有以害為之。和順柔弱，溫良靜定，而合上德，謂之上仁。為之而無以為。

義字，改作個斷字。義重生剛，剛勝必有果斷，果斷必有是非，是非出自疑生。疑生上德，夫德失而為仁，仁下而為義。義字改意字看，何也？義重則剛心生，心動意馳，意馳必

有為。有為者，三千八百門，皆從此意字。安能合上德，是以義為之而有以為；禮者，路也，有意於道。必有心去求，一求非上德也。谷氣應之，則真心不見，而真氣莫為之應。是以攘臂而仍之，攘臂者，殺伐之氣也。即氣質性也。仍者，就而應之之謂也。即勝心貪意者，是也。如此則道遠矣。故失道。失道者，失自然之生化，容心於萬物者也。謂之失道而後德。有心物者，謂之德。無心於物者，謂之上德。失了道，就是有心於德，失德而後仁。失了自然之德，存仁於萬物，和順於生化，就於有為而失仁。

失仁而後義，是堅心剛者勇滷之性。一派氣質殺伐之心，失義而後禮，有路為之謂之禮，不知禮者吉，知禮者，忠信之薄凶亂者，敗也，亡也，因禮之害也，故為亂之首。前識者，高明正大清靜無為之人也。不德而若愚，昏默之謂也。如此之丈夫，處上德之厚，不處上禮之薄也。居上德無為之實，不居上仁，上義，上禮，有為之華也，故去仁義禮智之彼，而取無為上德之此也，謂之去「彼取此」。

昔之得一章第三十九

昔之得一者：天得一以清，地得一以寧，神得一以靈，谷得一以盈，萬物得一以生，侯王得一以為天下正，其致之一也。天無以清，將恐裂；地無以寧，將恐發；神無以靈，將恐歇；谷無以盈，將恐竭；萬物無以生，將恐滅；侯王無以為正而貴高，將恐蹶。故貴以賤為本。高以下為基。是以侯王自稱為孤寡不谷，此其從賤為本耶？非乎？故致數車，無車不欲，碌碌如玉，珞珞如石。

此章是守法之要，返本還原之意也。

「昔」者是胚胎之時，唯有靈性，一氣貫通。本來之一

也。如今世欲多端，雜念橫生，故不得一。要從「虛」無二字。返元為一。如昔之得一者一樣，虛其心，忘其形，絕其意，歸其清，守其靜，還其空，得其一，而歸有，有中復靜，謂之得一。得一者如天。天之高也，悠也，久也，明也，此其為天也。因得一而清。博也，厚也，此其為地也，因得一而寧，明也，虛也，昭也，洞也，此其為神也。因得一而靈，神者不散而聚，潛藏不露，靜以合德，虛以斂形，空以得一，散而充塞天地。聚而入於微渺。水火不焚溺，金石不障蔽。立日月而不影，此其為神也。神何以靈乎，清心靜意，忘物忘形。唯精唯一，以誠內觀。以一貫流通，信心虛無，而歸於空。歸空不空，抱道守一。始得神靈，天也地也，大地皆空，四圍不著，虛空一身乾坤盡在掌握，真氣隨其流通，身外之身。此其為谷也。上不上，下不下，前不前，後不後，左不左，右不右，中不中，虛無一氣之間耳。此其為真谷也。因其得一而盈。草木也，飛走也，日月星辰也，天地也，此其萬物也，天地得乾之真火。坤之真水，從虛無而生形，此物也。

天地得乾坤，水火交泰，抱一虛無媾精，清靜生氣。得陽火而成日。天地之命也，得陰水而成月。天地之性也，性命流通，生生化化，而育萬物。皆得天地陰陽之氣。以靜而守一，萬物故能生。今日動，明日移，真火一照，真陰不滋，萬物豈能生乎，如人之稟父母。陰陽媾精，交泰而生。即天地稟乾坤之氣，同父母之氣。原是虛無，因世欲所染，故歸於實，如今要返虛無，有何難哉，在一念間耳，念誠虛無見，心死真心現，意絕真性明，性明而命歸，命歸而神立。神不外散。先天起而諸氣潮。氣潮有信，不失時候，周流天下，聚散有度，此人之萬物也。人若外現外聽，心馳意往，則神耗動舉無度。多言無忌，負重拏輕則氣耗，神耗精隨而耗之。氣耗，精亦隨而

耗之。神隨精聚，氣隨精生，精亦逐神氣之消散。心動神耗，意動氣耗，念動精耗，常常虛無，則精氣神之不耗者，才是萬物得一而生。候王者，心也，心灰無容於物，心灰無容於形，心灰無容於心，謂之候王得一，一身歸空，一氣反正。存神而不存人，存性而不存心，存物隨氣，隨氣養神。神安命則立，氣安性則明。命立性明，謂之為天下正。其致之一也，誠其意，一貫其氣，其致虛致無之一也。天之震怒，是不清也，狂風驟雨，轟雷掣電，此其所以不清也。

天不清，因氣不和。氣不和，將欲裂。裂者變也，氣散神不斂，故不和而變，水竭山搖，地脈枯而不寧，此其所以發也，地之無以寧者。不靜之故耳。發者，起也，不虛不無，神固無以靈，不靈將欲歇，歇者，止也，谷不虛，無以盈竭之而不開，塞之而不貫，谷不虛，唯恐竭，天不清，唯恐裂，地不寧，唯恐發，神不靈，唯恐歇，此其不空耳。空中生有，萬物始生。入於頑空，則萬物無以生。頑空，萬物不生而滅，在空不空中，恐萬物有滅，空而存不空之意也。心不灰，則候王不正。候王不正而貴高，居貴本於賤，居高本於下，不本賤下，則身心蹶裂，因心有容於物，有容於形，心有容於心，故蹶之，無容心者，故不蹶。常以戒慎恐懼。不睹不聞，清心靜意，忘物忘形，心無其心，意無其意，無無亦無，無無不無，如此則不裂，不發，不歇，不竭，不滅，不蹶之患也。因其得一於我也，故「貴以賤為本，高以下為基」，無他，順則一生千千萬萬，從此而始。逆則一從一而誠，誠則忽然貫通矣，此是賤之本，基之下也。

「是以候王自稱孤寡不谷」，心原本於一，孤者，單也；寡者，獨也；不谷者，無同類也。言其孤於一，寡於一，不谷於一。一者，清也。靜也，空谷傳聲也，如此其以賤為本耶。

難道不是此說之非乎。你不看車之輪輻、周流難計其輻。不動則易明其輻也。如人之氣靜則無期限，動則有限之元氣，易於散盡，氣盡猶之乎。車無輻也，「故致數車，無車不欲」。無車不欲其輻。如無人不欲其氣。車無輻不行，人無氣豈能生乎。琭琭如玉者少，珞珞如石者多。言其多必自少，貴必自賤，高必自下者故耳。因其得一於我也，返我昔日之陰陽。歸於虛無而成不二之道，故以言天地之清寧。欲人得一而法天地，使其谷神不死。與大道同焉。

反者道之動章第四十

反者，道之動。弱者，道之用。天下萬物生於有，有生於無。

此章「動靜知宗祖」。動則散而耗，靜則聚而見。言語舉動則耗，心意馳動則耗，耗則外散。外散神不寧，氣不結。神氣寧結無他，心安意定也。安定，中宮見，神室開。此時才為真動，本於靜也。靜者，氣反而通。

反者，反心之不明，反性之不識，反口之不知味，反目之不知色，反鼻之不聞香臭，反耳之不辨聲之高低，反手不能取，反足不能履，反五臟化而不生，反不知嬉笑言談，反不識父母，唯有活活潑潑，一團和氣，靈性存於中。如此方為反也。如嬰兒在腹，不知天日，真陰真陽，聽他循環於虛無之中。八萬四千，三百六十，五官六腑，無不通徹。皆因靜中動也。動亦不知動之所以然。恍恍惚惚之間耳，謂之「反者，道之動」。心泯意絕，含光於內，謂之柔，柔和於我，神寧氣定，若似乎無作，又若尸同，弱之無間，時時如是，久則合大道之用，天之真性結於虛空，人之真性，凝於虛無，道之真性，入於無無，存於空空，合於玄玄，此為道之用。

天不言不動，從空中而生真動，此天之反也。人神安氣和，從虛中而生真動，此人之反也。能反者弱成，造化循環於中。五行周流於內，陰陽凝結而成一。則天下萬物，無不感陰陽之氣而生。言其竅竅通徹，處處空靈，諸氣朝宗，而環抱於中。此有也，此生也，有生必有化，從生而反化，從有而入無。世人只知有生有。偏見於「一生二，二生三，三生萬物」之說也。殊不知萬物生於土，而反化於土。歸土者有二：枯朽而歸者，潤澤而歸者。枯朽者，入於無何有之鄉，為鬼耳。潤澤者，歸於虛靈不昧之地，為仙耳。學道無他，「無中下手有中得，得後不知有形跡，唯有空中成大竅，清虛天半懸月窟。」此是有中無也。無合於天，而性光同月，虛合於氣而命蒂同日。日月環抱而為太極，此人之無中有也，道凝虛中之象也。命盡而性存，光華燭於周身，輝於內外，打成一片，虛光而入於無極，此有中無也，學道豈易哉。

上士聞道章第四十一

上士聞道，勤而行之；中士聞道，若亡若存；下士聞道，大笑之，不笑不足以為道。故建言有之：明道若昧，夷道若類，進道若退，上德若谷，大白若辱，廣德若不足，建德若偷，質直如渝。大方無隅，大器晚成，大音希聲，大象無形，道隱無名。夫唯道，善貸且成。

此章教人知止知退，無道為道的意思。

無道，上士聞之，體無為而勤修之。無道，中士聞之，無處著腳，故生疑，若亡若存，兩可之心，故不能行。無道，下士聞之，付之一笑。何也？言其無影無形，無有把柄，但笑而不言，不笑不足為無為之大道。故建言有之。建者；設也，設言有道。以明無為之妙。上士明道，幽處靜修，若昧然。中士

雖明道，不以無為為實。心疑之，故不昧。下士明道，一聞之而生謗心，安能昧之？夷，道者，精心於道，於天地同類而修之；與無極同體而暗付焉。進道者，進清虛之氣，周流太虛而不知有為，故若退然。上德乃無為之士，性命歸於虛空，精氣神合於靈動，與天地合其德，與日月合其明，與陰陽合其體，與四時合其序；空空洞洞，窈窈冥冥一氣於中，若空谷焉。空谷之後，靈光朗耀，內有虛白生焉，若辱焉。辱者，打動於心，真心發現，沛然見於面，紅光四布，瑞氣蒸揚，形身無影，靈光獨現。神隱於中，飄飄蕩蕩，照徹乾坤，故大白若辱。廣德者，若天地之德。上德不見德，其德廣矣。故若不足，與人修道同。至道不見道，道乃何物？而若無道。無道者，方見道之至矣。故若不足。建德者，設言有德，不知德何居。偷者，引而伸之，如道無道，故以道名。

　　不過設言，曰道德者，即道也。你看天地間，萬物生育，豈非天之德乎，地之德乎。天地合其德，而萬物感之而生，不見其德，而德更大。如人之氣生，乃道也。性命合道，而炁（氣）方生，不見其道，而道至矣。謂之「建德若偷」。質直者，真心也；真心見，而先天足。充滿天地，流貫萬川，總歸於一。浩浩蕩蕩，溢溢盈盈，此渝也。真心者，信也。性現而命存，唯精唯一者，是「質直」二字。精一而氣足，故如渝。大方者，空洞天地，無絲毫障蔽，明明朗照，無處不燭，東西南北，前後左右，上上下下，皆是空洞，成一大竅，惟氣流行，光明萬國照徹諸天，謂之大方無隅。大器者，先天見而虛空成器，即神室也。不要以有尋，不要以無覓，靜極氣生，氣生神室見，出於自然而然，不待勉強而成大器也。如水泡一樣，有形無質的東西。晚成者，炁（氣）生而後見，謂之晚成。大音希聲，音者，潮信也。時候到，而潮不失信。如靜極

而炁（氣）生，呼呼若有聲然。又若火然，大音希聲者故耳。大象者，神凝也。神凝而不見其形，神凝即道也。

道原無名，唯自知其妙，難於口言，難於目見，故大象無形，道隱無名，此也：夫惟者個道。中士聞而怠心生，下士聞而怪無形。惟上士者：善守善靜，收拾身形，撇去心意。一點虛靈，常常內固。善貸而且成，且字最妙：稍有絲毫心意就不成。如身居土內，即成之。且字活，不一定也。夫惟道，善空、善靜、善采、善有、復善於無謂之善貸且成。

道生一章第四十二

道生一，一生二，二生三，三生萬物。萬物負陰而抱陽，沖氣以為和。人之所惡，惟孤寡不谷，而王侯以為稱。故物或損之而益，或益之而損。人之所教，亦我義教之。強梁者不得其死。吾將以為教父。

此章大旨何為？太上教人以弱制強，以靜生動，以有入無的意思。

何為道，靜極乃道也。靜虛極，乃玄也。道入於玄，謂之道。從何處生？虛中見，靜裡生。何為一？靜裡有動機，在無心處見，謂之生。何為道生一？靜極機動，恍若有物，謂之道生一。何為一生二？物有時，陰陽合抱，動靜合機，虛虛實實。金生水，木生火，此時侯天地才分真心與真水，一降一升，聚合於虛中，謂之一生二。何為二生三？陰陽既分，天地既判，此二也。俗說天、地、人為之三。天地既生，難道又有天地？此論謬矣。天之秀氣，地之生氣，感和風之清氣，此三也。外言之，氣之清，神之靈，精之潔。靜裡分陰陽，而精氣神同化於虛無，此三者內言也，不靜，陰陽不分。陰陽不分，氣不清。不清，精不潔，不潔則神不靈，不靈，安得為道？

何為三生萬物？得天之秀，感地之生，乘風之化，風乃天地交感之氣。故言之，如無風處草木難得。天之秀，地之生，無風則不茂，無風則不華，理必然也。人之修道，雖靜也，靜中不生，陰陽不分，精不潔，氣不清，神不靈，入於頑空，故命不立，如草木避風者同。神也，氣也，精也。秉靜而先天生。此三者，皆先天中之物也，會合於虛無，運用於陰陽，合抱於神空。此三者，凝而為丹，丹成八萬四千毛竅，三百六十骨節，五臟化盡，血白脈絕，四大皆空，都成一個虛無關頭。諸氣朝元，而生萬物，謂之三生萬物。何為萬物負陰而抱陽？

大凡有形之物，皆陰也，有形者，皆有性，性乃陰也。性中得命，陽也。陽生於陰，潔白而生光，與月同也。人之修道，無裡取金。一靜而水中之金自然躍出，不靜而用意取，非水中金也，谷氣聚而結為精華，此物也，非金也。萬物乃諸氣之靈，虛無中，先天凝結，四大皆空，而萬物方秉先天中的一點，陰中之陽，去陰而合抱於陽。如人終日塵世，心存意在，食五穀而加五味養之，盡歸於陰，陰盛精生，而穿透於皮骨，潤於四肢，此陰中陰也。陰盛情動，精漏而盡。或心動於物，形勞於事，精耗而枯，此陰盛而使之然也。假後天之寶，養我皮袋，住居不損主人公才能安身，此外丹者也，外丹固而內丹方成。釋子云：捨身者謬矣。此謂之負陰抱陽，負陰之體，而合抱真陽，萬物來歸，形化氣，骨化虛，形骨化為虛氣，似天之有象無形，象負陰之上而抱真陽。一氣而已。

何為沖氣以為和？沖者，上也；清氣上浮，而和合太虛。有形者人所惡之，言其純陰不見於陽。修真者，唯孤寡不谷，言其清靜於己，與人不相同也。總不外「獨」字，獨於己身，一於己形，而我之玄，隨氣之沖。合無極之至道，謂之孤寡不谷。何為王候以為稱？王侯者，神也，精於一，合於虛。方

能玄妙之妙，獨見於我何為故物或損之而益？人能精一於我，靜靜於中，物之秉靜而生，是有也，以無損之，損之又損。清之至，靜之至。清靜之至，謂之損也；物不損不能生，生後以靜養之，此其有也。

靜久則有益於己，旋轉周流，或上或下。或左或右，或前或後。沖萬竅之開通，諸絡之一貫。會眾氣於神室之中，含養於虛無之境，謂之故物，或損之而益。何為或益之而損？物之通徹明了，靜極而益。從益之中，化為空，返空不空，返無不無，空復真空，無無不無，無無亦無。此二句不外先靜後有，從有入無。靜者，以性下手。有者，性中立命，無者，性命返虛而合道，萬物復化而為三。化三而為二，化二而返一，一後而入無，從無而合道。此時身心同於虛空，性命歸於湛寂，無極而化太極之時也。到此地位，人何之所教，有入無，無化虛，人之所教，道有而止，亦我以不明之心，不動之意，昏昏默默，教以無為而合太虛，所為強梁者，心守意取，不以虛而入，以誠而守，謂之強梁。何為不得其死，人以心住守方所。以意用力採取，終日養谷之氣，精之華，谷氣盛而真陽耗，精化華而精液消。日復一日，陽盡精枯。豈能久於人世而惡病生。故不得其死，吾將以無為之父，以孤寡不谷，沖氣為和，負陰抱陽而教之，如此方謂之道。

天下之至柔章第四十三

天下之至柔，馳騁天下之至堅。無有入於無間，吾是以知無為之有益。不言之教，無為之益，天下之希有者哉。

此章因上章強梁者，不知無為之益，而申明上章之意也。

天下之至柔；清心靜意，絕欲安神。不知有天地，亦不知

有身形。一氣貫通，凝丹室內，惟性而已。此天下之至柔者，或意住，或心存，或取，或就，吞吐後天，在皮毛上用功夫。終日擒拏，勞苦身形，凝養後天，此天下之至堅也。學玄之士，虛虛一性，真氣氤氳，聽自然之衝突。諸竅皆通，神室頓開。我之真道，從柔而堅，自然馳騁之至堅。何用心意而苦身形？此謂天下之至柔。馳騁天下之至堅，柔者，氣也，馳騁者，衝突也，堅者，身形也，以自然之真一。衝突乎假形，何須作為哉？

無有之心意，無間於時日。空空一性，清淨無為。時時刻刻，入無間工夫，自然真一上升，木來交並，虛無中會合，空洞中交感，如此之景象，豈待作為而然哉！如此，從無為中來得。何苦作為，吾是以知無為中，如此之玄，如此之奧。空空洞洞，一個虛無，有益於我之神，不去言玄說妙。

無言而內教之，無為而內益之。如此者，天下希有之人哉！不言而道教之，無為玄益之，如此之奧妙。天下希有之道哉。不但希有如此之道。亦希有以柔，馳騁之堅。以無為人於無間之人者哉！又不但天下希有知此者，天下並無聞此者以柔制堅以弱制強，以無為如無聞，如無聞，如此之道，豈易言哉。

名與身章第四十四章

名與身孰親？身與貨孰多？得與亡孰病？是故甚愛必大費，多藏必厚亡。知足不辱，知止不殆，可以長久。

此章教人絕有存亡的意思。

名與身孰親？名者，有也。身者，神也。舉一意，動一心，即名也。存於心，虛於靈，即身也。一意一心，頃刻千里。意去心馳，我之心即耗，如此思之，其孰親乎？內照返

觀，外繁多事，其孰其疏乎！知其親，明其疏，無我之身，安的有名？名從身得，豈有捨身而從名乎？知其神，忘其名，乃道也。貨從身得，捨身而貨，安得貨者，不過隨處有之，不能充滿天地。身雖一己之神，散而彌滿乾坤，聚則存於虛室，如此究之孰為多乎？

得與亡孰病，得於名，得於貨，唯我之所有。亡於身，亡於神，唯我之所無，如此考之，其孰為病？此三者，皆外講也。內講者，名者，求其得也。身者，存其神也，不虛心而求得，則妄心生，不無意而求者，則已神耗不求其有之虛名，虛我之神而名實，虛我之名而神失。神失名就實，名實而神隨失。請思之，其孰親乎？貨者，谷之氣。身者，清之氣。存心者意，谷氣生，忘心絕意，清氣谷，騰氣不過存其所，透其關清氣，竅竅流通，周身充塞。谷氣存心意谷，以養之。清氣虛，神靈以蘊之。請思之，其孰多乎！得者，意中得，亡者，心中亡。有意去得，著意去亡，得者，虛中得，亡者，無中亡，虛裡自得，無裡自亡，請思之。其孰病乎！

此三者，在下文以明之，是故甚爱必大費。欲虛身是愛也，欲惜靈是愛也，愛則爱矣。必無中費心，虛中費意，靈中費身。費之至，方為真愛。藏者，養也。多藏必厚其神。神清而知足，神凝而止知，神靈而知身，知身而不親其名，知身而不多其貨，知身而不為其病，不親名，不多貨，不為病，因身之清，神之靈也。故不有辱於我，取於我，如此，親其身，多其氣，不病其神，可以為道之長久。

大成若缺章第四十五

大成若缺，其用不弊；大盈若沖，其用不窮；大直若屈，大巧若拙，大辯若訥。躁勝寒，靜勝熱。清淨，為天

下正。

　此章要人致中和的意思，跟隨上章知止知足來。

　大成者，已成之士，先天見而凝的時候，不要自貪自求，妄意存守，隨他自然，轉動寧止。若缺而不足，其中妙用，樂其天然，而不能弊我本來一點真靈者，才叫做「大成若缺，其用不弊」，大盈者，周身通徹，無絲毫障碍，皆先天一氣時候。若空洞然，若沖虛的一般。其中玄妙，聽其自然，其中妙用，就無窮矣。

　大直者，先天直上，貫於虛中。不要意取，聽其自然，不能的意思，而若屈然。屈者，不能也。大巧者，是他，時至時候，左旋右轉的樞機，按周天而合五行，其中巧妙莫能言。到此時，吾言不謬矣。其中巧妙，難知難識，是他自然之巧，非我之用巧也。他雖巧，而我之心意若拙，隨他樞動，而我灰然，謂之「大巧若拙」。

　大辯者，他來時，我以心意覺之，謂之大辯。這個辯，也說不出微覺，就是大辯。「訥」字是個「死」字。他來時，我若不知，若不識，不似個死的一般，不覺為訥，不訥就覺了。是死心灰意然，謂之「大辯若訥」。世人看「訥」字，不能言者是訥也。在此作個「死」字看。

　躁勝寒，躁者，後天穀氣。人用力時，而穀氣勝，寒則不犯。內講躁者，華也，後天足，寒亦不犯，內實則外不敢侵，寒不能入，故勝之。凡修道，先固後天為最。靜勝熱，無心一作，可熱不熱，內講者，靜心以待真陽生，而真火薰蒸脾土固，而虛火不生；心地靜，而妄火不生；意寧，而肝火不生；情絕，而肺火不生；性定，而臟火不生；一塊真陽，諸火皆散，謂之「靜勝熱」。清靜為天下之正道，清而缺而沖，靜而屈而拙，清靜而訥。如此，則天下正。正者，正其心，誠其

意，絕其情，盡性而得命，謂之「清靜，為天下正」。

天下有道章第四十六

天下有道，卻走馬以糞；天下無道，戎馬生於郊。罪莫大於可欲，禍莫大於不知足，咎莫大於欲得。故知足，知足常足。

此章要人收伏心意而不外馳的意思。

外講者，天下有聖君賢臣在位者，秉公心，立正意，則百姓得以安康。「馬」字改個「心」字看，外面用世也要心，內面修己也要心。外面心不正，則天下不治，內面心不虛，則我不能久，謂之「走馬以糞」，「糞」字改做個「苗」字看，舉心動念也。「苗」字改做個「念」字看，不動念，何以走馬。奸臣賊子、忠臣孝子、義夫節婦、暴君污君，仁君聖君，皆從心造，此「走馬」也。念不動，心亦不動。念動，則心生苗，心生苗，謂之「以糞」。此在心內講，善惡俱從心出。「天下無道，戎馬生於郊，」此二句在外講。天下無道時，亂政多出，頑風壞俗，皆是在上者，心馳於外，貪之求之，蓋不由己，而心去矣。心去，惡心生而多欲。焉得無罪？有罪必死，因多欲所招。惡心生而不知足，不知足，焉得無禍？有禍身必亡；因不足，所招惡心生而欲得。欲得焉得無咎；有咎身必故，因欲得所招，皆不知足故矣。故知足者，無罪，無禍，無咎。如此之人者，知足常足。知足者，大而常足天下，次之常足一國，再次常足一家，至小常足一身，類而推之，知足，天下治。知足，謂之「天下有道」。不知足，謂之「天下無道」。知與不知皆出於心，太上故以馬譬之，此外講也。

天下者，是我之一身。有道，是一炁（氣）混然；「走」字，改個「去」字看，「馬」字，作個「心」字看；「糞」

字，是寂然不動；「走馬以糞」，去心寂然之意，我之身，一氣混化，寂然還空，這叫做「天下有道」。

「天下無道」，是心性不定而亂馳。「郊」字，心境也；戎馬，是野心也；或存這裡，或想那裡，戎是操軍之馬，無休息終日搬弄，而作有為，不歸清靜。俗語云：「終日盤算」是此也。心不閒，謂之無道；「罪」字，作「病」字看；「可欲」，是欲不死也。終日盤弄而求長生，殊不知反生病也。不欲則不病，故罪莫大於可欲。「禍」字作個「死」字看；今日貪，明日求，日夜無寧。有限陽氣，日漸耗光。因求足而反生不足，故死。

取禍之端，莫大於不知足。「咎」字，作「害」字看；今日欲起，明日欲來，殊不知，注意的都是後天，而反生害。清靜自然得，何必欲得！「故咎莫大於欲得」。得清靜者，故知足。知足者，常足而不死，不病，不害。因其不欲知足，不欲得，而渾我之一炁（氣），保一身，養我之虛，固我之鉛，靈我之性，而返我之汞，為有道之天下。收束其走馬，降伏其心性，常足以忿然不動，養我浩然而返於寂。盡性而得命，一炁（氣）豁然而貫通。故無病無害，亦無死，因其清靜而不欲，空洞而知足，虛靈而不欲，得如此，方為有道之天下。無心道士，方合得太上本旨，教人去心知足的意思。

不出戶章第四十七

不出戶，知天下；不窺牖，見天道。其出彌遠。其知彌少。是以聖人不行而知，不見而名，不為而成。

戶者，虛中之門，不出戶，是一炁（氣）常盈於戶。空洞而不覺也。知天下諸炁（氣）朝元，通徹萬方。不出戶，昏昏不知其門，默默貫通六合。其理皆然不外是也。

第三章 呂洞賓傳承黃帝、老子丹道篇

牖是虛中無，無一竅，寂寂然而道存。於天相符，於道同體，謂之「見天道」。其字，指道也；「出」字，渺茫不知所有，空空一性者是也。我之道充滿宇宙，愈靜而愈玄，更清而更妙。一靜充塞天地，一虛包羅乾坤。其道愈出而愈彌，更出而更遠，言其一靈虛於中，無不照察，無不通貫，謂之「其出彌遠」。靜於道，而不見其道，窮於玄而不覺其玄，不知何為道？何為玄也？「其知彌少」，此也，是以修真之聖人，清之、靜之；不行而知道之來，空之、洞之，不見而強名曰道。無之虛之，不為而道自成，這才是不行而知者，謂之真知，不下見而強名者，謂之真名不為而成者，謂之真成。知不見其知，名不見其名，成不見其成。

此三者：性中融於命、命存於性，從無中所得，得後還無，與道合真。而洞湛寂。五行貫通，交泰陰陽，恍兮惚兮，其中有象。虛虛實實，不知其知，不名其名，不成其成，謂之「知天下」而「見天道」也。名其道而成，至道也。故爾遠彌，少者此也，這才叫作成道。本不行、不見、不為，而真心見矣。是以聖人修之，如此其知、其名、其成而道真矣。

為學日益章第四十八

為學日益，為道日損，損之又損。以至於無為，無為而無不為矣。故取天下者，常以無事。及其有事，不足以取天下。

此章教人復歸混沌，返於上清的意思。

借學以言道，為學日進，而不見其功，其學日增。為道日損，而不見其減，其道曰寂。道者，混沌之體，以清靜而用之，湛然一氣也。心無其心。而真心見。意無其意。而真意存。情無其情而真情寂。空性以立命，養命以還空。若亡若

存，一氣充塞，竅竅流通，其光曰見，其妙曰玄，玄之又玄，真道乃見。這是個道。仰而不能攀，俯而不能就。若云遠，目前可得；若云易，勝若登天。瞻之在前，忽焉在後，窈之冥之，其道難見，空之洞之，其功易成。無他在己之靈，虛之則神藏於室，實之則神馳於外，在人之專與不專耳。無人無我，是損也；無靈無性，又損也；槁木死灰，內有性存。

凡取天下者，淳化之風，無為之治。窈窈冥冥，湛寂若清天，空空洞洞，清之若深淵。以無事而取之，天下自然來，服人之心清如水，人之性湛如天，則諸氣朝元而合一，混沌打成一片，空其心、通其性、靈其神，抱其命。熔鑄一個空洞鏡子，照物無所不徹，光明沖射萬方，乾坤為之我有，天地為之我無，陰陽合一。而虛靈以存之，這是個無事。若有毫髮所染，絲毫掛牽，則為有事，不足以取天下。為道者，不足以通百脈，則光明不開，真性不見，難以降伏諸炁（氣）。為道者，當自勉之。

此章不過教人去聰明之心，馳騁之意，貪欲之情，若愚若蠢，死心灰意，損之而進於道矣。雖是無為而盡性，無不為而立命。無不為，是沒有不為之道，靜極而動，是無不為。動後返靜，是無為。從無為而到無不為，再從無不為而返於無為。如此者也，何患道不成而天下不取也。

聖人無常心章第四十九

聖人無常心，以百姓心為心。善者吾善之，不善者吾亦善之，德善矣。信者吾信之，不信者吾亦信之，德信矣。聖人在天下歙歙。為天下渾其心。百姓皆注其耳目，聖人皆孩之。

此章洞燭常虛，光明內固者也。

聖人者，神也；常心，世欲之心，知識之心，神靜真心現，故聖人無常心。百姓者，氣也，氣固真空，虛靈之心出，如天之無心，實有心存，故以百姓心為心。

善者，淳化之輩，真常清靜，吾得妙矣，故善之；不善者，塵凡外務，攪亂真道。吾亦靜治之。無所以亂我之本來，清靜虛神，淳化混然，吾亦善之。德字，作得看，我之真靈不昧，靜極而量弘，天地山川無所不容，量弘則德重，如天之德，上德不見其德，得善矣。

信者，不無欺也，時至而到也。吾得靜之妙，信乎其玄玄矣。不信者，時未至也。堅心清靜，必候其至吾亦信待之。如此之淳德，得信矣。

「聖人之在天下」，即神之返室矣。神歸於室常歙歙然，歙歙是無人無我之境。「為天下渾其心」，虛中不昧的意思。一氣渾然，而「百姓皆注其耳目」，一神虛無，而「聖人皆孩之」。寧神混沌凝其虛中，神凝於氣，氣懷於神，神氣合一，運用於虛中，空空於身外，則百姓之耳目真注矣。「聖人無常心」，真孩矣。霹靂一聲虛空粉碎，飄飄蕩蕩，不知天地而我內有天地，不運五行、而我自然轉動，不知其身而真身見矣，不知其心，而真心明矣。真身見，真心明，聖人物外之神，則常心泯矣，非道而何。

出生入死章第五十

出生入死。生之徒，十有三，死之徒，十有三。民之生，動之死地亦十有三。夫何故？以其生生之厚。蓋聞善攝生者，陸行不遇兕虎，入軍不避甲兵；兕無所投其角，虎無所措其爪，兵無所容其刃。夫何故？以其無死地。

此章外其身形，求身外之真身，故無生亦無死。

凡有生必死，生者死之門，死者生之戶。出有心之生，入無心之死。生之徒十有三矣。生生者，生一氣之真；死死者，死通靈之心。忘其生即忘其死，不待穿鑿，而歸自然，十之中有三矣。三三之數老陽之體，去九而歸於一，純陽之體矣。此句太上破九轉之說，九轉還丹是耶？非耶？世人以訛傳，訛作為九轉，非九轉也。

九者，陽也，金也，陽金之數，返而歸一，為之「十有三」。「死之徒十有三，」言人入於作為，求術以長生，豈止避了九數，而妄作九轉之行功，不能歸一，而返閉陽金，則有落地矣。凡有落地，傷生取死之道也。夫何故？生生之厚，求生之心切，反有死矣。民者，氣也，氣生則生，氣動則地見，氣見陽金生。金生而動，動則九數純。純而返一，不厚生而生金矣。如是之五穀、五味、藥物、方術等，皆生生也。外此則不生，殊不知反害也。

蓋聞善養生者，忘其生亦忘其死，俱從無心無意中而長生。有心則鉛耗，有意則汞竭，鉛耗汞竭，則死矣。何故？因作為而求生，豈知反死也。

「善攝生者，陸行不遇兕虎」。陸乃命也，忘其命，真龍真虎見，作為之，兕虎則不遇。因其無心也。軍者，性也，入於性，則不避兵戈。兵戈，刀圭也，己土戊土。性定真心見，二土自然歸中，何待作為。因其忘身也。身心忘，天地自然交泰，不惟兕無所以投其角，虎無所以措其爪，兵無所以容其刃，因其忘我忘形，凝神定性，氣和而得命，清天靜地之謂也。返於虛，歸於空，神靈氣息，唯有存性。兕虎、兵戈，安能得害？夫何故？以其無死地，蓋其不入於術而常虛也。有術者必死，無術者必生。修道者，可行術耶。

道生之章第五十一

道生之，德畜之，物形之，勢成之，是以萬物莫不尊道而貴德。道之尊，德之貴，夫莫之命而常自然。故道生之、畜之、長之、育之、成之、熟之、養之、覆之。生而不有，為而不恃，長而不宰，是謂玄德。

此章教人不待矯揉造作，聽其自然，而知漸進之功焉。

道字作個無字看，有字就是術了，無字就是至道。道從無而生，從虛而入，空之又空，道乃生焉。故道生之，乾坤合一謂之道，陰陽轉舒謂之生，太和之氣謂之德，道從太和而生，生而不舍謂之畜。畜之若有物，空其靈，虛其實，畜而成形若有之，因其旋轉左右，衝突上下，若有勢焉，故成金液。物成而天下萬物無不化生，萬物本無而生，是以萬物莫不尊道；萬物本太和而成，是以萬物莫不貴德，故道所以尊之，德所以貴之。何也？本於一性也。一性而生，太和而成。「夫莫之命」，命者、動也。靜極而成道，自有命存，何有意動？而道常出於自然；自然之中，而道自然。

火發而生之，若有以畜之，我以自然之氣，內和太和而長之。畜清虛而育之，體靜而成之，無為而熟之，不動而養之，以氣還元而覆之。故生而莫知其有，為而莫之可恃，長而不見其形，故不宰，是謂虛無之道，太和之德，窈窈茫茫，若有而不見其有。空空洞洞，若存而不見其存。如此者，是謂玄德。

天下有始章第五十二

天下有始，以為萬物母。即知其母，以知其子，既知其子，復歸其母，沒身不殆。塞其兌，閉其門，終身不勤；開其兌，濟其事，終身不救。見小曰明，守柔曰強。用其光，復歸其明，無遺身殃，是為襲常。

此章是返本還元，歸於太虛，如聖經有云：「物有本末，事有終始，知所先後，則近道矣。」又如《中庸》有云：「致中和，天地位焉，萬物育焉。」種本留末的意思。

　　天下者，身也；有始，是一炁（氣）之初，發生未動之先，此時乃先天也，以為萬物未生之前，即有靈性。靈性就是萬物之母，即知有性，性發即是子也，發生時就是意了。有意是後天，性是先天。先天稟而後天生，未發之初，即有意存，謂之以「知其子」。即知其子，意勝而復滅。生意盡，復歸其性，謂之「復歸其母」。如未驚蟄時，草木稟性而未生，內有先天存焉。到清明後，漸多生意而枝葉萌動，此其子也。夏茂秋落，有霜雪殺之、肅之。生意盡，止有性存，含養於內，寂然不動，而又待來春，此是「復歸其母」。

　　如修道者，一炁（氣）融性，清靜而俟物至，上升下降而會於虛，此其母也。左旋右轉，上下衝突，而為金液，此其子也。覆性而候動，動而復靜，隨其自然不待勉強而合天真，此即是知母知子而明本末終始之謂也。即明本末終始，不知先母後子，先子後母，則近於真常之道矣。

　　真常之道，在於湛寂。沒身而不殆，兌者，口也，塞其兌，寡言惜氣之謂也。則內境不出。門者，耳目也，無聽無視之謂也。則心灰意絕，無所搖動，則外境不入。閉其門，塞其兌，終身不待勤勞，而近於道矣。開其兌，則真氣不出，真氣凝，則餐風飲露，而濟於其事。若兌開而不凝，露泄真氣，則終身莫能救。見小而不貪，入無而不有，虛其神，和其氣，益其精，皆化為空。則內外通透，無有隔障。

　　輝煌乎見於微渺曰明，守純一之中和，空虛無之境界，不知入我而無貪求，退藏幽境，遠於囂俗，知柔而返曰強。用其柔和之光，復歸於見小之明，則知天下萬物，有母必有子，有

子復歸於母，言其靜而動，動而返靜也。「遺」字，作個「說」字看，如此，光至於柔和，明至於見小，內外虛白，衝塞天地，無說我之身，皮袋之殃也。如此者是為襲常，襲者，時時不間，念念常存，「不可須臾離」之謂也。知天命而率性，求率性中而得命，是謂常，真常存之至道也。極言「虛中有，有還虛」譬如命本性出，無性不為真常；藥本靜靈，無靜不成玄妙，而天下萬物本末、終始、前後，自此而明矣。

使我介然章第五十三

使我介然有所知，行於大道，惟施是畏，大道甚夷。而民好徑，朝甚除，田甚蕪。倉甚虛，服文采，帶利劍，厭飲食，財貨有餘，是謂盜夸，非道也哉。

此章教人知本知末，行近而遠耶，就無去有的意思。

我者，身外之身。使身外之身，介然湛寂，湛寂中有所知。知者，覺照也。如此覺照，若行於大道，惟聽其自然之施為，常存是畏之心，深息常守而不敢放逸。大道，即天地之正氣，如天之無言無動，輕清而至高，虛靜而至靈，無有奇異處，平夷而已。大道與天同體，亦是甚夷，而無奇異，平常而已。無有施為，靜以俟其自動，隨一氣之周流，靜則徑生。

民者，氣也。處靜則徑路通貫，而民隨其徑而入虛無。氣靜則和，氣和則定，氣定真生，真生，而好徑，從徑而起，元海如火發，火發上升，則先天見矣。這才叫做而「民好徑」。朝者，一氣也。氣升除息，謂之朝甚除田者，身也，修身要無絲毫掛牽，看得如千年不耕不種無用之地，為世之所廢。我之身，亦看得如此無用，若田之蕪一樣。真修道者，捨其身而修心，心修得灰，無身而道曰益，身看得重，道安在哉？身重心動，則求名求利念出。輕其身而身存，身存既道存，重其身而

身亡，亡其身，道安在哉？謂之「田甚蕪」。

倉者，無名無處，虛空之室也。虛心靜意，則先天生，先天生，則倉才開，人才知其處也。這個時節，方才知道之妙，謂之「倉甚虛」。歷代祖師所言「虛無竅」者，此也。後人求見者有訣，訣曰：「心靜而性明，意清而慧覺。息深忘我，空我忘形，一氣才生，火發乃見。」起者，金室也。止者，神室也。無意之中，而聽自然，四海之富，莫能得此，這才是太上「倉甚虛」本旨的訣法。

服者，丹也。丹乃保身之珍，服乃護身之物，故以「服」字作「丹」字看。文采者，內中五行，而還於虛白，從虛中見丹，丹成於三色雲氣之中，照徹天下，保我之身，謂之「服文采，帶利劍。」先天生慧光見，則心之厭矣。厭者，無心之謂也。飲者，金液也。金液有物，謂之食。無心中動，是我飲也、食也，總者不過一氣耳。

財者，氣也；貨者，神也。神氣足而有餘，是謂盜天地陰陽之道兮，天地陰陽之盜兮。非道也哉！錯當這個不是大道，就錯了。不錯上文，即道也，非道而何。

善建不拔章第五十四

善建者不拔，善抱者不脫，子孫祭祀不輟。修之身，其德乃真；修之家，其德乃餘；修之鄉，其德乃長；修之國，其德乃豐；修之天下，其德乃普。故以身觀身，以家觀家。以鄉觀鄉，以國觀國，以天下觀天下。吾何以知天下之然哉以此。

此章教人知一生二，二生三，三生萬物的意思。

建者，樹立直上之謂也。善性則氣生，純一莫能拔。靜定則生。生動，直上而不移，抱一而定，忘人忘我的境界。時時

如是而不脫。性，母也。氣，子也。母靜子定，常守母子規模而呼吸自如。動靜天然不待勉強，時時不輟，稍有心中心，意中意，則忘母之規模，而不自然，常常定靜安慮，而得真道。以此真道不輟而修之，而我之身外身真矣。

純一不雜，一團天然之趣者是我修身之德，如此，其德乃真。得天然之氣，時時不輟而修我之家。身者，神也；家者，虛室也；其家空洞中而現，以我純和之德修之，「其德乃餘」，使我天然之氣，時時不輟，養純一之體。「修之於鄉」，鄉者，性也，虛室之外宅也。常常純和其氣，而德乃長。得真性而不昧，使我天然之氣，時時不輟，而「修之於國」，則國有淳化之風，常常清靜，無毫髮之餘。以性還空，內若有所得，沖盈而豐之，使我天然之機，時時不輟，而「修之於天下」，則通身透徹，無絲毫隔障，光明於萬國，無不普照。

此身外之身，慧光朗映，一貫乾坤，而天地悉歸於我，我還天地。故以我之身，觀身外之身；我之虛含，觀虛空之室；我之性，觀虛白之性；我之神，觀湛寂之神；我之慧，觀混沌天然之慧。吾何以知天下之道然哉？不過一性者，此也；靜者，此也；靜而後動者，此也；動而返靜者，此也；湛寂而歸於虛白，此也；混沌而返於太清，亦此也。無他，盡性以俟命也。返命而復歸於性，此乃常真常存之道也。

以此懷真人曰：靜性靜性真靜性，先天一炁起太清。寂然常繞虛無竅，一氣流通萬氣朝。渾然一身雲外客，不知身外有金身。太極爐中常錘煉，混元鼎內現真形。以空還空隨覺悟，無無有有此章神。心灰意滅歸大道，靈靈虛室現陽神。頂上一聲雷霹靂，天地晴和放光明。算來都是無著處，一身之外始為真。真、真、真到了，妙處道有靈。我身不做主，任他自己

行。得了天然味，才得做真人。

含德之後章第五十五

含德之厚，比於赤子。毒蟲不螫，猛獸不據，攫鳥不搏。骨弱筋柔而握固；未知牝牡之合而朘作，精之至也；終日號而嗌不嗄，和之至也。知和曰常，知常曰明，益生曰祥，心使氣曰強。物壯則老，是謂不道，不道早已。

此章是返本而歸太清的意思。

德者氣之和，厚者常常精一，含蓄和炁（氣）而不間斷，謂之「含德之厚」，如赤子毫無知識。螫是行毒也，「毒蟲不螫」，無心之謂也，如赤子無容心，外不能入害。「猛獸不據」，無意之謂也，如赤子無思意，外不能攪亂。「攫鳥不搏」，無情之謂也，如赤子不種情於萬物。內絕心意情，外欲不入，和氣以合道，則骨弱筋柔而握固，雖有其身而不知我之形，雖有其氣而不知我之道。赤子無知識，則忘人忘我，而不知我之為我，常歸於空。修道者故以赤子譬之，他既不知人我又安知牝牡之合而朘作？朘者，赤子之真陰也，一點真陽隱於內。赤子氣和而生一，故見牝牡出，他也不知用意用情，聽其自然而樂天真。氣固則精潔，精潔則一氣生，謂之「未知牝牡之合而朘作，精之至也」。

赤子無心，而氣不耗，終日號呼而嗌，嗌者，咽也。雖然號呼而真氣不散，言其無欲無忿，故不嗄，精粹純一。「和之至也」，言其氣歸於空，空無所空；氣存於有，有無所有，聽其天然常和以合道，知和之所以然而曰真常。知真常而返於虛，慧生而曰明。和之至，有益於先天；先天抱一而曰祥，損而曰不祥。氣益則生，氣損則耗，心益不祥生心損祥，見不過損心而益氣，心使於氣者。凡氣使於心者聖。心使氣則強，氣

使心則弱。強者，萬物壯而老，弱者，萬物化而生。能弱即道也，能強是謂不道。弱者，同天地之氣，天地壞而我存，是謂道也。安得早已？強者，自耗真陽。日漸消化，是謂不道。不道者，安得不早已乎？總不過和其氣，去其心，忘其形，存其道，聽其天然，隨其流通，周遍天下而復歸空，歸空不空，是謂「含德之厚，比於赤子。」存真常之道，清之靜之，返於太清而道常存，豈已矣乎？

知者不言章第五十六

知者不言，言者不知。塞其兌，閉其門，挫其銳，解其紛，和其光，同其塵，是謂玄同。故不可得而親，不可得而疏，不可得而利，不可得而害，不可得而貴，不可得而賤，故為天下貴。

此章教人無貪無求，知止知辱的意思。

道原無道，強名曰道；道原無知，強以有知；道不行功，強以有為。道原天地之理，道原人生之氣。知者實無所知，此為真知，真知無可說，謂之知者不言，這就是道了。言者，或說何處下手、何處採丹、何處結丹，不聽天然，強以意取，此非道矣。如此之人，毫無知道，是謂「言者不知」。真知者坐若山，行若輪，時時不放，內固以塞其兌，外固以閉其門。內外真固，常挫其有為之銳，不知不識，以返其本。柔和以隨其自然，內外柔和，無心意之紛，則以「知者不言」解之。

一氣貫通，內外貞白柔和則慧生，慧生則光明萬竅諸經絡通透。空無所空，有無所有，謂之「和其光」。自以為一，天地四時八節，無不合之，常存天地間。無我，我無天地。呼之以牛，我以牛應之；呼之以馬，我以馬應之；水溺火焚，不能動其心。這等人才講得「和光同塵」。和光是慧生內外，同塵

是竅竅光明，一氣周流而無隔障者也。內中「一生二，二生三，三生萬物」，變化無窮，而復返於一，歸於混沌，是謂玄同。

如此地步，不可得而親之，親之意存而歸於有；如此地步，不可得而疏之，疏之入於頑空；如此地步，不可得而利之，利之貪得，反傷其元；如此地步，不可得而害之，害之欲得，反枯其精；如此地步，不可得而貴之，貴之驕心生，終不能成；如此地步，不可得而賤之，賤之退心起。

空聞至道，聞道者，不親而親，疏而不疏，不利而利，害而不害，不貴而貴，賤而不賤。如此者，故為天下貴。才為「知者不言」之至道也。

以正治國章第五十七

以正治國，以奇用兵，以無事取天下。吾何以知其然乎？以此。天下多忌諱，而民彌貧；人多利器，國家滋昏；民多技巧，奇物滋起；法令滋彰，盜賊多有。故聖人云：我無為而民自化，我好靜而民自正，我無事而民自富，我無欲而民自樸。

此章教人歸靜，無使精魂搬弄而傷其生。

以正治國，正其心，誠其意，我自安然。靜極景生，無不照察。如天之清極，風雲雷雨沛澤天下，此乃天之奇，景現是人之奇。兵者，意也；以靜治兵，則兵良，不害於民。總而言之，無意氣醇，無不貫通；有意氣積，無病不生。「以奇用兵」，去意而已。天下者，身也，以無為治身，則長生不死。

吾何以知其之然乎！譬如以靜修真，真何在也？以無為言道，道何存也？故「吾何以知其然乎？」此句解作個「修身，不知道」看。「然」字，指道而言也；太上真道，不知何道，

是為大道，故以清靜修之，以此然也。世人訛傳，誤人多矣。誤人者，講後天一氣，即下數句是也。

「天下多忌諱」，清靜而歸於有。忌諱者用情、用意是也，則民彌貧。民者，氣也；貧者，絕也。用意用情，氣絕早亡。何也？心意耗氣故已；已者，死也。民多昏，因意所害。故奇物多起，滋者，念也。隨他以意搬弄，則念起而隨之，於氣多有效也。人故娛之。殊不知取死之道也。「法令滋彰」，法令者，後天氣路的規矩，何起？何行？何住？如此行久精耗而真一散。後來路熟，不能丟去，「盜賊多有」而傷身也。真修者，切宜戒之。盜者，心也；賊者，意也；搬弄久，我不能為主死日近矣。

故聖人戒人有云：「我無為而氣自化」。無為知妙真一。聽其天然，則行止自然，合天之度。「我好靜而氣自正」。靜之至，情之極，清靜至極，一氣貫通，周遍天下。江海河漢，無不流動，故天地能長久。人效之，豈不道也？無事無欲，則民樸，而風化淳。去心去意之謂也。常清常靜之謂也。此是太上苦心，一一教人無為修身，有為氣化，化而返元，歸之於空，此章之意也。

其政悶悶章第五十八章

其政悶悶，其民醇醇。其政察察，其民缺缺。禍兮，福所倚。福兮，禍所伏；熟知其極，其無正耶。正復為奇，善復為妖。民之迷，其日固久。是以聖人方而不割，廉而不劌，直而不肆，光而不耀。

此章教人混沌養真，杳冥養神的意思。

修真以柔、以弱、以無、以空。虛則靈，空則明，其道也。常常悶悶以無我，「悶」字：關防我心，為道之要。其氣

也，通貫融和，心無主也，謂之醇醇。政是道，民是氣，道和於氣，氣和於我，忘我合真，始為政也。

察察者，惺惺之謂也；我能惺惺，我即為心所使，不能關防也。其氣散而不和因有心也：而道不成，故有禍福兼行。禍者，因福而至，福者，防禍而得，禍福兼至，在於心也。我能防此一塊肉，無求福之心，其禍無門而入。我能惺惺常住，求福而返招禍也。如此推之，孰能明至極之道哉！惟無可以為天下政也。我有淳化之風，感動其民，則民無不歸我之化。

政若施於有為，好奇之心無不招禍，我能空洞善根，常常關防，不放半著。其德無不合天，無心之謂也。非道而何，我若修有為之言，好勝之心，生於妄念，則妖見矣，求福而禍隨之。我無奇，我無妖，只悶然而不放，氣通天下，水流九洲，湛寂真常。若迷其心，則我之氣無不混然，而民迷。常常握固之久，而道成矣。

是以古之修道聖人，堅剛其志，而不割動絲毫，志不移也，謂之「方而不割」。清心靜意，常守其神，外不能動我之情，生死寄之於天，身形忘之於地。我不在天地間，天地未嘗生我，亦未嘗死我，清靜廉潔而不劌。劌者，碎割也。言其我成一片，不能分也。直立不斜，秉空性而不倚。虛我神而不搖，常常誠之正之，而不肆。肆者：放逸也；言其我常關閉防閑，而不使出入，久而不肆。光者：性生於內，我常收藏幽密之室而不耀；方者：道之機也；廉者：道之統也；直者：道之體也；光者：道之用也。全此四者，無道不成。關防心意而心意醇醇，惺惺放縱而真元缺缺。泯民心、泯意，非道也，而又何求？意絕氣生，意至氣止，意寂；氣勝，無意而氣和，衝滿天地，照徹乾坤。如此者為政悶悶矣；意者：心之苗；情者：心之根；念者：心之發生；絕心而意泯，忘心而情寂；空心而

念無。為道者：可不悶我之心而妄求至道，其道遠矣。嗟夫！欲學悶悶者，自求真心，忘其血心，而道成矣。

治人事天章第五十九

治人事天，莫如嗇。夫唯嗇，是謂早復。早復謂之重積德，重積德則無不克，無不克則莫知其極，莫知其極則可以有國。有國之母，可以長久。是謂深根固蒂、長生久視之道。

此章盡性以俟命的工夫。

治人者，治己之神。純一不雜，念念歸真。絕妄遠思，清其內而心死，靜其衰而意亡。神魂守舍，鉛汞交加，聽其天然。周旋於內，身與天同，氣合日月，運用亦是周天之度，身形皆同湛寂之體，此乃治人也。事天者，清虛窮極之謂也。輕清而上浮，虛之至也。包羅萬象，無不含容，窮之極也，謂之事天。人能治人事天，無他，莫如嗇足矣。

嗇者：儉也；一儉則易於虛，易於空，易於無。儉則妄念不生，妄念絕而心死，則不耗其氣也。「夫惟嗇」，是謂早復其元，習靜而氣足。德者：道也。早能回其心意，靜內潛修，反覆元陽，不耗真一，謂之「重積德」。若能如此重積，乃德則金水流通，先天到而無處不克，百脈萬竅無不通連，而成一個空空洞洞的大光明竅矣。到了無不克時節，就入了湛寂之鄉，無人無物的田地。反不知其道之所以然者，空之至矣，則「莫知其極」。空之極，我不能知，極中又生有矣。「莫知其極，可以有國」者，就是靜極方見無影無形底虛無矣。不靜不能知，不靜極不能見，靜極見者，是「有國」矣。

有了此個，則真一自投，不待意為者也。意至復滅，意盡復現，真一來投，則有母矣。其中生化之機，口不能言，唯有

覺照。有母方能生化，生化不絕，我用就無窮，常生常化，內有天機，中合道機，我明玄理。聽其自生自化，不耗於外，常固於中。可以長久矣。

長久者，只要深靜其性，固生其命。性根命蒂，從虛而入，從有而生，從空而成，生生化化，其用無窮。如此，可以視長久之道也哉。治人事天，豈外此乎？總不過著而不著，不著而著，虛虛實實，生化之機，玄妙無窮而道久矣。

治大國章第第六十

治大國若烹小鮮。以道蒞天下。其鬼不神。非其鬼不神。其神不傷人。非其神不傷人。聖人亦不傷人。夫兩不相傷。故德交而歸焉。

此章去心之謂也。大國者，身也；治者，虛也，空也。虛生明，空生慧，虛極空極，陰陽合一。治身以虛空為主。不要頑空，而要虛空。虛有存，空有具，如此「若烹小鮮」，言其虛空易得也。蒞者，到也普遍也。周流世界，無不貫通。一團真一之氣，一塊乾健之精，通身化而為炁（氣），性抱命，命孕於性中。休作釋氏頑空。而道家一一有具。

釋氏「去身存性」。道家「化身養性」，皮囊化為一氣，聚散無不有身。身若去而我何存，道家如此之妙，如此之玄，人有魂、魄，魂魄各一，故為人。魂魄合一，故為仙。魂魄不虛，故為鬼。魂魄能空，故為神。「其鬼不神」，我無心而鬼難測，故鬼不神。「非其鬼不神」，天地不能度我，而況鬼乎？「其神不傷人」，神者，虛也，空也。虛空為實，靈靈為神，故不傷人。人者生也，神靈乃得長生。故無害也。「非其神不傷人」。杳冥湛寂之中，神不知為神。而我亦不知為我，故非其神不傷人。

聖人以無心立腳，亦無意下手，心意窈然，故聖人不能傷人，如天地久也。神也，我也，神我合抱，入無尋有，有中返空，兩無隔礙，俱不著於有，若存若亡之間。一氣貫通，而周遍天下，至道至德，交感為一，同歸於無極，以入玄玄之境，同歸上清之鄉。治身之要，虛空見矣，故德交歸焉。

大國下流章第六十一

大國者下流，天下之交。天下之牝，牝常以靜勝牡。以靜為下，故大國以下小國。則取小國，小國以下大國，則取大國。故或下以取。或下而取，大國不過欲兼畜人。小國不過欲入事人。夫兩者，各得其欲，故天者宜為下。

此章知彼知此的意思。大國、小國、天下，皆是我身。下上上流，合而為一。「大國者下流」，言其一身通透，無有隔障，陰陽交泰，天地感而為孕，抱合乾坤，而真成矣，謂之「天下之交。」天下昏昏默默。不知已有，而有自現。

大凡此章虛能實，空能有，不待自作聰明，造作而成小國者，虛無也。虛無通天地成一大竅，玄妙而久，心不在焉，視而不見，聽而不聞者，乃得於玄，而通於道也。心者虛中不昧，杳杳冥冥之中，存一真性養和萬物，蓄氣於中，貫通於外，各得其宜，皆是玄妙的宗旨。如此行之，清靜，外妄不生，內欲不動，澄於心、去其意，灰其情，則小人不敢犯。誠篤宜慎，皆為大道提綱，上下貫通，內外貞白，如此故與天同，故天者宜為下。

天下者，形也。大國者，性境也。小國者，虛靈也。形清靜則性生；性清靜，則虛靈不昧；虛靈不昧，則慧劍鑄；慧劍鑄，則外魔不生；外魔不生，則內欲盡除；內欲除，則虛中靜；虛中靜，則萬竅歸通；萬竅通則入於泄寂，而道成矣，故

謂之大國下流。天下交，小國貫通也。此乃章中大旨，玄妙顯然而後人得之，可以進道成玄矣。

道者萬物之奧章第六十二

道者，萬物之奧。善人之所寶。不善人之所保。美言可以市。尊行可以加。人人之不善，何棄之有？故立天子，置三公，雖有拱璧以先駟馬，不如坐進此道。古之所以貴此道者，何也？不曰求以得。有罪以免耶？故為天下貴。

此章言道之不可量，難以測度者也。

一氣圓通，謂之道。道者，天地之包萬物之奧。天無道不清，地無道不寧。天有道，不言而高。地有道，不動而卑。萬物無道不生，萬物有道，所以化育。乾坤內外，無不有道，故為道之奧。道也者，不可須臾離也。天地萬物，無不稟氣而生，無不隨氣而化，人乃天地中之天地，可不以道為寶乎？捨氣安能生乎？寶氣安能死乎？噫道者氣也。無陰陽之氣，豈能化育而為天地，為萬物者乎？道之寶也，即氣為之寶，捨其氣，又有何求？善人者，惜精惜氣之人也。生死捨於腹外，形身之生死不足惜，化身之生死實可寶。「善人之所寶者」此也。

不善之人，從其實，就其有，隨欲之生化，保目前之傀儡。美言可以市，市者，欲念也。欲念一起，便成幻境。如開市然，無欲不縱，謂之「美言可以市」。行者，貪心也。貪心一起，如火之上然，莫能滅。日縱一日，無有的止。人人可以縱之為不善，就如求有之人，禍發而己莫能知，日貪其有以為美，何能棄之？謂之「人人之不善，何棄之有」，故「立天子」，天子者，神也，存其神養其性。以「置三公」，三公

第三章　呂洞賓傳承黃帝、老子丹道篇

183

者，性也，性之樞動。感一氣貫通，秉陰陽之升降，合天地之生育，得乾坤之正氣，四大部洲，皆為一個無有隔礙，雖有拱璧之障蔽，以先駟馬之周流，貫通之後，不如坐進性守之道，聽其反覆陰陽，輪轉日月，合乾坤周天之度。秉天地清濁之分。不言不動，無聽無視，惟善以為寶。

「古之所以貴此道者」如此。又「古之所以貴此道者，何也？不曰求」，言其靜也，凝也，無求於動。功到處，性現處，慧生處，內外虛白，自有天然之味以得。

有罪者，貪也，妄也。去其貪，除其妄，以免外邪之侵，諸障之蔽，魔魔之害。總而言之，去其心斷其欲。捨其貪，忘其意，滅其情。種種業債，不能侵犯。故「道者，萬物之奧，善人所寶。」如此以為天下貴。

為無為章第六十三

為無為，事無事，味無味。大小多少，報怨以德。圖難於其易，為大於其細。天下難事，必作於易。天下大事，必作於細。是以聖人終不為大，故能成其大。夫輕諾必寡信，多易必多難。是以聖人猶難之，故終無難。

此章動靜合一，虛實並生。為者，不動而靜，此上「為」字。「為無為」，是個「空」字。不動而靜入於空，空中自有謂之為無為，事者不有而無，此上「事」字。「事無事」，虛中不作。入於玄，不有而無入於玄，謂之「事無事」，味者，空中動而我知其味，此上「味」字，「味無味」，動而復寂，空中動而復寂，謂之「味無味」。

道之大者，充而塞乎天地；道之小者，斂而入於微渺。道之多者，無物不有；道之小者，無可聞無可見，亦無可言。言其道不能測度，大小多少，亦難衡量。修道者。斂於內，不現

於外，此人人鬼神不能知，斂於內之小者不見其大，斂於內之少者，不見其多。為道不彰雖有加害，我不理之，若是乎報怨以德，固充塞天地，大之多之，先以清之靜之，安我之神，定我之性，還我之命。斂於內，「為無為，事無事，味無味」，必先於其易。為其無物不備之大者，必先於其為無為，事無事，味無味，而斂於內之細者天下之難事，事者道也，必先於其清之靜之之易。天下之大者，道也，必先於其湛之寂之之細。

由此觀之，「是以聖人終不為大」，故能成其充塞天地，貫滿乾坤，與我合一之大。而道體是以成之。故輕言道者易諾，得道者必寡信，孰不知道在何處多易得者，始勤而終怠，終無一成故多難，是以聖人始終如一，不易不細，若是乎扶泰山而超北海，如此猶難之。常存固心，「為無為」，而無不為；「事無事」，而無事不事；「味無味」，而無味不味，若是聖人，故終無難，成其大而塞乎天地，小而入於微渺。多而無物不備，少而不見不聞，無可言之道也。

其安易持章第六十四

其安易持，其未兆易謀，其脆易破，其微易散。為之於不有。治之於未亂。合抱之木，生於毫末；九層之台，起於累土；千里之行，始於足下。為者敗之，執者失之。聖人無為，故無敗、無執、無失。民之從事，常於幾成而敗之。慎終如始，則無敗事。是以聖人欲不欲，不貴難得之貨。學不學，復眾之所過，以輔萬物之自然而不敢為。

此章混合陰陽，收斂天地萬物，合周天之度數，滿卦內之爻象，返之於未有，與混元合抱的意思。

念無念，心無心，情無情，欲無欲，物無物，我無我，如

此才能安，一毫著，安而不持，萬緣不有，謂之「安而能持」。持字，不要看易了，要先難於安，才能易持。兆者，了然明白，常常昏默，而若不明，其未兆，「明而不默，因其思也。思動則籌於心，言其太了然明白，而不若愚，故謀易生。脆者，日夜不放，存心意於運用，日耗其思，則心不下，謂之脆。脆則魔生，至於我之真，崩而裂之，其形易壞。微者，稍有心神，使我不下；此皆道之病也。無心則無病，學玄者可勉之。如此病多，將何修之？默而為，誠而守，無念而行，為之於不有，寂然無我，冥然無人，治之於未亂之先，無為心不亂，無作意不馳，無功情不種，如此始可以言道矣！道乃何為，金也，木也，金生於水，木生於火，得水火而交並於土。交並者，不為不作，聽彼之天然，隨氣之運用，不知不識，湛若天之清，冥若地之寧，聽生於毫末之處，發萌於無始之前，慎篤於我，謂之合抱，合抱之木」，即是一點之真，靜極而坐毫末之間，定極而降一氣之初，謂之合抱之木，生於毫末。

九層者，二土成「圭」也，還九之數，起於水，降於火，抱合而為「圭」。台，即圭也。二氣交泰，累於中土，合成太極，從太極中，返於無始，即此物也。「千里之行，始於足下」，譬言道之不驟行到也。驟則易敗，遲則難來，要不間，常常溫故，時時在念，刻刻在心，不可須臾離也。臨物不著，臨事不染，亦不要死死坐定。為者易敗，執者易失，全在著而不著於外，清心靜意於內，是以為作者、執著者，避陽就陰之，病也。

聖人無為亦無敗，無執亦無失，何也？因其心不在焉，視而不見，聽而不聞，食而不知其味，空空洞洞，二個氣象，有有無無，兩段景象，聖人學道如此。「民之」者，氣也，若有則敗，若無成矣。從事，是有了。民之從事，常於幾，故敗

之。慎終如始，言其先靜而後靜中，雖有景象從靜中而來，亦從靜中而返，本來面目，庶乎不失。

聖人學道，全在於心，心靜故無敗事，心靜欲才不欲，毫發不生，謂之「欲不欲，故不貴難得之貨」，心靜故愚，愚故不學，謂之「學不學」。道從何學，亦從何傳？心靜似愚，即道也。將何學焉，故「學不學」，學不學，復我本來，與眾不同，故「復眾人之過」，生兮動兮，長兮滅兮，隨陰陽之氣，聽其自然之始，天地萬物，總不過二氣化育，故輔萬物之自然，因有敗有失，聽天然而不敢為。

古之善為道章第六十五

古之善為道者，非以明民，將以愚之。民之難治，以其智多。以智治國，國之賊。不以智治國，國之福。能知此兩者，亦楷式。能知楷式，是謂玄德。玄德深矣！遠矣！與物反矣！乃至於大順。

此章渾然自得而得在寂然；自守而守成，窈窈冥冥，默默常存，與混沌符合，非以明民。民者，氣也，為道之士，非以明氣之往來，升降之理，要渾然不動，萬象皆空，自有一番景象，何以求明民之說耳？明中若遇，故「將以愚之」，如今修道之士，只求於說，不務無為，為氣之樞轉，自難主持，故「民之難治」，可知矣。智者，明白了然謂之智。俗語有云：聰明反被聰明誤。

學道者，愚而能篤，誠而能守，「以智治國」則國失。國者，身也。太明為國之賊，似愚非愚，若不篤而誠者，是「不以智治國」之人，身形康健，容貌溫和，三寶內固而不泄，身享太平，無魔侵害，如天地皆春，長生不死，皆因湛寂窈然，空洞無為之道也，謂之「不以智治國」之，為國之福。古之善

為道者，故能知此賊此福之兩者，就楷式了。楷式者，清靜而安，高明而和，不言不動，無有無無，湛然常寂，非白非青，真常堅固之體，金剛不壞之身，謂之楷式。與道同體，然如是能知楷式者，是謂玄德之道。

玄德者，仰之彌高，瞻之在前，忽焉在後。致中和之道，莫見乎隱，莫顯乎微。故古之善為道者，必慎其獨也。如此，可謂「深矣，遠矣！」天地萬物，俱從順生，惟道逆之，謂之「與物反矣」。如是「乃至於大順」，從逆而順，從順而生，復返於逆，歸於太玄，入於上清，保合太和混沌之體也，謂之「乃至於大順」。嗟夫！善為道者，難矣哉。

江海為百谷王章第六十六

江海所以能為百谷王者，以其善下之，故能為百谷王。是以聖人欲上民，必以言下之；欲先民，必以身後之。是以聖人處上而民不重，處前而民不害。是以天下樂推而不厭。以其不爭，故天下莫能與之爭。

此章以退以弱以柔以和為主。江海者，水之聚也。言其水善下之，故百谷者，天地萬物也。水為天池之脈，為萬物之滋，是以借水而譬之：水之最退、最弱、最柔、最和，天地萬物，不能強之，不能遠之，言其道與水同體，似退、似弱、似柔、似和，故水為百谷王，道亦然之，何也？水之善下故耳，道之能逆故耳，水之體柔而不絕，道之體柔而長生，總而言之，清之靜之足矣。

水能川流不息，故以水譬之，水之勢故然，是以聖人在上位而不驕，順乎民情，學道而不驕，順乎一氣，聖人故欲上民，先以下之；故欲順民，先以和之，故不重不害，居上以退以弱以柔以和，則民無變。道以退、以弱、以柔、以和，則氣

不驟，故無重無害。無重無害，則民不爭，則氣不散，以清以靜，居上之體，守道之要，譬言天地萬物莫如水，道莫如氣，氣莫如心，心死道存，心默道守，安如泰山，穩如磐石，萬緣不掛，毫髮不染，莫如靜，靜則無爭。除水之外，道之外，莫能如是無爭，故莫能無爭。不爭則不害，不害則不重，不重則不前，而先後之。不前則不下，不下則居上不驕，不驕則能為百谷王。能為百谷王者，無他，言其善下也，善下者，為水為道，故以江海言之，是以聖人莫能與爭。

天下皆謂章第六十七

天下皆謂我，道大似不肖。夫唯大。故似不肖若肖久矣。其細。我有三寶，持而寶之。一曰慈，二曰儉，三曰不敢為天下先，慈，故能勇。儉，故能廣。不敢為天下先。故能成器長。今捨慈且勇，捨儉且廣，捨後且先，死矣夫。慈以戰則勝，以守則固，天將救之，以慈衛之。

此章言道之微末，世人罕知，皆謂之大，大不足以進道，微足以進之。

天下，指眾而言也。天下皆謂我大，故似不肖，不肖者言我大而不微。殊不知正所謂道。「夫唯大，故似不肖，若肖久矣」。「其」字，指道而言。細字，言道之莫見乎隱，莫顯乎微，修道者，篤謹慎守，無不合道。

何為道？我有三寶，篤慎之人，一曰慈，二曰儉，三曰不敢為天下先。慈者，惇厚也；儉者，素風也；不敢為天下先，退守也。仁厚和順，清靜無心者，能之；忘物忘形者，能之；捨己從人者，亦能之。慈雖敦厚，內有勇存；儉有素風，其量含洪；後常退守，自廣自大，人莫能知。

慈故能勇，無勇空柔，故不成。儉有素風，常素不強，空

溫不成；退而不先，空守無益。若圖勇廣而不柔和，若圖先而不後，如是者，其器不長。器者，中宮也。勇廣而加乎先，死矣夫，豈不嗟乎？和柔退守而固，剛柔相當，陰陽合宜，乾坤有序，夫妻和合，子母不離，全在乎不肖。天可保也，以慈恒存，總不過退守灰心柔和絕意，慈儉斷情，故六賊不侵，三尸無害，我以空防之，不假門戶，從何入來？故曰清而慈，靜而儉，忘形物而不先，嗟夫，道之大矣，微矣，人不知其微，而皆曰大，故不肖，不肖久矣，總皆謂之慈也。空虛若有，實中還無故器成，器成不死，而曰道。惟守慈可以長生，慈者，謹慎篤厚，內和其光，外斂其形，內外貞白，是謂慈。眾皆曰：「大而不肖」，道成者，不肖久矣。

善為士章第六十八

善為士者不武；善戰者不怒；善勝敵者不爭；善用人者為之下。是謂不爭之德，是謂用人之力；是謂配天，古之極。

此章以清更靜，以弱更柔的意思。

善為士者，「士」字，作「道」字看。善能固守道者，似天之虛，地之寧。山靜水清而不武，不武者，靜極不動也。善為道之士，至清而不動。善戰者，聽天機之自然，不假造作，無繁於心，無關於情，無動於念，聽天機之自轉，無毫髮之染，故不怒。善勝敵者，強則多敗，柔則克之，以氣御氣，無種於情，不假乎爭，空中勝之，無裡爭之，以無以空，故不爭。善用人者，人即是先天，到無為處，我不能用乎人，人不能用乎我，隨二氣之周流，任五行之運動，不用修為而為之下，如此者，是謂不爭之德。

德者，道也，不爭之德，即是無為之道。如此者，是謂用

人之力，靜極氣生，氣生神化，神化歸空。力者，道力也，如是謂用道之力，如此者，是謂配天。天以無為而治，道以無為而成，玄妙合天，謂之配天。古以淳化之風，道以淳化而成，天之高也，虛也，古之淳也，道之玄也，皆到至極精微之處，謂之「配天，古之極。」皆從一善來，故能士不武，善戰不怒，勝敵不爭，能用人之士，為下者故能配天，古之極。

用兵有言章第六十九

用兵有言：吾不敢為主而為客，不敢進寸而退尺。是謂行無行，攘（曰尢ˊ）無臂，仍無敵，執無兵。禍莫大於輕敵，輕敵幾喪吾寶。故抗兵相加，哀者勝矣。

此章隨天機之舒動，任陰陽之運行，不待造作而為道。借兵以喻氣，言道無用心處，無著意處。

「用兵有言」，起下文之意，修真者，「不敢為主」，主者，用心著意是也。客者，我真也。清靜天真候二氣來升，不敢勇於前而退於後，一段中和之氣，天地位焉，萬物育焉，在乎精粹純一。常處中和的景象，是謂「行無行，攘無臂」，任天河之水流，「仍無敵」，待他生而我方迎之。「執無兵」，他雖勝，我以柔制之，我若以意迎之，心取之，是我輕敵也，禍莫大於輕敵，輕敵者，幾喪吾寶，致崩於鼎，漏於真，大道失矣。皆因抗兵相加之故，而不能勝。衰弱退後者勝之，用兵無他，中和而已。

吾言甚易章第七十

吾言甚易知，甚易行。天下莫能知，莫能行。言有宗，事有君。夫惟無知，是以不我知。知我者希，則我者貴，是以聖人，被褐懷玉。

此章我知我有，人知我無。我行甚易，人言我行難，大道貴於已知，不公天下。

吾者我也，我非我之身，即我之神也。定於性，靜於神，定靜恒常，我難言妙。雖難言易而行甚易，謂之「吾言甚易」，道難乎知。知者易行，我知其矣。「天下莫能知」，天下者，一身也。氣生於混沌，入於冥忘，昏默之中，不知我存，故莫能知，昏默之中，無有運用，隨天機之自動，我不能為主，故莫能行；言者，口口相授，片言一語之中，指點一二，就有了宗旨，有了把柄，謂之「言有宗」。君者心也，萬事從心，心存意在，心死渾忘，渾忘之中，自有主宰。歷歷自驗，謂之「事有君」。

夫惟無知乃能成道，是以不我知。獨修獨行，孤陋寡聞，坐如磐石，性似太陰，氣若長河，川流不息之中，唯我自樂，知我者，是以希，希我知者，是以自貴，古之聖人，是以被褐，而外若無為，內實懷玉。玉者，虛靈之至寶，無為之至真，我之懷我之寶，懷我之真，是以天下罕知者矣。

知不知章第七十一

知不知，上不知知，病夫惟病，病是以不病。聖人不病，以其病，病是以不病。

此章是以無言開化，無為修身。聖人知道，實無所知。無所知，斯為真知，上等之人，不知其言，不知其修，故不知為真知，俱在先天中一炁（氣）運行，五行自轉，陰陽無意而和，造化無意而成，如此觀之，有何知之？是以不知為知，真知者不知。真知之人凤根清靜，謂之上，上不知之。溺心者、專意者，死死運行。是為我病。

「夫惟」二字，解作這個二字，如此死死運行，溺意專意

者，不隨天機自動，靈神自舒，強為我知，是以病者，這個才為真病。清心靜意者，忘物忘行者，立命於虛無，存性於空靈，坐如磐石，氣若流水。四時無寒無暑，人以我為病。如此者，是以不病，聖人不病，以其病，人亦病之，病是以不病。

民不畏威章第七十二

民不畏威，大威至矣。無狹其所居，無厭其所生。夫唯不厭，是以不厭。是以聖人自知不自見，自愛不自貴。故去彼取此。

此章一團至理，一團玄妙，劈邪歸正之說。

民者，先天至寶；威者，使也，用也。至道無使，至玄無用，冥然，自生自化，不待做作有為之事，虛靈至極，明其心，見其性，先天自生，流貫天下。意不使，心不用，至寶不畏其威，如此大威至矣。

狹者，限於所，存於處，大道無所處，待先天見，自有著落，命即存矣，謂之「無狹其所居」。先天見，萬國九州，無不道透暢然，性命從此合一，歸於虛無之中，按天地之度數，合日月之儀，秉乾坤之象，符陰陽之氣，同四時之生，化肅殺之機。長長如是，不假間斷，謂之「不厭其所生」。「夫惟」，是這個二字，這個不厭，方是大道。

是以道祖聖人，成道如此之不厭。不厭者，無止其所生，無厭其所化，自生自化，內合天地陰陽之理，外成山岳不動之形。外靜自然之靜，內動自然之動，是以聖人自知其有，而不自見其形，自愛其道，而不自貴其形。是以聖人，去彼之形，而留此之真，血化膏，心化虛，形化氣，而成自然之真，去彼之假象，存此之真形。聖人修道，不畏威也，如此。

勇於敢章第七十三

勇於敢則殺，勇於不敢則活。此兩者，或利或害。天
之所惡，孰知其故？是以聖人猶難之。天之道不爭而善
勝，不言而善應，不召而自來，坦然而善謀。天網恢恢，
疏而不失。

此章清靜自然工夫，無為至玄的大道。

勇者有三，有血氣者，有強暴者，有果斷者，此世之勇
也；惟修真之勇，割愛堅固是也。勇於敢，則身心為利名所
牽，命故殺矣，先天盡矣。三寶耗矣，真元死矣，故殺。雖勇
未堅，此也，謂之「勇於敢則殺」，心靜而空，意絕而忘，情
欲斷，而無，常存柔弱中和，無世塵所染！戒慎恐懼之心，常
常清靜虛無，與天同體，則真元來朝。一氣周流，無毫髮所
染，湛寂自然任二氣流通，日月共照其道乃得。「勇於不敢」
者此也，天地壞而真靈不崩，世世長存謂之活也。內清真朝，
內靜氣固；清靜養神，靈虛死心，謂之活也。只有性存，命來
固蒂，謂之活也。何也？言其利則殺，故害。

天之所惡，盜其至寶，而不同天行事。天之所惡，風也，
雲也，迷糊宇宙而不清；天之所惡雷也！電也！震乎六合而不
寧。言人之好動而不善靜，易迷而難清，此天之所惡也。天
者，我靈也，意取耗其真，心存耗其精，息通耗其氣，內運耗
其神。如此者，我之真靈所惡也，天即我真也。我之真，精一
純粹，孰能知此者，孰能知此故，孰能知天惡，好動務有者，
勇於敢也，故天惡之而殺。清靜自然篤慎謙柔中和之勇。勇於
不敢者，故天不惡而活。勇於敢者，易進而不成。勇於不敢
者，難進而易就，「是以聖人猶難之」。何也？

聖人體天道，清虛混元，故似天道「不爭而善勝」，勝者
起也，來也。至寶來而天下暗迷，則氣即混沌不分，二氣交合

成為太極，五行運動而有，歸於虛無而成。無極與道合真，湛然常寂，而為之「天道不爭而善勝」，天道既不爭矣；不爭，即不言也，不言而善行。不取其意不用其心，而真氣合一，自然來矣。

是以聖人猶此之難，故不謀於有，不謀於心，不謀於意，而謀於湛寂杳然，混然一體，不知其道，不知其玄，而天網恢恢；恢恢者，死心之謂也。天者我也，網者，昏默無主之謂也。疏者，忘物忘形之謂也。物形既忘而真心不失。「而」字指形物言，莫當虛字過文看。我之真，昏默不醒，形物不分，不失真性，常存真心了然至道，何殺之有？何惡之有？何爭何言何取？而謀之，故無利而害不生，以此常活。謂之「天網恢恢，疏而不失」之勇也。

民不畏死章第七十四

民不畏死，奈何以死懼之？若使民常畏死而為奇者，吾得孰而殺之，孰敢常有司殺者殺，夫代有司殺者殺，是謂代大匠斲。夫惟代大匠斲者，希有不傷其手矣。

此章清靜心地，割斷愛根，虛無下手，實處著腳，以空還空，實有所得，得後返空，寂然至道。

「民不畏死」，民者、氣也，清靜惜氣，內秉中和，外無耗散，坦然自固，與天同久，湛然常存，何死之有。謂之「民不畏死，奈何以死懼」，因人從順道，不返於逆，日耗真元，故常耗而不固，年年不惜，日日不保，以至於老枯朽之，槁槁乎？豈不死乎？自取之，奈何反以死懼？若使民常畏死孤寡而不和，陰陽而不合，萬物而不生，為之奇者，不能偶矣；奇者，陽也；偶者，陰也。陰陽合而成道，吾者，我也，「吾得孰而殺之」；吾得至道，孰能殺害之？至道有形無質，有影無

跡，我得其妙，誰能殺之？孰敢常有司殺者，有司者，我之心也，我死其心使其無主，勿起思妄，勿起殺害，勿起執著，常常平等而不動，孰敢使有司而殺者，必無是理也。

總不過清靜自得，無使我之心，亂我之至道，謂之「孰敢常有司殺者」，殺是亂其本心，無所不為，自耗真元，自取其死而殺之，謂之殺。「夫代有司殺者」。是我隨心轉動不能自主，我害我也，謂之「代有司殺者」，我害道也，謂之「代有司殺者」，故殺大匠者，巧工也。巧工之人，玲瓏其心，虛靈其神，貫道其意，無所不作，了徹於胸。若使愚蠢之輩代而作之，必害其事，故殺之。

苟能免其害者，希有不傷其手矣，譬如人之為道，巧精巧氣而又巧其神，虛無自然之理，空洞自玄之妙，湛寂貞常之道，天然自得，與天地同體，與日月合期，陰陽自然好合，五行自然流貫，內秉至道，外合真全，假使有作之輩，晝夜運行，後天抽添谷氣，猶如愚蠢之輩，代大匠而斫之，未有不害其生也，如有作者，不明至道隨心搬弄，未有不死者也，只要惜精惜氣神，盡性以俟命，命歸而返合於性，打成一片之為道也。果如是，民不畏死，何懼之有？故以大匠譬之；代之者，希有不傷其手矣。

民之飢章第七十五

民之飢，以其上食稅之多，是以飢；民之難治，以其上之無為，是以難治；民之輕死，以其求生之切，是以輕死。夫唯無以生為者，是貴於長生。

此章以無為自化，不求生而乃長生。

民者，我也，氣也。我不食，飢從何來？以其惜氣保身，閉五官之門，固我真之室，人若大開門戶，貪好五味，日漸一

日，習氣太甚是以飢之，人飢者，以其愛身之故，殊不知反受其殃，以其死故。若求長生者，上者心也，隨分食祿，心不貪求，口不貪味，一心內照，是以不飢。以其心食稅之多，稅者，斂也，人之不食畏其生也，不是要人辟穀，是要人一心內固，不貪不求，食而不知其味，一心向道，故無飢也。一心貪求，是以飢之，挈思食之心思道，何道不成？挈稅食之心稅身，何身不久？如此才叫個不飢。

「民之難治」，因我之思多，心多，思多則欲生，心多則事不了，欲靜事清，民豈難治，以其上之無為，明心見性，氣有順逆，以無為自化，則和於中，靜於內，安得不治？雖無為而心不死，是以難治，不是教人瞎坐。肉心死而真心見，無為化為有作，有作者，天然自動之機，陰陽隨分之化，乾坤從無而生坎離，坎離得混元之氣，而合至道，於是復返於清靜，外無息而氣內輸，淳化之極，何難治之？雖無為而入禪，是以難治。

「民之輕死」，何也？以其求生之切，未飢先思食，食到思甘，未寒先思衣，衣到思麗，見色思淫；見財思富，富到貪之；身安思祿，祿到求爵；爵高思壽，五金八石，終日服之，學彼延年無所不至。此求生也，求存世也，殊不知反害其生，何也？因貪因求，日費其思，遂耗其陽，日漸一日，是以輕死，欲得長生，無是理也。欲求長生者，何法治之？無稅其食，無空無為，無求生之切，一心內固，外無貪求，內外貞白。貞白者，「夫唯無以生為者」，是不求生而固道，道存者，故不死，是貴其生也，苟能如是，寧有死乎。

人之生章第七十六

人之生也柔弱，其死也堅剛；萬物草木之生也柔脆，

其死也枯槁。故堅強者死之徒，柔弱者生之徒，是以兵強則不勝，木弱則共。強大處下，柔弱處上。

此章教人惜氣內斂，藏神內用，中和修身，無為養道。

人乃寄天地中一物耳，物有長久者，有速敗者，人之生也死之門，死也生之戶，人秉天地之秀，得陰陽四時之氣，感父母乾坤之精，皆是一派中和之氣，生而為人，養而成體，長而成形，得道以成仙，失道以為鬼，俱在和與不和之間，在己之修為而已。己之修為，其柔弱也，故生；其堅剛也，故死；於是方為「人之生也柔弱，其死也堅剛，」無他，在於「中和」二字之間。人生柔弱者，外則能保身，內則能煉神。堅剛者，外則能殺身，內則能死神。

人之修行譬如藏物，封固堅者，無風雨霜雪之苦，故長存，露於外者，有日晚夜露之苦，故敗之。人若體此修身，中和惜氣平等斂神，死生二路，在我之柔弱剛堅之中，其柄在我不在天矣，人若有為者，強而行之，是用心用意，堅執剛勇，一頭行去，無返避之心，謂之「其死也堅剛，」人若無為者，忘心灰意，聽其天然不假修為，道自混元，謂之「其生也柔弱」，苟能體此行之，則生而不死；不能如是，則死而不生；去其堅剛，忘其柔弱，則不死不生。

「草木萬物之生也柔脆」，萬物之中，無不中和，言其不行不動，不賭不聞，不言不食，感天之雨露，得地之和氣，無風而折之，春夏長於外，秋冬斂於內，故來春尚有生氣，謂之柔脆。「其死也枯槁」，言其可玩之材，可用之質，人之愛也慕也，不能忘情於他，故遭人取之，因他之美質，故枯槁矣。又一等不得天地之氣，又無雨露之施，日暴之，風折之，不枯已槁已而何？

譬人之不修，譬人之豐衣玉食，功用於外，不修於內，萬

物之枯槁，由人之死而不生；人之死而不生，由萬物之枯而槁矣。二理一也，只在和與不和，聞耳，和者退也，無用也，無材也，無心無意也，無物無形也，一團混元之氣，斂神惜精之謂也，嗟夫，柔弱者生之徒，堅剛者，死之徒，是以客氣勝和有為害中，心意使之然也，謂之「兵強則不勝」，木者和之根中之苗，根苗中和，內外共斂，謂之「木弱則共」之。

強而大者，處下以為鬼，故死之然也，柔弱者，則居上以成道，無他明於心者，謂之柔；見於性者，謂之弱和於中，謂之生；明心見性，生生不已而成道。迷於心者，謂之堅；亂於性者，謂之剛；不和於中者，謂之死。迷心亂性，死而已矣，上下於此明矣。

天之道章第七十七

天之道，其猶張弓乎？高者抑之，下者舉之；有餘者損之，不足者補之。天之道，損有餘而補不足。人之道則不然，損不足以奉有餘，孰能有余以奉天下？唯有道者。是以聖人為而不恃，功成而不處，其不欲見賢。

此章平等待人，平等修己，言人道天道，不過一理，皆是致中和的道理。

天之道，不言而高，不名而尊，不動而大，此乃天之道也。「天之道猶張弓乎？」弓者，中也，入矢為中，不高不下之謂中。力大而放則射，射者去也，不為中，力小而不滿弦，弦不滿則不中。天之道猶之乎弓也，不過不及之謂也，過者不為中，不及者亦不為中，天之道中而已矣，不足者補其足以為中，有餘者，損其餘以為中，是以天道如此，人道若如之，即合天道。如今人道則非也，不中不和，見有餘者，損之；不足者，亦損之。自持其強壯；殊不知損之又損，安得有餘，人若

合天道，固中和，隨先天之自然，不言不動，而中其的，若是者，「孰能以有餘奉天下？」能以有餘奉天下者，唯有道則然也，有道者誰乎？是以古之聖人，唯聖人能以有餘奉天下，何也？因其為不自逞，不自持其有餘，功成不自居，不自處其下也；因其能合天道，猶之乎張弓者然，不偏不倚之謂也。

故古之聖人，內省不有，隨乎混元以自修，故不自見其賢也，因退修自固，以中和體天而合天道，補不足，損有餘，而合張弓。張弓者，中而已。凡人修道，內外合天，氣秉於和而居於中，天道人道盡矣。故道祖以張弓譬之，不過一中也已矣，通章一中字盡矣；《道德》五千，亦一「中」字盡矣，離「中」字即非矣。

天下柔弱章第七十八

天下柔弱莫過於水，而攻堅強者莫之能勝，其無以易之。弱之勝強，柔之勝剛，天下莫不知，莫能行。故聖人云：受國之垢，是謂社稷主；受國之不祥，是謂天下王，正言若反。

此章教人以柔弱修身，以和以中修道。

天下之至弱者，莫過於水，水之性柔，體水之柔，修道乃得。天下之至堅剛者，土也。萬物不能強土，惟水能之。水之柔能克剛，故譬言水也。水者，人之性，萬情萬欲，千心千意，性能治之。性若水，心地清靜；性若水，形骸隨之。水能長養萬物，性能收伏身心；水能滋土，性能固道。無水土烈，無性道分。道者，心也。性不存，心外弛，故分也。心分道安在哉？用心者非道，離心者，亦非道，故譬「言天下柔弱莫若水」，性非氣質之性，清靜天命，本來之性，故堅強莫如水。誰能行此水者，誰能勝此水者？謂之莫能行，莫能勝。人若存

性，孰能行之？孰能勝之？故柔弱勝剛。

聖人云柔弱者，社稷之主，天下之王，社稷我之身也；天下我之形也。性柔弱心能和之，心和氣固，氣固道存，道存真心現，真心現方知玄裡微妙，如水之川流不息，「無風浪靜」之謂也。天下水之柔弱，如性之中和；水之川流，如性之氣運；水之恬淡，如性定而氣固；水之淵源，如性之默默。水靜魚潛，性定命伏，何水無魚？何性離命？水聚魚藏，性存命固。如此類推，性命之理畢矣。故柔弱莫若水，修命莫如性。命乃人之根，性乃命之苗，土乃萬物之父，水乃萬物之母，無父不生，無母不養；命乃人之父，性乃人之母，無父不固，無母不成；水不能離土，性不能離命，水土滋生萬物，性命煉成汞鉛。人若體此，道立成矣。

和大怨章第七十九

和大怨，必有餘怨，安可以為善？是以聖人執左契，而不責於人。有德司契，無德司徹，天道無親，常與善人。

此章克己修為，篤慎自守，和怨於人，而不自取之也。

和怨於人，必有餘怨，安可為克己篤慎者也？善修己者，自潛自固，不親於人，如是可以為善矣。一親於人，則有怨於人，不親則不怨矣。如是不和大怨，庶可以為善乎？和者，偏愛也，偏親也，不偏著中，則無餘怨矣。

是以聖人修己，如此無偏無斜，而執左契，責己而不責於人，唯有德者，司其契矣。無德司徹，不與上天同德，故司徹矣。契者，普遍也，天道無私，普遍而無親。人道偏倚而親愛，故有餘怨。人能體天之無親，不偏不倚而執中，常存普遍之心，與天同善矣，天道無私不親，無餘怨而常善，故常與善

人同矣。道君之意，教人內秉中和，外安磐石，不偏不倚，無愛無親，唯精唯一，允執厥中，故無和大怨，而無有餘怨，可以為善，而同天之無親也。

唯聖人能司其契者能之，與天同德矣，故「常與善人」，道與天合矣。故無和大怨，而無有餘怨者也。無他，不言不動，無視無聽之謂也。

小國寡民章第八十

小國寡民，使有什伯之器而不用，使民重死而不遠徙。雖有舟車，無所乘之；雖有甲兵，無所陳之。使民復結繩而用之，甘其食，美其服，安其居，樂其俗，鄰國相望，雞犬之聲相聞，民至老死，不相往來。

此章教人知方所，知運動旋轉之機，毋得空無，方為不死之玄機。

小國者，中之中也；寡民者，氣之深也。器有什伯非止一處，皆傍門導引之法也，可以一己之功，久必誤矣。非聖人流傳之法，故而不用。虛裡能見小國，氣靜而知寡民，此至道微妙，非什伯之器。靜極小國見，氣深先天起，那時方知先天大國，自然玄妙，運動周流，一竅生百竅，百竅生千竅萬竅，一一貫通，皆成大竅。此時光照十方，虛無大地，謂之「小國寡民」，何必使有什伯之器，而不用也？又何必使民重死而不遠徙？遠徙者，存想之功。何處起？何處凝？謂之遠徙。著心用意，謂之重死。使民者行氣之說也，人能小國寡民者，雖有三車，三關度數之說，無所以意，乘而用之；雖有文武甲兵之說，無所以心陳而用之，修至道者，深其氣，返淳化之風，樸素以復古道。如是清之極，靜之極，清靜至極，無心自動，無意自行，隨天然使民復古道，結繩而用之。

結繩者，一團混元之氣也，清如斯也，靜如斯也，方動自然運動，運動時方知其味之甘，其服之美，其居之安，其小國寡民之俗之樂。鄰國者，我之形也，相望而化，為清虛之境也。雞犬者，我之心意也，相聞而化，為太清之地也。如是安於大定不動，而復返清靜，歸於無始之先，謂之「民至老死不相往來」，小國寡民者，與道合真也。

信言不美章第八十一

信言不美，美言不信；善者不辨，辨者不善；知者不博，博者不知。聖人不積，既以為人，己愈有。既以與人，己愈多。天之道，利而不害；聖人之道，為而不爭。

此章言聖道無聲無臭，不睹不聞，極矣至矣！

信者誠也，信於言而不為美，美者鮮也，美於言而不為信。至道少言，至玄寡語，少言寡語，至道立基。辨者，分剖也。善者，存道也。有道之士，不分人我，謂之「善者不辨」，能辨別明白者，務於外，聰明外用，日耗元精，不能默默自守，為無道之不善者也。知者聰明過人，博覽世事，而不為知道之善者，精神全用於外，不能篤慎固守，與道相離，謂之「博者不知」，言其善道者，不睹不聞，無言無動，那善道的聖人，何常存觀之心？雖不睹而實內睹矣。何常存聞之心？雖不聞，而實內聞矣。何常存多言之心？雖不言而實有言矣，何常存不動之心；雖不動，而實內動矣。

聖人之心，空空洞洞，無毫髮掛慮，心地光明，內外貞白，謂之「聖人不積」，故既以為人，己愈有，既以與人，己愈多」，言其聖人之心，於天平等，濟人利物而無害。聖人之為道也，中和而不爭，言其不博、不辨、不信、固己、不博、不辨、不信，故心地不積；心地不積，故聖人善為道者，故不

爭；不爭才與天平等，平等才不分人己，濟利而不害。吁，聖人之心，美矣，善矣，知矣，中和而合道矣。

（道德經譯義卷下終）

第三節 《老子道德經》呂祖秘注
（蕭天石珍藏 四川高道劉沅稀世古本）

一、《道德經解》純陽山人序

玄元道祖，為無始之至尊，代分身而啟化。函關初度之年，紫氣來東，青牛寄跡，著道德五千言以授尹師真人。其書推本於聲臭之原，旁及乎物理之變，體用本末，蓋綦詳焉。秦漢而還，代有著述，惜多狃於膚見，偏泥元文，昧厥源流，指為惝恍，句讀之不明，豈細故哉？

予叨逢妙化，證位清虛，深悼末學遊談，各分門戶，仍訛踵謬致誤來。茲不憚親為厘訂，以祛千載之疑，雖無上妙奧，非文字所能畢宣，而精一淵源。即此書堪為典要，得其義而大其傳。是予之厚望也夫，是之予厚望也夫。

（南宋）端平 3 年（公元 1234 年）5 月 5 日
純陽山人呂（洞賓）謹敘。

二、重刊《道德經解》劉沅序

乾坤未剖，氤氳混融，混混淪淪，莫名其始，是天地萬物之源，即無極太極之妙也。迨夫相摩相蕩，乃奠兩儀。於斯時也，混元一氣，誕瑞鐘靈，厥惟。

太上道祖，緣其先天，奉天不今不古，隨時變化，更姓易名，以神奇之妙旨，常闡教而分真，住世留蹤，隱顯莫測。所

以歷代以來，儒者罕究其故，夫子不云乎：「鳥吾知其能飛，獸吾知其能走，至於龍？吾不知其乘雲而上青天也！」嗚呼！盡之矣。道德經五千言，總貫天人萬物之理，直抉於穆清寧之機。秦漢以來，識者甚鮮，兼忘本逐末之流，偏枯附會之輩，謬解虛無妄相，訿病詎知，言各有當。道無二端，清淨自然，乃純一不已之極。致中庸淵淵，浩浩無臭無聲，詞異旨同，均言性體。世儒談理或專倚於寂，言事則偏執於形，烏睹夫。一本萬殊異用同原。

　　太上德合無疆，不可以尋常膚見窺測也。沉幼從庭訓，即受此經。每苦捫燭測蠡，未宣竅要。丙辰下第，西歸道出留侯廟下，邂逅靜一老人，譚次，畀以道德經。

第四節　《老子道德經》呂洞賓注釋

道德經解——呂純陽大帝注釋

廣都劉沅重鐫

道可道章第一

◎道，可道，非常道。名，可名，非常名。無名，萬物之始。有名，萬物之母。

　　道，由也。道，言也。道本人所共由，然非常說所能盡也。名，稱也。道以名顯，故可指名，然非常稱所可泥也。無名，即無極。有名即太極。物所自來，曰始。物所含育，曰母。

　　故常無欲，以觀其妙，常有欲，以觀其竅。此兩者，同出而異名。同謂之玄，玄之又玄，眾妙之門。

　　無欲，主靜之時。有欲，動察之機。觀，內視也。妙以虛靈之用而言。同出於先天，因事而異名。玄，幽微之意。玄之

又玄，中庸所謂隱也。眾妙之門，易所謂乾坤其易之門也。

知美章第二

◎天下皆知美之為美，斯惡已。皆知善之為善，斯不善已。故有無相生，難易相成，長短相形，高下相傾，音聲相和，前後相隨。

美惡，質之成於天者。善不善，事之成於人者。已，止也。知美與善之所以為美善，則自不為惡與不善也。有無，以生化言。難易，以事功言。長短，以器用言。高下，以地勢言。六者，自然之理勢也。

是以聖人處無為之事，行不言之教。萬物作焉而不離，生而不有，為而不恃。功成而弗居，夫惟弗居，是以不去。

作，興起也。不離，不離道也。生，生成。有，有跡。為，振作。恃，矜誇也。弗居，功成身退，如堯舜是也。不去，長保其美善也。蓋惟聖人知美善之所以為美善，是以恭己無為，不言而信。萬物風動咸協於中，被生成而無其跡，勤化導而化其矜。迨夫功成身泰，可以棄天下如敝屣。而天德之在我者，故無加損也。

不尚賢章第三

◎不尚賢，使民不爭。不貴難得之貨，使民不為盜。不見可欲，使心不亂。

尚，相誇也。難得之貨，謂非己有而必欲得之者。可欲，聲色臭味之屬。

是以聖人之治，虛其心，實其腹，弱其志，強其骨。常使民無知無欲，使夫，知者不敢為也。為無為，則無不

治。

夫知俱去聲。虛，虛靜。實，誠實。心者，神之舍。腹者，氣之府也。弱，專氣致柔。強，剛健中正。無知，不自恃其知。無欲，能克其欲。不敢為，不敢妄有所作為也。為政以德，則無為而無不治。

道沖章第四

◎道沖，而用之或不盈。淵兮，似萬物之宗。挫其銳，解其紛。和其光，同其塵。湛兮，似若存。吾不知誰之子，象帝之先。

道本沖虛，而用之或不能窮其量。其淵深而有本，則萬物之宗也。似想像之詞，此言道之體如是。體道者，挫其銳氣，以直養而無害。解其紛紜，惟抱一而守中。由是而盛德之光輝，發邇而見遠，善世而宜民。湛然之體，擬諸形容。若有所存，而實無所存，虛明之至也。帝，上帝。先，謂無聲無臭至矣。

天地章第五

◎天地不仁，以萬物為芻狗。聖人不仁，以百姓為芻狗。天地之間，其猶橐籥乎。

仁者，生生之意。天地所以含育萬物，而聖人體之以治世者也。芻狗，束草為之。言使天地聖人而不仁，則萬物百姓，皆以芻狗視之。何以包含偏覆於無己乎？下二句，乃正言之。無底曰橐，有孔曰籥。言氣機之鼓蕩，闔闢者似之。其流通運行，而不息者，則所謂仁也。

虛而不屈，動而愈出。多言數窮，不如守中。

承上文橐籥之意，而申言之。虛，則含宏而能翕受。動，

則變化而用不窮。數窮，功效竭也。中，天下之大本。聖人之仁，即天地之所以生萬物者也。守，奉持之意。

谷神章第六

◎谷神不死，是謂玄牝。玄牝之門，是謂天地之根。綿綿若存，用之不勤。

山穴曰谷，人身虛靈之性曰谷神。不死，至誠無息也。元陰而牝陽，太極之樞，造化之本。故謂天地根，綿綿不絕也。勤，急切也，道本自然，故用之以不勤為妙。

天長地久章第七

◎天長地久，天地所以能長且久者，以其不自生，故能長生。是以聖人，後其身而身先，外其身而身存。非以其無私耶，故能成其私。

乾元資始而不窮，故曰長。地道無成而有終，故曰久。不自生，無心而生化也。後其身，不依形而立。身先，先天而天弗違也。外其身，不以嗜欲為身累。身存，不隨死而亡也。無私則與天地合撰。成其私，謂能成德於己。

上善章第八

◎上善若水。水，利萬物而不爭。處眾人之所惡，故幾於道。居善地，心善淵，與善人，言善信，政善治，事善能，動善時。夫唯不爭，故無尤。

上善，善之至者。若水，天機活潑不爭，無成心也。眾人，庸眾無識之人。眾人狃於一偏，故違道而爭。上善之人，居則擇地而蹈，心則深藏若虛。慎所與之人，復近義之信，施諸於政，唯求可以適治。任人以事，惟期不負所能。慮善以

動，動惟厥時。所謂不爭者如此。尤，怨悔也。

持盈章第九

◎持而盈之，不如其已。揣而銳之，不可長保。金玉
滿堂，莫之能守。富貴而驕，自貽其咎。功成，名遂，身
退，天之道。

持，偏持。已，止也。揣，妄揣。銳，躁進也。偏持己見
而自滿，不如止足之安。妄為揣測而躁率，難保慎終如始。二
者皆由意氣之盛，而道德莫能守也。金玉滿堂，喻道在吾身，
用之不竭也。天道惡盈而好謙，君子遯世而不悔。故富貴而驕
者，自貽其咎。功成，名遂，身退，法乎天行也。

載營魄章第十

◎載營魄抱一，能無離。專氣致柔，能如嬰兒。滌除
玄覽，能無疵。愛民治國，能無為。天門開闔，能無雌。
明白四達，能無知。生之畜之，生而不有，為而不恃，長
而不宰，是謂玄德。

營，魂也。一，不二。致柔，直養而無害。嬰兒，赤子
也。玄，黑色，幽暗之意。覽，觀也。蔽於聞見，曰玄覽。心
為君主，七情六賊，譬曰民。五官百骸，有如國。無為從容中
道。天門，元神所棲。雌，陰滓。知，私智也。不息曰生，涵
養曰畜。生而不有，神為之生也。為而不恃，氣為之為也。長
而不宰，為一身之長，而不假於制伏之勞也。

蓋人受中以生官骸之用。依於魂魄，得之則生，失之則
死。為。惟內不能保其神氣，外不能祛乎物誘。斯無以復性而
成德。抱一者，其神存。致柔者，其氣固，而又滌除障碍，檢
束形骸。俾元神依於祖竅，而化厥陰柔。性體極於空明，而絕

乎私慮。則營魄之生養無窮，而體乎自然之極致。德之幽微，至是乃為無加也。

三十幅章第十一

◎三十幅，共一轂，當其無，有車之用。埏埴以為器，當其無，有器之用。鑿戶牖以為室，當其無，有室之用。故有之以為利，無之以為用。

此言至無而含至有也。車有三十幅，以象日月居輪之中心者，為轂車之所恃以運轉也。當其無，謂居空隙之處。埏埴，以水黏土而為器也。器非埏埴不成，及其成也，埏埴仍歸無用，故曰當其無也。戶牖，非若棟樑之重繫於室。而非此，則室為無用。故若無關而實有用也。

蓋道不外於動靜，動而為有，根於至靜。故凡涉於有者，以為推行之利。居於無者，即裕推行之機，要亦互為其根。闔闢變化之理而已。

五色章第十二

◎五色，令人目盲。五音，令人耳聾。五味，令人口爽。馳騁田獵，令人心發狂。難得之貨，令人行妨。是以聖人，為腹不為目，故去彼取此。

敝於外，則亂其真。五者，皆逐於嗜欲之蔽。腹，深藏。目，外炫。言聖人靜深而有主，不隨物而思遷。故去其可甘而全其至真也。

寵辱章第十三

◎寵辱若驚，貴大患若身。何謂寵辱若驚？寵為下，得之若驚，失之若驚，是為寵辱若驚。何謂貴大患若身？

吾所以有大患者，為吾有身。及吾無身吾有何患。故貴以
身，為天下者，則可寄於天下。愛以身，為天下者，乃可
以托於天下。

為吾為天下之（為去聲）。驚，危懼意。貴，重也。大
患，禍害之難堪者。若身，視如身受也。寵辱下，非良貴也。
言常人之情，營營於得失，故寵辱若驚。困於身之嗜欲，唯恐
有害於身，故視大患，不能一朝居。

以身為天下者，不自私其身，而欲偕天下於大道也。貴以
慎重言，愛以關切言。可寄於天下，寵辱不驚也。可以托於天
下，不以一身之患為患也。此為以道濟天下者發。

視之章第十四

◎視之不見，名曰夷。聽之不聞，名曰希。搏之不
得，名曰微。此三者不可致詰，故混而為一。

道體本無形聲，故不可以見聞求。以手圜而聚之曰搏。致
詰，窮究也。混，混合。一，不二。中庸所謂誠也。

其上不皎，其下不昧。繩繩不可名，復歸於無物。是
為無狀之狀。

承上文而極言其妙。皎，明也。昧，暗也。繩繩，猶綿
綿，相續不絕也。無物，猶言無有。狀，以彼喻此之名。上則
皎，而下則昧者。凡物皆然，混而為一，則無是也。繩繩不可
名，以生機之不息言，歸於無物。以氣化之返始言也。

無象之象，是為恍惚。迎之不見其首，隨之不見其
後。執古之道，以御今之有。能知古始，是謂道紀。

上文已言混一之妙，此乃示人以知要之功也。無象之中求
象，原為恍惚。豈可參以迎隨之念乎。無首無後，道之周流不
息者如是。執，專主也。御，調攝也。古道，先天。今有後

天，執古御今，一以貫之之意也。古始，無始之始。道紀，道之統紀。

善為士章第十五

◎古之善為士者，微妙玄通，深不可識。夫惟不可識，故強為之容。豫兮，若冬涉川。猶兮，若畏四鄰。儼兮，其若客。渙兮，若冰之將釋。敦兮，其若樸。曠兮，其若谷。渾兮，其若濁。

容，形容。豫，備豫。冬涉川，喻其嚴。猶，夷猶。畏四鄰，喻其慎。儼兮，渙兮，莊敬而和暢也。樸，無雕琢。谷，能虛受。渾，全之至。反若濁者，不為皎皎之行也。

孰能濁以澄？靜之徐清。孰能安以久？動之徐生。保此道者，不欲盈。夫唯不盈，故能敝不新成。

此言未及乎成德，而求以入德之事。濁者不易澄。靜存，則心體自澈。安者，貴於久。洞察則神志不窮。滿招損，故不欲盈也。敝，壞也。新成，猶言速成。新成者，其敝必速。能敝不新成，形敝，而神不敝也。

致虛章第十六

◎致虛極，守靜篤。萬物並作，吾以觀其復。

致，委致。委致其心，若無著者然。則有以極乎虛之妙矣。守，存守其心。而不雜於物，則有以極乎靜之真矣。萬物，道之散殊，故皆涉於有作。觀其復，見天心也。下文乃詳言之。

夫物芸芸，各復歸其根。歸根曰靜，靜曰復命。復命曰常，知常曰明。不知常，妄作凶。知常容，容乃公，公乃王，王乃天。天乃道，道乃久，沒身不殆。

芸芸，生生不息。根者，物之所從生。命者，理之所自出。公，無私也。萬物之長，故曰王。天也，道也。推極其致而言之也。承上文而言，萬物雖紛，無不歸根復命者，此乃造化不易之理，陰陽消長之常。

修道者，必知此而後可無妄作之凶。蓋至常者，天下之大本，變化所從始。故知常者，可以無所不容，而無私之至，物莫能加。與天合德，道體長存，尚何危殆之有哉？中庸首章，言慎獨而極於中和位育。即此意也。

太上章第十七

◎太上，下知有之。其次，親之譽之。其次畏之。其次侮之。故信不足，焉有不信？猶兮其貴言，功成事遂，百姓皆謂我自然。

此言化民之道。太上聖人之治，入人者深。下知皆有聖人在其意中。其次，親譽之，則涉於跡也。畏者，惕於威。侮者，凌其上。其故皆由信不足也。夫信者，人所同具。

何以上下不能相孚？豈非文告煩而躬修薄歟？故必優游感化，慎重其言。然後民觀法而自從，曰遷善而不知。迄乎功成事遂，恭己無為也。

大道廢章第十八

◎大道廢，有仁義。智慧出，有大偽。六親不和，有孝慈。國家昏亂，有忠臣。

仁義者，道之實也。世衰道微，非仁義無以正之。是大道之廢，賴有仁義也。乃人不察乎此，不本道以為治，而專尚智慧。不知智慧不由仁義，無以燭奸，而反啟大偽。

是故體道者必崇仁義。孝慈者，仁之實。忠臣，義之表

也。六親不和，賴有孝慈化之。國家昏亂，恃有忠臣扶之。此正大道廢有仁義之證也。

絕聖章第十九

◎絕聖棄智，民利百倍。絕仁棄義，民復孝慈。絕巧棄利，盜賊無有。此三者，以為文不足，故令有所屬。見素抱璞，少私寡欲。

復，反也。以為，太上自決之詞。文，文告也。不足，言不足禁之。絕棄聖智，主昏於上矣，故民趨利者百倍。絕棄仁義，主殘於上矣，故民反乎孝慈。巧利者，與聖智仁義相悖者也。能絕棄之，盜賊何有？此三者，皆非文誥所能感，非謂治民不必以令也。但命令必本於躬行，所繫屬者為要焉。見素，則識定。抱璞，則神全。少私寡欲，則有天下而不與。此恭己無為之化，非聖智之資。居仁由義者不能也。

絕學章第二十

◎絕學無憂。唯之與阿，相去幾何？善之與惡，相去何若？人之所謂，不可不畏。荒兮，其未央哉。

絕學，大道不明之時。唯，有應答而無問難也。阿，阿比。荒，遼遠意。未央，無窮也。言學術不明之時，無他憂，惟是非得失之難辯為可懼耳。唯者未必即阿，而相去正自不遠。善惡本自分途，而辨別介於幾希。此人之所宜戒懼者，不可不知畏也。知其不可不畏，則無憂而有憂。戒慎恐懼，亦安有窮期哉。

眾人熙熙，如享太牢，如登春台。我獨泊兮其未兆，如嬰兒之未孩。乘乘兮，若無所歸。眾人皆有餘，我獨若遺。我愚人之心也哉，沌沌兮。俗人昭昭，我獨若昏，俗

人察察，我獨悶悶。澹兮其若晦，漂兮若無所止。眾人皆有以，我獨頑且鄙。我獨異於人，而貴食母。

熙熙，和育意。享太牢，飫其澤也。登春台，暢其天也。蓋民化於至德，日用而不知為之者也。未孩，未離母腹之時。保慎不容不至。乘乘，任天而動貌。歸，倚著也。滿假故有餘，純一故若遺。沌沌，虛靜之貌。若昏，則非果昏。悶悶，喻其神全。澹，謂無欲於外。漂，謂不泥於形。有以者，有所挾也。頑且鄙者，絕機謀也。無極之真，二五之精。為受氣成形之原，是吾身之母也。食養也。

孔德章第二十一

◎孔德之容，惟道是從。道之為物，惟恍惟惚。恍兮惚兮，其中有象；惚兮恍兮，其中有物。窈兮冥兮，其中有精；其精甚真，其中有信。自古及今，其名不去，以閱眾甫。吾何以知眾甫之然哉？以此。

孔，空也，通也。恍，光之閉。惚，幾之微。道雖恍惚，而其中有象。下文恍惚，又以離珠之流動言也。蓋離中真陰，是為恍惚中之物。坎中之陽是為窈明中之精。二者，性命之宅，道義之根孔德之容者，此也。二五之精，別於凡精，故曰甚真。信，陰陽遞運，不失其侯。名，體物而在，不易其稱。閱，觀也。甫，始也。太上自言以此能知萬物之始。則道豈能外是而他求哉？

曲則全章第二十二

◎曲則全，枉則直，窪則盈，敝則新，少則得，多則惑。是以聖人抱一，為天下式。

曲則全，中庸所謂曲能有成也。此句，下五句之綱領，文

同而義別。枉，屈也。窪，卑濕之處。得，自得也。枉與直，
洼與盈，敝與新，極於此，則伸於彼。物理之循環不窮者，類
如斯。守約，則能自得。即此可以知彼也。貪多，則反多疑。
美惡惡其雜揉也。惟聖人以一貫萬，故可為天下式。其次，則
必致曲以求全。戒多而取少也。

不自見，故明；不自是，故彰；不自伐，故有功；不
自矜，故長。夫惟不爭，故天下莫與之爭。古之所謂曲則
全者，豈虛言哉？誠全而歸之。

此覆解上文曲字之義見以而言。是，以所知而言，是，以
所行而言。所謂曲則全者如此。期於道得諸己，全而歸也。豈
委蛇遷就之比哉。

希言章第二十三

◎希言自然。飄風不終朝，驟雨不終日。孰為此者？
天地。天地尚不能久，而況於人乎？故從事於道者，道者
同於道；德者同於德；失者同於失。同於道者，道亦樂得
之；同於德者，德亦樂得之；同於失者，失亦樂得之。信
不足焉，有不信焉。

夫道不貴多言，為言有盡而道無窮也。飄風驟雨，喻其不
久。道，統萬物而言。德則人之體道於身者也。失，謂失意。
三者，憂樂同人，故人亦信之。結二句，反言以明之。若己信
不足，人亦不信之。尚口乃窮者也。

跂者章第二十四

◎跂者不立；跨者不行；自見者不明；自是者不彰；
自伐者無功；自矜者不長。其於道也，餘食贅行。物或惡
之，故有道者不處也。

跂，舉踵而望。跨，垂足而坐。以喻為其事而無其具也。餘食，餘棄之食。贅行，贅疣之行。自滿假者視道為無用，徒見惡於物。有道者，豈為之乎？此與二十二章略同。

有物章第二十五

◎有物混成，先天地生。寂兮寥兮，獨立而不改，周行而不殆，可以為天下母。吾不知其名，字之曰道，強為之名曰大。大曰逝，逝曰遠，遠曰反。

渾成，無偏缺也。寂，虛靜。寥，空闊。獨立，其尊無對。不改，悠久無疆。周行於萬類，而足以給之，故不殆。母，字育之也。機一往而不留，曰逝。境遼邈而無儘，曰遠。反者，其所歸宿也。此極言道之所以為大。

故道大，天大，地大，王亦大。域中有四大，而王居其一焉。

此承上文推廣言之。道之大不可見，天地實布昭之。王者，參贊天地，體道施化。以四大並言之，見王者所以干三才而能宏道也。

人法地，地法天，天法道，道法自然。

法地之含宏光大，品物咸亨則道無不濟矣。地承天而時行，天本道為運化。道體無為，故極乎自然之致。此又承上四大之說，而推論之。以明凡人皆可崇效卑法，而體道也。

重為輕根章第二十六

◎重為輕根，靜為躁君。是以聖人終日行，不離其輜重。雖有榮觀，燕處超然。奈何萬乘之主，而以身輕天下？輕則失臣，躁則失君。

此示人以持重守靜之功也。根，本。君，主也。輜重，行

者載資重之車。借以為遲重之喻也。以身輕天下，謂危其身，而忘乎天下。失臣，無以馭氣。失君，無以鎮心。志以帥氣，若君臣然也。

善行章第二十七

◎善行，無轍跡；善言，無瑕讁；善計，不用籌策；善閉，無關鍵而不可開；善結，無繩約而不可解。

無轍跡，不拘成跡，而合於時中。不用籌策，不逆不億而自然先覺。善閉，謂凝神養氣，不馳其閒。善結，謂抱一守中，綿綿不息。此五者，修道之實功，聖人之能事也。

是以聖人，常善救人，故無棄人；常善救物，故無棄物。是謂襲明。

襲，重也。易曰重明以麗乎天下，是也。聖人盡人性以盡物性，明乎五者之義而已。

故善人者，不善人之師；不善人者，善人之資。不貴其師，不愛其資，雖智大迷，是謂要妙。

此又示人以取善之功，是善行善言，五者之所以能深造也。資，取資。要妙，崇德修匿，必取諸人以為善也。雖智亦迷，自用則小也。

知雄守雌章第二十八

◎知其雄，守其雌，為天下谿。為天下谿，常德不離，復歸於嬰兒。知其白，守其黑，為天下式。為天下式，常德不忒，復歸於無極。知其榮，守其辱，為天下谷。為天下谷，常德乃足，復歸於樸。樸散，而為器。聖人用之，則為官長，故大制不割。

知，見之明。守，存之固。雄，為陽精。雌，為陰魄。

谿，山水自上下注之所。常應常靜，為不離嬰兒，先天一炁所生，謂聖胎也。金之色白，黑者神氣入於幽靜之意。式，法。忒，差也。煉神還虛，則歸於無極。知榮，明其無與於己。谷，匯川之名也。德足者，無所不容。物質純固曰樸，道體如是。散而為器，一本之所以萬殊。官長，君師之職。大制不割，本道以為宰制，而無所矯揉割裂於期間也。

將欲取章第二十九

◎將欲取天下而為之，吾見其不得已。夫天下神器不可為也。為者敗之，執者失之。故物，或行或隨；或噓或吹；或強或羸；或載或墮。是以聖人去甚，去奢，去泰。

為，紛更妄作。不得已，可已而不已也。神器，言其至重。妄為，則反以擾民。拘執，則無所變通。二者皆未適中，蓋凡物之理，各有所宜。行，自行。隨，從人。噓緩而吹急，物之以息相扇者也。強，羸，以形質言。載，墮，以才能言。甚，太甚。奢，華侈。泰，矜肆。物情不一，聖人權其輕重緩急。去此三者，是以能理萬物之宜，而與天下相安於無事也。

以道佐人主章第三十

◎以道佐人主者，不以兵強於天下。其事好還；師之所處，荊棘生焉。大軍之後，必有凶年。

其事謂兵事。好還殺戮必有報也。荊棘生，則井裡蕭條可知。必有凶年，傷天地之和氣所致。

故善者，果而已。不敢以取強。果而勿矜，果而勿伐，果而勿驕，果而不得已，果而勿強。物壯則老，是謂不道，早已。

善，善於為治。果，自強不息。取強，兵力爭也。不得

已，柔弱之意。太上恐人誤以勇力為果，故詳言五者以明之。物壯則老，正強力不能久之徵也。不道，不以道。早已，敝之速也。

佳兵不祥章第三十一

◎夫佳兵者，不祥之器。物或惡之，故有道者不處。

此與上章皆一時之言，三句乃一章之綱領。佳兵猶言利兵也。

是以君子，居則貴左，用兵則貴右。兵者，不祥之器，非君子之器。不得已而用之。恬淡為上，勝而不美。而美之者，是樂殺人。夫樂殺人者，不可以得志於天下矣。故吉事尚左，凶事尚右。偏將軍居左，上將軍居右，言以喪禮處之。殺人眾多，以悲哀泣之。戰勝，喪處之。

居，平居。恬淡，鎮靜而不擾。左為陽，右為陰。兵，凶器。故尚右同於喪禮。殺人過多，非禁亂之本心。雖勝必戚，見仁慈之無已。此承上文，反覆申明之。欲人懲不詳，而廣好生。賤武勇，而崇仁義。其丁寧之意至深切矣。而後世且以申韓刻薄之學，歸咎於道德，不亦謬哉？

道無名章第三十二

◎道常無名，樸雖小，天下不敢臣。侯王若能守之，萬物將自賓。天地相合，以降甘露。人莫之令而自均。始制有名，名亦既有，夫亦將知止。知止，所以不殆。譬道之在天下，猶川谷之於江海也。

樸字解見二十八章。不敢臣，無有加乎其上者。侯王守樸，則可以恭己而理故萬物賓服。天地相合以下，推無名之道所由來，言天地以一氣而均萬物。氤氳化醇，各正性命，始制

有名。既有名矣，萬殊一本，物各有當止之處，唯知止於至善。則以一貫萬，所以不殆。江海為川谷之王，大道為萬物之本。侯王舍是，將安所守哉？

知人章第三十三

◎知人者智，自知者明。勝人者有力，自勝者強。知足者富強。行者，有志。不失其所者，久。死而不亡者，壽。

知人勝人，外鶩者也。自知自勝，內省者也。知足，則常覺其有餘。強行，則日新而不已。不失其所，得主而有恒也。死而不亡，與天地同休也。

大道泛兮章第三十四

◎大道泛兮，其可左右。萬物恃之以生，而不辭；功成不名有。衣被萬物，而不為主。常無欲，可名於小。萬物歸兮，而不為主，可名為大。是以聖人，終不為大，故能成其大。

泛，如水之氾濫而滿也。其可左右，言不可以一偏限。下文正言泛之實也。不辭，能容受。不名有，無跡象。衣被，以衣被人，借以言覆冒之意。不為主者，萬物本道以生化，而道實無為也。以其常清常靜而言，其小無內。以其翕辟萬物而言，其大無外。蓋無微不入，是以能無物不包也。唯聖人為能體之。

執大象章第三十五

◎執大象，天下往。往而不害，安平泰。樂與餌，過客止。道之出口，淡乎其無味。視之不可見，聽之不可

聞，用之不可既。

　　道本無象。而凡有象者，莫能加執之。以馭天下，則天下歸往。萬姓時雍，共安於泰運之天。彼務緣節以快目前者，如樂與餌。非不悅於口耳，然移時輒忘，如過客之去而不留。大道不然，所以視聽不可窮，而取攜無有盡也。

將欲噏之章第三十六

◎將欲噏之，必固彰之。將欲弱之，必固強之。將欲廢之，必固興之。將欲奪之，必固與之。是謂微明：柔弱勝剛強。魚不可脫於淵，國之利器，不可以示人。

　　張噏強弱，廢興與奪，往復相因。有自然之理勢，燭其幾於未萌，而貞其守於勿懈。唯知微知彰者能之，柔弱勝剛強，所謂不戰而屈人也。利器，國之事權。示人，與人。太上此言，為競意氣而昧知己者發也。

道常無為章第三十七

◎道常無為，而無不為。侯王若能守，萬物將自化。化而欲作，吾將鎮之以無名之樸。無名之樸，亦將不欲。不以欲靜，天下自正。

　　道體無為，而其用至廣。中庸所謂費而隱也。侯王能守之，則全體大用具矣。物有不化焉者乎欲作，謂太平久而燕樂興。鎮以無名之樸，而民果返樸還淳。則欲作者，亦將不欲。故夫本道化民者，不以一己之欲強民。而天下自正也。

上德章第三十八

◎上德不德，是以有德。下德不失德，是以無德。上德無為，而無以為。下德為之，而有以為。尚仁為之，而

無以為；尚義為之，而有以為。尚禮為之，而莫之應，則攘臂而仍之。故失道而後德，失德而後仁，失仁而後義，失義而後禮。夫禮者，忠信之薄，而亂之首也。前識者，道之華而愚之始也。是以大丈夫處其厚，不處其薄；居其實，不居其華。故去彼取此。

不德，不自是其德。不失德，常自見為德。無為為之，以主治者言。無以為，有以為，以在下者言。攘臂，忿爭之狀。仍，執固。亂，治也，書曰亂臣十人。道該全體大用，德則有淺深分量之不同。仁義禮，專指其用之及人者言。上德無為，而民無由測其所為，蕩蕩難名者也。下德為之，而民亦知其有以為，形格勢禁者也。仁義禮，皆治世之具，而其用各殊。仁主於慈愛，故尚仁，則百姓日用而不知。義主於斷制，故尚義，則天下服教而畏神。若夫禮周乎人官物曲，而其制嚴密。故禮之至者，民莫之應。或反攘臂，而自是其見蓋世運遞降。人心因之，仁義禮，今古不易。而其播為政教，則詳略損益之分。理勢所趨，不能強齊。

由太古逮於今，政教有加。而風氣未必古若，而後云者，言天人氣數之適然，非謂仁義禮之可以偏任也。禮以忠信為本，故忠信薄而禮教尤先。前知亦道之發皇，而偏尚，則反陷於愚誣。寧厚毋薄，寧實毋華，去取之間，必務其本。太上此章之旨，因末文勝，而反覆推言之。欲人本道德仁義以化。

得一章第三十九

◎昔之得一者：天得一以清；地得一以寧；神得一以靈；谷得一以盈；萬物得一以生；侯王得一以為天下貞。其致之一也。天無以清，將恐裂；地無以寧，將恐發；神無以靈，將恐歇；谷無以盈，將恐竭；萬物無以生，將恐

滅；侯王無以貞，貴高將恐蹶。故貴以賤為本，高以下為基。侯王自謂孤寡不谷。此其以賤為本也？非乎。

昔，太初之始。一，太極也。不二之意。谷，屬。貞，正也。致之，所以致此者。發，決坼蹶。危，躓也。言天地萬物，無不得一以成。以明侯王代天理物，必得一而後可正天下。不可恃貴高而忘自下也。

故致，數車無車。不，欲琭琭如玉，落落如石。

致，與致之之致同，言推極其至也。數車，璣輪，天之所以旋運也。無車，無車之真形。琭琭，圭角落落，不同群也。承上文言致一之道，非可泥象滯形。

夫至一者莫如天，天運旋樞，數度無忒。然究其所以然，實唯一氣運行，非實有車之形器也。人唯不能如天之純一，是以執貴賤之形。自高，則琭琭如玉；自賤，則落落如石。致一者觀天之道，執天下行，不欲如此也。

反者章第四十

◎反者，道之動；弱者，道之用。天下萬物生於有，有生於無。

反，復也。人知以動為動，而不知返本還原。正道之所以動而無動也。弱，致柔也。人知以強為用，而不知專氣致柔。正道之所以用而不窮也。有者，道之跡；無者，道之妙。

上士章第四十一

◎上士聞道，勤而行之；中士聞道，若存若亡；下士聞道，大笑之。不笑，不足以為道。

若存、若亡，猶言可有可無。道本中庸，下士所忽，而上士所重也。

故建言有之：明道若昧；進道若退；夷道若纇；上德若谷；大白若辱；廣德若不足；建德若偷；質直若渝。

建言，古之立言者。若昧，暗然而日章。若退，斂抑而自下。夷，平也，易也。詩曰有夷之行。若纇，混俗和光。若辱，含垢納污。本廣德也，而若不足；本建德也，而若偷安。澡歷在神明，不務外以求知也。質直，忠信也。若渝，變化不拘。此引建言，以明有道之象如此，所以非中下士所能知也。

大方無隅；大器晚成；大音希聲；大象無形。夫惟道，善貸且成。

此六句，又推廣上文之意。而勉人以勤道也。物之方者，皆有隅。大方，隨時處中，而無圭角也。大器，不甘小就，故晚成。希，歇寂也。大音大象，以未發之中言。參諸物情，稽諸道體。隱微不可見者，實充周不可窮。隱於無名，本無可名也。善貸，給萬物而不匱也。且成，化功成也。

道生一章第四十二

◎道生一，一生二，二生三，三生萬物。

道自虛無生一氣，又從一炁產陰陽。三元剖而萬物生，一本之所以萬殊也。

萬物負陰而抱陽，沖氣以為和。人之所惡，唯孤寡不谷，而王公以為稱。故物，或損之而益，或益之而損。人之所教，我亦教之。強梁者，不得其死。吾將以為教父。

惡父俱去聲。沖氣，沖虛無朕之氣。即上文所謂一也。和，調暢之意。王公貴謙下，體沖和以宜民也。損益無常，要歸於衝和為尚。人之所以教人者，太上自言：「我亦猶人，惟不失衝和為難耳。」強梁與沖和相戾，故凶。教父言教人必以此為先。

第三章 呂洞賓傳承黃帝、老子丹道篇

太上以忍辱慈悲為教，故其言如此。孔子繫易，於謙卦三致意焉。而金人敬器之類，示訓諄諄，其不以此歟。

至柔章第四十三

◎天下之至柔，馳騁天下之至堅。無有入於無間；吾是以知無為之有益。不言之教，無為之益，天下希及之。

間去聲。道不倚於形氣，故天下之至柔。馳騁，操縱由之也。無有，道之體。無為者，自然之用。希及，民鮮能之也。

名與身章第四十四

◎名與身，孰親？身與貨，孰多？得與亡，孰病？是故甚愛，必大費；多藏，必厚亡。知足，不辱；知止，不殆；可以長久。

徇名殖貨，自忘其身。貪得無厭，自蹈於亡。皆由不知權度其輕重也。大費，謂自耗其所有。厚亡，謂徒甚其悖出。知足，知止，安有此患哉？

大成章第四十五

◎大成若缺，其用不敝。大盈若沖，其用不窮。大直若屈，大巧若拙，大辯若訥。躁勝寒，靜勝熱。清靜，為天下正。

缺，虧歉意。沖，虛也，範萬物而無跡。訥，萬有而若虛，蓋德盛化神者然也。求伸者反折，炫長者必敗，多言者易窮。聖賢以理勝氣，以拙晦才，以默屈人，皆反身修慧之實功。躁勝寒，溫以解凍也。靜勝熱，定義徐蒸也。二者，陰陽之義。修道者，體此以審乎寒暖燥濕之宜，動靜交養。俾未發之中，已發之和，無稍差謬。而清淨之道心，其亦庶幾矣。不

然，而小成易盈，紛紛於直與巧辯以正天下。向惑乎煩勞而無成功哉？

天下有道章第四十六

◎天下有道，卻走馬以糞。天下無道，戎馬生於郊。罪莫大於可欲，禍莫大於不知足；咎莫大於欲得。故知足，知足常足。

糞，糞田。郊，近郊也。可欲，以功利蠱人。欲得，必欲其得也。唯有道者，能知足，常足，無求而自得也。

不出戶章第四十七

◎不出戶，知天下；不窺牖，見天道。其出彌遠，其知彌少。是以聖人不行而知，不見而名，不為而成。

萬物皆備，故不出戶而知天下。造化由心，故不窺牖而見天道。反是而馳騖以求周知，則見聞有窮，心思易洞。是以聖人養其本真，清明在躬，志氣如神。豈必歷九州島而數名象，任智力以要近功哉？中庸言至誠之妙，曰不見而章，無為而成，即此意也。

為學章第四十八

◎為學者日益，為道者日損。損之又損，以至於無為。無為而無不為矣。故取天下，常以無事。及其有事，不足以取天下。

博文，則日知其所未知。約禮，則日去其所本無。用萬殊以歸於一本，此損之又損之道也。無為，謂渾然天理。而不假強為，千變萬化皆從此出，故可以無不為。無事，恭己而治，若舜禹之有天下而不與也。反是者敗。

聖人無常心章第四十九

◎聖人無常心，以百姓心為心。善者吾善之，不善者吾亦善之，德善矣。信者吾信之，不信者吾亦信之，德信矣。聖人之在，天下歙歙，為天下渾其心。百姓皆注其耳目，聖人皆孩之。

無常心，猶言無成心。善之信之，與其善而孚以誠，亦善亦信之，化不善而去其偽。德指民而言。歙歙（音舌），誠切貌。渾其心，使歸於誠樸。注耳目，則誠服而無他念也。孩子，以赤子育之也。

出生入死章第五十

◎出生入死。生之徒，十有三；死之徒，十有三；人之生動之死地，亦十有三。夫何故？以其生生之厚。

出入指日月言。生者，氣之至而伸；死者，氣之往而寂也。乾坤無為，以日月為功，東西出入，而五行布四時成焉。徒，猶類也。水之成數六，火之成數七，合為十三。日月者，水火之精。人得其真氣，而不能守，故其由生而之死也。易，動對靜而言。生生之厚，秉陰陽之氣以生者，厚於物也。太上將勉人以攝生之道。而先言生者，不能無死如此。

蓋聞善攝生者，陸行不遇兕虎，入軍不被甲兵；兕無所投其角，虎無所措其爪，兵無所容其刃。夫何故，以其無死地。

攝，衛養也。兕虎、甲兵，無道則或罹其凶。善攝生者，合陰陽之撰，通神明之德。命由我立，而何死地之有哉？

道生之章第五十一

◎道生之，德畜之，物形之，勢成。是以萬物，莫

不尊道而貴德。道之尊，德之貴，夫莫之命，而常自然。

　　道統名，德，則其真實無妄者也。生以資始言；畜以含煦言。品物咸章，則有形矣。暢茂條達，則勢成矣。萬物莫不由此，是以道德，至為尊貴。莫之命，無命令也。此言道德之在天地者，本於自然如此。

　　故道生之，德畜之，長之，育之，成之，熟之，養之，覆之。生而不有，為而不恃，長而不宰。是謂玄德。

　　此覆解上文道生德畜之義，而極贊其至也。長，生機引伸育，氣化充而盛。成，器質成。熟，品味熟。養者，涵濡而葆其真。覆者，丕冒而衛其至。不有，不恃。不宰，無心而成化。泯乎生為與宰之跡也。詳見第十章。

天下有始章第五十二

◎天下有始，以為天下母。既得其母，以知其子。既知其子，復守其母，沒身不殆。塞其兌，閉其門，終身不勤。開其兌，濟其事，終身不救。見小曰明，守柔曰強。用其光，復歸其明，無遺身殃，是為襲常。

　　天下有始，以為天下母。所謂有物渾成，先天地生者是也。神是母，炁是子；神炁相抱，終身不殆。兌，金之竅。門，六神出入之所。勤，勞擾也。濟其事，事事而求其濟。徒為自苦，故不救。察於幾微，則無所蔽矣。守其柔順，則無所折矣。光，性體之光。明，金精是也。歸明者，收視返聽之意。道備於己，無惡於時，殃之所以免也。襲常猶言守常也。

介然章第五十三

◎使我介然，有知行於大道，唯施是畏。

　　介然，倏忽之傾。施，見諸施。行，道非知之難，而行之

難。偶然一隙之明，何嘗非知。但驗諸實行，恐窮於推施。甚言大道之不易也。

大道甚夷，而民好徑。朝甚除，田甚蕪，倉甚虛；服文采，帶利劍，厭飲食，財貨有余，是謂道誇。道誇非道也哉！

夷，平易也。除，同奢。漢書，楚楚衣服，戒窮除。道誇，以誇張為道也。末俗厭中庸之道，而矜飾以為是。太上深非嘆之也。

善建章第五十四

◎善建者不拔，善抱者不脫，子孫祭祀不輟。

建德，則有不拔之基。抱一，則無離道之時，是以長子孫而保世。下文乃推廣言之。

修之於身，其德乃真；修之於家，其德乃餘；修之於鄉，其德乃長；修之於國，其德乃豐；修之天下，其德乃普。

歷言修己之功效如此。

故以身觀身，以家觀家，以鄉觀鄉，以國觀國，以天下觀天下。吾何以知天下之然哉？以此。

觀，示法也。德備於身，隨在皆可以為人觀法。此，謂大道。

含德章第五十五

◎含德之厚，比於赤子。毒蟲不螫，猛獸不據，攫鳥不搏。骨弱筋柔，而握固。未知牝牡之合，而朘作，精之至也。終日號，而嗌不嗄，和之至也。

朘藏回切號平聲。含德之厚，謂至人葆其真而全其形也。

不螫，不知其螫也。下放此。朘，赤子陰也。嗌，咽，嗄，聲索而變也。赤子，無知而神全。故其現於外者如此，含德之厚者亦然也。

知和，曰常；知常，曰明；益生，曰祥；心使氣，曰強。物壯則老，是謂不道，不道早已。

承上文和字之義而申言之。常，不貳不息也。益生，生生不窮。祥，善也。天道以和育物，人能知之，則健運不息，故曰常。知常，則洞達陰陽，同符造化，故曰明。修身立命，奪造化生殺之權，練氣歸神，得長生不壞之道。人中之瑞，祥莫大焉。久而不朽，強斯至矣。末三句，又反言以明之。解見第三十章。

知者章第五十六

◎知者不言，言者不知。塞其兌，閉其門；挫其銳，解其紛；和其光，同其塵；是謂玄同。

道非言說所能盡，多言者妄也。孔子曰，予欲無言，即是此意。塞兌、閉門，解見五十二章。銳，志之強。紛，慮之擾。和其光者，謙尊而光。同塵者，與世無忤。盛德之至，無不可同群也。

故不可得而親，不可得而疏；不可得而利，不可得而害；不可得而貴，不可得而賤：故為天下貴。

此推言玄同之意。道足於身，其它無所加損，故為天下貴。中庸歷言素位而行無入而不自得，與此同義。

以正治國章第五十七

◎以正治國，以奇用兵，以無事取天下。吾何以知其然哉？以此。

此章，與上章，蓋一時之言。此，指大道而言。所謂為天下貴者也。

夫天下，多忌諱，而民彌貧；人多利器，國家滋昏；人多伎巧，奇物滋起；法令滋彰，盜賊多有。故聖人云：「我無為，而民自化；我好靜，而民自正；我無事，而民自富；我無欲，而民自樸。」

忌諱，猶言猜嫌。利器，凡才智權謀，可以起爭奪者皆是也。為政以德，然後無為。居敬行簡，為好靜。因民之所利而利之，為無事。有天下而不與，為無欲。蓋聖人恭己之治如此。與上文正相反也。

其政悶悶章第五十八

◎其政悶悶，其民淳淳；其政察察，其民缺缺。禍兮，福所倚；福兮，禍所伏。孰知其極？其無正邪。

悶悶，渾樸意。淳淳，猶皞皞。察察，以察為明。缺缺，疏忽也。無，無為。言為政者，民所觀效。當慎於所施，況一人之智。不能窮天下之情偽，彼禍福之倚伏。孰則能知其歸極而持之？其惟不任智力，以無為正天下者乎。

正復為奇，善復為妖。人之迷，其日固久。

此承上禍福倚伏之意，而申言之。復，反也。善，猶祥也。正與奇、善與妖，極而必反。乃理勢之自然，而人往往迷焉。則以無聖人之德故也。

是以聖人，方而不割，廉而不劌，直而不肆，光而不耀。

割，截正。劌，傷也。肆，徑行。耀，炫耀也。四者之弊，人之所以迷也。聖人方而達權，廉而不戾於俗；不肆不耀，所以葆無為之德，而善世宜民也。

治人事天章第五十九

◎治人事天，莫若嗇。夫惟嗇，是謂早復。早復，謂之重積德。重積德，則無不克。無不克，則莫知其極；莫知其極，可以有國。

重平聲。嗇，德反於淵微，中庸所謂不顯也。服，謂人天早感其誠。重積德，克明峻德。克，能也。莫知其極，量之所爾者遠也。可以有國，治人事天之實也。

有國之母，可以長久。是謂深根固蒂，長生久視之道。

凡物之根本，曰母。末二句乃至言之。深根固蒂，神息與性命相依。長生久視，內元共乾坤並壽。此修道之極功，而致治之本原，嗇於德者然也。

治大國章第六十

◎治大國，若烹小鮮。以道涖天下，其鬼不神。非其鬼不神，其神不傷人。非其神不傷人，聖人亦不傷人。夫兩不相傷，故德交歸焉。

鮮平聲。治國者，和民而已，故譬之烹鮮。小鮮，極言其易也。無道之國，德薄而殄重。鬼或能神，以侵害於人。聖人以道涖天下，陰陽和而萬民育，各不相害。故幽明交格，德甚神也。

大國章第六十一

◎大國者，下流天下之交。天下之牝，牝常以靜勝牡，以靜為下。故大國以下小國，則取小國；小國以下大國，則取於大國。或下以取，或下而取。大國，不過欲兼畜人；小國，不過欲人事人。夫兩者，各得其所欲，故大

者宜為下。

下流，水之所歸。交，比附。牝，柔服。下，下人也。以取，我取人。而取，人取我。欲入事人，欲人納其計也。此為恃強大以凌弱小者發。而反覆推下人之功效，乃太上救時之論也。從來大國，以力相服，往往不勝，不知柔可以制剛。理足以奪勢，大國權重而勢尊，可以容民畜眾，人咸欲歸焉。如下流然，第天下之所欲附，必天下至之柔者也。譬諸牝牡，以靜勝動。所謂靜者，偃武修交，相安無事。以此下人，則無論國之大小，皆可相制。蓋大國欲畜小國，而小國亦不過欲售其事人之謀。兩者各思得其所欲，則以勢相爭，必不甘為所屈。故大國宜為下也。

道者章第六十二

◎道者，萬物之奧，善人之寶，不善人之所保。

道生萬物，無所不在。故善人寶之，不善人亦賴之也。

美言可以市，尊行可以加人。人之不善，何棄之有。故立天子，置三公。

承上不善人之所保而言。市，售。加人，上人也。人雖不善，然聞美言者心折，尊德行者咸欽。蓋秉彝之好，不可得而泯沒，豈可棄不善而不教也哉？故天降下民，作之君師。天子三公之設，皆所以化不善而使善也。

雖有拱璧，以先駟馬，不如坐進此道。古之所以貴此道者，不曰求以得，有罪以免耶？故為天下貴。

坐，跪也。求以得，求而得也。拱璧先駟馬，儀至禮矣。然不如以道誘人。

古人所以貴此者，以道在吾身。求則得之，自新無以加乎此也。老子既恐人以不善棄人，又恐人以不善自棄。故反覆推

言道貴如斯，其憂世至深遠矣。

為無為章第六十三

◎為無為，事無事，味無味。大小多少，抱怨以德。

煉虛合道，為其無為，順應自然，事其無事，味無味之味，淡而不厭也。怨，專謂一己之私忿，無關倫紀者也。大小多少，稱物平施意。不以怨報即為德，非加厚也。

圖難於其易；為大於其細。天下難事，必作於易；天下大事，必作於細。

上文成德之詣。此則為希聖者言入德之方。作，起也。書曰思其難以圖其易，又曰細行不矜，意亦如此。

是以聖人，終不為大，故能成其大。夫輕諾，必寡信；多易，必多難。是以聖人猶難之，故終無難。

不為大，不自以為大。猶難，慎之至也。

其安易持章第六十四

◎其安易持，其未兆易謀。其脆易破，其微易散。為之於未有，治之於未亂。

此示人以審幾之學，而下文復推廣言之。欲人以自然者恒其德也。脆，柔薄，細弱。未兆易謀，故為之於未有。其安易持，故治之於未亂也。

合抱之木，生於毫末；九層之台，起於累土；千里之行，始於足下。為者，敗之；執者，失之。是以聖人，無為故無敗，無執故無失。

事莫不由微至著，惟當順其自然，而因應之。妄為則敗，執滯則失。聖人天理渾然，故泛應曲常也。

民之從事，常於幾成而敗之。慎終如始，則無敗事。

是以聖人，欲不欲，不貴難得之貨；學不學，復眾人之所過。以輔萬物之自然，而不敢為。

　　人情不欲道，而欲難得之貨，不務學而安於過舉。所以功敗垂成，而事無終始。惟聖人賤貨而貴德。成己以成人，是以復眾人於無過，而未嘗逞其私智也。

古之善為道章第六十五

　　◎古之善為道者，非以明民，將以愚之。民之難治，以其智多。

　　智愚以在上者言。愚，誠樸意。道者，治民之具，然必毋以智自居，而後可。右之善為道者，非以明自炫於民，將以誠樸化之。故民之難治者，以在上之智術多而去道遠也。

　　故以智治國，國之賊；不以智治國，國之福。知此兩者，亦楷式。能知楷式，是謂玄德。

　　賊，傷害。福，祥和。知恃智不恃智之得失，而道之楷式，在是矣，故稱玄德。

　　玄德深矣遠矣，與物反矣，然後乃至大順。

　　反，復本也。大順，郅治也。承上文言玄德，極於深遠，處乎萬物之先。以此治國，乃至大順。中庸言篤恭天下平，而稱贊其妙至於無聲無臭，而後已焉。即此義也。

江海章第六十六

　　◎江海所以為百谷王者，以其善下之，故能為百谷王。是以聖人之欲上民，必以其言下之；欲先民，必以身後之。

　　百谷，百川。善下，虛而善受也。上民，作民父母以言下之，詢於芻蕘。先民，為天下法，以身後之，謙退不敢先人

也。此位以力服人者發。

　　是以聖人，處上，而民不重；處前，而民不害。是以天下樂推而不厭。以其不爭，故天下莫能與之爭。

　　上下相制，震懾之曰重。前後相犯，畏忌之曰害。推，推尊之也。

天下皆謂章第六十七

　　◎天下皆謂我大，似不肖。夫唯大，故似不肖。若肖，久矣其細也夫！

　　不肖，不肖乎道。德猶如毛，毛猶有倫，故謂我為大。則猶未化乎道之跡。若求其肖，必也其無聲臭乎。

　　我有三寶，保而持之。一曰慈，二曰儉，三曰不敢為天下先。夫慈故能勇；儉故能廣；不敢為天下先，故能成其大。今捨慈且勇，捨儉且廣，捨後且先；死矣！

　　慈仁，則心無私曲，見義必為，故能勇。守約，則敬慎不敗，推行盡利，故能廣。不敢為天下先，謙尊而光也。專恃其勇，務廣而上人，則易以賈禍而亡身。捨，猶去也。

　　夫慈，以戰則勝，以守則固。天將救之，以慈衛之。

　　衛之之之，指民而言。申言慈之美如此，蓋不忍人之心。道之本，而天之所福。戰則無敵於天下，守則眾志之成城。天將救其危，而保其國，所以然者，以慈之德，可以謂民生而普祥和也。三寶之中，以慈為本。惟慈然後可以體道，而不以自大為肖也。

不武章第六十八

　　◎善為士者，不武；善戰者，不怒；善勝敵者，不爭；善用人者，為之下。是謂不爭之德，是謂用人之力，

是謂配天，古之極。

恃力，曰武。恃氣，曰怒。兩相攻擊曰爭。為之下，屈己下賢也。力，材也。有此四者，則不動聲色，而萬物無不效其能，是謂不爭之德。用人之材，亦如天之不言，而五行順布。故之立極者然也。

用兵章第六十九

◎用兵有言：「吾不敢為主而為客，不敢進寸而退尺。」是謂：行無行，攘無臂，扔無敵，執無兵。

此示人以用兵之道，主御敵客，侵伐人者也。無行，無義之行。仍，因此。恃也，言用兵危事。如有言其好為貪兵，勇往直前者，是謂行無義之行。若攘而無臂，恃一往之氣；若執而無兵，蓋先自實其用兵之其也。

禍莫大於輕敵，輕敵則幾喪吾寶。故抗兵相加，哀者勝矣。

承上文言易談兵者。輕敵，輕敵，則有亡國喪身之禍。寶，謂仁義。仁義者，治世之寶。輕敵，則有好殺之心。故兩兵相遇，強弱未分，而有哀憐無辜之心者，必勝。所謂仁者無敵也。

吾言章第七十

◎吾言甚易知，甚易行。天下莫能知，莫能行。

聖人之言，皆道也。百姓日用而不知，故老子深嘆之。

言有宗，事有君。夫惟無知，是以不我知。

宗，主也。君，綱領也。道具於聖人之心，不得測其妙也。宣諸於言，見諸於事。不能即委窮源，安能知之。

知我者希，則我貴矣。是以，聖人被褐懷玉。

褐，賤者之服。被褐懷玉，喻外陋而內美。此一節又推言
知希之無損，以為有德而不見知者勸。蓋聖人忘名，乃能退世
不見知而不悔，其次則不免以知希為戚。故太上言此以勉人，
非自謂其知希之貴也。

知不知章第七十一

◎知不知，上。不知知，病。夫惟病病，是以不病。

能知人之所不知者，義精仁熟，故為上。不知而自以為
知，妄作聰明，人之大患也。夫惟患以不知為知，則能遜讓以
求知，是以可免於此患。

聖人不病，以其病病，是以不病。

此所謂病，以憂患而言。病病，憂勤惕厲也。孟子曰君子
有終身之憂，無一朝之患，蓋述此意。

民不畏威章第七十二

◎民不畏威，大威至矣。無狎其所居，無厭其所生。
夫惟不厭，是以不厭。

威，理勢之防，難犯者，皆是也。書曰，天命明威。無狎
其所居，孟子所謂居天下之廣居。厭，厭倦。所生，所以生之
理也。全其所生之理，則盡性立命，與天合德。是以不可厭絕
也。

是以聖人，自知而不自見，自愛而不自貴。故去彼取
此。

自知，得失自課。自見，炫耀求知。自愛，守身重道。自
貴，矜己尚人，去彼取此。是以能畏天命而保真常也。

勇於敢章第七十三

◎勇於敢則殺，勇於不敢則活。此兩者，或利或害。天之所惡，孰知其故？是以聖人猶難之。

惡去聲。勇，猶果斷。敢不敢，以剛柔進退言。殺，害，活，成全也。事故之來，往而有害，靜而無失。兩者，其大較也。然以為殺而未必殺，以為活而未必活，則或利或害，有不盡繫乎勇於敢與不敢者，此其中有天焉。

天者何？理勢之微，而數之不可知者也。利害定於天，而天之所惡，難知其故。是以聖人，酌經權而用其中，忘利鈍而守其正，不敢以為易也。

天之道，不爭而善勝，不言而善應，不召而自來，坦然而善謀。天網恢恢，疏而不漏。

人情有為必欲其勝，而希報唯恐其遲。不知天道至神，遲速美惡之應，毫無差忒。恢恢，闊也。此申上文所惡二句之意，而勉人恒其德以承天。

民不畏死章第七十四

◎民不畏死，奈何以死懼之？若使民常畏死，而為奇者，吾得執而殺之，孰敢？

民不畏死，衰世之極矣，奈何更以刑罰懼之。若使民常有懷刑之心，則教化明。而民已知所趨避，乃有為奇邪以誘民者，從而殺之。民孰敢不畏死乎？太上此言為末世以殺禁亂，而不務本者發也。

常有司殺者殺。夫代司殺者殺，是謂代大匠斲。夫代大匠斲者，稀有不傷其手矣。

司殺者，孟子所謂天吏也。代天理物，能好能惡，故可以殺。非其人而以殺禁民，若代斲之。傷手，無益而有害。此承

上文而言，欲人盡化民之道，非教之殺也。

民之飢章第七十五

◎民之飢，以其上食稅之多，是以飢。民之難治，以其上有為，是以難治。民之輕死，以其求生生之厚，是以輕死。

有為，若刑名法術，張皇補苴之屬皆是。民不自愛其生，以其殖貨利，而徇嗜欲也。

夫唯無以生為者，是貴於長生。

以生為者，營營於衣食嗜好，而唯恐傷其生，自以為貴生矣。不知多欲多累，反無以葆其天，而全其性。夫惟順性命之理，以養二氣之和。無所矯揉，而賢於貴生也。

人之生也章第七十六

◎人之生也，柔弱；其死也，堅強。萬物草木之生也，柔脆；其死也，枯槁。故堅強者，死之徒；柔弱者，生之徒。

人之得氣也，厚：「聚，則和融；散，則骨立」，物之得氣也。薄：「生，則易折；死，則朽敝」。蓋道生於卑退，而禍生於剛狠。故太上即形質之易曉者，以示人也。

是以兵強則不勝，木強則拱。強大處下，柔弱處上。

結言柔弱之為貴也。兵恃力而無仁智信三者，則適足以取敗。木氣不疏達而堅確，則僅於一拱，不成美材。是以凡事，皆戒強大，而尚謙和也。

天之道章第七十七

◎天之道，其猶張弓乎？高者，抑之；下者，舉之。

有餘者，損之；不足者，補之。

　　張弓者，必欲其平。天道，玄機運而七政齊，四序布而五行代。調變綱維，莫名其妙。要歸於至均而已，道祖即張弓之易見者而譬之。高下有餘不足，又復虛擬其名，以況其理也。

　　天之道，損之有餘而補不足；人之道，則不然，損不足以奉有餘。孰能以有餘奉天下？唯有道者。

　　天道虧盈而益謙，人則不然，是以在己常欲有餘，在人常苦不足。能以有餘奉天下，是欲萬物各得其所者也。

　　是以聖人，為而不恃，成功而不處，其欲不見賢也。

　　舉聖人以為承天者法。不欲見賢，不欲自著其賢也。

天下柔弱章第七十八

　　◎天下莫柔弱於水，而攻堅強者，莫之能勝，其無以易之。故柔勝剛，弱勝強，天下莫不知，莫能行。

　　言柔弱之道，易知而難行。以起下文也。

　　是以聖人言：受國之垢，是謂社稷主；受國之不祥，是為天下王。正言若反。

　　能容一國之垢，所謂百姓有過，在予一人者也。能以一國之不詳為己憂，所謂一夫不獲時予之辜者也。此皆用柔之道。反，委曲。又言一言之間，亦有柔弱之道也。

和大怨章第七十九

　　◎和大怨，必有餘怨，安可以為善？是以聖人，執左契，而不責於人。

　　此言為善者，必忘人我，而貴反躬也。怨之成也，常由責人，而不責己，故積小以至大。苟不知自責，則雖解大怨，必有餘怨。未能懲忿窒欲，安可以為善？契，約也。交易者一約

而兩分之，執以為信。以己度人，心理無二。反己而無怨於
人，聖人之宏也。

故有德司契，無德司徹。天道無親，常與善人。

司，主也。徹，通也。有聖人之德，則稱物平施，權衡在
我。故司契，無其德，則恩怨必求其分明，斤斤以明通為尚。
天道無私，為善者其知勉矣。

小國章第八十

◎小國寡民；使有什百人之器，而不用；使民重死，
而不遠徙；雖有舟車，無所乘之；雖有甲兵，無所陳之；
使民復結繩，而用之。甘其食，美其服，安其居，樂其
俗。鄰國相望，雞犬之聲相聞，民至老死，不相往來。

此示小國以自強之道，而欲其返樸還淳也。器多而不用，
則靡費節矣。重死而不徙，則民志堅矣。舟車所以致遠，甲兵
所以禁亂，不乘不陳。言民瞻依而誠服，無所用此耳，非謂可
盡廢也。結繩而用，返乎太古，是以裕大豐亨，風俗淳美，而
不患於民寡也。

信言章第八十一

◎信言，不美；美言，不信。善者，不辯；辯者，不
善。知者，不博；博者，不知。

此章勉人約德而廣業也。信，誠實無偽。美，悅人聽聞。
善者，納言敏行。辯者，易言多咎。知者，達於事理。博則馳
騖，聞見以為奇而已。

聖人不積。既以為人，己愈有；既以與人，己愈多。
天之道，利而不害；聖人之道，為而不爭。

為人之為去聲。積，滯於私也。聖人之心，一理渾然。而

泛應曲當天何積。為人，以善及人。與人，以惠加人。愈有愈多，德業無損於己，而性量益增也。天以利萬物為心，而聖人體天之心以為心，故其無心而成化，與天同。不害不爭，盡人性物性者，無一也。

☀第四章☀

呂洞賓師承鍾祖丹道篇

第一節　鍾離權祖師贈呂洞賓丹訣歌

唐・鍾離權撰

　　知君幸有英靈骨，所以教君心恍惚，含元殿上水晶宮，分明指出神仙窟。大丈夫，遇真訣，須要執持心猛烈，五行匹配自刀圭，執取龜蛇顛倒訣。三尸神，須打徹，迸退天機明六甲，知此三要萬神歸，來駕火龍離九闕。九九道至成真日，三界四府朝元節，氣翱翔兮神烜赫，蓬萊便是吾家宅。群仙會飲天樂喧，雙童引入升玄客，道心不退故傳君，立誓約言親灑血。逢人兮莫亂說，遇友兮不須訣，莫怪頻發此言辭，輕慢必有陰司折。執手相別意如何，今日為君重作歌，說盡千般玄妙理，未必君心信也麼，仔細分明說與汝，保惜吾言上大羅。

　　【按】鍾呂派喜用詩歌來闡述內丹本旨，後世受其影響，故多仿效。此歌係鍾離權贈給呂岩者，洞賓為呂岩之字。

第二節　鍾離權祖師傳呂洞賓內丹養生秘典 《試金石全旨》（新發現河南高道 崔吉書珍藏稀世古本）

鍾離權、呂洞賓試金石原序

從來金之真偽，遇試金石即分，而人心之虛實，即以魔難

（爛）判。蓋天數造就，斯人必先束縛其筋骨，動忍其心性，以使之增益其所不能為，試觀古聖仙真，菩薩觀音、達摩、大舜等，莫不千魔不改，萬難不退，堅心千魔為難而已哉？弟立志修養之士，一遇魔難來臨，非因魔難，即遇難生魔也。

鍾呂二祖，度世悟情，切因於問答之間，將魔難實意。細細闡述明，俾修道之人，遇魔難何以起，即遇魔難何以卻。身入乎魔難之中，心超乎魔難之外，將久甘受魔難，以體乎上天陶來之意，天即必拔輕魔難，以慰斯人精進之情。

人合天心，天遂人願，亦何妨魔難之，因名金而試以乎，因名成編曰：《試金石全旨》，歲在大清乾隆丙午年清和望吉。

水畔庵居士敘於、青華書屋西窗下。

鍾呂問答試金石全旨

江西月

人生如花開放，怕的衰敗凋殘。仙佛醒覺煉金丹，紅塵半點不染。

有此身形在世，受盡無限熬煎，不忍不耐心不堅，難逃十魔九難。

純陽得受明師指，廣覽三教美書詞。金丹大道無一字，勤修苦練日行持。一日閒暇無有事，頂禮開言問明師。蒙師厚愛不嫌棄，指點修煉不昏迷，再求慈悲發訓諭，十魔九難提一提。

鍾離發笑開言敘，聽吾從頭說爾知。性命雙修非兒戲，逆轉黃河上瑤池。水升火降要仔細，沐浴溫養莫差移。由淺入深明心地，由凡入聖見高低。大藥未成災難避，暑往寒來入身

軀。未到純陽金剛體，疾病難除總有些。春夏秋冬分四季，一年之內要穿衣。銀錢雖假宜儉惜，培補後天養丹基。真炁未生少凝聚，常有飢渴要吃的。奉道之士所患慮，衣食欠缺被人欺。此是一難牢心記，還須自主自裁思。

鍾離說道：修行之人，大丹未成，難免寒暑之災，真氣未生，難免飢寒之苦。一年之內，要衣服遮身，一日之間，要三餐茶飯，養道修丹所慮者。衣食二字也。

說罷修行第一難，又將阻攔對爾談：

塵緣骨肉難分散，誰捨兒女學佛仙。爹娘生兒富貴顯，接起後代有香煙。娶妻育子稱美善，披麻守孝拜靈前。若是偷閒去修煉，高堂約束甚精嚴。提起修行便黑臉，咒罵拷打實慘然。要想出外把道辦，磨得身體不能閒。吵吵鬧鬧真難見，本待撒手心不甘。惹得諸親和六眷，說好說歹難盡言。

世人皆把紅塵戀，難學上古佛和仙。湘子修成度叔眷，行孝救母是目連。天德退親古今羨，素真臨婚不配男。位位功成大雄殿，超拔七祖並九玄。總怕旁人言破綻，說退道心不誠虔。任你金剛鐵羅漢，毀謗囂囂話難言。堅實心腸也說軟，囑咐修行莫心偏。還須自己立主見，千魔百難道心堅。奉道之士所慮患，尊長阻攔把你拴。此是修行第二難，各人立志自盤還。

鍾離說道：修行之人所憂患者，又怕一雙父母，不能容你修行。俗情與聖情相反，塵世之人，望子成名身榮貴顯，誰肯教子學佛學仙。要犯許多波濤，方能跳出紅塵苦海。須立衝天大志，才能拔祖超宗，可稱大孝君子也。

第二難先講明朗，再把糾纏說端詳：

塵緣俗債冤孽賬，應該今世來承當；欲求至人學修養，還有恩愛非尋常。年幼本是神仙樣，三寶滿足似金剛；知識一開

日放蕩，十惡八邪滿尸腔。又加嬌妻美容像，無限波濤惹愁腸。生下兒女結成黨，寒來暑往要衣裳。盤盤算算精神喪，不覺就是兩鬢霜。總有衝天大志向，奔波勞碌好悲傷。正是恩枷愛如網，不能識破枉思量。留留戀戀不由往，煩惱怎麼上天堂；奉道修真不思想，恩愛糾纏沒下場。此是三難對爾講，看不破的落汪洋。

鍾離說道：修行之人所最愛者，房中妻子，膝下嬌兒。分明訪得高人指點，明師傳授，妻恩難割捨，子愛不脫離，糾糾纏纏留留戀戀。方欲靜修靜養，而意惹情牽，何時得脫苦海也。總要立志衝天，高舉慧劍，斬斷葛藤，方能免脫三難也。

說罷了妻的恩兒女掛愛，又把那名與利講將出來：

想人生富與貴分出高矮，美榮華驚駭了許多賢才；做公侯常思想王侯爽快，財堆山田連陌不遂心懷；寒窗客常憂著青雲光彩，入個學中個舉好步金階；皇榜上有了名傳揚四外，恨不得升在那位列三台；受爵祿管百姓由他頻擺，貪心起結下了許多禍胎；東坡云筆作刀為官數載，是與非有千萬邪邪歪歪；一家飽千家怒心腸有壞，半世官百世冤該也不該；為商賈走天涯幼而老邁，想盡了良方計扛扛抬抬。日奔波夜勞碌不能自在，披星起帶月行都只為財。錢字體有干戈豈能無害，離鄉井死外面真可悲哀。這財字惹出了幾多成敗，親骨肉好朋友為他分開。看起來名與利是個魔害，修行人早看破莫要痴呆。得逍遙且逍遙慷慷慨慨，命裡無來復去枉自鋪排。凡心起道心微就有掛礙，你就是正念頭曲轉刁乖。還須要鎖心猿拿定主宰，不為那名利牽惹禍招災。一任他美富貴不貪不采，守我的清靜佛喜笑顏開。丹成時超九祖極樂世界，勝似那著紫袍去赴金階。點頑石能成就金磚銀塊，愁什麼怕貧窮東猜西猜。勤修行心念專離得苦海，想名利不攀道空自持齋。這就是第四難細思細揣，

不知進不知退活把人埋。

鍾離說道：此名利四難，最是牽纏人也。想我一個身體，清清靜靜，瀟瀟灑灑，一個好人，因為名利牽纏，惹下無限波濤。富兼萬戶，常憂有失，貴極三公，又想稱王。所以仙佛稱為利鎖名韁。故起下盤旋周轉，雜念時生，總有真心修道貪心不足，焉能大丹結成乎。

第五難最怕年老，幼而不修混終朝：

參禪悟道要年少，強壯正好把丹燒。飛了三心四相掃，永證菩提不動搖。紅塵世事不知曉，謹守飯戒學賢僚。精氣神足身中寶，貌似仙童下瓊瑤。築基最易丹田飽，採取最能生藥苗。年幼不修到衰老，形容枯槁血脈焦。幼年三寶耗散了，腰躬背駝腳打飄。那時才把道來找，得手修煉月難撈。上氣不接下氣竅，兩目昏花工難調。打坐東歪西又倒，焉能坎離兩相交。雲散水枯病長抱，氣衰形減又成癆。受苦招災自己討，禍殃疊出沒下稍。奉勸修行要學早，有志切莫待年高。訪尋明師指大道，栽培德行把孽消。涵養壺中玄而妙，採取真鉛海浪滔。龍虎二六長吟嘯，牛郎織女渡天橋。早晚虔誠求祝告，赦除冤孽把罪消。三千功圓丹書詔，八百行滿上九霄。天上金童執幡旌，月宮仙女口吹簫。丈夫事畢真榮耀，九玄七祖盡高超。

鍾離說道：修行之人，要趁年少精神飽足，易修易煉。若是年高老邁，形似乾柴，體蔗渣腰躬背駝，手軟腳趴。恰似風前之燭，瓦上之霜，今日難免明日災殃。身軀尚不可保守，焉能修到長生乎。此乃修行中第五難也。學者急宜猛省，切勿挨至老。大徒傷悲，誠恐修之不及也。

五難已曾講過，又把六難言說：

不辨真假有錯，盲師拜他墜落。傳授妄為邪作，花言巧語

付托。道貌古言輕薄，講道三教不合。以盲指盲可惡，裝模著相巍峨。問其實際不妥，貪財愛寶為樂。纏著難以分伙，反臉無情囉嗦。大道不分人我，打坐養的太和。指你本來這個，佛法僧是彌陀。性命雙修結果，復命歸根不訛。心猿意馬拴鎖，每日切磋琢磨。升降全憑水火，又不演唱開科。明心見性醒覺，子前午後採藥。久久行持方可，丹成永登大羅。

鍾離說道：大道易修，真師難遇。倘學道之人，不分高低，不認真假，盲拜詐偽之士。利口辯詞，外貌儼然，有道有德，問其實際，真正口訣，性命根源，並不能曉。學道之人，必要考察分明，低心求拜明師，指示性命工夫，窮源反本，切莫錯投盲師，反阻修行之路也。天地間大道清雅，正堂堂合得三家。日月出照滿天下，誰不見朗朗光華。雷霹靂聲音多乍，遠近聞豈比青蛙。倘若是異端邪法，唧唧蟲叫喚呱呱。小乘法搬運吐納，左開弓右去扯拉。抱著頭立定身架，手搓熱滿面去擦。存氣在丹田上下，若扣齒咬定牙巴。枝葉上摸索總假，爭是非你錯我差。書符咒不合造化，驅神鬼概是妖邪。三千六旁門勢大，七十二外道矜誇。學道人有柄有杷，要識得示眾拈花。有形象莫著他罷，煉身中龍虎龜蛇。本來面無牽無掛，自在體長放光霞。時刻收心猿意馬，功純熟自產黃芽。休聽那紛紛議話，守我的一粒金砂。

鍾離說道：修行之人，認真大道，三教一理，切莫誤信旁門小法，為害不淺。摩擦搬弄費力勞神，不過卻病延年而已。書符念咒，呼風喚雨，皆屬旁門小法。若要超生了死，出苦還原，須尋無始祖炁，玄關大道，方是不二法門。倘心無主宰，尋枝摘葉，聽信旁門議論紛紛，孜孜邪說，終落頑空。七難根源，各指一二，休得趨入小法可也。

第八之難難更狠，總由怠惰心不真。早晨發憤一陣陣，就

想大丹結黃庭。夕則退速不精進，兩目蒙矓昏沉沉。初志求道尚誠懇，終即疏虞性不明。恍惚將疑又將信，這樣焉能學長生。現有明師不訪問，從不低心親至人。不求清閒不定靜，火無有降水無升。

五氣焉能來朝聘，三花何曾聚頂門。自入佛門不發憤，大道決然難修成。暫說須臾就改更，哪管恆久去支撐。荒唐心中無把柄，懈懈怠怠過光陰。

奉勸世人除毛病，日靜夜煉苦修行。呼根吸蒂由玄牝，打起精神志堅貞。動講法華度人醒，靜修性命烏兔烹。改惰為勤佛心印，定獲上品與上乘。

鍾離說道：第八難者，懈怠心也，朝進大道夕則改遷。有始無終，全無恆久之念。如此之人慢道，修仙修佛，就是凡情之上學習手藝，百無一成，終落人後。明知大道最高最美，懈怠心起，神智昏迷，焉能曉得壺中玄妙乎。

把八難說完了又還有九，提起來修行人更加憂愁。

進道來有牽纏又有塵垢，似房上老冬瓜兩邊滾流。又何曾把大道時刻緊守，混時光延歲月總屬虛浮。名利牽念不絕氣財色酒，恩似枷愛如網總不自由。年雖幼轉眼間就是老叟，紅粉的美佳人不覺白頭。好時光混過了空自束手，年推年月推月不能加修。三寶損衰老體容顏敗醜，始悔悟早不上佛祖慈舟。苦蹉跎怎能把金丹結就，到後來甘白白落在荒坵。咽喉斷有金銀難把你救，方悲啼在生前未煉性牛。

勸朋儕同類的修真契友，速速的早醒悟鉛汞添抽。親至人明道德消息講透，歲月兒切不可空虛漂流。十惡除有始終心腸要久，八邪掃立志向站在人頭。動度人愁什麼調賢引誘，靜度己心花開自生智謀。六祖云本來面沒有塵垢，儒書語浩然氣升降剛柔。道果成拔七祖極樂走走，永處在天外天再不東投。才

不枉修行人受盡苦口，似樹木開了花結果有收。

鍾離說道：世上的人，專為名利恩愛牽纏，奔波勞碌虛度光陰。口言向善心內不真，凡心血心未了，七情六欲不除，猛勇一時，日久懈怠。一年推一年，一月推一月，嗚呼光陰易過，不覺老矣，此為九難。奉道之士，須及時修煉，心如始初。勿等衰老沉疴，悔之晚矣。九難之中或有一二，遷延緩怠不能精進。修持大丹難以成就，吾今一一指明。凡修煉者，須立衝天大志誠意感格，神明暗中擦經，難星才得返本還原，證果成真有望矣。

純陽聽罷愁眉展，頂禮上前把身躬。九難說來也還懂，還有十魔甚險凶。伏望慈悲來告誦，弟子從頭記心中。鍾離開言心悲慟，十魔更比九難凶。身外有身時搬弄，內觀夢寐要相逢。共來三般搖擺動，魔去魔來道難通。性王休把六賊縱，抱元守一舊家風。見魔不魔魔不攏，見怪不怪怪丟松。任他形相般般送，擒來收在斗牛宮。滿地華飛非真種，笙簧嘹亮總是空。舌嘗甘味是魔俸，異香撲鼻是邪祟。情思舒暢神不統，意氣洋洋走西東。身外有身心不動，任他一切來相攻。現在有魔凝神總，一意規中萬法空。夢寐有魔念不寵，運動真空杳無蹤。萬緣掃盡沒有縫，一性圓明是主翁。

鍾離說道：魔有三等，身外、現在、夢寐。皆由心意散亂魂魄迷昧，所以世人多有著魔，而不自知。故經云：心生種種魔生，心滅種種魔滅，即此是也。合而言之，三分晰而為十也。而花香鳥語，甘味馨香情思舒暢，最易擾人，故為首魔。學者，總宜靜參靜悟須與不離，方能敵得一魔也。

二魔富豪最易犯，世人痴迷誰不貪？愛他高樓通宵漢，又愛雕樑色色鮮。珠簾繡幕圖好看，又喜畫閣與流丹。美廈湖池好遊玩，蕙帳蘭房甚觀瞻。金玉滿堂華麗艷，錦繡盈箱美衣

衫。若不看破喪心膽，欲脫羅網難上難。既是修行刀割斷，見猶未見心不貪。守我本來真面目，菜美一味茅屋三。填我離來取我坎，了心了念把禪參。丹田氣化群陰散，河車運轉上泥丸。任他世事紛紛亂，堂上主人鎮日安。看破財利無牽絆，戰退群魔上靈山。

　　鍾離說道：魔之為害，惟富豪最足惱險。明知大道至尊至貴，還要貪戀金玉財貨。所以志氣昏惰，不能超凡入聖，自居人下，不思古人茅庵陋巷，得道升超。學者既得大道，須當猛省精進戰退此魔，方為有志大丈夫也。

　　三魔貴顯惹人愛，迷失深厚難打開。朝中巍巍王侯宰，站立金階拜相台。科名占盡第一大，場圍誰不想奪魁。寶馬金鞍重重蓋，玉帶紫袍分應該。華堂高廈盡光彩，珠簾金玉滿胸懷。貪戀造下冤孽債，蒙蒙迷迷痴呆呆。勸人洗盡此魔寨，好去靜修悟本來。

　　真汞降下直沉海，真鉛自然翻上來。一陽初動雷復泰，三花聚頂光自回。五氣朝元光結彩，火內好把蓮來栽。煉就純陽身不壞，哪怕八難與三災。學人個個莫懈怠，貴魔入境好自裁。切莫沾染得自在，結就聖胎赴蓬萊。

　　鍾離說道：聖情與凡情不同，古來仙佛，看破功名物外，識透富貴浮雲，身雖在塵，不為塵染，穿盡補衲，吃盡菜根，功成果就，奉佛旨而為天仙。今人只明拜相封侯，方是丈夫男子，高爵厚祿，乃為耀祖光宗。殊不知長伴君王，如羊伴虎。縱然桂冠群僚，位居一品，稍有不到，龍心一怒，難免刀懸之苦。學者從今看破，貴顯是為禍胎。體學前賢，盡心參悟，貴魔自然不能擾我也。

　　四魔雄威似強盜，盜去性王離故巢。輕煙暖日愛鳥噪，雷電風雨心不搖。哭泣悲哀和嬉笑，笙簧嘹亮品玉簫。忽然聞之

第四章　呂洞賓師承鍾祖丹道篇

253

稱美妙，忽然聞之心又焦。一時心中無主腦，六賊牽引亂滔滔。或發無明更不好，頃刻之間把丹燒。念動怎能悟玄竅，意亂怎麼去烹熬。

情多最難守爐灶，性走焉能去盜桃。奉勸學人回光照，靜裡好把性王朝。了心了念大雄廟，還虛還無守一爻。右廂姹女嫩嬈嬈，左邊嬰兒小姣姣。一齊收回無孔竅，龍虎交會產藥苗。大圓明鏡光照耀，趕退此魔上瓊瑤。

鍾離說道：喜怒哀樂悲恐驚，為七情之魔，較之眾魔，更易犯也。學人若不靜悟參修，牢拴意馬，每為魔降，而自不知。從今一意規中，守定中黃，煉我自身三寶，結成黍米玄珠，任魔之翻來復去，並不與我相干矣。

五魔愛欲多牽引，修行難敵此魔軍。欲割捨時多不忍，終日擾亂不快心。愛鎖鎖住你的頸，枷在頂上又有恩。妻妾惹人是紅粉，弟兄本同手足情。堂上父母要孝敬，膝下兒女是親生。又盡情來又憐憫，一身弄得不安寧。心想要把周天運，百事紛紛如麻林。

只為前生造孽狠，今世落在苦海坑。奉勸修行主意定，哪怕孽網千萬層。萬緣掃滅心清靜，不動不搖守黃庭。嚴慈壽年皆聽命，恩妻愛子要看輕。長清長靜長靈醒，戒怠戒惰戒昏沉。放下了然規中運，哪怕魔孽緊隨身。

鍾離說道：父母妻子，弟兄兒女，安樂日少，煩惱日多。若遇此魔，不能聽天安命。如人跳入大海之中，無船救度，終溺沉淪。修行之人，要放下娘，生鐵面，跳出苦海，不為累牽，則魔亦無可奈何矣。

還有六魔生古怪，患難重重疊疊排。或臨高岡身有害，或遇深溝遭大災。毒藥湯鑊強人寨，路逢狹遇難推開。偶然染著都不快，人遇此魔叫哀哉。我說此魔也無礙，只要心地靜靈

台。吹無孔笛有天賴,彈無弦琴煉三才。暗處神靈來遮蓋,凶中化出吉祥來。總要一心有主宰,巍巍不動現天街。三昧真火焚三界,掃盡魔軍不敢來。千魔百難終不改,逍遙散淡上瑤台。

鍾離說道:小患臨身,尚有著染,況毒藥火鑊墜折虎狼,安有不動乎?學道之人,若遇此魔無掛無礙,守我虛無一竅,則魔自退矣。

七魔空中考主見,試你道心堅不堅。四神七曜常陪伴,五岳八王時交談。十地尊嚴相待晏,三清天堂亦開筵。玉皇待詔來呼喚,仙佛與我結天緣。若認為真遭劫難,妖魔投竅真可憐。一入爾身他主見,吞爾靈性想上天。學人切莫存妄念,守我自身太極圈。又得明心又性見,靜守寶珠滴滴圓。一毫不動無散亂,才算巍巍一洞仙。掃盡邪魔萬緣斷,不貪不染上品蓮。還我本來真目面,不枉參透個中禪。功成一直登彼岸,果滿飛騰上九天。

鍾離說道:旁門外道,多以幻景迷人;或假佛聖而對談,或邀仙真而做伴,一切有形有象,皆是魔矣。不知自性真靈,大道本空,哪有這些幻妄。學人若遇此般景象,切不可認為的確也。

八魔刀兵更驍勇,縱是豪強也怕逢。土馬雲屯如蟻擁,劍戟蜂聚當面衝。齊發弓弩似雷轟,戈矛森森利若鋒。遇之誰人心不動,任你鐵漢也叫惱。修行原以道為重,不怕一切來相攻。勿憂勿慮勿驚恐,一禪坐定守大雄。心中靈明不懵懂,水升火降氣融融。汞投鉛來鉛投汞,河車搬運不放鬆。返我本來塔無縫,煉成純陽奪化工。縱遇此魔休悲慟,巍巍不動鎮中宮。

鍾離說道:刀兵魔劫,最易擾人,萬刃臨身焉有不懼?懼

則性王不做主矣。凡學道者，務要守定主人翁。縱遇此刀弩齊發，劍戟疊排之魔，我總混混沌沌杳杳冥冥，不認他為是魔，終不能擾我心性也。

第九之魔為女樂，醉館妓聲惹人多。玉女蹁躚無成伙，瓊瑤高唱勝仙娥。音韻嘹亮絲同頰，笙簧迭奏聲偕和。豐姿皎皎目眩過，紅袖雙雙錦繡羅。嬌容如玉如花朵，相對相談怎奈何。耳韻收回神守著，聾女彈琴笑哈哈。慧光照耀明如火，觀定自性佛彌陀。收來世界藏一顆，半邊鍋內煮山河。守我神室無愧怍，牟尼寶珠鎮妖魔。歌聲悅耳總不可，見時要曉遠離窩。靜中玄關活潑潑，掃盡邪魔養太和。

鍾離說道：女樂歌舞，多少英雄志士，皆為所惑。惟守道之人，性光朗照，清清靜靜，一塵不染，一絲不掛，女樂之魔亦不能擾我心志也。

第十魔終魔那樣，女色迷人更乖張。紅面皓齒妖嬈狀，掀裙舞袖非尋常。又道秦樓多美象，說出楚館更艷妝。任他英雄魂魄喪，不荒唐處也荒唐。何若修行總高士，立起志向勝金剛。性夫心地多明朗，縱對絕色不思量。練我慧劍靖魔障，姹女配合勝嬌娘。豈比凡人色殼狀，坎離交媾效鸞房。凡夫難曉此情況，鎮定寶華理性王。吾把十魔說明朗，囑咐修行看端詳。

鍾離說道：佳人妓女，古今英雄多被此魔，亡身亡家。不知芙蓉白面，不過帶肉骷髏，美艷紅妝，盡是殺人利刃。奉勸修行志士，總要安我八卦鼎爐，煉成純陽寶劍，縱歌姬舞女繞我面前，亦不能動我之念，則女色之魔，可去也夫。

純陽聽罷謝恩典：蒙師一一來指穿。九難道也說得淺，十魔表來更熬煎。末世之人心不善，三心四相未掃完。若遇此魔喪心膽，倘一失足難救援。伏乞慈悲不厭倦，再把魔難講一

番。如何才把魔消散，如何救得九二殘。

　　鍾離聞言發慈念：要救眾生也不難。只要人人力行善，積功累德消孽冤。訪求至人指一線，度人度己不鬆肩。守我本來真目面，一竅玄關細細參。任他奇異紛紛亂，慧劍高懸魔不粘。外觀有象不著染，內觀之時毫不貪。急起三昧火焰焰，燒得魔軍化灰煙。隨運河車幾百轉，神化虛無妙難言。青龍他將白虎咽，龜兒要把蛇吞完。金烏飛向海中站，玉兔又到火裡眠。雪中黃芽嫩艷艷，鼎內金蓮紅鮮鮮。西女他把北花戀，東山老樹長在南。任他妖魔千萬變，降來只在一指禪。修行若不逃魔難，圖負虛名道難全。十魔除盡登彼岸，九難不著一二三。霹靂一聲陽神現，霎時飛升天外天。奉道諸君莫戲玩，普度收圓超大千。依功升賞九蓮站，逍遙快樂萬萬年。

　　鍾離說道：魔難分說有九十之數，合言只有三般之景。十魔除得完全，才得高超三界；九難不著二三，方能脫離苦海。既今身入玄門，當立超群拔萃之志，真實恒久之心，動則度人，靜則成己，三千功滿，仙鶴來迎，八百行圓，丹書下詔，朝無皇謂。

　　三清分三乘定九品天享極樂菩提高增矣。

第三節　《靈寶畢法》
（本秘法原載《張三豐全集》）

《靈寶畢法》原序

　　道不可以言傳，不可以名紀。歷古以來，升仙達道者不為少矣。

　　僕志慕前賢，心懷大道。不意運起刀兵，時危世亂。始以

逃生，寄跡江湖岩谷，退而識性留心，唯存清淨希夷。歷看丹經，累參道友，止言養命之小端，不說真仙之大道。因於終南山石壁間，獲收《靈寶經》三十卷：上部《金誥書》，元始所著；中部《玉書錄》，元皇所述；下部《真源義》，太上所傳。共數千言。

予宵衣旰食，遠慮深省，乃悟：陰中有陽，陽中有陰，本天地升降之宜；氣中生水，水中生氣，亦心腎交合之理。比物之象，道不遠人。配合甲庚，方驗金丹之有準；抽添卯酉，自然火候無差。紅鉛黑鉛，徹底不成大藥；金液玉液，到頭方是還丹。從無入有，嘗懷征戰之心；自下升高，漸入希夷之域。抽鉛添汞，致二八之陰消；換骨煉形，使九三之陽長。水源清濁，辨於既濟之時；內景真虛，識於坐忘之日。

玄機奧旨，難以盡形。方曰：「靈寶妙理，可用入聖超凡。」總而為三乘之法，名《靈寶畢法》。

大道聖言，不敢私於一己，用傳洞賓足下。道成勿秘，當貽後來之士。

正陽真人鍾離權雲房序

呂祖全書《靈寶畢法》小序

人身乃一小天地也！水火陰陽，五行消長。順之則位育本於中和，逆之則慾伏釀為災沴。理本一焉，但循之則治。金玉之液，各還其丹。煉氣歸元，成於超脫。讀靈寶畢法一書，其集出自正陽祖師。凡十卷，一十二科，分三乘，中有六義。集中金誥玉書真源之外，加以比喻真訣道要。蓋正陽祖師，本諸元始天尊、元皇道君、太上老君，合三聖之微旨，而以比喻真訣道要闡發之。其書包羅大道，引喻三清，指天地陰陽之升降為范模，將日月精華之往來為法則。實五仙之旨趣，即三乘之

規式。我呂祖得是書以宣奧妙，纂為直解。但其書晚出，向未輯入卷中。後續其書於卷末，以補其亡。今復重金以鐫刻，仍列為三卷。由是入聖超凡之訣，賴以永垂。而欲求天仙者，其能舍是編而別傳其道乎？

甲午桂月中浣萬善子郡志琳序

《靈寶畢法》——卷上〔小乘安樂延年法四門〕

匹配陰陽第一

《玉書》曰：大道無形，視聽不可以見聞；大道無名，度數不可以籌算。資道生形，因形立名，名之大者天地也。天得乾道，而積氣以覆於下；地得坤道，而托質以載於上。覆載之間，上下相去八萬四千里，氣質不能相交。天以乾索坤而還於地中，其陽負陰而上升；地以坤索乾而還於天中，其陰抱陽而下降。一升一降運於道，所以天長地久。

《真源》曰：天地之間，親乎上者為陽，自上而下，四萬二千里，乃曰陽位。親乎下者為陰，自下而上，四萬二千里，乃曰陰位。既有形名，難逃度數。且一歲者，四時、八節、二十四氣、七十二侯、三百六十日、四千三百二十辰。十二辰為一日，五日為一侯，三侯為一氣，三氣為一節，二節為一時，四時為一歲。一歲以冬至節為始，是時也，地中陽升。凡一氣十五日，上升七千里。三氣為一節，一節四十五日，陽升共二萬一千里。二節為一時，一時九十日，陽升共四萬二千里，正到天地之中，而陽合陰位。是時陰中陽半，其氣為溫，而時當春分之節也。過此陽升而入陽位，方曰得氣而升。亦如前四十五日立夏。

立夏之後，四十五日夏至，夏至之節陽升，通前計八萬四千里以到天，乃陽中有陽，其氣熱。積陽生陰，一陰生於二

259

陽之中，自夏至之節為始，是時也，天中陰降。凡一氣十五日，下降七千里，三氣為一節，一節四十五日，陰降共二萬一千里。二節為一時，一時九十日，陰降共四萬二千里，以到天地之中。而陰交陽位，是時陽中陰半，其氣為涼，而時當秋分之節也。過此陰降而入陰位，方曰得氣而降。亦如前四十五日立冬。立冬之後，四十五日冬至。

冬至之節陰降，通前計八萬四千里以到地，乃陰中有陰，其氣寒。積陰生陽，一陽生於二陰之中。自冬至之後，一陽復升如前。運行不已，週而復始，不失於道。冬至陽生，上升而還天；夏至陰生，下降而還地。夏至陽升到天而一陰來，冬至陰降到地而一陽來。故曰：夏至、冬至。

陽升於上，過春分而入陽位，以離陰位；陰降於下，過秋分而入陰位，以離陽位。故曰：春分、秋分。

凡冬至陽升之後，自上而下，非無陰降也。所降之陰乃陽中之餘陰，止於陽位中消散而已。縱使下降得位，與陽升相遇，其氣絕矣。凡夏至陰降之後，自下而上，非無陽升也。所升之陽，乃陰中之餘陽，止於陰位中消散而已。縱使上升得位，與陰降相遇，其氣絕矣。陰陽升降，上下不出於八萬四千里，往來難逃於三百六十日。即溫涼寒熱之四氣而識陰陽，即陽升陰降之八節而知天地。以天機測之，庶達大道之緒餘。若以口耳之學，校量於天地之道，安得籌算而知之乎？

《比喻》曰：道生萬物，天地乃物中之大者，人為物中之靈者。人同天地，以心比天，以腎比地；肝為陽位，肺為陰位，心腎相去八寸四分，其天地覆載之間比也。氣比陽，而液比陰；子午之時，比夏至冬至之節；卯酉之時，比春分秋分之節；以一日比一年，以一日用八卦，時比八節。子時腎中氣生，卯時氣到肝，肝為陽，其氣旺，陽升以入陽位，其春分之

比也；午時氣到心，積氣生液，夏至陽升到天而陰生之比也。午時心中液生，酉時液到肺，肺為陰，其液盛，陰降以入陰位，秋分之比也。子時液到腎，積液生氣，冬至陰降到地而陽生之比也。週而復始，運行不已，日月循環，無損無虧，自可延年。

《真訣》曰：天地之道「一」得之，唯人也，受形於父母，形中生形，去道愈遠。自胎元氣足之後，六欲七情，耗散元陽，走失真氣。雖有自然之氣液相生，亦不得如天地之升降。且一呼元氣出，一吸元氣入，接天地之氣，既入不能之，隨呼而復出，本宮之氣反為天地奪之。是以氣散難生液，液少難生氣。當其氣旺之時，日用卯卦，而於氣也，多入少出，強留在腹。當時自下而升者不出，自外而入者暫住，二氣相合，積而生五臟之液，還元愈多，積日累功，見驗方止。

《道要》曰：

> 欲見陽公長子，須是多入少出。
> 從他兒女相爭，過時求取真的。

此乃積氣生液，積液生氣，匹配氣液相生之法也。行持不過一年奪功，以一歲三百日為期，旬日見驗。進得飲食，而疾病消除；頭目清利，而心腹空快；多力少倦，腹中時聞風雷之聲。余驗不可勝紀。

《解》曰：陽公長子者，乾索於坤，如氣升而上也。兒是氣，自腎中升；女是液，自心中降。相爭兒女，上下之故。閉氣而生液，積液而生氣，匹配兩停，過時自得真水也。

《真解》曰：此乃下手之初，於卯卦陽升氣旺之時，多吸天地之正氣以入，少呼自己之元氣以出。使二氣相合，氣積而

生液，液多而生氣，乃匹配陰陽、氣液相生之法也。

聚散水火第二

《金誥》曰：所謂大道者，高而無上，引而仰觀，其上無
上，莫見其首。所謂大道者，卑而無下，俯而俯察，其下無
下，莫見其基。始而無先，莫見其前；終而無盡，莫見其後。
大道之中而生天地，天地有高下之儀；天地之中而有陰陽，陰
陽有始終之數。一上一下，仰觀俯察，可以測其機；一始一
終，度數推算，可以得其理。以此推之，大道可知矣。

《真源》曰：即天地上下之位，而知天地之高卑；即陰陽
終始之期，而知天道之前後。天地不離於數，數終於一歲。陰
陽不失其宜，宜分於八節。冬至一陽生，春分陰中陽半，過此
純陽而陰盡。夏至陽太極而一陰生，秋分陽中陰半，過此純陰
而陽盡。冬至陰太極而一陽生，升降如前。上下終始，雖不能
全盡大道，而不失大道之體。欲識大道，當取法於天地，而審
於陰陽之宜也。

《比喻》曰：以心腎比天地，以氣液比陰陽，以一日比一
年。日用艮卦，比一年用立春之節；乾卦比一年用立冬之節。
天地之中，親乎下者為陰，自下而上，四萬二千里，乃曰陰
位，冬至陽生而上升。時當立春，陽升於陰位之中，二萬一千
里，是陽難勝於陰也。天地之中，親乎上者為陽，自上而下，
四萬二千里，乃曰陽位，夏至陰生而下降。時當立秋，陰降於
陽位之中，二萬一千里，是陰難勝於陽也。時當立夏，陽升而
上，離地六萬三千里，去天二萬一千里，是陽得位而陰絕也。
時當立冬，陰降而下，離天六萬三千里，去地二萬一千里，是
陰得位而陽絕也。

一年之中，立春比一日之時，艮（即丑寅時）卦也。腎氣

下傳膀胱，在液中微弱，乃陽氣難升之時也。一年之中，立冬比一日之時，乾（即戌亥時）卦也。心液下入，將欲還元，復入腎中，乃陰盛陽絕之時也。人惟陰陽不和，陽微陰多，故病多。

《真訣》曰：陽升立春，自下而上，不日而陰中陽半矣。（艮卦丑寅氣微）陰降立冬，自上而下，不日而陽中陰半矣（乾卦戌亥氣散），天地之道如是。唯人也，當艮卦氣微，不知養氣之端。乾卦氣散，不知聚氣之理。日夕以六欲七情，耗散元陽，使真氣不旺。走失真氣，使真液不生。所以不得如天地之長久，故古人朝屯暮蒙，日用二卦，乃得長生在世。朝屯者，蓋取一陽在下，屈而未伸之義，其在我者，養而伸之，勿以耗散。暮蒙者，蓋取童蒙求我，以就明棄暗，乃陰間求陽之義，其在我者，昧而明之，勿使走失。

是以日出當用艮卦之時，以養元氣；勿以利名動其心，勿以好惡介其意。披衣靜坐，以養其氣；絕念忘情，微作導引。手腳遞互，伸縮三五下，使四體之氣齊生，內保元氣上升以朝於心府。或咽津一兩口，搓摩頭面三二十次，呵出終夜壅聚惡濁之氣。久而色澤充美，肌膚光潤。又於日入用乾卦之時，以聚元氣。入室靜坐，咽氣搐外腎。咽氣者，是納心火於下。搐外腎者，是收膀胱之氣於內。使上下相合，腎氣之火，三火聚而為一，以補暖下田，無液則聚氣生液，有液則煉液生氣，名曰聚火，又曰太乙，含真氣也。早朝咽津摩面，手足遞互伸縮，名曰散火，又名曰小煉形也。

《道要》曰：

> 花殘葉落深秋，玉人懶上危樓。
> 欲得君民和會，當時宴罷頻收。

此納心氣而收膀胱氣，不令耗散而相合腎氣，以接坎卦。氣海中新生之氣也，必以交立冬為首，見驗方止。行持不過一年奪功，以一歲三百日為期，旬日見驗：容顏光澤，肌膚充悅，丹田溫暖，小便減少，四體輕健，精神清爽，痼疾宿病，盡皆消除。如惜歲月，不倦行持。只於匹配陰陽功內，稍似見驗，斂入此功，日用添入艮卦，略行此法。乾坤三元用事，應驗方止。

《解》曰：「花殘葉落深秋」者，如人氣弱，日暮之光，陽氣散而不升，故曰「懶上危樓」。樓者，十二重樓也。心為君火，膀胱民火，咽氣搐外腎，使心與外腎氣合而為一，故曰和會。宴乃咽也，收乃搐也。早晨功不絕者，此法為主本也。

《直解》曰：艮卦陽氣微，故微作導引伸縮，咽津摩面，而散火於四體，以養元氣。乾卦陽氣散，故咽心氣搐外腎，以合腎氣，使三火聚而為一，以聚元氣。故曰聚散水火，使根厚牢固也。

交媾龍虎第三

《金誥》曰：太元初判而有太始，太始之中而有太無，太無之中而有太虛，太虛之中而有太空，太空之中而有太質。太質者，天地清濁之賁也。其質如卵，而玄黃之色，乃太空之中，一物而已。陽升到天，太極而生陰，以窈冥抱陽而下降；陰降到地，太極而生陽，以恍惚負陰而上升。一升一降，陰降陽升，天地行道，萬物生成。

《真源》曰：天如覆盆，陽到難升；地如磐石，陰到難入。冬至而地中陽升，夏至到天，其陽太極而生陰。所以陰生者，以陽自陰中來而起於地。恍恍惚惚，氣中有水，其水無形。夏至到天，積氣成水，是曰「陽太極而陰生」也。夏至而

天中陰降，冬至到地，其陰太極而陽生，所以陽生者，以陰自陽中來而出於天。杳杳冥冥，水中有氣，其氣無形。冬至到地，積水生氣，是以「陰太極而陽生」也。

《比喻》曰：以身外比太空，以心腎比天地，以氣液比陰陽，以子午比冬夏。子時乃曰坎卦，腎中氣升；午時乃曰離卦，心中液生。腎氣到心，腎氣與心氣相合，而太極生液。所以生液者，以氣自腎中來，氣中有真水，其水無形。離卦到心，接著心氣，則太極而生液者如此。心液到腎，心液與腎水相合，而太極復生於氣。所以生氣者，以液自心中來，液中有真氣，其氣無形。坎卦到腎，接著腎水，則太極而生氣者如此。可以比陽升陰降，至太極而相生，所生之陰陽，陽中藏水，陰中藏氣也。

《真訣》曰：腎中生氣，氣中有真水；心中生液，液中有真氣。真水真氣，乃真龍真虎也。陽到天而難升，太極生陰。陰到地而難入，太極生陽。天地之理如此。人不得比天地者，六欲七情，感物喪志，而耗散元陽，走失真氣。當坎卦腎氣到心，神志內定，鼻息少入遲出，綿綿若存，而津滿口咽下，自然腎氣與心氣相合，太極生液。及離卦心液到腎，接著腎水，自然心液與腎氣相合，太極生氣。以真氣戀液，真水戀氣，液與真水，本自相合，故液中有真氣，氣中有真水。互相交合，相依而下，名曰交媾龍虎。若火候無差，抽添合宜，三百日養就真胎，而成大藥，乃煉質焚身，朝元超脫之本也。（注解：「當坎卦腎氣到心」原作「當離卦腎氣到心」；「及離卦心液到腎」原作「及坎卦心液到腎」。各古本皆如此。腎為坎卦，心為離卦。當為原書傳寫之誤，特訂正。）

《道要》曰：

一氣初回元運，真陽欲到離宮。

捉取真龍真虎，玉池春水溶溶。

此恐泄元氣而走真水於身外也。氣散難生液，液少而無真氣。氣水不交，安成大藥？當此年中用月，以冬至為始；日中用時，以離卦為期。或以晚年奉道，根源不固，自度虛損，氣不足之後，十年之損，一年用功補之，名曰採補還丹。補之過數，止行此法，名曰水火既濟，可以延年益壽，乃曰人仙，功驗不可備紀。若補數足而口生甘津，心境自除，情欲不動，百骸無病，而神光暗中自現，雙目時若驚電。以冬至日為始，謹節用法，三百日脫其真胎，名曰胎仙。

《解》曰：在外午時為離卦，太陽為真陽；在人心為離宮，元陽為真龍也。真虎乃腎中之水也，真龍乃心液中之氣。口為玉池，津為春水。

《直解》曰：「一氣初回元運」，以冬至為始，即子月也；「真陽欲到離宮」，以離卦為期，即午時也。真龍者，心液中之氣；真虎者，腎氣中之水。氣水相合，乃曰龍虎交媾也。

燒煉丹藥第四

《金誥》曰：天地者，大道之形；陰陽者，大道之氣。

寒濕熱涼，形中有氣也；雲霧雨露，氣中有象也。地氣上升，騰而為雲，散而為雨；天氣下降，散而為霧，凝而為露。積陰過則露，為雨為霜為雪；積陽過則霧，為煙為雲為霞。陰中伏陽，陽氣不升。擊搏而生雷霆；陽中伏陰，陰氣不降，凝固而生雹霰。陰陽不合，相對而生閃電；陰陽不匹配，亂交而生虹霓。積真陽以成神，而麗乎天者星辰；積真陰以成形，而

壯乎地者土石。星辰之大者日月，土石之貴者金玉。陰陽見於有形，上之日月，下之金玉也。

《真源》曰：陰不得陽不生，陽不得陰不成。積陽而神，麗乎天而大者，日月也。日月乃真陽，而得真陰以相成也。積陰而形，壯於地而貴者，金玉也。金玉乃真陰，而得真陽以相生也。

《比喻》曰：真陽比心液中真氣，真陰比腎氣中真水。真水不得真氣不生，真氣不得真水不成。真水真氣，比於離卦，和合於心上肺下，如子母之相戀、夫婦之相愛。自離至兌，兌卦陰旺陽弱之時，比日月之下弦、金玉之在晦，不可用也。日月以陰成陽，數足生明；金玉以陽生陰，氣足生寶。金玉成寶者，蓋以氣足而進之以陽；日月生明者，蓋以數足而受之以魂。比於乾卦進火，煉陽無衰。火以加數，而陽長生也。

《真訣》曰：離卦龍虎交媾，名曰採藥。時到乾卦，氣液將欲還元，而生膀胱之上、脾胃之下，腎之前、臍之後，肝之左、肺之右，小腸之右、大腸之左。當時脾氣旺而肺氣盛，心氣絕而肝氣弱。真氣本以陽氣相合而來，陽氣既弱，而真氣無所戀，徒勞用工而採合。必於此時，神志內守，鼻息綿綿，以肚腹微脅，臍腎覺熱太甚，微放輕勒；腹臍未熱緊勒，漸熱即守常，任意放志以滿乾坤，乃曰勒陽關而煉丹藥，使氣不上行以固真水，經脾宮，隨呼吸，而搬運於命府黃庭之中。氣液造化，時變而為精，精變而為珠，珠變而為汞，汞變而為砂，砂變而為金，乃曰金丹，其功不小矣。

《道要》曰：

採藥須憑玉兔，成親必藉黃婆。
等到雍州相見，奏傳一曲陽歌。

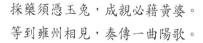

此乃與採藥日用對行。凡以晚年補完十損一補之法，此法名曰煉汞補丹田。補之數足，止於日用離卦採藥，乾卦燒煉勒陽關。春冬多採少煉，乾一而離二，倍用功也。秋夏少採多煉，離一而乾二，倍用功也。隨年月氣旺，採煉之功效在前，可延年住世而為人仙。若以補數既足，見驗進功，亦謹節用功。採藥一百日藥力全，二百日聖胎堅，三百日真氣生，而仙胎完。凡藥力全而後進火加數，乃曰火候；凡聖胎堅後，火候加至小周天數，乃曰小周天。凡胎圓，真氣生，火候加至大周天數，乃曰周天火候。採藥而交媾龍虎，煉藥而進火，方為入道。當絕跡幽居，心存內觀，內境不出，外境不入，如婦之養孕，龍之養珠，雖飲食癮瘝之間，語言如嬰兒，舉止如室女，猶恐有失有損，心不可暫離於道也。

《解》曰：藥是心中真氣，兔是腎中真水，黃婆是脾中真液，和合氣水而入黃庭。雍州，乾卦。勒陽關，脅腹也。

以上安樂延年之訣，小乘法四門係人仙。

《靈寶畢法》——卷中（中乘長生不死法三門）

肘後飛金晶第五

《金誥》曰：陰陽升降，不出天地之內；日月運轉，而在天地之外。東西出沒，以分晝夜；南北往來，以定寒暑。晝夜不息，寒暑相推，積日為月，積月為歲。月之積日者，以其魄中藏魂，魂中藏魄也；歲之積月者，以其律中起呂，呂中起律也。日月運行，以合天地之機，不離乾坤之數。萬物生成，雖在於陰陽，而造化亦資於日月。

《真源》曰：天地之形，其狀如卵；六合之內，其圓如球。日月出沒，運行於一天之上、一地之下。上下東西，周行如飛輪。東生西沒，日行陽道；西生東沒，月行陰道。一日之

間，而分晝夜。冬至之後，日出自南而北；夏至之後，日出自北而南。冬之夜，乃夏之日；夏之夜，乃冬之日。一年之間，而定寒暑。日月之狀，方圓八百四十里。四尺為一步，三百六十步為一里。凡八刻二十分為一時，十二時為一日，一月三十日，共三百六十時，計三千刻一十八萬分也。且以陽行乾，其數用九；以陰行坤，其數用六。魄中魂生，本自旦日。蓋九不對六，故三日後月魄生魂。

　　凡一晝夜，一百刻六十分，魂於魄中一進七十里。六晝夜進四百二十里，而魄中魂半，乃曰上弦。又六晝夜進四百二十里。通前共進八百四十里，而魄中魂全，陽滿陰位，乃曰月望。自十六日為始，魂中生魄，凡一晝夜，一百刻六十分，魄於魂中一進七十里。六晝夜進四百二十里，而魂中魄半，乃曰下弦。又六晝夜進四百二十里。通前共進八百四十里，而魂中魄全，陰滿陽位。月中尚有餘光者，蓋六不盡九，故三日後月魄滿宮，乃曰月晦。月旦之後，六中起九；月晦之前，九中起六。數有未盡，而生後有期。積日為月，積月為歲。

　　以月言之，六律六呂，以六起數，數盡六位，六六三十六，陰之成數也；以日言之，五日一候，七十二候，八九之數，至重九以九起數，數盡六位，六九五十四，陽之成數也。一六一九，合而十五。十五，一氣之數也。二十四氣，當八節之用，而見陰陽升降之宜。一六一九，以四為用，合四時而倍之，一時得九十。四九三百六。變為陽之數，二百一十六；陰之數，一百四十四，計三百六十數，而足滿周天。

　　《比喻》曰：陰陽升降，在天地之內，比心腎氣液交合之法也。日月運轉，在天地之外，比肘後飛金晶之事也。日月交合，比進火加減之法也。陽升陰降，無異於日月之魂魄。日往月來，無異於心腎之氣液。

冬至之後，日出乙位，沒庚位，晝四十刻。自南而北，凡九日東生西沒，共進六十分，至春分晝夜停，停而夏至為期，晝六十刻。夏至之後，日出甲位，沒辛位，晝六十刻。自北而南，凡九日東生西沒，共退六十分，至秋分晝夜停，停而冬至為期，晝四十刻。晝夜分刻，準前後進退，自南而北。

月旦之後，三日魂生於魄，六日兩停，又六日魂全，其數用九也。月望之後，魄生於魂，六日兩停，又六日魄全，其數用六也。歲之夏至，月之十六日，乃日用離卦之法，人之午時也。歲之冬至，月之旦日，乃日用坎卦之法，人之子時也。天地陰陽升降之宜，日月魂魄往來之理，尚以數推之，交合有序，運轉無差。人之心腎氣液，肝肺魂魄，日用雖有節次，年月豈無加減乎？

《真訣》曰：坎卦陽生，當正子時，非始非終。艮卦腎氣交肝氣，未交之前，靜室中披衣握固，正坐盤膝，蹲下腹肚，須叟升身，前出胸而微偃頭於後。後閉夾脊雙關，肘後微扇一二伸腰，自尾閭穴，如火相似，自腰而起，擁在夾脊，慎勿開關，即時甚熱氣壯，漸次開夾脊關，放氣過關。仍仰面腦後緊偃以閉上關，慎勿開之，即覺熱極氣壯，漸次開關入頂，以補泥丸髓海，須身耐寒暑，方為長生之基。

次，用還丹之法，如前出胸伸腰閉夾脊，蹲而伸之，腰間火不起，當靜坐內觀，如法再作，以火起為度。自丑行，至寅終而可止，乃曰肘後飛金晶，又曰抽鉛，使腎中氣生肝氣也。且人身脊骨二十四節，自下而上三節，與內腎相對；自上而下三節，名曰天柱；天柱之上，名曰玉京；天柱之下，內腎相對，尾閭穴之上，共十八節，其中曰雙關，上九下九，當定一百日，遍通十八節而入泥丸。必於正一陽時，坎卦行持，乃曰肘後飛金晶。離卦採藥，乾卦進火燒藥，勒陽關。始一百

日，飛金晶入腦，三關一撞，直入上宮泥丸，自坎卦為始，至艮卦方止。自離卦採藥，使心腎氣相合，而肝氣自生心氣。二氣純陽，二八陰消，薰蒸於肺，而得肺液下降，包含真氣，日得黍米之大而入黃庭，方曰內丹之材，即「百日無差藥力全」。凡離卦採藥用法，依時內觀，轉加精細。若乾卦進火燒藥，勒陽關，自兌卦為始，終在乾卦。如此又一百日之後，肘後飛金晶，自坎卦坐至震卦方止。離卦採藥之時，法如舊，以配自坤至乾卦行持，即是二百日無差，聖胎堅。勒陽關法，自坤卦至乾卦方止。如此又一百日足，泥丸充實，返老還童，不類常人。採藥就，胎仙完，而真氣生，形若彈圓，色同朱橘，永鎮丹田，而作陸地神仙。三百日後，行持至離卦罷採藥，坤卦罷勒陽關，即行玉液還丹之道。故自冬至後，方曰行功，三百日胎完氣足，而內丹就，真氣生。凡行此法，方為五行顛倒，三田返覆。

未行功以前，先要匹配陰陽，使氣液相生，見驗方止。次，要聚散水火，使根藥牢固，而氣行液注，見驗方止。次，要交媾龍虎，燒煉丹藥，使採補還丹而煅煉鉛汞，見驗方止。十損一補之數足，而氣液相生，見驗方止。

上項行持，乃小乘之法，自可延年益壽。若以補完堅固，見驗方止。方可年中擇月，冬至之節，月中擇日。甲子之日，日中擇時，坎離乾卦，三時為始。一百日自坎至艮，自兌至乾。二百日後，自坎至震，自坤至乾。凡此下功，必於幽室靜宅之中，遠婦人女子，使雞犬不聞聲，臭穢不入鼻，五味不入口，絕七情六欲，飲食、寒熱有度，雖寤寐之間，而意恐損失。行功不勤，難成乎道，如是三百日，看應驗如何。

《直解》曰：

此乃三元用法，謂「坎卦飛金晶，下田返上田」也。離卦採藥，下田返中田也。乾卦勒陽關，中田返下田也。亦曰三田返復。

《道要》曰：

日月並行復卦，蹲升數日開關。
貪向揚州聚會，六宮火滿金田。

《解》曰：「日月並行復卦」者，一陽生時，在日為子時，在年為冬至也，所謂「月中擇日，日中擇時」也。蹲升說已在前數日，是定一百日開關，是先開中關，次開上關。「貪向揚州聚會」，揚州者，在人為心，在日為午時，在卦為離；聚會者，真陰真陽交媾，故曰採藥。乾為六宮，火是氣也，勒陽關而聚氣，以肺氣為金，而下腎之丹田，故曰火滿金田，乃行乾卦而勒陽關，聚火下丹田也。

《直解》曰：「日月並行復卦」者，冬至甲子時也。「蹲升數日開關」者，蹲升身以起火，至百日開關也。此乃自坎至艮，飛金晶之法。「揚州聚會」者，離卦採藥，交陰陽也。「六宮火滿丹田」，則乾卦勒陽關，聚肺氣於下田，自兌至乾者也。

終南路上逢山，升身頻過三關。
貪向揚州聚會，爭如少女燒天。

《解》曰：終南者，聖人隱意在中男也，中男即坎卦。艮為山，山是艮卦。飛金晶至巽卦方止，第二百日下功之時也。

「升身頻過三關，貪向揚州聚會」，說已在前。「爭如少女燒天」者，少女是兌卦也，勒陽關至乾卦而方止也。

　　兗州行到徐州，起來走損車牛。
　　為戀九州島歡會，西南火入雍州。

　　《解》曰：兗州艮卦，徐州巽卦，自艮卦飛金晶，至巽卦方止也。「起來走損車牛」，車為陽，牛為陰，是夾脊一氣飛入泥丸也。九州島在人為心，在日為午時，與前採藥同也。西南，坤卦也。雍州，乾卦也。勒陽關，自坤至乾方止，第三百日下功之時也。
　　《直解》曰：此乃第三百日之功、飛金晶之法，起艮而止巽也。九州島聚會，採藥如前，勒陽關則自坤至乾而止也。
　　此是日用事，乃曰三元用法：飛金晶入腦，下田返上田；採藥，下田返中田；燒藥進火，中田返下田。乃曰三元用事，中乘之法，已是地仙。
　　見驗方止：始覺夢寐多有驚悸，四肢六腑有疾不療自癒；閉目暗室中，圓光如蓋，周匝圍身；金闕玉鎖，封固堅牢，絕夢泄遺漏；雷鳴一聲，關節通連；夢中若抱嬰兒歸，或若飛騰自在；八邪之氣不能入；心境自除，以絕情欲；內觀朗而不昧；晝則神采清秀，夜則丹田自暖。
　　上件皆是得藥之驗。驗既正當，謹節用功，以前法加添三百日，胎仙圓。胎圓之後，方用後功。

玉液還丹第六

　　《玉書》曰：真陰真陽，相生相成。見於上者，積陽成神，神中有形，而麗乎天者日月也。見於下者，積陰成形，形

中有神，而麗乎地者金玉也。金玉之質，隱於山川；秀媚之氣，浮之於上，與日月交光，草木受之以為禎祥，鳥獸得之以為異類。

《真源》曰：陽升到天，太極生陰，陰不足而陽有餘，所以積陽生神。陰降到地，太極生陽，陽不足而陰有餘，所以積陰生形。上之日月，下之金玉，真陽有神，真陰有形，其氣相交，而上下相射，光盈天地，則金玉可貴者，良以此也。是知金玉之氣，凝於空則為瑞氣祥煙，入於地則變醴泉芝草；人民受之而為英傑，鳥獸得之而生奇異。蓋金玉之質，雖產於積陰之形，而中抱真陽之氣，又感積陽成神之日月，真陰真陽之下射，而寶凝矣。

《比喻》曰：積陰成形，而內抱真陽，以為金玉，比於積藥而抱真氣，以為胎仙也。金玉之氣入於地，而為醴泉芝草者，比於玉液還丹田也。金玉之氣凝於空，而為瑞氣祥煙者，比於氣煉形質也。凡金玉之氣沖於天，隨陽升而起；凡金玉之氣入於地，隨陰降而還。既隨陰陽升降，自有四時，可以液還丹田，氣煉形質，比於四時加減，一日改移也。

《真訣》曰：採補見驗，年中擇月，月中擇日，日中擇時。三時用事，一百日藥力全，二百日聖胎堅，三百日真氣生，胎仙圓。謹節用功，加添依時，三百日數足之後，方行還丹煉形之法。凡用艮卦，飛金晶入腦，止於巽卦而已，此言飛金晶，三百日後也。離卦罷採藥，坤卦罷勒陽關，只此兌卦下手勒陽關，至乾卦方止。既罷離卦，添入咽法煉形。

咽法者，以舌攪上腭兩頰之間，先咽了惡濁之津，次退舌尖，以滿玉池津生，不漱而咽。凡春三月，肝氣旺而脾氣弱，咽法日用離卦；凡夏三月，心氣旺而肺氣弱，咽法日用艮卦；凡秋三月，肺氣旺而肝氣弱，咽法日用坎卦；凡冬三月，腎氣

旺而心氣弱，咽法日用震卦。凡四季之月，脾氣旺而腎氣弱，人以腎氣為根源，四時皆有衰弱。每四時季月之後十八日，咽法日用兌卦，仍與前咽法並用之。獨於秋季，止用兌卦咽法，而罷艮卦之功。凡以咽法，先依前法咽之，如牙齒玉池之間，而津不生，但以舌滿上下而閉玉池，收兩頰，以虛咽而為法，止於咽氣，氣中自有水也。咽氣如一年，為數又次一年，又次一年，為見驗，乃玉液還丹之法。行持不過三年，灌溉丹田，沐浴胎仙而真氣愈盛。若行此玉液還丹之法，而於三百日，養就內丹，真氣才生。

艮卦飛金晶，一撞三關，上至泥丸，當行金液還丹之法：自頂中前下金水一注，下還黃庭，變金成丹，名曰金丹。行金液還丹，當於深密幽房，風日凡人不到之處，燒香疊掌盤膝坐。以體蹲而後升，才覺火起，正坐絕念忘情，內觀的確，艮卦飛金晶入頂，但略昂頭偃項，放令頸下如火，方點頭向前，低頭曲項，退舌尖進後以抵上腭，上有清冷之水，味若甘香，上徹頂門，下通百脈。鼻中自聞一種真香，舌上亦有奇味，不漱而咽，下還黃庭，名曰金液還丹。春夏秋冬，不拘時候，但於肘後飛金晶入腦之後，節次行此法，自艮至巽而已。晚間勒陽關法，自兌至乾而已。

凡行此法，謹節勝前，方可得成。究竟止於煉形住世，長生不死而已，不能超脫也。

《道要》曰：

識取五行根蒂，方知春夏秋冬。
時飲瓊漿數盞，醉歸月殿遨遊。

《解》曰：「識取五行根蒂」者，為倒五行相生相剋，而

第四章 呂洞賓師承鍾祖丹道篇

用卦時不同以行咽法。「方知春夏秋冬」，改移有時候也。瓊漿，玉液也。月殿，是丹田也。醉歸，咽多也。

《道要》曰：

東望扶桑未曉，後升前咽無休。

驟馬遨遊宇宙，長男只到揚州。

《解》曰：「東望扶桑未曉」者，日未出，艮卦之時也。後升，飛金晶也。前咽，玉液還丹也。驟馬起火，玉液煉形也。遨遊宇宙，遍滿四肢也。長男，震卦也。只到揚州，離卦也。玉液煉形，自震卦為始，至離卦方止也。

《直解》曰：玉液，腎液也。上升到心，二氣相合而過重樓，則津滿玉池，謂之玉液。若咽之，自中田而入下田，則曰還丹。若升之，自中田而入四肢，則曰煉形，其實一物而已。

此採藥三百日，數足胎圓，而飛金晶減一卦，勒陽關如舊。罷採藥，添入咽法，咽法隨四時而已。此係煉形法。用卦後，添入煉形，自震卦為始，離卦為期，不限年月日，見驗方止：體色光澤，神氣秀媚；漸畏腥穢，以衝口腹；凡情凡愛，心境自除；真氣將足而似常飽，所食不多，飲酒無量；塵骨已更，而變神識；步趨走馬，其行如飛；目如點漆，體若凝脂，紺髮再生，皺臉重舒，永駐童顏；仰視百步而見秋毫；身體之間，舊痕殘靨，自然消除；涕淚涎汗，亦不見有；聖丹生味，靈液透香；口鼻之間，嘗有真香奇味；漱津成酥，可以療人疾病；遍體皆成白膏。

上件皆玉液還丹煉形之驗，見驗即止。當謹節用功，依法隨時而行後事。

金液還丹第七

《金誥》曰：積陽成神，神中有形，形生於日，日生於月；積陰成形，形中有神，神生於金，金生於土。隨陰陽而生沒者，日月之光也，因數生光，數本於乾坤。隨陰陽而升降者，金玉之氣也，因時起氣，時本於天地。

《真源》曰：日月之光，且後用九，晦前用六、六、九乾坤之數。金玉之氣，春夏上升，秋冬下降，升降天地之時。金生於土，玉生於石。石生於土，見於形而在下者如此。日中金鳥，月中玉兔，月待日魂而光，見於成神而在上者如此。

《比喻》曰：日月比氣也。腎氣比月，而心氣比日。金玉比液也。腎液比金，而心液比玉。所謂玉液者，本自腎氣上升，而到於心，以合心氣。二氣相交而過重樓，閉口不出而津滿玉池。咽之而曰玉液還丹，升之而曰玉液煉形。是液本自腎中來，而生於心，亦比土中生石、石中生玉之說也。所謂金液者，腎氣合心氣而不上升，薰蒸於肺，肺為華蓋，下罩二氣，即日而取肺液在下田。自尾閭穴升上，乃曰飛金晶入腦中，以補泥丸之宮。自上復下，降而入下田，乃曰金液還丹。既還下田復升，遍滿四體，前復上升，乃曰金液煉形，是亦金生於土之說也。凡欲煉形飛金晶者，當在靜室中，切禁風日，遙焚香，密啟三清上聖：「臣所願長生在世，傳行大道，演化告人，當先自行煉形之法，欲得不畏寒暑，絕啖穀食，逃於陰陽之外。」咒畢乃咽之。

《真訣》曰：背後尾閭穴曰下關，夾脊曰中關，腦後曰上關。始飛金晶以通三關，腎比地，心比天，上到頂以比九天。玉液煉形，自心至頂以通九天。三百日大藥就，胎仙圓而真氣生。前起則行玉液煉形之舊道，後起則行飛金晶之舊道，金晶玉液，行功見驗。自坎卦為始後起一升入頂，以雙手微閉雙

277

耳，內觀如法。微咽於津，乃以舌抵定牙關，下閉玉池，以待
上腭之津下而方咽。咽畢復起，至艮卦為期。春冬兩起一咽，
秋夏五起一咽。凡一咽數，秋夏不過五十數，春冬不過百數。
自後咽罷，升身前起，以滿頭面、四肢手指，氣盛方止。再起
再升，至離卦為期，凡此後起咽津，乃曰金液還丹。還丹之
後，而復前起，乃曰金液煉形。自艮卦之後，煉形至離卦方
止。兌卦勒陽關，至乾卦方止。以後起到頂，自上而下，號曰
金液還丹。金丹之氣前起，自下而上，曰金液煉形。形顯琪樹
金花，若以金液還丹，未到下元，而前後俱起，乃曰火起焚
身，此是金液還丹煉形。既前後俱起，兼了焚身，凡行此等，
切須謹節苦志，而無懈怠，以見驗為度也。

《道要》曰：

起後終宵閉耳，隨時對飲金波。
宴到青州方住，日西又聽陽歌。

《解》曰：「起後終宵閉耳」者，為行金液還丹，須是肘
後飛金晶，一撞三關，其氣才起，急需雙手閉耳，耳是腎液之
門，恐泄腎氣於外，而不入腦中也。「隨時對飲金波」者，既
覺氣入腦中，即便依前法點頭曲項，退舌尖抵住上腭，清甘之
水，有奇異之驗，甘若蜜味之甜也，當艮卦飛金晶一咽，至震
卦方止。青州，震卦也。日西，兌卦也。又聽陽歌者，自兌卦
勒陽關，直至乾卦，日用離卦，不必採藥也。

《道要》曰：

飲罷終宵火起，前升後舉焚身。
雖是不拘年月，日中自有乾坤。

《解》曰：此一訣是金液煉形之法也。「飲罷終宵火起」者，依前法金液還丹，而艮卦煉形，是起火也。前升後舉，飛金晶而起火也。凡玉液煉形之時，先後起金晶入頂，次還丹而復前升之以煉形，是金液煉形之法不同也。當其飛金晶而起火入頂，便前起而煉形。前後俱起，名曰焚身。火起而行還丹，須依四時加減之數行之，此法不拘年月日時，但以謹節專一，幽居絕跡可也。日中自有乾坤，蓋午前燒乾，午後燒坤。以人身前後言之，肚腹為坤，而背後為乾。午前燒乾者，為肘後飛金晶，前起煉形也。午後燒坤者，自兌卦勒陽關，至乾卦方止故也。

《直解》曰：金液，肺液也，含龍虎而入下田，則大藥將成，謂之金液。肘後抽之入腦，自上復降下田，則曰還丹。又復前升，遍滿四體，自下而上，則曰煉形，亦謂之「煉形成氣」。此須於玉液還丹、煉形見驗，正當方以謹節幽居，焚香而行此法。金液還丹，而相次煉形勒陽關。如是一年外，方得焚身，焚身即是坎卦前煉形。

以人身前後言之，肚腹為坤，背後為乾。焚身午前燒乾飛金晶，午後燒坤勒陽關。凡燒乾自下而上，前後俱起。冬夏三日或五日，而行既濟之法，以防太過，使金丹之有潤，乃焚身起火中咽也。見驗方止：內志清高以合太虛，魂神不游以絕夢寐；陽精成體，神府堅固；四時不畏寒暑，神采變移容儀；常人對面，雖彼富貴之徒，亦聞腥穢；功行滿足，密授三清真籙；陰陽變化，人事災福，神靈皆能預知。觸目塵冗，心絕萬境；真氣充滿，口絕飲食；異氣透出，金色仙肌，可比玉蕊。去留之處，當所神祇，自來相見，驅出招呼，一如己意。真氣純陽，可干外汞。

上件金液還丹，還丹之後，金液煉形之驗也。

以上乃長生不死之訣，中乘三門係地仙。

《靈寶畢法》——卷下（大乘超凡入聖法三門）

朝元煉氣第八

《金誥》曰：一氣初判，大道有形而列二儀。二儀定位，大道有名而分五帝。五帝異地，各守一方。五方異氣，各守一子。青帝之子甲乙受之，天真木德之九炁。赤帝之子丙丁受之，天真火德之三炁。白帝之子庚辛受之，天真金德之七炁。黑帝之子壬癸受之，天真水德之五炁。黃帝之子戊己受之，天真土德之一炁。自一炁生真，一真一因土出，故萬物生成在土，五行生成在一。真元之道，皆一炁而生也。

《玉書》曰：一三五七九，道之分而有數；金木水火土，道之變而有象；東西南北中，道之列而有位；青白赤黃黑，道之散而有質。數歸於無數，象反於無象，位至於無位，質還於無質。欲道之無數，不分之則無數矣；欲道之無象，不變之則無象矣；欲道之無象，不列之則無位矣，欲道之無質，不散之則無質矣。無數，道之源也；無象，則道之本也；無位，道之真也；無質，道之妙也。

《真源》曰：道原既判，降本流末。悟其真者，因真修真，內真而外真自應矣。識其妙者，因妙得妙，內妙而外妙自應矣。天地得道之真，其真未應，故未免乎有位。天地得道之妙，其妙未應，故未免乎有質。有質則有象可求，有位則有數可推。天地之間，萬物之內，最貴唯人。即天地之有象可求，故知其質，氣與水也。即天地之有數可推，故知其位，遠與近也。審乎如是，而道亦不遠於人也。

《比喻》曰：天地有五帝，比人之有五臟也。青帝甲乙木，甲為陽，乙為陰，比肝之氣與液也。黑帝壬癸水，壬為

陽，癸為陰，比腎之氣與液也。黃帝戊己土，戊為陽，己為陰，比脾之氣與液也。赤帝丙丁火，丙為陽，丁為陰，比心之氣與液也。白帝庚辛金，庚為陽，辛為陰，比肺之氣與液也。凡春夏秋冬之時不同，而心肺肝腎之旺有月。

《真訣》曰：凡春三月肝氣旺。肝旺者，以父母真氣，隨天度運而在肝。若遇木日，甲乙剋土，於辰戌丑未之時，依時起火煉脾氣。餘日兌卦時，損金以耗肺氣，是時不可下功也。坎卦時，依法起火煉腎氣。震卦時入室，多入少出，息住為上，久閉次之，數至一千息為度。當時內觀如法，一任冥心閉目，青色自見。漸漸升身，以入泥丸，自寅至辰，以滿震卦。

凡夏三月心氣旺。心旺者，以父母之真氣，隨天度運而在心。若遇火日，丙丁剋金。於兌卦時，依法起火煉肺氣。餘日坎卦時，損水以耗腎氣，是時不可下功也。震卦時，依法起火煉肝氣。離卦時入室，依前行持，赤色自見。漸漸升身，以入泥丸，自巳至未，以滿離卦。

凡秋三月肺氣旺，肺旺者，以父母真氣，隨天度運而在肺。若遇金日，庚辛剋木，於震卦時，依法起火煉肝氣。餘日離卦時，損火以耗心氣，是時不可下功也。巽卦時，依法起火煉脾氣。兌卦時入室，依前行持，白色自見，漸漸升身，以入泥丸，自申至戌，以滿兌卦。

凡冬三月腎氣旺，腎旺者，以父母真氣，隨天度運而在腎。若遇水日，壬癸剋火，於離卦時，依時起火煉心氣。餘日辰戌丑末時，損土以耗脾氣，是時不可下功也。兌卦時，依法起火煉肺氣。坎卦時入室，依前行持，黑色自見。漸漸升身，以入泥丸，自亥至丑。以滿坎卦。

《解》曰：春煉肝千息青氣出，春末十八日，不須依前行持，止於定息為法，終日靜坐以養脾，而煉己之真氣，乃可坎

卦起火煉腎，恐耗其真氣。夏煉心千息，赤氣出，夏末十八日，不須依前行持，止於定息為法，終日靜坐，養煉如前，乃可震卦時，起火如前。秋煉肺千息，白氣出，秋末十八日，不須依前行止，止於定息為法，終日靜坐，養煉如前，乃可巽卦時起火如前。冬煉腎千息，黑氣出，冬末十八日，不須依前行止，止於定息為法，終日靜坐，養煉如前，乃可兌卦時起火如前。以至黃氣成光，默觀萬道，周匝圍身。

凡定息之法，不在強留而緊閉。但綿綿若存，用之不勤，從有入無，使之自住。採藥之法，含津握固以壓心，使真氣不散。凡入室，須閉戶孤幽靜館，遠雞犬、女子、一切厭觸之物。微開小竅，使明能辨物，勿令風日透氣，左右有聲。當灰心息慮，事累俱遣，內外凝寂，不以一物介其意。蓋以陽神初聚，真氣方凝，看待如嬰兒，尚未及老，日夕焚香，默祝天，隱於山林，功行將半者地仙，跪拜稽首。一祝天，二祝天仙，三祝地仙。寄於海隅洞府，與天下立大功，與黎首除大害，潛跡者天仙，跪拜稽首。三禮既畢，靜坐忘機，以行此法。仍須前法，節節見驗，若以此便為道，但恐徒勞，終不見成。止於陰魄出殼，而為鬼仙。

《道要》曰：凡行此法，不限年月日時，一依前法。以至見驗方止。其氣自見，須是謹節不倦，棄絕外事。止於室中用意，測其時候，用二個純陽小子，或結交門生，交翻反覆，供過千日，可了一氣。一以奪十，一百日見功，五百日氣全，可行內觀，然後聚陽神，以入天神，煉神合道，入聖超凡。煉氣之驗，但覺身體極暢，常仰升騰，丹光透骨，異香滿室。次，以靜中外觀，紫霞滿目，頂中下視，金光罩體，奇怪證驗，不可備紀。

內觀交換第九

《金誥》曰：大道本無體，寓於氣也，道大無外，無物可容。大道本無用，運於物也，其深莫測，無理可究。以體言道，道始有內外之別。以用言道，道始有觀見之基。觀乎內，而不觀乎外，外無不究，而內得明矣。觀乎神，而不觀乎形，形無不備，而神得見矣。

《真源》曰：以一心觀萬物，萬物不謂之有餘。以萬物撓一氣，一氣不謂之不足。一氣歸一心，心不可為物之所奪。一心運一氣，氣不可為法之所役。心源清澈，一照萬破，亦不知有物也。氣戰剛強，萬感一息，亦不知有法也。物物無物，以還本來之象；法法無法，乃全自得之真。

《比喻》曰：以象生形，因形立名。有名則推其數，有數則得其理。蓋高上虛無，無物可喻。所可比者，如人之修煉，節序無差，成就有次。沖和之氣，凝而不散，至虛真性，恬淡無為，神合乎道，歸於自然。當此之際，以無心為心，如何謂之應物？以無物為物，如何謂之用法？真樂熙熙，不知己之有身。漸入無為之道，以入希夷之域，斯為入聖超凡之客。

《真訣》曰：此法合道，有如常說，存想之理，又如禪僧入定之時。當擇福地置室，跪禮焚香，正坐盤膝，散髮披衣，握固存神，冥心閉目。午時前微以升身，起火煉炁；午時後微微斂身，聚火燒丹。不拘晝夜，神清氣和，自然喜悅。坐中或聞聲莫聽，見境勿認，物境自散。若認物境，轉加魔障。魔障不退，急急向前，以身微斂，斂而伸腰，後以胸微偃，偃不伸腰，少待前後火起高升，其身勿動，名曰焚身。

火起魔障自散於軀外，陰邪不入於殼中。如此三兩次已，當想遍天地之間，皆是炎炎之火，火畢清涼，了無一物。但見車馬歌舞，軒蓋綺羅，富貴繁華，人物歡娛，成隊成行，五色

雲升，如登天界。及到彼中。又見樓台聳翠，院宇徘徊，珍珠金玉，滿地不收，花果池亭，莫知其數。須臾異香四起，妓樂之音，嘈嘈雜雜，賓朋滿座，水陸俱陳，且笑且語，共賀太平，珍玩之物，互相獻受。當此之際，雖然不是陰鬼魔軍，亦不得認為好事。

蓋修真之士，棄絕外事，甘受寂寞，或潛跡江湖之地，或遁身隱僻之隅，絕念忘情，舉動自戒，久受劬勞，而歷瀟灑。一旦功成法立，遍見如此繁華，又不謂是陰魔，將謂實到天宮，殊不知脫凡胎，在頂中自己天宮之內。因而貪戀，認為實境，不用超脫之法，止於身中，陽神不出，而胎仙不化。乃曰出昏衢之上，為陸地神仙，僅可長生不死而已，不能脫質升仙而歸三島，以作仙子，到此可惜。學人自當慮，超脫雖難，不可不行也。

《道要》曰：不無盡法，已滅省故也。

超脫分形第十

《金誥》曰：道本無也，以言有者，非道也。道本虛也，以言實者，非道也。既為無體，則問應俱不能矣。既為無象，則視聽俱不能矣。以玄微為道，玄微亦不離問答之累。以希夷為道，希夷亦未免視聽之累。希夷玄微，尚未為道，則道亦不知其所以然也。

《玉書》曰：其來有始，而不知大道之始何也？其去有盡，而不知大道之終何也？高高之上雖有上，而不知大道之上，無有窮也。深深之下雖有下，而不知大道之下，無有極也。杳冥莫測名曰道，隨物所得而列等殊，無為之道，莫能窮究也。

《真訣》曰：超者，超出凡軀而入聖品；脫者，脫去俗胎

而為仙子。是神入氣胎，氣全真性。須是前功，節節見驗正當，方居清靜之室，以入希夷之境。內觀認陽神，次起火降魔，焚身聚氣，真氣升在天宮，殼中清靜，了無一物。當擇幽居，一依內觀，三禮既畢，平身不須高升，正坐不須斂伸。閉目冥心，靜極朝元之後，身軀如在空中。

神氣飄然，難為制御。默然內觀，明朗不昧，山川秀麗，樓閣依稀，紫氣紅光，紛紜為陣，祥鸞彩鳳，音語如簧，異景繁華，可謂壺中真趣，而洞天別景，逍遙自在，冥然不知有塵世之累。是真空之際，其氣自轉，不須用法依時。若見青氣出東方，笙簧嘹亮，旌節車馬，左右前後，不知多少。須臾南方赤氣出，西方白氣出，北方黑氣出，中央黃氣出。五氣結聚而為彩雲，樂聲嘈雜，喜氣熙熙。金童玉女，扶擁自身，或跨火龍，或乘玄鶴，或跨彩鸞，或騎猛虎，升騰空中，自下而上，所遇之處，樓台觀宇，不能儘陳，神祇官吏，不可備說。又到一處，女樂萬行，官僚班列，如人間帝王之儀，聖賢畢至。當此之時，見之旁若無人，乘鶴上升，以至一門，兵衛嚴肅，而不可犯。左右前後，官僚女樂，留戀不已，終是過門不得。軒蓋覆面，自上而下，復入舊居之地。如此上下，不厭其數，是調神出殼之法也。

積日純熟，一升而到天宮，一降而還舊處。上下絕無滯礙，乃自下而上，或如登七級寶塔，或如上三層瓊樓。其始也一級而復一級，七級上盡以至頂中，輒不得下視，恐神驚而戀軀不出。既至七級之上，則閉目便跳，如寐如寤，身外有身。形如嬰兒，肌膚鮮潔，神采瑩然。回視故軀，亦不見有，所見之者，乃如糞堆，又如枯木，憎愧萬端，然不可頓棄而遠遊。蓋其神出未熟，聖氣凝結而未成，須是再入本軀，往來出入，一任遨遊。始乎一步二步，次二里三里。積日純熟，乃如壯士

展臂，可千里萬里，而形神壯大，勇氣堅固。然後寄凡骸於名山大川之中，從往來應世之外，不與俗類等倫。自此或行滿而受天書，驂鸞乘鳳，跨虎騎龍，自東自西，以入紫府。先見太微真君，次居下島。欲升洞天，當傳道積行於人間，受天書而升洞天，以為天仙。

凡行此法，古今少有成者：蓋以功不備，而欲行之速，便為此道；或功驗未證，止事靜坐，欲求超脫；或陰靈不散，出為鬼仙，人不見形，往來去住，終無所歸，止於投胎就舍，而奪人軀殼，復得為人；或出入不熟，往來無法，一去一來，無由再入本身，神魂不知所在，乃釋子之坐化，道流之尸解也。故行此道，乃在前功見驗正當，仍擇地築室，以遠一切腥穢之物、臭惡之氣、往來之聲、女子之色。不止於觸其氣，而神亦厭之。既出而復入，入而不出，則形神俱妙，與天地齊年，而浩劫不死。既入而復出，出而不入，如蟬脫蛻，遷神入聖。此乃超凡脫俗，以為真人仙子。而在風塵之外，寄居三島之洲者也。

《道要》曰：不無盡法，已滅息矣。

以上超凡入聖之訣，大乘三門係天仙。

第四節　《秘藏鍾呂傳道集》
（原載《仙道月報》常遵先注解）

鍾離正陽真人傳道呂純陽於終南山。純陽乘機啟問，正陽遞抉精微，無法不賅，無玄不覺，括三洞之真奧，開萬古之心源，肇天仙真傳，啟性命秘旨，為南五祖北七真之源流，由唐迄今，凡千數百歲，世人莫能普明其玄妙也。蓋因《道藏》中太清部收錄此集，與坊本同一煩瑣。余素景仰是書，而又以詞

欠大雅，疑非原著，恒耿耿於懷。民七遊黔南，在友人處得睹其秘藏，詞簡意賅，較《道藏》中更精微高雅，余欣然錄而珍之。偶有所見，則加註解於篇副。見者咸促以公同好。然管測井窺，不堪入飽道者之慧眼；覺微言偶中，或可為初學之指迷。因付剞劂，希海內外道學大家，共同研討云。

論真仙

呂曰：「人生安壽病夭，其由天乎？抑在人耶？」

鍾曰：「人之太初，秉父母精血，二氣合為胞胎。太素凝結，陰承陽生，氣隨胎化，三百日足，形成出胎。靈光入體，氣有升降，而長黃芽。五千日氣足，滿八十一數。陰中陽半，如旭日東升。知之修養，可得安壽，以終天年。若耗真失元，陽氣衰弱。則病夭難免。是在人為也。」

【注】太初者，太極初生，元炁之始也。二氣相合者，先天陰陽之氣因媾而觸發也。太素者，體質之始也。精中有蟲，血中有卵，故曰質。三百日，即十月也。乾鑿度云：「夫有形者，生於無形，故有太易、太初、太始、太素。」太易者，未見氣也。太初者，氣之始也。太始者，形之始也。太素者，質之始也。因體質凝結，則陰陽之氣，上升下降矣。黃芽者，丹田中命火始生也。五千日，正合十四年，交十五歲也。八十一數者，九九之數也。

《黃帝內經》岐伯曰：「夫六六之節，九九制會者，所以正天之度氣之數也。」陰中陽半者，人當十五歲後，陰中之陽，精中之氣，各得其半；交相醞釀，一觸即發，如日東升。倘知修養之道，保精寧神，自獲健安高壽，以終享天年。若因人事物欲。耗散元陽，則先天真陽之氣日漸衰弱，故有衰病夭亡之禍。此則人自割喪其元氣，豈由天哉。

呂曰：「保精寧神，不過健安高壽。修養之道，豈止此乎？」

鍾曰：「修養本無止境，但首重性天，性定則道自明矣。道明性定，神仙之基也。古丹經所謂『人中修取仙，仙中升取天』者，即此耳。」

【注】性天者，各人所賦先天原理也。人能見解得到，則天地陰陽禿化之道，自能明其奧妙。而人身一小天地，氣通天地，依天地陰陽之理，運長生修養之功，即人中修取仙之義耳。然修養無止境，故仙有五等，其最者為天仙。正陽所傳，乃最上乘功夫也。

呂曰：「人能弘道，道成為仙。仙一等也。何云取升乎？」

鍾曰：「道者，天地陰陽之氣也。得其正者為人，得其雜者為物；養其氣以順陰陽則氣固，守其氣以調精血則神清。氣固神清，則超凡入聖，脫質成仙矣。但仙有五等，法有三成，修持在人，故功成各別。」

【注】弘道者，明揚光大之謂也。孔子云：「人能弘道，非道弘人。」迨功用告成，神明通達，是即仙也。仙同一等，本無差別，何升之有而曰取天？故純陽所以問之。正陽乃答以大道之原曰：道本天地陰陽之元禿，陽包陰則正，陰包陽則雜，秉陽之甚者成人，秉陰之甚者成物。無論人物，固能守其所秉之元禿，順陰陽以調和精血，則心淨神清，元陽與精氣團結，自然超出塵凡，脫離質殼，而希聖希仙矣。如拔宅飛升，雞犬亦仙也。但人修仙聖，不外性天，不出至誠。故《大學》云：「唯天下至誠，為能盡其性。」能盡人之性，則能盡物之性。能盡物之性，則可以贊天地之化育。可以贊天地之化育，則可以與天地參。是至誠之極，便可見性天。性天一見，即成

仙聖已。然仙有五等，因修仙之法，分有三成。必視人之功用如何，方分得成功之差別也。《大學》云：「誠者，自成也。而道者，自道也。」即此之謂耳。

呂曰：「敢問五等三成何謂也？」

鍾曰：「五等者，鬼仙、人仙、地仙、神仙、天仙之各別也。三成者，小成、中成、大成之不同也。一因其功用之成就而分三；一因其功夫之等次而成五也。」

【注】既曰仙已，如何分等？非仙之有等，因其功用步趨之有等次也。功夫做到何處，便是何一種仙。所謂五等，亦略舉之意。用功之時，尚有在人地神天之間者。不過取其可名者，而分為五。非仙之只有五等，亦非仙之必分五等也。因其功用之有等次，故其成就亦有分別。於是有小成、中成、大成之名焉。就其成就之果，統別為三，而其功用之獲效，終不去此三成矣。正陽所以斷之為五等三成與。

呂曰：「何謂鬼仙？」

鍾曰：「鬼仙者，五仙中之最下者也。蓋由陰中超脫，神像不明，三山無緣，不過鬼關不入，雖不墮輪廻，終難返蓬瀛，無所歸止，徒縹緲於山海之間。」

【注】陰中超脫者，由陰氣中超然脫出一種神志，故現象不明也。三山，是蓬壺三島，人跡難至，神仙所居之處。彼修仙不成，無緣分到得此地；不過免墮輪廻，不入鬼關之內，雖神氣長存，終不能返蓬瀛仙境，徒於青山黑海之間，隨風縹緲而已耳。

呂曰：「彼即鬼也，已無精血，何功用而能仙乎？」

鍾曰：「彼非　後用功，因其生時修持自素，未悟大道，只求速成，終日枯坐，形成槁木死灰，但神志內守，一志不散，得由定中脫出陰神，遂成清靈之鬼仙也。」

【注】修養有素者因其在生素有修養奉持之功，惜未受大道之法，而其心又欲速成，終日枯坐，毫不知運用之妙；惟神志堅定，靜守不散。久而久之，精血既枯，身命難保，神由陰氣中衝出，而成一清靈之鬼，不墮輪廻道中，但不能脫陰霾之氣，故曰鬼仙。古往今來深山崖洞，白骨成堆者，此輩之遺骸耳！

呂曰：「然則人仙何謂也？」

鍾曰：「修真之士，不悟大道，僅得一法中之一術，信心苦志，終身不移，五形之氣，誤交誤合，雖形質固定，八邪之疫不能侵害，安而無病，長存於塵世之間，但不能脫形骸之外，故曰人仙！」

呂曰：「人仙又何術而成？」

鍾曰：「修持之始，或聞大道，而業重福薄，因一切魔障，致變初心，故止於小成。行雖有功，然終身不能解進，四時不能變換。如絕五味者，豈知有六氣。忘七情者，豈知有十戒。行漱咽者譏吐納之為錯，著採補者笑清淨之為愚。好即物以奪天地之氣者，不肯休糧。好存想而採日月之精者，不肯導引。孤坐閉息，安知有自然。屈體勞形，不識於無為。採陰取婦人之氣，與縮金龜者不同。養陽食女子之乳，與煉丹者不合。以類推究，不可勝數。但亦得修養一法內之一術也，故成功安樂，延年而已。是曰人仙。又有悅於須臾，厭於持久，用功不謹，錯時亂日，反成疾病者，亦世不乏人耳。

【注】修養者，其始雖聞大道，而精進不誠，或為魔障所阻致，誤其初心，而止能得小成之功效者，因其運行周天等法，功夫雖有，但終身行之，不能乘機改進，順四時變化以抽換也。

如絕五味者，豈知有六氣焉。《禮》云：「五味異和」，因酸苦甘辛鹹。異乎中和之性，故絕而不食。蓋不知服六氣可以調五味也。《莊子》云：「乘天地之正，而御六氣。」如平旦為朝霞，日中為正陽，日入為飛泉，夜半為沆瀣，並天玄、地黃，為六氣。王逸云：「春食朝霞，秋食淪陰，冬食沆瀣，夏食正陽，並天玄地黃之氣」者，即此也。又有忘七情者，禮云：「人情有喜怒哀懼愛惡欲七者」，故釋家主忘情。彼不知有十戒可以節七情也。「天仙大戒」云：「一不殺微命，二不起淫意，三不起諍念，四不盜一芥，五不欺一愚，六敦行盡力，七語言無妄，八千魔不轉，九宏發願力，十事聖不倦。」後呂祖亦立十戒曰：「戒殺、戒盜、戒淫、戒惡口、戒兩舌、戒綺語、戒妄、戒貪、戒瞋、戒痴是也。」

　　又有漱咽者，謂吞津可以養生，吐納非修養之術。不知服氣與吞津尤須互用。更有著意採補者，謂房術足以延年，清修實過愚之事。不知淨養功德，還丹者必成道。更有好即物可以啖天地之元氣，不肯辟穀。好存想以吸日月之精華，不事導引。不知辟穀有服液伏氣之妙，導引有存神運氣之機。至如枯坐閉息，安能明陰陽自然之奧？屈體勞形，豈識天地無為之奇哉！若夫取婦人之氣曰採陰者，則與煉龜縮不同道。食女子之乳曰養陽者，又與煉黃白不同功也。按類推原，不勝枚舉。然皆得一術之運用，雅足以益壽延年。故不過終止於人仙而已。況初聞欣悅，施功須臾，不能持久堅進；且四時錯亂，不知順變逆復之機，所以反因成疾隕年者，世又比比不乏其人耳。

　　呂曰：「人仙之道既聞命矣，敢問地仙又何謂也？」

　　鍾曰：「地仙者，負神仙之才，得天地自然之理解一半。而大道終不能悟，蓋所知者，止於中成之法。故不可見功，惟長生於人間已耳！」

呂曰：「請問其功用何如也？」

鍾曰：「其始也，法天地升降之理，取日月生成之數，身中用年月，日中用時刻。先識龍虎，次配坎離，辨水源清濁，分氣候早晚。收真一，察二儀，列三才，分四象，別五運，定六氣，聚七寶，序八卦，行九州，五行顛倒，氣傳子母，而液行夫婦也。三田反覆，燒成丹藥，永鎮下田，煉形住世，長生大陸之中，故曰地仙。」

【注】神仙之才者，智慧超人也。故能通天地陰陽自然變化之奧，領解一半，但未能全通大道之原。因其止得中成之法，是以長生人間，不能再見功候也。呂祖所以問其功用，而正陽乃詳告之也，蓋其始初，覺能依天地一升一降之理，採取日月生成之數。

《金誥》云：「陰陽升降，不出天地之內。日月運行，不離乾坤之數。萬物生成，雖在於陰陽，而造化亦資於日月」者，即此也。並能知身中之寶，必用年月之候以採之。日中功用，必用時刻之際以取之。真訣云：「採補見驗，年中擇月，月中擇日，日中擇時，三時用事」是也。又能先識龍虎為兩物，次配坎離之法以調之。且能辨明水源之清濁，然後分清四時氣候，應早應晚，採取真一之寶。《道要》云：「一炁初回元運，真陽欲到離宮，提取真龍真虎，玉池春水溶溶。」

又《金誥》曰：「天真水德之五炁，一炁而生真一。」即此之謂也。更能察兩儀之形象，列三才之作用，分四象之老少陰陽，別五運之衰旺，定六氣之中和，乃聚七寶英華，以序八卦而分布之，俾行於九州之地。《金誥》：「一氣初判，大道有形而列二儀。二儀定位，大道有名而分五帝。五帝異地，各守一方。五方異氣，合守一子。」

《道要》云：「兗州行到徐州，起來走損車牛。為戀九州

歡會，西南火入雍州。」即是也。尤能顛倒五行生剋，以傳子養母胎之法，於是玉液行於夫婦之間矣。隨寄養於三田，反覆鍛鍊，燒成金丹，永藏下田之中。故形自煉化，可以長生住世，逍遙於大陸之中：而為地仙矣。《道要》云：「識五行根蒂，方知春夏秋冬。」

《靈寶畢法》云：「煉汞補丹田，補之足數，止於日用離卦採藥，乾卦燒煉，勒陽關，隨年月氣旺，採藥之功效，可延年住世，而為地仙」，即此矣。

呂曰：「然則神仙有別於地仙乎？」

鍾曰：「神仙者，厭居塵世，用功不已。關節相通，抽鉛添汞，而金精煉頂，玉液還丹。煉形成氣，而五氣朝元，三陽聚頂。功滿忘形，胎仙自化。陰盡陽純，身外有身。脫質升仙，超凡入聖。謝絕塵俗，以返三山，乃曰神仙。」

【注】呂祖又以神仙相問，正陽告曰：神仙之別於地仙者，厭塵俗紛紜，功用益切。三關九節，神氣相通。抽彼黑鉛，添我真汞。煉金精於崑崙之頂，還玉液於丹鼎之中。鍛鍊形骸，同歸氣化。升五臟之氣於元首，聚三陽之化於源頭。功行完成，脫形身外。則陽純陰盡，入聖超凡。上返三山，不居塵世，是曰神仙。

呂曰：「三山仙境，神仙所居。然則神仙猶非天上耶！敢問天仙何謂也？」

鍾曰：「神仙厭居三島，而傳道人間。道上有功，而人間有行，功行滿足，受天書以返洞天，授職仙官。下曰水官，中曰地官，上曰天官。積有功行，按績升遷。歷任三十六洞天，升任八十一陽天，遂登三清虛無自然之界矣。」

第五節 《道藏‧鍾呂傳道集》

修真傳道集小序

昔虞廷十六字，為傳心之祖。嗣後孔門授受，亦止一貫一言，若是乎傳道固無庸多說也。然子貢曰：「夫子之言性與天道，不可得聞。」《中庸》一書所述仲尼之言，多《論語》所不載。意當時性天之說繁詳，多秘而不傳者。

世傳呂祖受道於正陽帝君，以「恐誤五百年後人」一語，而三千功行已完，何其直捷！及閱《修真傳道集》，指陳天人性命之旨，不憚曲折反覆，詳哉言之，獨異於虞廷十六字。孔門一貫一言者，則又何也？

《集》傳於華陽施肩吾，肩吾唐元和年間進士，隱洪州西山，矢志不仕。嘗有詩曰：「氣本延年藥，心為使氣神。能知行氣主，便是得仙人。」足以知其所養矣。

呂祖遊睦，見其趣尚煙霞，授以還丹大道，此《集》之傳所自來也。但當年問道，應尚有秘密口訣，不能筆之於書者，所謂「口口相傳不記文」，今皆不可得見矣。原本多訛，今將舛錯者改正。其餘闕疑，分十八篇為上、下二卷。

義陵無我子劉體恕謹序

論真仙第一

呂祖曰：人之生也，安而不病，壯而不老，生而不死，何道可致如此？

鍾祖曰：人之生，自父母交會，而二氣相合，即精血為胎胞；於太初之後而有太質，陰承陽生，氣隨胎化；三百日形圓，靈光入體，與母分離。自太素之後，已有升降，而長黃

芽；五千日氣足，其數自滿八十一丈，方當十五，乃曰童男。是時陰中陽半，可比東日之光；過此以往，走失先陽，耗散真氣，氣弱則病老死絕矣。平生愚昧，自損靈光；一世凶頑，時除壽數。所以來生身有等殊，壽有長短，既生復滅，既滅復生，轉轉不悟，而世世墮落，則失身於異類，透靈於別殼，至真之根性，不復於人，旁道輪廻，永無解脫。或遇真仙至人，與消其罪報，除皮脫殼，再得人身。方在痴瘨愚昧之中，積行百劫，升在福地，猶不免飢寒殘患，迤邐升遷，漸得完全形貌，尚居奴婢卑賤之中。苟或復作前孽，如立板走丸，再入旁道輪廻。

呂祖曰：生於中國，幸遇太平，衣食稍足，而歲月未遲。愛者安，而嫌者病，貪者生，而怕者死。今日得面尊師，再拜再告，念生死事大，敢望開陳不病不死之理，指教於貧儒乎？

鍾祖曰：人生欲免輪廻，不入於異類軀殼，嘗使其身無病老死苦，頂天立地，負陰抱陽而為人也。為人勿使為鬼，人中修取仙，仙中升取天。

呂祖曰：人死為鬼，道成為仙。仙一等也，何以仙中升取天乎？

鍾祖曰：仙非一也。純陰而無陽者，鬼也；純陽而無陰者，仙也；陰陽相雜者，人也。唯人可以為鬼，可以為仙。少年不修，恣情縱意，病死為鬼。知之修煉，超凡入聖，脫質為仙。仙有五等，法有三成，修持在人，而功成隨分也。

呂祖曰：法有三成，而仙有五等者，何也？

鍾祖曰：法有三成者：小成、中成、大成之不同也；仙有五等者：鬼仙、人仙、地仙、神仙、天仙之不等。皆是仙也，鬼仙不離於鬼；人仙不離於人；地仙不離於地；神仙不離於神；天仙不離於天。

呂祖曰：所謂「鬼仙」者何也？

鍾祖曰：鬼仙者，五仙之下一也。陰中超脫，神像不明，鬼關無姓，三山無名。雖不入輪廻，又難返蓬瀛，終無所歸，止於投胎就舍而已。

呂祖曰：似此鬼仙，行何術？用何功？而致如此？

鍾祖曰：修持之人，不悟大道，而欲速成，形如槁木，心若死灰，神志內守，一志不散，定中出陰神，乃清靈之鬼，非純陽之仙。以其一志陰靈不散，故曰鬼仙，雖曰仙，其實鬼也。古今崇釋之徒，用功到此，乃曰『得道』，誠可笑也！（釋門真大得手者，便是金仙。）

呂祖曰：所謂「人仙」者，何也？

鍾祖曰：人仙者，五仙之下二也。修真之士，不悟大道，道中得一法，法中得一術，信心苦志，終世不移，五行之氣，誤交誤合，形質且固，八邪之疫，不能為害，多安少病，乃曰人仙。

呂祖曰：似此人仙，何術何功，而致如此？

鍾祖曰：修持之人，始也或聞大道，業重福薄，一切魔難，遂改初心，止於小成法有功，終身不能改移，四時不能變換。如絕五味者，豈知有六氣；忘七情者，豈知有十戒；行漱咽者，咍吐納之為錯；著採補者，笑清淨以為愚。好即物以奪天地之氣者，不肯休糧；好存想而採日月之精者，不肯導引。孤坐閉息，安知有自然；屈體勞形，不識於無為。採陰取婦人之氣，與縮金龜者不同；養陽食女子之乳，與煉丹者不同，以類推究，不可勝數。

然而皆是道也，不能全於大道，止於大道中，一法一術，功成安樂，延年而已，故曰人仙。

更有一等，悅須臾，厭持久，用功不謹，錯時亂日，反成

疾病，而不得延年者，世亦多矣！

呂祖曰：所謂「地仙」者，何也？

鍾祖曰：地仙者，天地之半，神仙之才，不悟大道，止於小成之法，不可見功，唯長生住世，而不死於人間者也。

呂祖曰：地仙如何下手？

鍾祖曰：始也法天地升降之理，取日月生成之數。身中用年月，日中用時刻；先要識龍虎，次要配坎離；辨水源清濁，分氣候早晚。收真一、察二儀、列三才、分四象、別五運、定六氣、聚七寶、序八卦、行九州，五行顛倒，氣傳子母，而液行夫婦也。三田反覆，燒成丹藥，永鎮下田。煉形住世，而得長生不死，以作陸地神仙，故曰地仙。

呂祖曰：所謂「神仙」者，何也？

鍾祖曰：神仙者，地仙厭居塵世，用功不已，關節相連，抽鉛添汞，而金精煉頂；玉液還丹，煉形成氣；而五氣朝元，三陽聚頂；功滿忘形，胎仙自化；陰盡陽純，身外有身；脫質升仙，超凡入聖；謝絕塵俗，以返三山，乃曰神仙。

呂祖曰：所謂「天仙」者，何也？

鍾祖曰：地仙厭居塵世，用功不已，而得超脫，乃曰神仙。神仙厭居三島，而傳道人間，道上有功，人間有行，功行滿足，受天書以返洞天，是曰天仙。既為天仙，若厭居洞天，效職為仙官：下曰水官、中曰地官、上曰天官。於天地有大功，於今古有大行，官官升遷，歷任三十六洞天，而返八十一陽天；歷任八十一陽天，而返三清虛無自然之界。

呂祖曰：鬼仙固不可求矣，天仙亦未敢望矣。謂人仙、地仙、神仙之法，可得聞乎？

鍾祖曰：凡人仙不出小成法，凡地仙不出中成法，凡神仙不出大成法。此三成之數，其實一也。用法求道，道固不難；以

道求仙，仙亦甚易。

呂祖曰：古今養命之士，非不求長生也，非不求升仙也，然而不得長生升仙者，何也？

鍾祖曰：法不合道，多聞強識，小法旁門，不免於疾病死亡，猶稱尸解。迷惑世人，互相推舉，致使不聞大道。雖有信心苦志之人，行持已久，終不見功，節序入於泉下。嗚呼！

論大道第二

呂祖曰：所謂「大道」者何也？

鍾祖曰：大道無形無名，無問無應，其大無外，其小無內，莫可得而知也，莫可得而行也。

呂祖曰：古今達士，始也學道，次有道、次得道、次道成。而於塵世入蓬島，升於洞天，升於陽天，而升三清，是皆道成之士。今日尊師獨言道不可得而知，不可得而行，於道獨得隱乎？

鍾祖曰：僕於道也，固無隱爾。蓋舉世奉道之士，止有好道之名，聞大道而無信心；有信心而無苦志，朝為而夕改，坐作而立忘。始乎憂勤，終則懈怠，僕以是言大道難知難行也。

呂祖曰：大道難知、難行之理如何？

鍾祖曰：以旁門小法，易為見功；互相傳授，至死不悟，遂成風俗，敗壞大道。有齋戒者、有休糧者、有採氣者、有漱咽者、有離妻者、有斷味者、有禪定者、有不語者、有存想者、有採陰者、有服氣者、有持淨者、有息心者、有絕慮者、有開頂者、有縮龜者、有絕跡者、有看讀者、有燒煉者、有定息者、有導引者、有吐納者、有採補者、有布施者、有供養者、有救濟者、有入山者、有識性者、有不動者、有受持者，旁門小法，不可備述。

至如採日月之華，奪天地之氣；心思意想，望結丹砂；屈體勞形，欲求超脫；多入少出，攻病可也，認為真胎息；絕念忘言，養性可也，指作太一含真氣；金槍不倒，黃河逆流，養命之下法；形如槁木，心若死灰，集神之小術。奈何古今奉道之士，苦苦留心，往往掛意。

　　以咽津為藥，如何得造化？聚氣為丹，如何得停留？指肝為龍、肺為虎，如何得交合？認坎為鉛、離為汞，如何得抽添？四時澆灌，望長黃芽；一意不散，欲求大藥；差年錯月，廢日亂時，不識五行根蒂，安知三才造化？尋枝摘葉，迷惑後人，致使大道日遠日疏，異端並起而成風俗。以失先師之本意者，良由道聽塗說，口耳之學，指訣於無知之徒，遞相訓式；節序而入於泉下，令人寒心！非不欲開陳大道，蓋世人業重福薄，不信天機，重財輕命，願為下鬼。

　　呂祖曰：小法旁門，既已知矣。其於大道，可得聞乎？

　　鍾祖曰：道本無問，問本無應。及乎真原一判，大樸已散。道生一、一生二、二生三。一為體，二為用，三為造化。體用不出於陰陽，造化皆因於交媾。上中下列為三才，天地人共得一道。道生二氣，二氣生三才，三才生五行，五行生萬物。萬物之中，最靈最貴者，人也。唯人也，窮萬物之理，盡一己之性。窮理盡性以至於命，全命保生以合於道，當與天地齊其堅固，而同得長久。

　　呂祖曰：天長地久，亙千古以無窮；人壽百歲，至七十而尚稀。何道之獨在於天地，而遠於人乎？

　　鍾祖曰：道不遠於人，人自遠於道耳！所以遠於道者，養命不知法；所以不知法者，下功不識時；所以不識時者，不達天地之機也。

論天地第三

呂祖曰：所謂「天地之機」，可得聞乎？

鍾祖曰：天地之機，乃天地運用大道。而上下往來，行持不倦，以得長久堅固，未嘗輕泄於人也。

呂祖曰：天地之於道也，如何謂之運用之機？如何謂之行持之機？運用如何起首？行持如何見功？

鍾祖曰：大道既判而有形，因形而有數。天得乾道，以一為體，輕清而在上，所用者，陽也；地得坤道，以二為體，重濁而在下，所用者，陰也。陽升陰降，互相交合，乾坤作用，不失於道，而起首有時，見功有日。

呂祖曰：天得乾道，所用者陽也。陽主升，何以交於地？地得坤道，所用者陰也，陰主降，何以交於天？天地不交，陰陽如何得合？陰陽不合，乾坤如何作用？乾坤既無作用，雖有起首之時，見功之日，大道如何可得也？

鍾祖曰：天道以乾為體，陽為用，積氣在上；地道以坤為體，陰為用，積水在下。天之行道，以乾索於坤。一索之而為長男，長男曰震；再索之而為中男，中男曰坎；三索之而為少男，少男曰艮。是此天交於地，以乾道索坤道，而生三陽。及乎地以行道，以坤索於乾。一索之而為長女，長女曰巽；再索之為中女，中女曰離；三索之而為少女，少女曰兌。是此地交於天，以坤道索乾道，而生三陰。三陽交合於三陰而萬物生，三陰交合於三陽而萬物成。天地交合，本以乾坤相索，而運行於道。乾坤相索而生六氣，六氣交合而分五行，五行交合而生成萬物。方其乾道下行，三索既終，其陽復升，陽中藏陰，上還於天。坤道上行，三索既終，其陰復降，陰中藏陽，下還於地。陽中藏陰，其陰不消，乃曰真陰。

真陰到天，因陽而生，所以陰自天降，陰中能無陽乎？陰

中藏陽，其陽不滅，乃曰真陽。真陽到地，因陰而發，所以陽自地升，陽中能無陰乎？陽中藏陰，其陰不消，復到於地；陰中藏陽，其陽不滅，復到於天。週而復始，運行不已，交合不失於道，所以長久堅固者如此。

呂祖曰：天地之機，運行於道，而得長久，乃天地作用之功也。唯人也，雖有聰明之性，留心於清淨，欲奉行大道，小則安樂延年，中則長生不死，大則脫質升仙。如何作用，運行大道，法動天機，而亦得長久堅固，浩劫長存。

鍾祖曰：大道無形，因彼之所得而為形；大道無名，因彼之所有而為名。天地得之，而曰「乾道坤道」；日月得之而曰「陰道陽道」；人得之朝廷則曰「君臣之道」；閨門則曰「夫婦之道」；鄉黨則曰「長幼之道」；庠序則曰「朋友之道」；室家則曰「父子之道」。是見於外者，莫不有道也。

至於父母交會，其父則陽先道，而陰後行；以真氣接真水，心火與腎水相交，煉為精華。精華既出，逢母之陰，先進以水，滌蕩於無用之處；逢母之陽，先進以血，承受於子宮之前。精血為胞胎，包含真氣，而入母子宮。積日累月，真氣造化成人，如天地行道，乾坤相索，而生三陰三陽。真氣為陽，真水為陰，陽藏水中，陰藏氣中。氣主於升，氣中有真水；水主於降，水中有真氣。真水乃真陰也，真氣乃真陽也。真陽隨水下行，如乾索於坤，上曰震，中曰坎，下曰艮；以人比之，以中為度，自上而下，震為肝，坎為腎，艮為膀胱；其陰隨氣上行，如坤索於乾，下曰巽，中曰離，上曰兌。以人比之，以中為度，自下而上，巽為膽，離為心，兌為肺。形象既備，數足離母。既生之後，元陽在腎。因元陽而生真氣，真氣朝心；因真氣而生真液，真液還元。上下往復，若無虧損，自可延年；如知時候無差，抽添有度，自可長生；若造作無倦，修持

不已，陰盡陽純，自可超凡入聖。

此乃天機深造之理，古今不傳之事。公若信心而無猶豫，名利若枷杻，恩愛如寇仇，避疾病若怕死亡之難，防失身於別殼，慮透靈於異類，委有清淨之志，當且杜其根源，無使走失元陽，耗散真氣。氣盛而魂中無陰，陽壯而魄中有氣。一升一降，取法無出乎天地；一盛一衰，往來亦似於日月。

論日月第四

呂祖曰：天地之理，亦粗知矣。日月之躔度交合，於人可得比乎？願聞其說。

鍾祖曰：大道無形，生育天地；大道無名，運行日月。日月者，太陰、太陽之精，默紀天地交合之度，助行生成萬物之功。東西出沒，以分晝夜；南北往來，以定寒暑。晝夜不息，寒暑相催。而魄中生魂，魂中生魄。進退有時，不失乾坤之數；往來有度，無差天地之期。

呂祖曰：東西出沒，以分晝夜，何也？

鍾祖曰：混沌初分，玄黃定位。天地之狀，其形如卵；六合於中，其圓如球。日月出沒，運行於一天之上、一地之下。上下東西，周行如輪。凡日東出而西未沒為晝，西沒而東未出為夜，此日之出沒以分晝夜也。若月之出沒，不同於日。載魄於西，受魄於東，光照於夜，而魂藏於晝。積日累時，或出或沒。自西而東，其始也魄中生魂，狀若彎弓，初度而光照於西；其次也魄中魂半，時應上弦，初夜而光照於南；其次魄中魂滿，與日相望，初夜而光照於東；其次也魂中生魄，狀如缺鏡，初晝而魂藏於西；其次也魂中魄半，時應下弦，初晝而魄藏於南；其次魂中魄滿，與日相背，初晝而魄藏於東。此月之出沒以分晝夜也。

呂祖曰：南北往來，以定寒暑者，何也？

鍾祖曰：冬至之後，日出辰初五十分，日沒申末五十分。過此以往，出沒自南而北，以夏至為期。夏至之後，日出寅末五十分，日沒戌初五十分。過此以往，出沒自北而南，以冬至為期。自南而北，以冬至夏，乃寒為暑也；自北而南，以夏至冬，乃暑為寒也。夏之日，乃冬之夜也；冬之日，乃夏之夜也。冬至之後，月出自北而南，比於夏之日也，夏至之後，月出自南而北，比於冬之日也。此日月之往來，以定寒暑者也。

呂祖曰：天地之機，陰陽升降，正與人之行持無二等。若日月之出沒，往來交合躔度，於人可得比乎？

鍾祖曰：天地之機，在於陰陽之升降，一升一降，太極相生，相生相成，週而復始，不失於道，而得長久。修持之士，若取法於天地，自可長生而不死，若比日月之躔度，往來交合，止於月受日魂，以陽變陰，陰盡陽純，月華瑩淨，消除暗魄；如日之光輝，照耀於下土。當此時，如人之修煉，以氣成神，脫質升仙，煉就純陽之體也。

呂祖曰：修真奉道之士，其於天地陰陽升降之理，日月精華交合之度，下手用功，於二者何先？

鍾祖曰：始也法效天機，用陰陽升降之理，使真水真火，合而為一，煉成大藥，永鎮丹田，浩劫不死，而壽齊天地。如厭居塵世，用功不已，當取日月之交會。以陽煉陰，使陰不生；以氣養神，使神不散。五氣朝元，三花聚頂。謝絕俗流，以歸三島。

呂祖曰：若此之功驗，深達旨趣，所患不得時節耳。

鍾祖曰：天地之陰陽升降，一年一交合；日月之精華往來，一月一交合；人之氣液，一晝夜一交合。

論四時第五

呂祖曰：天地日月之交合，年月日時，可得聞乎？

鍾祖曰：凡四時有等：人壽百歲，一歲至三十，乃少壯之時；三十至六十，乃長大之時；六十至九十，乃老耄之時；九十至百歲，或百二十歲，乃衰敗之時。此身中之時，一等也。

若以十二辰為一日，五日為一候，三候為一氣，三氣為一節，二節為一時，時有春夏秋冬。時當春也，陰中陽半，其氣變寒為溫，乃春之時也；時當夏也，陽中有陽，其氣變溫為熱，乃夏之時也；時當秋也，陽中陰半，其氣變熱為涼，乃秋之時也；時當冬也，陰中有陰，其氣變涼為寒，乃冬之時也。此年中之時，二等也。

若以律中起呂，呂中起律，凡一月三十日，三百六十辰、三千刻、一十八萬分。月旦至上弦，陰中陽半；自上弦至月望，陽中陽；自月望至下弦，陽中陰半；自下弦至晦朔，陰中陰。此日月中之時，三等也。

若以六十分為一刻，八刻二十分為一時，一時半為一卦，其言卦定八方，論其正分四位。自子至卯，陰中陽半，以太陰中起少陽；自卯至午，陽中有陽，純少陽而起太陽；自午至酉，陽中陰半，以太陽中起少陰；自酉至子，陰中有陰，純少陰而起太陰。此日中之時，四等也。

難得而易失者，身中之時也。去速而來遲者，年中之月也；急如電光，速如石火者，日中之辰也。積日為月，積月為歲，歲月蹉跎，年光迅速。貪名求利，而妄心未除；愛子憐孫，而恩情又起。縱得回心向道，怎奈年老氣衰。如春雪秋花，止有時間之景；夕陽曉月，應無久遠之光。奉道之士，難得者，身中之時也。

艷陽煙景，百卉芬芳，水榭危樓，清風快意，月夜閒談，雪天對飲，恣縱無窮之樂，消磨有限之情。縱得回心向道，須是疾病纏身。如破舟未濟，誰無求救之心？漏屋重完，忍絕再修之意？奉道之士，虛過者，年中之時也。

晨雞未唱，而出戶嫌遲；街鼓遍聞，而歸家恨早。貪癡爭肯暫休，妄想惟憂不足。滿堂金玉，病來著甚抵擋？一眼兒孫，氣斷誰能替換。曉夜不停，世人莫悟，奉道之士，可惜者日中之時也。

呂祖曰：身中之時，年中之時，月中之時，日中之時，皆是時也，尊師獨以身中之時為難得，又以日中之時為可惜者，何也？

鍾祖曰：奉道者難得少年，少年者，根元完固，凡事易於見功，止千日而可大成；奉道者又難得中年，中年修持，先補益完備，次下手進功，始也返老還童，後即超凡入聖。若少年不悟，中年不省，或因災難而留心清淨，或因疾病而志在希夷。晚年修持，先論救護，次說補益，然後自小成法，積功以至中成。中成法積功，止於返老還童，煉形住世。然而五氣不能朝元，三陽難為聚頂，脫質升仙，無緣得成。是難得者，身中之時也。

呂祖曰：身中之時，固知難得矣。日中之時，可惜者何也？

鍾祖曰：人之一日，如日月之一月，如天地之一年。大道生育天地，天地分位，上下相去八萬四千里。冬至之後，地中陽升，凡一氣十五日。上進七千里。計一百八十日。陽升到天。太極生陰。夏至之後。天中陰降。凡一氣十五日，下進七千里，計一百八十日，陰降到地，太極復生陽。週而復始，運行不已，而不失於道，所以長久，運行日月。日月成形，周

圍各得八百四十里；月旦之後，六中起九，凡一日計十二時，魄中魂進七十里；凡十五日，計一百八十時，魄中魂，進八百四十里；月望之後，九中起六，凡一日計十二時，魂中魄進七十里；凡十五日，計一百八十時，魂中魄，進八百四十里。週而復始，運行不已，而不失於道，所以堅固大道，長養萬物。萬物之中，最靈最貴者，人也。人之心腎，上下相遠八寸四分，陰陽升降，與天地無二等；氣中生液，液中生氣，氣液相生，與日月可同途。天地以乾坤相索，而陰陽升降，一年一交合，不失於道，一年之後有一年；日月以魂魄相生，而精華往來，一月一交合，不失於道，一月之後有一月。

　　人之交合，雖在一晝一夜，不知交合之時，又無採取之法；損時又不解補，益時又不解收；陰交時不解養陽，陽交時不解煉陰；月中不知損益，日中又無行持；過了一年無一年，過了一日無一日。當風臥濕，冒暑涉寒，不肯修持，而甘心受病，虛過時光，而端坐候死。

　　呂祖曰：奉道之人，非不知年光虛度，歲月蹉跎，疾病纏身，死限將至。蓋修煉不知法，行持不知時，以致陰陽交合有差，時月行持不準。

　　鍾祖曰：身中用年，年中用月，月中用日，日中用時。蓋以五臟之氣，月上有盛衰，日上有進退，時上有交合，運行五度，而氣傳六候。金木水火土，分列無差；東西南北中，生成有數。煉精生真氣，煉氣合陽神，煉神合大道。

論五行第六

　　呂祖曰：所謂五臟之氣，曰金木水火土；所謂五行之位，曰東西南北中。如何得相生相成，而交合有時乎？採取有時乎？願聞其說。

鍾祖曰：大道既判而生天地；天地既分而列五帝：東曰青帝，行春令，於陰中起陽，使萬物生；南曰赤帝，行夏令，於陽中升陽，使萬物長；西曰白帝，行秋令，於陽中起陰，使萬物成；北曰黑帝，行冬令，於陰中進陰，使萬物死。四時各九十日，每時下十八日，黃帝主之。若於春時，助成青帝而發生；若於夏時，接序赤帝而長育；若於秋時，資益白帝而結立；若於冬時，制攝黑帝而嚴示。五帝分治，各主七十二日，合三百六十日，而為一歲，輔弼天地以行道。青帝生子曰甲乙，甲乙東方木；赤帝生子曰丙丁，丙丁南方火；黃帝生子曰戊己，戊己中央土；白帝生子曰庚辛，庚辛西方金；黑帝生子曰壬癸，壬癸北方水。見於時而為象者：木為青龍，火為朱雀，土為勾陳，金為白虎，水為玄武；見於時而生物者：乙與庚合，春則有榆，青而白，不失金木之色；辛與丙合，秋則有棗，白而赤，不失金火之色；己與甲合，夏末秋初有瓜，青而黃，不失土木之色；丁與壬合，夏則有椹，赤而黑，不失水火之色；癸與戊合，冬則有橘，黑而黃，不失水土之色。以類推求，五帝相交而見於時，生在物者，不可勝數。

呂祖曰：五行在時若此，在人如何？

鍾祖曰：唯人也，頭圓足方，有天地之象；陰降陽升，又有天地之機。腎為水，心為火，肝為木，肺為金，脾為土。若以五行相生，則水生木，木生火，火生土，土生金，金生水。生者為母，受生者為子。若以五行相剋，則水剋火，火剋金，金剋木，木剋土，土剋水。剋者為夫，受剋者為妻。以子母言之，腎氣生肝氣，肝氣生心氣，心氣生脾氣，脾氣生肺氣，肺氣生腎氣。以夫妻言之，腎氣剋心氣，心氣剋肺氣，肺氣剋肝氣，肝氣剋脾氣，脾氣剋腎氣。腎者，心之夫，肝之母，脾之妻，肺之子；肝者，脾之夫，心之母，肺之妻，腎之子；心

者，肺之夫，脾之母，腎之妻，肝之子；肺者，肝之夫，腎之母，心之妻，脾之子；脾者，腎之夫，肺之母，肝之妻，心之子。心之見於內者為脈，見於外者為色，以舌為門戶，受腎之制伏，而驅用於肺，蓋夫妻之理如此；得肝則盛，見脾則減，蓋子母之理如此。

腎之見於內者為骨，見於外者為髮，以耳為門戶，受脾之制伏，而驅用於心，蓋夫婦之理如此；得肺則盛，見肝則減，蓋子母之理如此。肝之見於內者為筋，見於外者為爪，以目為門戶，受肺之制伏，而驅用於脾，蓋夫婦之理如此；見腎則盛，見心則減，蓋子母之理如此。肺之見於內者為膚，見於外者為毛，以鼻為門戶，受心之制伏，而驅用於肝，蓋夫婦之理如此；得脾則盛，見腎則減，蓋子母之理如此。

脾之見於內者為臟，均養心腎肝肺，見於外者為肉，以唇口為門戶，呼吸定往來，受肝之制伏，而驅用於腎，蓋夫婦之理如此；得心則盛，見肺則減，蓋子母之理如此。此是人之五行，相生相剋，而為夫婦子母，傳氣衰旺，見於此矣。

呂祖曰：心，火也，如何得火下行？腎，水也，如何得水上升？脾，土也，土在中而承火則盛，莫不下剋於水乎？肺，金也，金在上而接火則損，安得有生於水乎？相生者遞相間隔，相剋者親近難移，是此五行，自相損剋，為之奈何。

鍾祖曰：五行歸原，一氣接引，元陽升舉而生真水，真水造化而生真氣，真氣造化而生陽神。始以五行定位，而有一夫一婦。腎水也，水中有金，金本生水，下手時要識水中金，水本嫌土，採藥後須得土歸水。龍乃肝之象，虎本肺之神，陽龍出於離宮，陰虎生於坎位。五行逆行，氣傳子母，自子至午，乃曰陰時生陽；五行顛倒，液行夫婦，自午至子，乃曰陰中煉陽。陽不得陰不成，到底無陰而不死；陰不得陽不生，到底陰

絕而壽長。

呂祖曰：五行本於陰陽一氣，所謂一氣者何也？

鍾祖曰：一氣者，昔父與母交，即以精血造化成形。腎生脾，脾生肝，肝生肺，肺生心，心生小腸，小腸生大腸，大腸生膽，膽生胃，胃生膀胱。是此陰以精血造化成形，其陽止在起首始生之處，一點元陽，乃在二腎。且腎水也，水中有火，升之為氣，因氣上升，以朝於心。心，陽也，以陽合陽，太極生陰，乃積氣生液，液自心降，因液下降，以還於腎。肝本心之母、腎之子，傳導其腎氣以至於心；肺本心之妻、腎之母，傳導其心液以至於腎。氣液升降，如天地之陰陽；肝肺傳導，若日月之往復。五行各一數也，論其交合生成，乃元陽一氣為本，氣中生液，液中生氣。腎為氣之根，心為液之源。靈根堅固，恍恍惚惚，氣中自生真水；心源清潔，杳杳冥冥，液中自有真火。火中識取真龍，水中認取真虎。龍虎相交，而變為黃芽，合就黃芽而結成大藥，乃曰金丹。金丹既就，乃曰神仙。

呂祖曰：金丹就而脫質升仙，以返十洲，固可知矣。如何謂之黃芽？

鍾祖曰：真龍真虎者是也。

呂祖曰：龍虎者何也？

鍾祖曰：龍非肝也，乃陽龍，陽龍出在離宮真水之中；虎非肺也，乃陰虎，陰虎出在坎位真火之中。

論水火第七

呂祖曰：人之長生者，煉就金丹；欲煉金丹，先採黃芽；欲得黃芽，須得龍虎。所謂真龍出於離宮，真虎生於坎位。離坎之中有水火，水火者，何也？

鍾祖曰：凡身中以「水」言者，四海五湖、九江三島、華

池瑤池、鳳池天池、玉池昆池、元潭閬苑、神水金波、瓊漿玉液、陽酥白雪，若此名號，不可備陳。凡身中以「火」言者，君火、臣火、民火而已。三火以元陽為本，而生真氣，真氣聚而得安，真氣弱而成病。若耗散真氣，而走失元陽，元陽盡，純陰成，元神離體，乃曰「死」矣！

呂祖曰：人身之中，以一點元陽，興舉三火，三火起於群水眾陰之中，易於耗散，而難炎熾。若此陽弱陰盛，火少水多，令人速衰敗而不得長生，為之奈何？

鍾祖曰：心為血海，腎為氣海，腦為髓海，脾胃乃水穀之海，所謂「四海」者如此。五臟各有液，所主之位，東西南北中，所謂「五湖」者如此。小腸二丈四尺，而上下九曲，乃曰「九江」；小腸之下，「元潭」之說如此；頂曰「上島」，心曰「中島」，腎曰「下島」，三島之內，「閬苑」之說如此。「華池」在黃庭之下，「瑤池」出丹闕之前，「昆池」上接「玉京」，「天池」正衝內院，「鳳池」乃心肺之間，「玉池」在唇齒之內。神水生於氣中，金波降於天上，赤龍住處，自有「瓊漿」、「玉泉」。凡胎換後，方見「白雪陽酥」。

澆灌有時，以沃炎盛，先曰「玉液」，次曰「金液」，皆可以還丹。抽添有度，以應沐浴，先曰「中田」，次曰「下田」，皆可以煉形。玉蕊金花，變就黃白之體；醍醐甘露，煉成奇異之香，若此皆「水」之功效。及夫民火上升，助腎氣以生真水；腎火上升，交心液而生真氣。小則降魔除病，大則煉質燒丹。用周天，則火起焚身；勒陽關，則還元煉藥。別九州島之勢以養陽神，燒三尸之累以除陰鬼。上行則一撞三關，下運則消磨七魄。煉形成氣，而輕舉如飛；煉氣成神，而脫胎如蛻。若此皆「火」之功效也。

呂祖曰：始也聞命，所患者火少水多，而易衰敗；次聽高

論，水火有如此之功驗。畢竟如何造化，使少者可以勝多，弱者可以致強？

鍾祖曰：二八陰消，九三陽長，赫赤金丹，指日可成。七返九還，而胎仙自化者也。真氣在心，心是液之源；元陽在腎，腎是氣之海；膀胱為民火，不止於民火，不能為用，而膀胱又為津液之府。若不達天機，罔測玄理，奉道之士，難為造化，不免於疾病死亡者矣。

呂祖曰：所謂造化，使陽長陰消，金丹可成，而胎仙自化者，何也？

鍾祖曰：人之心腎，相去八寸四分，乃天地定位之比也；氣液太極相生，乃陰陽交合之比也。一日十二時，乃一年十二月之比也。心生液，非自生也，因肺液降，而心液行，液行夫婦，自上而下，以還下田，乃曰婦還夫宮。腎生氣，非自生也，因膀胱氣升，而腎氣行，氣行子母，自下而上，以朝中元，乃曰夫返婦室。肝氣導引腎氣，自下而上，以至於心。心，火也，二氣相交，薰蒸於肺，肺液下降，自心而來，由心生液，以液生於心，而不耗散，故曰「真水」也。肺液傳送心液，自上而下，以至於腎。腎，水也。二水相交，浸潤於膀胱，膀胱氣上升，自腎而起，由腎生氣，以氣生於腎而不消磨，故曰「真火」也。真火出於水中，恍恍惚惚，其中有物，視之不可見，取之不可得也；真水出於火中，杳杳冥冥，其中有精，見之不能留，留之不能住也。

呂祖曰：腎，水也，水中生氣，名曰真火，火中何者為物？心，火也，火中生液，名曰真水，水中何者為精？火中之物，水中之精，既無形狀可求，縱求之而又難得，縱得之而又何用？

鍾祖曰：前古上聖道成，不離此二物交媾而變黃芽，數足

胎完，以成大藥，乃真龍、真虎者也。

論龍虎第八

呂祖曰：龍本肝之象，虎乃肺之神。是此心火之中生液，液為真水，水之中，杳杳冥冥，而隱真龍。龍不在肝，而出自離宮者，何也？是此腎水之中生氣，氣為真火，火之中，恍恍惚惚，而藏真虎。虎不在肺，而生於坎位者，何也？

鍾祖曰：龍，陽物也，升飛在天，吟而雲起，得澤而濟萬物，在象為青龍，在方為甲乙，在物為木，在時為春，在道為仁，在卦為震，在人身中五臟之內為肝。虎，陰物也，奔走於地，嘯而風生，得山而威，制百蟲，在象為白虎，在方為庚辛，在物為金，在時為秋，在道為義，在卦為兌，在人身五臟之內為肺。且肝，陽也，而在陰位之中，所以腎氣傳肝氣，氣行子母，以水生木，腎氣足而肝氣生，肝氣既生，以絕腎之餘陰，而純陽之氣上升。

肺，陰也，而在陽位之中，所以心液傳肺液，液行夫婦，以火剋金，心液到而肺液生，肺液既生，以絕心之餘陽，而純陰之液下降。肝屬陽，以絕腎之餘陰，是以知氣過肝時，即為純陽，純陽氣中包藏真一之水，恍惚無形，名曰「陽龍」。肺屬陰，以絕心之餘陽，是知液到肺時，即為純陰，純陰液中，負載正陽之氣，杳冥不見，名曰「陰虎」。氣升液降，本不能相交，奈何氣中真一之水，見液相合。液中正陽之氣，見氣自聚。若也傳行之時，以法制之，使腎氣不走失，氣中收取真一之水。心液不耗散，液中採取正陽之氣。子母相逢，兩相顧戀，日得黍米之大，百日無差藥力全，二百日聖胞堅，三百日胎仙完，形若彈丸，色同朱橘，名曰「丹藥」，永鎮下田，留形住世，浩劫長生，此陸地神仙。

呂祖曰：腎水生氣，氣中有真一之水，名曰陰虎，虎見液相合。心火生液，液中有正陽之氣，名曰陽龍，龍見氣相合。方以類聚，物以群分，理當然也。氣生時，液亦降，氣中真一之水，莫不隨液而下傳於五臟乎？液生時，氣亦升，液中正陽之氣，莫不隨氣而出於重樓乎？真水隨液下行，虎不能交龍；真陽隨氣上升，龍不能交虎。龍虎不交，安得黃芽？黃芽既無，安得大藥？

鍾祖曰：腎氣既生，如太陽之出海，霧露不能蔽其光。液下如疏簾，安足以勝其氣？氣壯則真一之水自盛矣。心液既生，如嚴天之殺物，呼呵不能敵其寒。氣升如翠幕，安足以勝其液？液盛則正陽之氣，或強或弱，未可必也。

呂祖曰：氣生、液生各有時。時生氣也，氣盛則真一之水自盛；時生液也，液盛則正陽之氣亦盛。盛衰未保，何也？

鍾祖曰：腎氣易為耗散，難得者真虎；心液難為積聚，易失者真龍。丹經萬卷，議論不出陰陽；陰陽兩事，精粹無非龍虎。奉道之士，萬中識者一二。或多聞廣記，雖知龍虎之理，不識交合之時，不知採取之法。所以今古達士，皓首修持，止於小成，累代延年，不聞超脫，蓋以不能交媾於龍虎，採黃芽而成丹藥。

論丹藥第九

呂祖曰：龍虎之理，既已知矣，所謂「金丹大藥」，可得聞乎？

鍾祖曰：所謂藥者，可以療病。凡病有三等：當風臥濕，冒暑涉寒，勞逸過度，飢飽失時，非次不安，則曰患矣，患為時病。及夫不肯修持，恣情縱意，散失元陽，耗損真炁，年高憔悴，則曰老矣，老為年病。及夫氣盡體空，魂消神散，長吁

一聲，四大無主，體臥荒郊，則曰死矣，死為身病。且時之有病，以春夏秋冬，運行於寒暑溫涼。陽太過而陰不足，當以涼治之也；陰太過而陽不足，當以溫治之也。老者多冷，而幼者多熱；肥者足涎，而羸者多積。男子病生於氣，婦人患本於血。補其虛而取其實，保其弱而損其餘，小則針灸，甚則藥餌。雖有非次不安，而時病為患，委於明士良醫，對病服食，悉得保癒。若夫老病如何醫？死病如何治？洗腸補肉，古之善醫者也，面皺髮白，以返童顏，無人得會。換頂續支，古之善醫者也，留形住世，以得長生，無人得會。

呂祖曰：非次不安，因時成病，良醫名藥，固可治矣。虛敗年老之病，氣盡命終之苦，如何治之？莫有藥乎？

鍾祖曰：凡病有三等，時病以草木之藥，療之自癒。身病、年病，所以治之，藥有二等，一曰內丹，次曰外丹。

呂祖曰：外丹者何也？

鍾祖曰：昔高上元君，傳道於人間，指諭天地升降之理，日月往復之宜，自爾丹經滿世，世人得聞大道。廣成子以教黃帝，黃帝政治之暇，依法行持，久不見功。廣成子以心腎之間，有真氣真水，氣水之間，有真陰真陽，配合大藥，可比於金石之間而隱至寶。乃於崆峒山中，以內事為法，而煉大丹。八石之中，惟用朱砂，砂中取汞；五金之中，惟用黑鉛，鉛中取銀。汞比陽龍，銀為陰虎。以心火如砂之紅，腎水如鉛之黑。年火隨時，不失乾坤之策；月火抽添，自分文武之宜。卓三層之爐，各高九寸，外方內圓；取八方之氣，應四時之候。金鼎之象，包藏鉛汞，無異於肺液。硫黃為藥，合和靈砂，可比於黃婆。三年小成，服之可絕百病；六年中成，服之自可延年；九年大成，服之而升舉自如，展臂可千里萬里，雖不能返於蓬萊，亦於人世浩劫不死。

呂祖曰：歷古以來，煉丹者多矣，而見功者少，何也？

鍾祖曰：煉丹不成者有三：不辨藥材真偽，不知火候抽添，將至寶之物，一旦消散於煙焰之中而為灰塵，廢時亂日，終無所成者，一也；藥材雖美，不知火候，火候雖知，而乏藥材，兩不相契，終無所成者，二也；藥材可美，火候合宜，年中不差月，月中不差日，加減有數，進退有時，氣足丹成，而外行不備，化玄鶴凌空，無緣得餌，不成者，三也。

又況藥材本天地秀氣結實之物，火候乃神仙修持得道之術。三皇之時，黃帝煉丹，九轉方成；五帝之後，混元煉丹，三年才成。迨夫戰國，凶氣凝空，流尸滿野，物不能受天地之秀氣，而世乏藥材。當得法之人，而逃難老死岩谷。丹方仙法，或有竹帛可紀者，久而枯壞，人世不復有矣。

若塵世有藥材，秦始皇不求於海島；若塵世有丹方，魏伯陽不參於《周易》。或者多聞強識，迷惑後人，萬萬破家，並無一成，以外求之，亦為誤矣。

呂祖曰：外丹之理，出自廣成子，以內事為法，縱有成就，九年方畢。又況藥材難求，丹方難得，到底止能升騰，不見超凡入聖，而返十洲者矣。敢告內藥，可得聞乎？

鍾祖曰：外藥非不可用也，奉道之人，晚年覺悟，根源不甚堅固。腎者氣之根，根不深則葉不茂矣；心者液之源，源不清，則流不長矣。必也假五金八石，積日累月，煉成三品，每品三等，乃曰「九品龍虎大丹」，助接真氣，煉形住世，輕舉如飛。若修持內事，識交合之時，知採取之法，胎仙既就，指日可得超脫。彼乃不悟，執外丹進火加日，服之欲得上升天界，誠可笑也。

彼既不究外藥之源，今當詳陳內丹之理。內丹之藥材出於心腎，是人皆有也。內丹之藥材，本在天地，天地當日得見

也。火候取日月往復之數，修合效夫婦交接之宜。聖胎就而真氣生，氣中有氣，如龍養珠。大藥成而陽神出，身外有身，似蟬脫蛻。是此內藥，本於龍虎交而變黃芽，黃芽就而分鉛汞。

論鉛汞第十

呂祖曰：內藥不出龍虎也。虎生於坎宮，氣中之水是也；龍出於離宮，水中之氣是也。外藥取砂中之汞，比於陽龍；用鉛中之銀，比於陰虎。然而鉛汞外藥也，何以龍虎交而變黃芽？黃芽就而分鉛汞？所謂內藥之中，鉛汞者，何也？

鍾祖曰：抱天一之質，而為五金之首者，黑鉛也。鉛以生銀，鉛乃銀之母。感太陽之氣，而為眾石之首者，朱砂也。砂以生汞，汞乃砂之子。難取者鉛中之銀，易散者砂中之汞。銀汞若相合，鍛鍊自成至寶。此鉛汞之理，見於外者如此。若以內事言之，古今議論各殊，取其玄妙之說，本自父母交通之際，精血相合，包藏真氣，寄質於母腹純陰之宮，藏神在陰陽未判之內，三百日胎完，五千日氣足。以五行言之，人身本是精與血，先有水也；以五臟言之，精血為形象，先生腎也。腎水之中，伏藏有受胎之初父母之真氣，真氣隱於人之內腎，所謂鉛者此也。腎中主氣，氣中真一之水，名曰真虎，所謂鉛中銀者此也。腎氣傳肝氣，肝氣傳心氣。心氣太極而生液，液中有正陽之氣，所謂朱砂者，心液也。所謂汞者，心液之中，正陽之氣，積氣液為胎胞，傳送在黃庭之內。進火無差，胎仙自化，乃比鉛銀合汞，鍛鍊成寶也。

呂祖曰：在五金之中，鉛中取銀；於八石之內，砂中出汞。置之鼎器，配之藥餌，汞自為砂，而銀自為寶。然而在內之鉛，如何取銀？在人之砂，如何取汞？汞如何取砂，銀如何作寶？

鍾祖曰：鉛本父母之真氣，合而為一，純粹而不離。既成形之後，藏在腎中。二腎相對，同升於氣，乃曰「元陽之氣」。氣中有水，乃曰「真一之水」。水隨氣升，氣住水住，氣散水散。水與氣，於子母之不相離。善視者，止見氣，不見水。若以此真一之水，合於心之正陽之氣，乃曰「龍虎交媾而變黃芽」，以黃芽而為大藥。大藥之材，本以真一之水為胎，內包正陽之氣，如昔日父母之真氣，即精血為胞胎，造化三百日，胎完氣足，形備神來，與母分離，形神既合，合則形生形矣。奉道之人，腎氣交心氣，氣中藏真一之水，負戴正陽之氣，以氣交真水為胞胎，狀同黍米，溫養無虧。始也即陰留陽，次以用陽煉陰。氣變為精，精變為汞，汞變為砂，砂變為金丹。金丹既就，真氣自生，煉氣成神，而得超脫，化火龍而出昏衢，驂玄鶴而入蓬島。

呂祖曰：以形交形，形合生形；以氣合氣，氣合生氣。數不出三百日，分形之後，男女形狀之不同，自己丹砂，色澤之何似也？

鍾祖曰：父母之形交，父精先進，而母血後行，血包於精而為女，女者，中陽而外陰以象母，蓋以血在外也。若母血先進，而父精後行，精包於血而為男，男者，內陰而外陽以象父，蓋以精在外也。所謂「血」者，本生於心，而無正陽之氣。所謂「精」者，本生於腎，而有正陽之氣，乃汞之本也，即真一之水，和合而入黃庭之中。用鉛湯煮，以汞水煎。鉛不得汞，不能發舉真一之水；汞不得鉛，不能變化純陽之氣。

呂祖曰：鉛在腎中，而生元陽之氣，氣中有真一之水，視之不可見也。鉛以得汞，汞有正陽之氣，以正陽之氣，燒煉於鉛，鉛生氣盛，而發舉於真一之水，可以上升。然而汞本正陽之氣，即真一之水而為胞胎，保送黃庭之中，已是龍虎交媾，

陰陽兩停，亦以鉛湯煮之。莫不陰太過，耗散真陽，安得成大藥，而氣中生氣也？

鍾祖曰：腎氣投心氣，氣極生液，液中有正陽之氣，配合真一之水，名曰「龍虎交媾」。得黍米之大，名曰「金丹大藥」，保送黃庭之中。且黃庭者，脾胃之下，膀胱之上，心之北而腎之南，肝之西而肺之東，上清下濁，外應四色，量容二升，路通八水，所得之藥，晝夜在其中。若採藥不進火，藥必耗散而不能住；若進火不採藥，陰中陽不能住，止於發舉腎氣，壯暖下元而已。若採藥有時，而進火有數，必先於鉛中借氣進火，使大藥堅固，永鎮下田，名曰「採補之法」。而煉汞補丹田，延年益壽，可為地仙。若採藥而以元鉛抽之，於肘後飛金晶，既抽鉛，須添汞，不添汞，徒還精補腦，真氣如何得生？真氣不生，陽神如何得就？既添汞，須抽鉛，不抽鉛，徒煉汞補丹田，如何變砂？砂既不變，金丹如何得就？

論抽添第十一

呂祖曰：採藥必賴氣中之水，進火須借鉛中之氣，到底抽鉛以成大藥，添汞以補丹田，所謂抽添之理，何也？

鍾祖曰：昔者上聖，傳道於人間，以太古之民，淳而復樸，杳然無知，不可得聞大道。指諭於天地升降之宜，交換在溫涼寒暑之氣，而節候有期，一年數定，週而復始，不失於道，天地所以長久。比說於日月精華往來之理，進退在旦望弦朔之時，而出沒無差，一月數足，運行不已，不失於道，日月所以長久。奈何寒往暑來，暑往寒來，世人不悟天地升降之宜；月圓復缺，月缺復圓，世人不悟日月往來之理。恣縱無窮之欲，消磨有限之時。富貴奢華，算來裝點浮生之夢；恩愛愁煩，到底做下來生之債。歌聲未絕，而苦惱早來；名利正濃，

而紅顏已去。貪財黷貨，將謂萬劫長存；愛子憐孫，指望來生同聚。貪痴不息，妄想長生，而耗散元陽，走失真氣。直待惡病纏身，方是歇心之日；大限臨頭，才為了手之時。真仙上聖，憫其如此輪廻，同歸墮落，深欲世人明悟大道，比於天地日月之長久，始也備說天地陰陽升降之理，次比喻日月精華往來之理。彼猶不達天機，罔測玄妙。因以內藥比外藥，以無情說有情。無情者金石，金石者外藥也；有情者氣液，氣液者內藥也。大之天地，明之日月，外之金石，內之氣液，既採須添，既添須抽，抽添之理，乃造化之本也。

　　且冬至之後，陽升於地，地抽其陰，太陰抽而為厥陰，少陽添而為陽明，厥陰抽而為少陰，陽明添而為太陽。不然無寒而變溫，溫而變熱也。夏至之後，陰降於天，天抽其陽，太陽抽而為陽明，少陰添而為厥陰，陽明抽而為少陽，厥陰添而為太陰。不然，無熱而變涼，涼而變寒也。是以天地陰陽升降，而變六氣，其抽添之驗也。若月受日魂，日變月魄，前十五日，月抽其魄，而日添其魂，精華已竭，光照下土，不然，無初生而變上弦，上弦而變月望也；月收陰魄，日收陽精，後十五日，日抽其魂，而月添其魄，光照已謝，陰魄已足，不然，無月望而變下弦，下弦而變晦也。是以日月精華，往復而變九六，其抽添之驗也。自昔真仙上聖，以人心所愛者，無病長生，將金石煉大丹；以人心所好者，黃金白銀，將鉛汞成至寶，本欲世人明悟其理。無情之金石，火候無差，抽添有數，尚可延年益壽。若以己身有情，正陽之氣、真一之水，知交合之時，明採取之法，積日累月，氣中有氣，煉氣成神，以得超脫，豈為今古難得之事？自有外藥之說，今古聖賢，或陳說得聞於世，世人又且不悟，欺己罔人，將砂取汞，以汞點鉛。即鉛干汞，用汞變銅，不顧身命，枉求財貨，互相推舉，好道為

名，其實好利，而志在黃白，不知鉛汞之說，比喻內事。奉道之士，當深究之，勿執外丹與丹灶之術。

夫人之鉛，乃天地之始，因太始而有太質，為萬物之母；因太質而有太素，其體為水中之金，其用為火中之水，五行之祖而大道之本也。既以採藥為添汞，添汞須添鉛，所謂抽添，非在外也，自下田入上田，名曰「肘後飛金晶」，又曰「起河車而走龍虎」，又曰「還精補腦」，而長生不死。鉛既後抽，汞自中降，以中田還下田。始以龍虎交媾而變黃芽，是五行顛倒，次以抽鉛添汞而養胎仙，是三田返復。五行顛倒，龍虎交媾，三田返復，胎仙氣足。抽鉛添汞，一百日藥力全，二百日聖胎堅，三百日胎仙完，而真氣生，真氣既生，煉氣成神，功滿忘形，而胎仙自化，乃曰神仙。

呂祖曰：出於金石者，外鉛外汞，抽拣可以為寶；出於己身，腎中所藏父母之真氣為鉛，真一正陽所合之藥為汞，抽添可以生神，所謂真鉛真汞，亦有抽添乎？

鍾祖曰：始也得汞須用鉛，用鉛終是錯，故抽之而入上宮，元氣不傳，還精入腦，所得之汞，陰盡陽純，精變為砂，而砂變為金，乃曰真鉛。真鉛者，自身之真氣，合而得之也。真鉛生真氣之中，氣中真一之水，五氣朝元，而三陽聚頂。昔者金精下入丹田，升之煉形，而體骨金色；此者真鉛升之內府，而體出白光，自下而上，自上而下，還丹煉形，皆金精往復之功也。自前而後，自後而前，焚身合氣，皆真氣造化之功也。若不抽不添，止於日用採藥進火，安有如此之功驗。

呂祖曰：凡抽之添之，如何得上下有度，前後無差？

鍾祖曰：可升之時不可降，可抽之時不可添，上下往來，無差毫釐，河車之力也。

論河車第十二

呂祖曰：所謂「河車」者，何也？

鍾祖曰：昔有志智人，觀浮雲蔽日，可以取陰而作蓋；觀落葉浮波，可以載物而作舟；觀飄蓬隨風往來，運轉而不已，退而作車。且車之為物，蓋輪有天地之象，輪轂如日月之比。高道之士，取喻於車。夫車行於地而轉於陸，今曰河車，蓋有說矣。人身之中，陽少陰多，言水之處甚眾。車則取意於搬運，河乃主象於多陰，故此河車，不行於地，而行於水。自上而下，或後或前，駕載於八瓊之內，驅馳於四海之中；升天則上入崑崙，既濟則下奔鳳闕；運載元陽，直入於離宮；搬負真氣，曲歸於壽府。往來九州，無時暫停；巡歷三田，何時休息。龍虎既交，令黃婆駕入黃庭；鉛汞才分，委金男搬入金闕。玉泉千派，運時止半日工夫；金液一壺，搬過則片時功績。五行非此車搬運，難得生成；一氣非此車搬運，豈能交會？應節順時而下功，必假此車而搬之，方能有驗；養陽煉陰而立事，必假此車而搬之，始得無差。

乾坤未純，其或陰陽往來之，是此車之功也；宇宙未周，其或血氣交通之，是此車之功也。自外而內，運天地純粹之氣，而接引本宮之元陽；自凡而聖，運陰陽真正之氣，而補煉本體之元神。其功不可以備紀。

呂祖曰：河車如此妙用，敢問河車之理，畢竟人身之中，何物為之？既得之，如何運用？

鍾祖曰：河車者，起於北方正水之中，腎藏真氣，真氣所生之正氣，乃曰河車。河車作用，今古罕聞，真仙秘而不說者也。如乾再索坤而生坎，坎本水也，水乃陰之精。陽既索於陰，陽乃負陰而還位，所過者，艮、震、巽，以陽索陰，因陰取陰，搬運入離，承陽而生，是此河車，搬陰入於陽宮。及夫

坤再索乾而生離，離本火也，火乃陽之精，陰既索於陽，陰返抱陽而還位，所過者，坤、兌、乾，以陰索陽，因陽取陽，搬運入坎，承陰而生，是此河車，運陽入於陰宮。

及夫採藥於九宮之上，得之而下入黃庭；抽鉛於曲江之下，搬之而上升內院。玉液金液本還丹，搬運可以煉形，而使水上行；君火民火本煉形，搬運可以燒丹，而使火下進。五氣朝元，搬運各有時；三花聚頂，搬運各有日。神聚魔多，搬真火以焚身，則三尸絕逃；藥就海枯，運霞漿而沐浴，而入水無波。此河車之作用也。

呂祖曰：河車本北方之正氣，運轉無窮，而負載陰陽，各有成就，所用功不一也。尊師當為細說。

鍾祖曰：五行循環，週而復始，默契顛倒之術，龍虎相交而變黃芽者，小河車也。肘後飛金晶，還晶入泥丸，抽鉛添汞而成大藥者，大河車也。龍虎交而變黃芽，鉛汞交而成大藥。真氣生而五氣朝中元，陽神就而三神超內院。紫金丹成，常如玄鶴對飛；白玉汞就，鎮似火龍踊起。金光萬道，罩俗骨以光輝；琪樹一株，現鮮葩而燦爛。或出或入，出入自如；或去或來，往來無碍。搬神入體，且混時流；化聖離俗，以為羽客，乃曰紫河車也。此三車之名，分上、中、下三成。三成者，言其功之驗證，非比夫釋教之三乘車，而曰羊車、鹿車、大牛車也。以道言之，河車之後，更有三車：凡聚火而心行意使，以攻疾病，曰使者車；凡既濟自上而下，陰陽正合，水火共處，靜中聞雷霆之聲，曰雷車；若心為境役，性以情牽，感物而散真陽之氣，自內而外，不知休息，久而氣弱體虛，以成衰老，或者八邪五疫，返搬入真氣，元陽難為抵擋，既老且病而死者，曰破車。

呂祖曰：五行顛倒，而龍虎相交，則小河車已行矣；三田

返復，而肘後復飛金晶，則大河車將行矣。紫河車何日得行？

鍾祖曰：修真之士，既聞大道，得遇明師，曉達天地升降之理，日月往來之數。始也匹配陰陽，次則聚散水火，然後採藥進火，添汞抽鉛，則小河車當行。

及夫肘後金晶入頂，黃庭大藥漸成，一撞三關，直超內院，後起前收，上補下煉，則大河車當行。若夫金液玉液，還丹而後煉形，煉形而後煉氣，煉氣而後煉神，煉神而後合道，方曰道成。以出凡入仙，乃曰紫河車也。

論還丹第十三

呂祖曰：煉形成氣，煉氣成神，煉神合道，始於還丹，所謂「還丹」者，何也？

鍾祖曰：所謂丹者，非色也，紅黃不可以致之；所謂丹者，非味也，甘和不可以合之。丹乃丹田也，丹田有三：上田神舍，中田氣府，下田精區。精中生氣，氣在中丹；氣中生神，神在上丹；真水真氣，合而成精，精在下丹。奉道之士，莫不有三丹。然而氣主於腎，未朝於中元；神藏於心，未超於上院。所謂精華不能返合，雖三丹終成無用。

呂祖曰：玄中有玄，一切之人，莫不有命。命中無精，非我之氣也，乃父母之元陽；無精則無氣，非我之神也，乃父母之元神。所謂精氣神，乃三田之寶，如何可得，常在於上中下三宮？

鍾祖曰：腎中生氣，氣中有真一之水，使水復還於下丹，則精養靈根，氣自生矣；心中生液，液中有正陽之氣，使氣復還於中丹，則氣養靈源，神自生矣。集靈為神，合神入道，以還上丹，而後超脫。

呂祖曰：丹田有上中下，還者，既往而有所歸。還丹之

理，奧旨深微，敢請細說。

　　鍾祖曰：有小還丹，有大還丹，有七返還丹，有九轉還丹，有金液還丹，有玉液還丹，有以下丹還上丹，有以上丹還中丹，有以中丹還下丹，有以陽還陰丹，有以陰還陽丹，不止於名號不同，亦以時候差別，而下手處各異也。

　　呂祖曰：所謂小還丹者，何也？

　　鍾祖曰：小還丹者，本曰下元，下元者，五臟之主，三田之本。以水生木，木生火，火生土，土生金，金生水，既相生也，不差時候，當生而引未生，如子母之相愛也。以火剋金，金剋木，木剋土，土剋水，水剋火，既相剋也，不失分度，當剋而補未剋，如夫婦之相合也。氣液轉行，週而復始。自子至午，陰陽當生；自卯至酉，陰陽當停。凡一晝一夜，復還下丹，循環一次，而曰小還丹也。奉道之士，於中採藥進火，以成下丹，良由此矣。

　　呂祖曰：小還丹既已知矣，所謂大還丹者，何也？

　　鍾祖曰：龍虎相交而變黃芽，抽添鉛汞而成大藥。玄武宮中，金晶才起；玉京山下，真氣上升。走河車於嶺上，灌玉液於中衢。自下田入上田，自上田復下田，後起前來，循環已滿，曰大還丹也。奉道之士，於中起龍虎而飛金晶，養胎仙而生真氣，以成中丹，良由此矣。

　　呂祖曰：大還丹既已知矣，所謂七返還丹、九轉還丹者，何也？

　　鍾祖曰：五行生成之數，五十有五。天一地二、天三地四、天五地六、天七地八、天九地十。一、三、五、七、九，陽也，共二十五；二、四、六、八、十，陰也，共三十。自腎為始，水一、火二、木三、金四、土五，此則五行生之數也，三陽而二陰。自腎為始，水六、火七、木八、金九、土十，此

則五行成之數也，三陰而二陽。人身之中，共有五行生成之道：水為腎，而腎得一與六也；火為心，而心得二與七矣；木為肝，而肝得三與八矣；金為肺，而肺得四與九矣；土為脾，而脾得五與十矣。每藏各有陰陽：陰以八極而二盛，所以氣到肝，而腎之餘陰絕矣，氣到心，太極而生陰，以二在心而八在肝也；陽以九盡而一盛，所以液到肺，而心之餘陽絕矣，液到腎，太極而生陽，以一在腎而九在肺也。奉道之士，始也交媾龍虎，而採心之正陽之氣；正陽之氣，乃心之七也，七返中元而入下田，養就胎仙，復還於心，乃曰七返還丹也。二八陰消，真氣生而心無陰，以絕二也；大藥就而肝無陰，以絕八也。既二八陰消，而三九陽可長矣。肝以絕陽助於心，則三之肝氣盛矣。七既還心以絕肺液，而肺之九，轉而助心，則三九之陽長，九轉還丹也。

呂祖曰：七返者，以其心之陽，復還於心，而在中丹；九轉者，以其肺之陽，本自心生，轉而復還於心，亦在中丹。七返九轉，既已知矣，所謂金液、玉液、上中下相交、陰與陽往復而還丹者，何也？

鍾祖曰：前賢往聖，多以肺液入下田，曰金液還丹；心液入下田，曰玉液還丹。此論非不妙矣，然而未盡玄機。蓋肺生腎，以金生水，金入水中，何得謂之還丹？腎剋心，以水剋火，水入火中，何得謂之還丹？金液乃肺液也，肺液為胎胞，含龍虎，保送在黃庭之中，大藥將成，抽之肘後，飛起肺液，以入上宮，而下還中丹，自中丹而還下田，故曰金液還丹也。玉液乃腎液也，腎液隨元氣以上升，而朝於心，積之而為金水，舉之而滿玉池，散而為瓊花，煉而為白雪。若納之自中田而入下田，有藥則沐浴胎仙；若升之，自中田而入四肢，煉形則更遷塵骨。不升不納，週而復始，故曰玉液還丹也。陰極陽

生，陽中有真一之水，其水隨陽上升，是陰還陽丹也。陽極生陰，陰中有正陽之氣，其氣隨陰下降，是陽還陰丹也。補腦煉頂，以下還上；既濟澆灌，以上還中；燒丹進火，以中還下；煉質焚身，以下還中。五行顛倒，三田返復，互相交換，以至煉形化氣，煉氣成神，自下田遷而至中田，自中田遷而至上田，自上田遷而出天門，棄下凡軀，以入聖流仙品，方為三遷功成，自下而上，不復更有還矣。

論煉形第十四

呂祖曰：還丹既已知矣，所謂煉形之理，可得聞乎？

鍾祖曰：人之生也，形與神為表裡。神者形之主，形者神之舍。形中之精以生氣，氣以生神；液中生氣，氣中生液，乃形中之子母也。水以生木，木以生火，火以生土，土以生金，金以生水，氣傳子母，而液行夫婦，乃形中之陰陽也。水化為液，液化為血，血化為津，以陰得陽而生也。若陰陽失宜，則涕淚涎汗橫出，而陰失其生矣。氣化為精，精化為珠，珠化為汞，汞化為砂，以陽得陰而生也。若陰陽失宜，則病老死苦，而陽不得成矣。陰不得陽不生，陽不得陰不成。奉道之士，修陽而不修陰，煉己而不煉物。以己身受氣之初，乃父母真氣兩停，而即精血為胞胎，寄質在母純陰之中，陰中生陰，因形造形，胎完氣足，堂堂六尺之軀，皆屬陰也，所有者一點元陽而已。必欲長生不死，以煉形住世，而劫劫長存；必欲超凡入聖，以煉形化氣，而身外有身。

呂祖曰：形，象陰也，陰則有體。以有為無，使形化氣，而超凡軀，以入聖品，乃煉之上法也。因形留氣，以氣養形，小則安樂延年，大則留形住世，既老者返老還童，未老者定顏長壽。以 360 年為 1 歲，3 萬 6 千年為 1 劫，3 萬 6 千劫為 1

浩劫，浩浩之劫，不知歲月之幾何，而與天地長久，乃煉形驗證也。煉形之理，造化之機，有如此之驗，可得聞乎？

鍾祖曰：人之成形，三百日胎完。既生之後，五千日氣足。五尺五寸為本軀，以應五行生成之數。或有大小之形，不齊者，以寸定尺，長短合宜。心之上為九天，腎之下為九地。腎到心，八寸四分；心到重樓第一環，八寸四分；重樓第一環到頂，八寸四分；自腎到頂，凡二尺五寸二分。而元氣一日一夜盈滿者，三百二十度，每度二尺五寸二分，計八十一丈元氣，以應九九純陽之數。心腎相去，以合天地懸隔之宜，自腎到頂，共二尺五寸。又按五行，五五純陽之數，故元氣隨呼而出。既出也，榮衛皆通，天地之正氣，應時順節，或交或離，丈尺無窮，隨吸而入；既入也，經絡皆闔，一呼一吸，天地人三才之真氣，往來於十二樓前。一往一來，是曰「一息」。晝夜之間，人有一萬三千五百息。分而言之：一萬三千五百呼，所呼者，自己之元氣，從中而出；一萬三千五百吸，所吸者，天地之正氣，自外而入。根源牢固，元氣不損，呼吸之間，可以奪天地之正氣，以氣煉氣，散滿四大。清者榮，而濁者衛，悉皆流通。縱者經，而橫者絡，盡得舒暢。寒暑不能為害，勞苦不能為虞。體輕骨健，氣爽神清，永保無疆之壽，長為不老之人。苟或根源不固，精竭氣弱，上則元氣已泄，下則本宮無補，所吸天地之氣，浩浩而出，八十一丈元氣，九九而損，不為己之所有，反為天地所取，何能奪天地之正氣？積而陰盛陽衰，氣弱而病，氣盡而死，墮入輪廻。

呂祖曰：元氣如何不走失，以煉形質，可奪天地之正氣，而浩劫長存？

鍾祖曰：欲戰勝者在兵強，欲民安者在國富。所謂兵者，元氣也。其兵在內，消形質之陰；其兵在外，奪天地之氣。所

謂國者，本身也。其身之有象者，豐足而常有餘；其身之無形，堅固而無不足。萬戶常開，而無一失之虞；一馬誤行，而有多失之慮。或前或後，乃所以煉質焚身；或上或下，乃所以養陽消陰。燒乾坤自有時辰，假氣液能無日候？以玉液煉形，仗甲龍以升飛，則白雪滿於塵肌；以金液煉形，逐雷車而下降，則金光盈於臥室。

呂祖曰：煉形之理，亦粗知矣。金液、玉液者，何也？

鍾祖曰：金液煉形，則骨朝金色，而體出金光，金花片片，空中自現，乃五氣朝元，三陽聚頂，欲超凡體之時，金丹大就之日；若玉液煉形，則肌泛陽酥，而形如琪樹、瓊花玉蕊，更改凡體，光彩射人，乘風而飛騰自如，形將為氣者也。

奉道之士，雖知還丹之法，而煉形之功，亦不為小矣。當玉液還丹，以胎仙升之上行，以河車搬於四大。始於肝也，肝受之，則光盈於目，而目如點漆；次心受之，口生靈液，而液為白雪；次脾受之，則肌若凝脂，而瘢痕盡除；次肺受之，則鼻聞天香，而顏復少年；次腎受之，則再還本府，耳中常聞弦管之音，鬢畔永絕斑白之色。此玉液之煉形也。

若夫金液煉形，始還丹而未還，與君火相見，而曰既濟；既還丹而復起，與真陰相敵，而曰煉質。土本剋水，若金液在土，使黃帝回光，以合於太陰；火本剋金，若金液在火，使赤子同爐，自生於紫氣。於水中起火，在陽裡消陰，變金丹於黃庭之內，煉陽神在五氣之中：於肝則青氣衝，於肺則白色出，於心則赤光現，於腎則黑氣升，於脾則黃色聚。

五氣朝於中元，從君火以超內院。下元陰中之陽，其陽無陰，升而聚在神宮；中元陽中之陽，其陽無生，升而聚在神宮。黃庭大藥，陰盡純陽，升而聚在神宮。五液朝於下元，五氣朝於中元，三陽朝於上元。朝元既畢，功滿三千，或鶴舞頂

中，或龍飛身內，但聞嘹亮樂聲，又睹仙花亂墜，紫庭盤亘，真香馥郁，三千功滿，不為塵世之人。一炷香消，已作蓬瀛之客，乃超凡入聖，而脫質升仙也。

論朝元第十五

呂祖曰：煉形之理，既已知矣。所謂朝元者，可得聞乎？

鍾祖曰：大藥將就，玉液還丹，而沐浴胎仙，真氣既生，以衝玉液上升，而更改塵骨，曰玉液煉形。及夫肘後飛起金晶，河車以入內院，自上而中，自中而下，金液還丹，以煉金砂。而五氣朝元，三陽聚頂，乃煉氣成神，非止於煉形住世而已。所謂朝元，今古少知，苟或知之，聖賢不說。蓋以是乃真仙大成之法，默藏天地不測之機，誠為三清隱秘之事，忘言忘象之玄旨，無問無應之妙理。恐子之志不篤而學不專，心不寧而問不切，輕言易語，反增我漏泄聖機之愆，彼此各為無益。

呂祖曰：始也悟真仙而識大道，次以知時候而達天機。辨水火真原，知龍虎不生肝肺；察抽添大理，審鉛汞非是坎離。五行顛倒之術，已蒙指教；三田返復之機，又謝敷陳。熟曉還丹煉形之理，深知長生不死之術。然而超凡入聖之原，脫質升仙之道，本於煉氣而朝元。所謂朝元，敢告略為指訣。

鍾祖曰：道本無形，太原示樸，上清下濁，合而為一。太樸既分，混沌初判而為天地。天地之內，東西南北而列五方，每方各有一帝，每帝各有二子，一為陽，而一為陰，二氣相生相成而分五行，五行相生相成而定六氣，乃有三陰三陽。以此推之，於人受胎之初，精氣為一。及精氣既分，先生二腎：一腎在左，左為玄，玄以升氣，而上傳於肝；一腎在右，右為牝，牝以納液，而下傳膀胱。玄牝本乎無中來，以無為有，乃父母之真氣，納於純陰之地，故曰「谷神不死，是謂玄牝。玄

牝之門，可比天地之根。」玄牝，二腎也。自腎而生，五臟六腑全焉。其中：肝為木，曰甲乙，可比於東方青帝；心為火，曰丙丁，可比於南方赤帝；肺為金，曰庚辛，可比於西方白帝；脾為土，曰戊己，可比於中央黃帝；腎為水，曰壬癸，可比於北方黑帝。人之初生，故無形象，止於一陰一陽。及胎完而有腸胃，乃分六氣，三男三女而已。一氣運五行，五行運六氣。先識者，陰與陽，陽有陰中陽，陰有陽中陰；次識者，金木水火土，而有水中火，火中水，水中金，金中木，木中火，火中土。五者互相交合，所以二氣分而為六氣，大道散而為五行。如冬至之後，一陽生五方之地，陽皆生也，一帝當其行令，而四帝助之。

若以春令既行，黑帝不收其令，則寒不能變溫；赤帝不備其令，則溫不能變熱。及夫夏至之後，一陰生五方之天，陰皆降也，一帝當其行令，而四帝助之。若以秋令既行，赤帝不收其令，則熱不能變涼；黑帝不備其令，則涼不能變寒。冬至陽生於地，以朝氣於天也；夏至陰生於天，以朝氣於地也。奉道之士，當深究此理。日月之間，一陽始生，而五臟之氣。朝於中元；一陰始生，而五臟之液，朝於下元。陰中之陽，陽中之陽，陰陽之中之陽，三陽上朝內院心神，以返天宮，是皆朝元者也。

呂祖曰：陽生之時，而五氣朝於中元；陰生之時，而五液朝於下元。使陽中之陽，陰中之陽，陰陽之中之陽，以朝上元。若此修持，亦有知者，如何得超脫以出塵俗？

鍾祖曰：若元陽之氣，以一陽始生之時，上朝中元，是人皆如此。若積氣生液，以一陰始生之時，下朝下元，人皆如此。若此行持，鮮能超脫。若欲超凡入聖，脫質升仙，當先龍虎交媾，而成大藥；大藥既成，而生真氣。真氣既生，於年中

用月，月上定興衰；月中用日，日上數直事；日中用時，時上定息數。以陽養陽，陽中不得留陰；以陽煉陰，陰中不得散陽。凡以：春則肝旺而脾弱，夏則心旺而肺弱，秋則肺旺而肝弱，冬則腎旺而心弱。人以腎為根本，每時一季，脾旺而腎弱，獨腎於四時有損，人之多疾病者此也。

凡以：甲乙在肝直事，防脾氣不行；丙丁在心直事，防肺氣不行；戊己在脾直事，防腎氣不行；庚辛在肺直事，防肝氣不行；壬癸在腎直事，防心氣不行。一氣盛而一氣弱，一臟旺而一臟衰，人之多疾病者此也。

凡以：心氣萌於亥而生於寅，旺於巳而弱於申；肝氣萌於申而生於亥，旺於寅而弱於巳；肺氣萌於寅而生於巳，旺於申而弱於亥；腎氣萌於巳而生於申，旺於亥而弱於寅。脾氣春隨肝，而夏則隨心，秋隨肺，而冬則隨腎。

人不知日用，莫曉生旺強弱之時，所以多疾病者此也。若日月時，三陽既聚，當煉陽而使陰不生；若日月時，三陰既聚，當養陽而使陽不散。又況真氣既生，以純陽之氣，煉五臟之氣不息，而出本色，一舉而到天池。始以腎之無陰，而九江無浪；次以肝之無陰，而八關永閉；次以肺之無陰，而金火同爐；次以脾之無陰，而玉戶不開；次以真氣上升，四氣聚而為一。縱有金液下降，杯水不能勝輿薪之火。水火相包，合而為一，以入神宮，定息內觀，一意不散，神識俱妙。靜中常聞樂聲，如夢非夢，若在虛無之境，風光景物，不比塵俗。繁華美麗，勝於人世，樓台宮闕，碧瓦凝煙，珠翠綺羅，馨香成陣。當此之時，乃超內院，陽神方得聚會而還上丹，煉神成仙，以合大道。一撞天門，金光影裡以現法身，鬧花深處，而坐凡體，乘空如履平川，萬里若同展臂。若也復回，再入本軀，神與形合，天地齊其長久。若也厭居塵世，寄下凡胎，而返十

第四章　呂洞賓師承鍾祖丹道篇

331

洲，於紫府太微真君處，契勘鄉原，對會名姓，校量功行之高下，得居三島而遨游，永在於風塵之外，乃曰超塵脫凡。

呂祖曰：煉形止於住世，煉氣方可升仙。世人不達玄機，無藥而先行胎息，強留在腹，或積冷氣而成病，或發虛陽而作疾，修行本望長生，似此執迷，尚不免於疾病。殊不知胎仙就，而真氣生，真氣生而自然胎息。胎息以煉氣，煉氣成神。然而煉氣，必審年中之月，月中之日，日中之時。端居靜室，忘機絕跡，當此之時，心境未除者悉除之。或妄想不已，智識有漏，志在升仙，而心神不定，為之奈何。

鍾祖曰：交合各有時，行持各有法，依時行法，即法求道，指日成功，易如反掌。古今達士，閉目冥心，以入希夷之域，良由內觀，神識自住。

論內觀第十六

呂祖曰：所謂內觀之理，可得聞乎？

鍾祖曰：內觀坐忘，存想之法，先賢後聖，有取者，有不取者。慮心猿意馬，無所停留，恐因物喪志，而無中立象，使耳不聞而目不見，心不狂而意不亂，存想事物，而內觀坐忘，不可無矣。奈何少學無知之徒，不知交合之時，又不曉行持之法，但望存想成功，意內成丹，想中取藥，鼻搐口咽，望有形之日月、無為之天地，留止腹口，可謂兒戲！所以達士奇人，於坐忘存想，一旦毀之，乃曰：「夢裡得財，安能濟用？畫地為餅，豈可充飢？」空中又空，如鏡花水月，終難成事。然而有可取者，蓋易動者心，難伏者意，好日良時，可採可取也。雖知清靜之地，心為事役，志以情移，毫末有差，天地懸隔，積年累月，而不見功，其失在心亂而意狂。善視者，志在丹青之美，而不見泰華；善聽者，志在絲竹之音，而不聞雷霆。耳

目之用小矣，尚且如此，況一心縱橫六合，無所不該，得時用法之際，能不以存想內觀而致之乎。

呂祖曰：所謂存想內觀，大略如何？

鍾祖曰：如陽升也，多想為男、為龍、為火、為天、為雲、為鶴、為日、為馬、為煙、為霞、為車、為駕、為花、為氣，若此之類，皆內觀存想如是，以應陽升之象也；如陰降也，多想為女、為虎、為水、為地、為雨、為龜、為月、為牛、為泉、為泥、為鉛、為葉，若此之類，皆內觀存想如是，以應陰降之象也。青龍白虎、朱雀玄武，既有此名，須有此象。五岳九州、四海三島、金男玉女、河車重樓，呼名比類，不可具述，皆以無中立象，以定神識。未得魚，則筌不可失矣；未獲兔，則蹄不可無矣。後車持重，必履前車之跡；大器已成，必為後器之模。則內觀之法，行持不可缺矣。不可執之於悠久，不可絕之於斯須。若絕念無想，是為真念，真念是為真空，真空一境，乃朝真遷化，而出昏衢，超脫之漸也。開基創始，指日進功，則存想可用，況當為道日損，以入希夷之域，法自儉省，全在內觀。

呂祖曰：若龍虎交媾，而匹配陰陽，其想也何似？

鍾祖曰：初以交合，配陰陽而定坎離，其想也：九皇真人，引一朱衣小兒上升；九皇真母，引一皂衣小女下降。相見於黃屋之前，有一黃衣老嫗接引，如人間夫婦之禮，盡時歡悅。女子下降，兒子上升，如人間分離之事。既畢，黃嫗抱一物，形若朱橘，下拋入黃屋，以金器盛留。然此兒者，是乾索於坤，其陽復還本位，以陽負陰而會本鄉；此女者，是坤索於乾，其陰復還本位，以陰抱陽而會本鄉。是坎離相交，而匹配陰陽也。若炎炎火中，見一黑虎上升；滔滔浪裡，見一赤龍下降。二獸相逢，交戰在樓閣之前，朱門大啟，浡浡煙焰之中，

有王者指顧於大火焚天，而上有萬丈波濤，火起復落，煙焰滿於天地，龍虎一盤一繞，而入一金器之中，不入黃屋之間，似置在籠柜之中。若此龍虎交媾，而變黃芽之想也。

呂祖曰：匹配陰陽而龍虎交媾，內觀存想，既已知之矣。所謂進火燒丹煉藥者，所想如何？

鍾祖曰：其想也，一器如鼎如釜，或黃或黑，形如車輪，左青龍而右白虎，前朱雀而後玄武。旁有二臣，衣紫袍，躬身執圭而立；次有僕吏之類，執薪然火於器；次有一朱衣王者，乘赤馬，駕火雲，自空而來，舉鞭指呼，唯恐火小焰微，炎炎亘空，撞天欲出，天關不開，煙焰復下，周圍四匝，人物器釜，王者大臣，盡在紅焰之中，互相指呼，爭要進火。器中之水，無氣而似凝結；水中之珠，無明而似光彩。若此進火燒丹藥之想也。

呂祖曰：內觀存想，止於採藥進火而有邪，抑逐法逐事而有也？

鍾祖曰：雲雨下降，煙焰上起；或天雨奇花，祥風瑞氣，起於殿庭之下；或仙娥玉女，乘彩鳳祥鸞，自青霄而來。金盤中，捧玉露霞漿，而下獻於王者。若此乃金液還丹既濟之想也；若龍虎曳車於火中，上衝三關，三關各有兵吏，不計幾何，器仗戈甲，恐懼於人，先以龍虎撞之不開，次以大火燒之方啟，以至崑崙不住，及到天池方止；或三鶴沖三天，或雙蝶入三宮，或五彩雲中，捧朱衣小兒而過天門，或金車玉輅，載王者而超三界，若此肘後飛金晶，大河車之想也。及夫朱衣使者，乘車循行。自冀州入兗州，自兗州入青州，自青州入徐州，自徐州入揚州，自揚州入荊州，自荊州入梁州，自梁州入雍州，自雍州復還冀州。東西南北，畢於豫州停留，而後循行，所得之物金玉，所干之事凝滯。一吏傳命，而九州島通

和。週而復始，運行不已。或遊五岳，自恒山為始；或泛五湖，自北湖為始；或天符勑五帝，或王命詔五侯，若此還丹之想也。及夫珠玉散擲於地，或雨露濟澤於物，或海潮而滿百川，或陽生而發萬匯，或火發以遍天地，或煙露而充宇宙，若此煉形之想也。及夫或如鶴之辭巢，或如龍之出穴，或如五帝朝天，或五色雲起，或跨丹鳳衝碧落，或夢寐中上天衢，或如天花亂墜，仙樂嘈雜，金光繚繞，入宮殿繁華之處，若此皆朝元之想也。朝元之後，不復存想，方號內觀。

呂祖曰：內觀玄理，不比前法，可得聞乎？

鍾祖曰：古今修道之士，不達天機。始也不解依法行持，欲速求超脫，多入少出，而為胎息。冥心閉目，以行內觀，止於定中出陰神，乃作清靈之鬼，非為純陽之仙。真仙上聖，於採藥進火、抽鉛添汞、還丹煉形、朝元合氣，苦語詳言，唯恐世人不悟，而於內觀，未甚留意。殊不知內觀之法，乃陰陽變換之法，仙凡改易之時。奉道之士，勿得輕視而小用。且前項之事，交會有時日，行持有法則，凡能謹節信心，依時行法，不差毫末，指日見功。若此內觀，一無時日，二無法則，所居深靜之室，晝夜端拱，識認陽神，趕逐陰鬼。達摩面壁九年，方超內院；世尊冥心六載，始出凡籠。故內觀誠為難事，始也自上而下，紫河車搬入天宮，天宮富貴，孰不欽羨？或往或來，繁華奢侈，人所不得見者，悉皆有之。

奉道之士，平日清靜而守瀟灑，寂寞既已久矣，功到數足，輒受快樂：樓台珠翠、女樂笙簧、珍羞美饌、異草奇花，景物風光，觸目如畫。彼人不悟，將謂實到天宮，不知自身內院，認作真境。因循而不出入，乃困在昏衢，留形住世，不得脫質以為神仙。未到天宮，方在內觀。陰鬼外魔，因意生像，因像生境，以為魔軍。奉道之人，因而狂蕩，入於邪中，或失

身外道，終不能成仙。蓋以三尸七魄願人死，而自身快樂；九蟲六賊苦人安，則存留無處。

論魔難第十七

呂祖曰：內觀以聚陽神，煉神以超內院，上踴以出天門，直超而入聖品。既出既入，而來往無差；或來或往，而遠近不錯；欲住世，則神與形合；欲升仙，則遠遊蓬島。皆自內觀，以得超脫。不知陰鬼邪魔如何制，使奉道之人得以升仙？

鍾祖曰：奉道之士，始立信心，恩愛利名，一切塵勞之事，不可變其大志；次發苦志，勤勞寂寞，一切清虛之境，不可改其初心。必欲了於大成，止於中成而已；必欲了於中成。止於小成而已。又況不識大道，難曉天機，所習小法，多好異端，歲月蹉跎，不見其功，晚年衰老，復入輪廻。致使後來好道之士，以長生為妄說，超脫為虛言，往往聞道而不悟，對境生心，以物喪志，終不能出十魔九難之中。

呂祖曰：所謂「九難」者，何也?

鍾祖曰：大藥未成，難當寒暑，一年之內，四季要衣；真氣未生，尚有飢渴，一日之間，三餐要食。奉道之士，所患者衣食逼迫，一難也。及夫業緣夙重，應當今世填還，浮世偷閒，猶恐高堂約束，於尊親不忍拋離，欲清修難得閒暇。奉道之士，所患者尊長邀攔，二難也。及夫愛者父母，惜者妻兒，恩枷情杻，每日增添，火院愁車，無時休歇，縱有清淨之心，難敵囂煩之境。奉道之士，所患者恩愛牽纏，三難也。及夫富兼萬戶，貴極三公，妄心不肯暫休，貪念唯憂不足。奉道之士，所患者名利縈絆，四難也。及夫少年不肯修持，老大徒傷落魄，氣弱成病，頑心尚不省悟，命薄招災，見世已經受苦。奉道之士，所患者殃禍橫生，五難也。及夫急於求師，不擇真

偽，或辨辭利口，或道貌古顏，始自謂遇得道仙流，久後方知好利時輩。奉道之士，所患者盲師約束，六難也。及夫盲師狂友，妄指旁門，尋枝摘葉，終無契合，小法異端，互相指訣。不知日月不出，出則大明，使有目者皆見；雷霆不震，震則大驚，使有耳者皆聞。彼以爝（ㄐㄩㄝˊ 指火把。原作爝ㄐㄧㄠˋ，白色。今據文意改正）火之光，井蛙之語，熒熒唧唧，豈有合同？奉道之士，所患者議論差別，七難也。及夫朝為而夕改，坐作而立忘，悅須臾而厭持久，始憂勤而終怠惰。奉道之士，所患者意志懈怠，八難也。及夫身中失年，年中失月，月中失日，日中失時。少則名利不忘於心，老而兒孫常在於意。年光有限，勿謂今年已過，而待明年；人事無涯，勿謂今日已過，而待明日。今日尚不保明日，老年爭再得少年？奉道之士，所患者歲月蹉跎，九難也。免此九難，方可奉道，九難之中，或有一二，但徒勞而不能成功也。

呂祖曰：九難既已知矣，所謂「十魔」者，可得聞乎？

鍾祖曰：所謂十魔者，凡有三等：一曰身外見在，二曰夢寐，三曰內觀。如滿目花芳，滿耳笙簧，舌嗜甘味，鼻好異香，情思舒暢，意氣洋洋，如見，不得認，是六賊魔也；如瓊樓寶閣，畫棟雕樑，珠簾繡幕，蕙帳蘭房，珊瑚遍地，金玉滿堂，如見，不得認，是富魔也；如金鞍寶馬，重蓋昂昂，侯封萬戶，使節旌幢，滿門青紫，靴笏盈床，如見，不得認，是貴魔也；如輕煙蕩漾，暖日舒長，暴風大雨，雷震電光，笙簧嘹亮，哭泣悲傷，如見，不得認，是六情魔也；如親戚患難，眷屬災傷，兒女疾病，父母喪亡，兄弟離散，妻妾分張，如見，不得認，是恩愛魔也；如失身火鑊，墮落高岡，惡蟲為害，毒藥所傷，路逢難當，於法身亡。如見，不得認，是患難魔也；如十地當陽，三清玉皇，四神七曜，五岳八王，威儀節制，往

復翱翔,如見,不得認,是聖賢魔也;如云屯士馬,兵刃如霜,戈矛鬨（ㄏㄨㄥˋ,戰鬥、鬥爭,亦通「哄」）舉,弓箭齊張,爭來殺害,驍捷難當,如見,不得認,是刀兵魔也;如仙娥玉女,羅列成行,笙簧嘹亮,齊舉霓裳,雙雙紅袖,爭獻金觥,如見,不得認,是女樂魔也;如幾多姝麗,艷質濃妝,蘭台夜飲,玉體輕裳,殢（ㄊㄧˋ 糾纏）人驕態,爭要成雙,如見,不得認,是女色魔也。此十魔雖有,不認者是也。既認則著,既著則執,所以不成道者,良以此也。

若奉道之人,身外見在,而不認不執,則心不退,而志不移。夢寐之間,不認不著,則神不迷而魂不散;內觀之時,若見如是,當審其虛實,辨其真偽,不可隨波逐浪,認賊為子。及起三昧真火以焚身,一揮群魔自散,用紫河車,搬運自己之陽神,超內院而上天宮,然後可求超脫。今古好道之流,有清淨之心,對境改志,往往難逃十魔九難,空有好道之虛名,終不見得道之實跡。或出離塵勞,幽居絕跡,志在玄門,於九難不能盡除,在十魔或者一二,非不得道也,於道中或得中成,或得小成,於仙中或為人仙,或為地仙。若盡除魔難,序證驗而節節升遷,以內觀合陽神,指日而歸三島。

論證驗第十八

呂祖曰:嫌者病,而好道之人,求無病而長安;怕死者,而好道之人,若不死而長生。舉世人在世中,好道之人,欲升仙而遊物外;舉世人在地上,好道之人,欲超丹而入洞天。所以甘勞苦、守貧賤,遊心在清淡瀟灑之中,潛跡於曠野荒僻之地,一向行持,不知功之深淺,法之交換,難測改易之早晚。所謂下功之後,證驗次序如何?

鍾祖曰:苦志行持,終不見功者,非道負人,蓋奉道之

人，不從明師，所受非法。依法行持，終不見功者，非道負人，蓋奉道之人，不知時候，所以不成。若遇明師而得法，行大法以依時，何患驗證不有乎。

呂祖曰：所謂「法」者有數乎？所謂「時」者有數乎？

鍾祖曰：法有十二科：匹配陰陽第一，聚散水火第二，交媾龍虎第三，燒煉丹藥第四，肘後飛金晶第五，玉液還丹第六，玉液煉形第七，金液還丹第八，金液煉形第九，朝元煉炁第十，內觀交換第十一，超脫分形第十二。其時則年中法天地陰陽升降之宜，月中法日月往來之數，日中有四正八卦、十干十二支、一百刻、六千分，依法區分。自一日之後，證驗次序，以致脫質升仙，無差毫末。始也，淫邪盡罷，外行兼修，凡採藥之次，金精充滿，心境自除，以煞陰鬼；次，心經上湧，口有甘液；次，陰陽擊搏，時時腹中聞風雷之聲；次，魂魄不定，夢寐多有恐悸之境；次，六腑四肢，或生微疾小病，不療自癒；次，丹田自暖，形容清秀；次，居暗室，目有神光；次，夢中雄勇，物不能害，人不能欺，或如抱得嬰兒歸；次，金關玉瑣封固，絕夢泄遺漏；次，鳴雷一聲，關節通連，驚汗四溢；次，玉液烹漱，以成凝酥；次，靈液成膏，漸畏腥膻，以充口腹；次，塵骨將輕，而變神室，出趁奔馬，行止如飛；次，對境無心，而絕嗜欲；次，真氣入物，可以療人疾病；次，內觀明朗，而不暗昧；次，雙目童人如點漆，皺臉重紓，紺髮再生，已老者永駐童顏；次，真氣漸足，而似常飽，所食不多，飲酒無量，終不見醉；次，身體光澤，神氣秀媚，聖丹生味，靈液透香，真香異味，常在口鼻之間，人或知而聞之；次，目睹百步而見秋毫；次，身體之間，舊痕殘靨，自然消除，涕淚涎汗，亦不見有；次，胎完氣足，以絕飲食；次，內志清高，合乎太虛，凡情凡愛，心境自絕，下盡九蟲，上死

三尸；次，魂魄不遊，以絕夢寐，神采精爽，更無晝夜；次，陽精成體，神府堅固，四體不畏寒暑；次，生死不能相干，而坐忘內觀，以遊華胥神仙之國，女樂樓台，繁華美麗，殆非人世所有也；次，功滿行足，陰功報應，密授三清真籙，陰陽變化，預知人事，先見災福；次，觸目塵冗，厭與往還，潔身靜處，胎仙可現，身外有身，是為神聖；次，真氣純陽，呵吁可干外汞；次，胎仙常欲騰飛，祥光生於臥室；次，靜中時聞樂聲；次，常人對面，雖彼富貴之徒，亦聞腥穢，蓋凡骨俗體也；次，神采自可變移，容儀成而仙姿可比玉樹，異骨透出金色；次，行止去處，常有神祇，自來朝現，驅用指呼，一如己意；次，靜中外觀，紫霞滿目，金光罩體；次，身中忽火龍飛，或玄鶴起，便是神靈，脫凡骨而超俗流，乃曰超脫；次，超脫之後，彩雲繚繞，瑞氣紛紜，天雨奇花，玄鶴對飛，異香散而玉女下降，授天書紫詔。既畢，仙冠仙衣之屬具備，節制威儀，前後左右，不可勝紀，相迎相引，以返蓬萊。於紫府朝見太微真君，契勘鄉原名姓，校量功行等殊，而於三島安居，乃曰真人仙子。

呂祖曰：今日特蒙尊師，開說希夷大理、天地玄機，不止於耳目清明，精神秀媚，殘軀有托，終不與糞壤同類。然知之者未必能行，行之者未必能得。念生死事大，時光迅速，雖知妙理，未得行持，終不成功，與不知無異。敢請指教交會之時、行持之法，如何下手？如何用功？

鍾祖曰：僕有《靈寶畢法》，凡十卷、一十二科，中有六義：一曰金誥，二曰玉書，三曰真元，四曰比喻，五曰真訣，六曰道要。包羅大道，引喻三清。指天地陰陽之升降為範模，將日月精華之往來為法則，實五仙之旨趣，乃三成之規式。當擇日而授予足下。

第六節 鍾離權祖師八段錦
（丹道動功，含站式與坐式）

　　八段錦是由八節動作組成的一種健身運動方法。全套動作精煉，運動量適度，其每節動作的設計，都針對一定的臟腑或病症的保健與治療需要，有疏通經絡氣血、調整臟腑功能的作用。其名最早見於宋代洪邁《夷堅志》中。曾《道樞·眾妙篇》曾記述了具體練習方法：「仰掌上舉以治三焦者也，左肝右肺如射雕焉；東西獨托所以安其脾胃矣；返復而顧所以理其傷勞矣；大小朝天所以通其五藏矣；咽津補氣，左右挑其手，擺鱔之尾所以袪心之疾矣；左右手以攀其足所以治其腰矣。」《靈劍子引導子午記》也記有：「仰托一度理三焦，左肝右肺如射雕，東脾單托西通胃，五勞回顧七傷調，游魚擺尾通心臟，手攀雙足理於腰，次鳴天鼓三十六，兩手掩耳後頭敲。」八段錦在歷代相傳中得到不斷發展，流派繁多，現代較為流行的練習方法和歌訣見於清代梁世昌《易筋經圖說》所附《八段錦》（撰者不詳）中。

【基本內容和方法】

（一）「兩手托天理三焦」法

　　直立，兩足分開，與肩同寬。兩臂自然鬆垂身側，然後徐徐自左右側方上舉至頭頂，兩手手指相叉，翻掌，掌心朝上如托天狀，同時順勢踮兩腳跟，再將兩臂放下復原，同時兩腳跟輕輕著地。如此反覆多遍。若配合呼吸，則上托時深吸氣，復原時深呼氣。

（二）「左右開弓似射雕」法

　　直立，左足跨出一大步，身體下蹲作騎馬式。兩臂在胸前交叉，右臂在外，左臂在內，眼看左手，然後左手握拳，食指

翹起向上，拇指伸直與食指成八字撐開。接著左臂向左推出並伸直，頭隨而左轉，眼看左手食指，同時右手握拳，展臂向右平拉作拉弓狀。動作復原後左右互換，反覆進行數次。如配合呼吸，則展臂及拉弓時吸氣，復原時呼氣。

（三）「調理脾胃須單舉」法

直立，兩足分開，與肩同寬。右手翻掌上舉，五指併緊，掌心向上，指尖向右，同時左於下按，掌心向下，指尖向前。動作復原後，兩手交替反覆進行，反覆多遍，如配合呼吸，則上舉下按時吸氣，復原時呼氣。

（四）「五勞七傷向後瞧」法

直立，兩足分開，與肩同寬。兩手掌心緊貼腿旁，然後頭慢慢左顧右盼向後觀望。如配合呼吸，則向後望時吸氣，復原時呼氣。

（五）「搖頭擺尾去心火」法

兩足分開，相距約三個足底的長度，屈膝半蹲成騎馬勢。兩手張開，虎口向內，扶住大腿前部，頭部及上體前俯，然後作圓環形轉搖，轉動數圈後再反方向轉搖。在轉腰的同時，適當擺動臀。如配合呼吸，則在轉腰時吸氣，復原時呼氣。

（六）「兩手攀足固腎腰」法

直立，並足，兩膝挺伸、上身前俯，以兩手攀握兩足趾（如碰不到，不必勉強），頭略昂起。然後恢復直立姿勢，同時兩手握拳，並抵於腰椎兩側，上身緩緩後仰，再恢復直立姿勢。反覆進式採用自然呼吸。

（七）「攢拳怒目增氣力」法

兩腿分開屈膝成騎馬勢，兩手握拳放在腰旁，拳心向上。右拳向前方緩緩擊出，右臂伸直，拳心向下，兩眼睜大，向前虎視。然後收回左拳，如法擊出右拳，左右交替進行。如配合

呼吸，則出拳時呼氣，收拳時吸氣。

（八）「背後七顛百病消」法

直立，並足，兩掌緊貼腿側，兩膝伸直，足跟併攏提起，離地數寸，同時昂首，作全身提舉狀勢。然後足跟輕輕著地復原。反覆進行。如配合呼吸，則足跟提起時吸氣，足跟著地時呼氣。

【自我保健應用】

「兩手托天理三焦」法可吐故納新，調理臟腑功能，消除疲勞，滑利關節（尤其是對上肢和腰背）。「左右開弓似射雕」法由擴胸伸臂可以增強胸肋部和肩臂部肌力，加強呼吸和血液循環，有助於進一步糾正姿勢不正確所造成的病態。

「調理脾胃須單舉」法有助於防治胃腸病。

「五勞七傷向後瞧」法可消除疲勞，健腦安神，調整臟腑功能，防治頸肩酸痛。

「兩手攀足固腎腰」法可增強腰部及下腹部的力量，但高血壓病和動脈硬化患者，頭部不宜垂得太低。

「攢拳怒目增氣力」法可激發經氣，加強血運，增強肌力。

「背後七顛百病消」法可疏通背部經脈，調整臟腑功能。長期堅持練習八段錦可增強體質，防止疾病。

第四章　呂洞賓師承鍾祖丹道篇

叩齒集神圖勢

叩齒集神三
十六兩手抱
崑崙雙手擊
天鼓二十四
右法先須閉目
冥心盤坐握固
靜思然後叩齒
集神次义兩手
向頂後數九息
勿令耳聞乃移
手各捲耳以第
二指壓中指彈
彈腦後左右各
二十四次

搖天柱圖勢

左右手搖
天柱各二
十四
右法先漱
握固乃搖
頭左右顧
肩膊隨動
二十四

舌攪漱咽圖勢

左右台攪上

腭三十六漱

三十六分作

三口如硬物

嚥之然後方

得行火

右法以舌攪口

齒并左右頰待

津液生方漱之

至滿口方嚥之

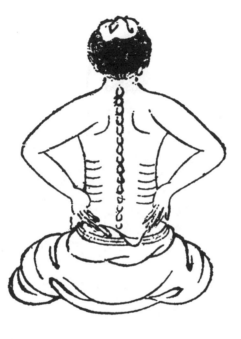

摩賢堂圖勢

両手摩腎堂
三十六以數
芝更鈔
右法閉氣搓
手令熱後摩
腎堂如數畢
仍收手握固
再閉氣想用
心火下燒丹
田覺熱極即
用後法

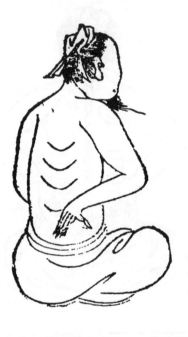

単關轆轤圖勢

左右單關轆
轤各三十六
右法須俯首
擺撼左肩三
十六次右肩
亦三十六次

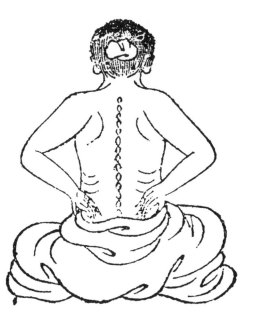

左右轆轤圖勢

雙關轆轤三
十六
右法兩肩並
標撼至三十
六數想火自
丹田透雙關
入腦戶鼻引
清氣後伸兩
腳

兩手相搓當

呵五呵後义

手托天按頂

各九次

右法兩手相

义向上托空

三次或九次

鉤攀圖勢

以兩手如鉤
向前攀雙腳
心十二次一存

收足端坐
右法以兩手向
前攀御心十二
次刀收足端坐
漱口中津液生
再漱并身一如
前數搵荷并身
二十四次想
鍾二十四次想
舟田火自下而
上過繞身體想
時口泉出須閉
氣少頃

第七節　吳雲青傳承鍾離權、呂祖丹道養生修真　九轉還丹下手功夫（丹道靜功）

此節內容請參閱本系列叢書：

⑥《世界著名壽星吳雲青談中國傳統養生之道》第二章或

⑦《黃帝外經》丹道修真長壽學卷十二　或

⑧《鬼谷子》與茅山道派丹道修真學第七章第一節

第八節　《崔希範真人入藥鏡》

唐・崔希範撰　元・王玠注

先天氣，後天氣，得之者，常似醉。

【注】先天氣者，乃元始祖氣也。此祖氣在人身天地之正中，生門密戶懸中高處天心是也。神仙修煉，止是採取先天一氣，以為丹母。後天氣者，乃一呼一吸、一往一來，內運之氣也。呼則接天根，吸則接地軸。呼則龍吟而雲起，吸則虎嘯而風生。綿綿若存，歸於祖氣，內外混合，結成還丹。自覺丹田火熾，暢於四肢，如痴如醉，美在其中，此所以得之者常似醉也。《老子道德經》云：谷神不死，是謂玄牝。玄牝之門，是謂天地根。綿綿若存，用之不勤。《易・坤》卦云：黃中通理，正位居體，美在其中，而暢於四肢。如斯之謂也。

日有合，月有合，窮戊己，定庚甲。

【注】日月者，太陽、太陰也。天有黃道，為度三百六十五度四分度之一。其運轉也，一日一周，日月行乎其間，往來上下，迭為出入，此所以分晝夜而定寒暑也。當冬至之節，一陽生於復，日從北行，月從南行；夏至之節，一陰生於姤，日

從南行，月從北行。日行一日一度，至三十度，與太陰會。月本無光，借日之光。月行一日十二度有零，至三十日行滿周天之度。每月晦朔，與太陽同會所行之宮，日月合璧。晦象年終，朔象歲首，會而復離，離而復會。月因日以受其明，陽魂漸長，陰魄漸消，至初八日夜；陽半陰半為上弦，至十五日夜，與日對照為望故圓；圓滿之極，其理當虧，於是陰魄漸長，陽魂漸消，至二十三日夜，陰半陽半為下弦，至三十夜為晦，又復與日同會。此天之日有合月有合也。反求於身，吾身一天地，亦有日月也。以身為乾坤，以坎離為藥物，以日月運行為火候。百姓日用而不知，豈知行之吾身，與天地日月無不同也。當作丹之時，運日月之雙輪，簇陰陽於一息。日月歸鼎，陰陽媾精，烹之煉之，結成聖胎。此吾身日有合月有合也，了真子曰，玉池常滴陰陽髓，金鼎時烹日月精是也。既明日月之合，必窮戊己之源。戊己者，中央土也。水火分為上下，木金列於東西。木為火母，金為水母，若非戊己之功，水火不能既濟，金木不得歸併。當施化之際，是用戊土從坎起，進之以陽火；己土從離降，退之以陰符。攝回四象而同爐，此戊己之功也。既窮戊己之理，必定庚甲之方。庚，西方金也，情也，虎也；甲，東方木也，性也，龍也。言人之情，好於馳騁，見物即逐，如虎猖狂，故每傷於性，性被情迷，不能為主，如龍奔騰，故二物間隔。大修行人制之不難，遇此時正好下手施功，須仗黃婆媒合，旋斗柄之機，一息之間，即得金木歸併，情性合一，龍虎入鼎，心虛湛然，此所以定庚甲也。丹家妙用，宜乎生甲生庚，學者不可不知也。

上鵲橋，下鵲橋，天應星，地應潮。

【注】人身夾脊，比天之銀河也。銀河阻隔而有靈鵲作

橋，故有鵲橋之說。人之舌，亦言鵲橋也。凡作丹之時，以黃婆引嬰兒，上升泥丸，與姹女交會，名曰上鵲橋也。黃婆復徘徊，笑引嬰兒姹女同歸洞房，必從泥丸而降，故曰下鵲橋也。黃婆、嬰兒、姹女非真有也，乃譬喻之說，無出乎身、心、意三者而已。默運之功，內仗天罡斡運，外用斗柄推遷，起火之時，覺真氣騰騰上升，如潮水之初起，直上逆流，故曰天應星地應潮也。丹經云，工夫容易藥非遙，撥動天輪地應潮是也。

起巽風，運坤火，入黃房，成至寶。

【注】作丹之法，乃煉吾身中真鉛、真汞也。鉛遇癸生之時，便當鼓動巽風，扇開爐鞴，運動坤宮之火，沉潛於下，抽出坎中之陽，去補離中之陰，成乾之象，復歸坤位而止，片餉之間，發火鍛鍊，鉛清汞潔，結成寶器金胎，歷劫不壞。此所以入黃房成至寶也。《度人經》云：中理五氣，混合百神，十轉回靈，萬氣齊仙。蕭廷芝云，大藥三般精氣神，天然子母互相親，回風混合歸真體，鍛鍊工夫日日新是也。

水怕乾，火怕寒，差毫髮，不成丹。

【注】修真內煉之要，鼎中之水不可乾，爐內之火不可寒。丹經所謂金鼎常留湯火暖，玉爐不要火教寒是也。以外丹言之，凡作丹之時，行武煉文烹之功，大要調和火力。若用之太過，則火燥水乾，不及，則水濫火寒。務在行之停勻，一刻周天，水火既濟，鼎內丹結，自然而然也。若差之毫髮，不成丹矣。

仙師云：藥有老嫩，火有斤兩，學者不可不知。了真子不云乎，七返九還須識主，工夫毫髮不容差！《悟真篇》云，大都全藉修持力，毫髮差殊不作丹是也。

鉛龍升，汞虎降，驅二物，勿縱放。

【注】鉛者，坎中一點真陽，謂之龍也；汞者，離中一點真陰，謂之虎也。凡作丹之時，飛戊土抽坎中之鉛，木生火而炎，上升泥丸，龍從火裡出，故曰鉛龍升也；用己土攝離中之汞，金生水而流，下降丹田，虎向水中生，故曰汞虎降也。擒捉之功，非加武火之力，則鉛龍不升；非用文火之力，則汞虎不降。一息周流，妙在堅剛著力，擒龍虎入鼎，烹煉化為玉漿，故曰驅二物勿縱放也。

張紫陽云，西山白虎正猖狂，東海青龍不可當，兩手捉來令死鬥，化成一塊紫金霜是也。

產在坤，種在乾，但至誠，法自然。

【注】張紫陽云：要知產藥川源處，只在西南是本鄉。此所以言吾身西南方，乃坤位也。人腹為坤，人首為乾。坤居下為爐，乾居上為鼎。金丹大藥，產在坤，種在乾。凡作丹採藥之時，必從坤位發端，沉潛尾穴，溫養見龍，當加武火，逼逐真陽之氣，逆上乾宮交姤，復還坤位而止，猛烹極煅，結成至寶，故曰產在坤種在乾。其中復有先天產藥之時，觀心吸神，握定不泄，皆助火候之力。古仙往往秘而不言，此最上機關，人誰知之！行持之間，唯在存誠，野戰防危，法天象地，應化自然，故曰但至誠法自然也。

盜天地，奪造化，攢五行，會八卦。

【注】提挈天地，握定陰陽，攢簇五行，合會八卦，此神仙之學也。天地者，即乾坤也。造化者，即陰陽也。五行者，金、木、水、火、土也。八卦者，乾、坤、坎、離、震、巽、艮、兌是也。且夫天地之大，造化之深，五行分布，八卦環

列，以何術能盜之、奪之、攢之、會之？盜者，竊也。奪者，取也。攢者，簇也。會者，合也。此言丹家之法，妙在口傳。凡作丹真訣，只在些兒消息，待時至氣化，藥產神知，便當閉氣關，塞兌戶，斡天罡，旋斗柄，運符火之一息，簇三千六百之正氣，回七十二候之要津，顛倒五行，會合八卦，總歸土釜，牢固封閉，須臾調燮火發，武煉猛烹，結成聖胎，所以一刻工夫，奪一年之節候。丹經云：人心若與天心合，顛倒陰陽只片時。此即一呼一吸，能奪造化。

　　人一日有一萬三千五百呼，一萬三千五百吸，一呼一吸為一息，則一息之間，潛奪天運一萬三千五百年之數，一年三百六十五日，四百八十六萬息，潛奪天運四百八十六萬年之數，於是換盡陰濁之軀，變成純陽之體，神化自在，聚則成形，散則成風，出有入無，隱顯莫測，豈不奇哉？！

　　水真水，火真火，水火交，永不老。

　　【注】水居北方，在卦為坎，在身為腎；火居南方，在卦為離，在身為心。水中藏火，火中藏水。人心中一點真液，乃真水也；腎中一點真陽，乃真火也。水火分於上下，何由而交之？必假戊己真土，擒制逼逐，得其真火上升，真水下降，同歸土釜。水火既濟，結成金丹，一氣純陽，與天齊壽，故曰水火交永不老也。

　　水能流，火能焰，在身中，自可驗。

　　【注】水在上，故能流潤於下，火在下，故能炎焰於上。此天地水火升降自然之理。人身作丹運用之時，亦復如是，故曰在身中自可驗也。

是性命，非神氣，水鄉鉛，只一味。

【注】性即神也，命即氣也。性命混合，乃先天之體也；神氣運化，乃後天之用也。故曰是性命非神氣也。修煉之士，欲得其性靈命固，從下手之初，必是採水鄉之鉛。水鄉鉛者，坤因乾破而為坎，坎水中而有乾金，金為水母，母隱子胎，一點真陽，居於此處，遇身中子時陽動之際，急急採之，紫陽所謂鉛遇癸生須急採是也。採時須以徘徊之意，引火逼金，正所謂火逼金行顛倒轉，自然鼎內大丹凝。只此一味，為大道之根。雲房云：生我之門死我戶，幾個惺惺幾個悟？夜來鐵漢細尋思，長生不死由人做。指此一味，直欲世人於此尋之，方是煉丹之本。丹經云，好把真鉛著意尋，華池一味水中金是也。

歸根竅，復命關，貫尾閭，通泥丸。

【注】作丹妙用，要明玄關一竅。一性正位，萬化歸根，復命之道，必由三關而轉，故曰歸根竅復命關也。當復命之時，飛神海底，存火薰蒸，精化為氣，撥動頂門關捩，從尾閭徐徐提起，直上泥丸交姤，煉氣化為神，神居泥丸為本宮，則有萬神朝會，故曰貫尾閭通泥丸也。

《大師汪真君奧旨》云：夾脊三關透頂門，銜花騎鹿走如雲，捉花騎鹿踏雲去，霍地牛車前面迎。《黃庭經》云：子欲不死修崑崙。《還元篇》云：悟道顯然明廓落，閑閑端坐運天關。《道德經》云：歸根曰靜，靜曰復命。其說是也。

真橐籥，真鼎爐，無中有，有中無。

【注】橐者，虛器也，韝也；籥者，其管也，竅也。言人一晝夜一呼一吸之氣，氣為之風，如爐韝之抽動，風生於管，爐火自炎，久久心息相依，丹田如常溫暖，此吾身有真橐籥

也。《老子道德經》云，天地之間，其猶橐籥乎？虛而不屈，動而愈出是也。鼎者，乾也，性也；爐者，坤也，命也。既鼓動吾身之橐籥，必採藥物以入鼎，採藥之時，加武火之功，以性幹運於內，以命施化於外，片餉之間，乾坤合一，神氣交會，結成還丹，以為聖胎，故曰真鼎爐也。既得還丹成象，以文火溫養，虛心以守其性，實腹以養其命，恍惚杳冥之中，無中生有，有中生無，此即靜極復動，動極復靜，故曰無中有中無也。

托黃婆，媒姹女，輕輕地，默默舉。

【注】黃婆、姹女，皆強名也。黃婆者，坤土也，即戊己土也，又言意也。姹女者，兌金也，兌為少女，金隱水中。凡作丹，必托黃婆為媒，通姹女之情，以戊土藏火，火逼金行。當起火之初，受氣且柔，要當撥轉頂門關捩，從尾間穴輕輕地默默而舉，須臾火力熾盛，河車不可暫停，運入南宮，復還元位，嫁與金公，而作老郎。崔公苦口叮嚀，以謂世人不達還丹之旨，故喻托以黃婆，媒於姹女，直欲世人曉此理也。

《悟真篇》云：姹女游行自有方，前行須短後須長，歸來卻入黃婆舍，嫁個金公作老郎是也。

一日內，十二時，意所到，皆可為。

【注】意者，性之用，即真土也。一日之內十二時辰，有一年之節候，自子時至辰巳六時屬陽，自午時至戌亥六時屬陰，一陽來復，身中子時也，一陰生姤，身中午時也。且夫水火間於南北，木金隔於東西，此四象何由而合？必假意以通消息。是以天地造化，一刻可奪，一日之內，十二時中，無晝無夜，念茲在茲，常惺惺地，動念以行火，息念以養火，此所以

意所到皆可為也。

飲刀圭，窺天巧，辨朔望，知昏曉。

【注】飲者，宴也。刀者，水中金也。圭者，戊己真土也。言作丹採藥之時，必採水中之金，金不得自升，必假戊上化火，逼逐金行，度上泥丸。金至此化為真液，如瓊漿甘露，一滴落於黃庭，宴之味之，津液甘美，故曰飲刀圭也。窺者，觀也。言能觀天道運化之功，遂執天而行，旋吾身斗柄之機，一刻之間，能奪天地造化，故曰窺天巧也。

《黃帝陰符經》所謂觀天之道，執天之行，盡矣。純陽詩曰，縱橫北斗心機巧，顛倒南辰膽氣雄是也。辨朔望者，以一歲言之，冬至為朔，夏至為望；以一月言之，初一為朔，十五為望；以一日言之，子時為朔，午時為望；以一時言之，初一刻為朔，正四刻為望；以六十四卦言之，復卦為朔，姤卦為望；以一身言之，尾閭為朔，泥丸為望；子宮進火為朔，午位退符為望。既明此理，又要知其昏曉。昏者，暮也；曉者，朝也。於卦有朝屯暮蒙之理，一卦六爻，顛倒用之，遂為兩卦，朝屯一陽生於下，暮蒙一陰生於上，一陽一陰，一進一退，人身運化，與天地同也。達此理者，可以長生久視，與鍾、呂並駕同日而語矣，有何疑哉！

識浮沉，明主客，要聚會，莫間隔。

【注】浮者，汞也；沉者，鉛也。離汞居上曰浮，坎鉛居下曰沉。修丹之訣，沉者必使其升，浮者必使其降，故曰識浮沉也。既識浮沉，須明主客。主者，命也；客者，性也。有身則有命，有命則有性，性依命立，命從性修。是以命為性之母，故為主；性為命之子，故為客。日逐之間，借身為用，仙

師所謂饒他為主我為賓是也。

既明主客，以鉛汞而同爐，主客而同室，綿綿若存，於二六時中，回光返照，打成一片，遍滿太虛。若夫時至氣化，機動籟鳴，火從臍下而發，水向頂中而生，其妙自有不期然而然者。孔子所謂道也者，不可須臾離也，可離非道也。程子亦云：心常要在腔子裡。虛靖天師曰：神一出便收來，神返身中氣自回，如此朝朝與暮暮，自然赤子產靈胎。此所以要聚會莫間隔也。

採藥時，調火功，受氣吉，防成凶。

【注】採藥時者，乃身中一陽來復之時也。於斯時則當閉關，行火之功妙在調燮停勻，從三關運轉，一舉三時，周流復位，萬氣凝真。當此之時，獨受於我，神之暢快，喜慶難言，故曰受氣吉也。行火退符之間，務在存誠一念，不可間斷，設或纖毫差失，遂成凶矣。密意防護，不可不謹，是用野戰防危，故曰防成凶也。

丹經云，配合虎龍交姤處，此時如過小橋時是也。或曰：性靜無為，要坐便坐，要眠便眠，何必辨採藥調火。蓋不知有造化者耳，未足與議也。

火候足，莫傷丹，天地靈，造化慳。

【注】煉得黃芽滿鼎，白雪漫天，嬰兒成像，故火候足也。火候既足，只宜沐浴溫養，若不知止足，妄意行火，反傷丹矣。丹成之後，天地混合，神氣自靈，仙師所謂虛室生白，神明自來，故曰天地靈也。當此之時，宜加寶愛，調息務在微細，於靜定之中，內不出，外不入，形忘物忘，心同太虛，一氣純陽，故造化慳也。

初結胎，看本命，終脫胎，看四正。

【注】祖劫天根，居混沌之中，乃為結胎之所。下手之初，煉精化為氣，煉氣化為神，煉神化為虛，煉虛合道，結為聖胎。初結胎之時，常於命蒂守之，故曰初結胎看本命也。十月胎圓，移神上居泥丸，調神出殼。直待功成行滿，上帝詔臨，打破虛空，真人上舉，駕紅雲，跨白鶴，東南西北，無所往而不可，故曰終脫胎看四正。《靜中吟》云，一朝功滿人不知，四面皆成夜光闕是也。

密密行，句句應。

【注】此二句總結前八十句，言金丹大道進火退符奪造化之妙訣，行之一身如空谷之應聲，陽燧之取火，方諸之取水，神通氣感，何其速之如是，故曰密密行句句應。丹經云，視之不見，聽之不聞，及至呼時又卻應是也。

【按】據崔希範自己解釋，本篇之所以命名為「入藥鏡」，是因為內丹的修煉過程中，「神應氣逐，謂之火焉，精應氣隨，謂之水焉」，水火既濟，陰陽調停，即「吾之入藥也」，而入藥之成敗，又有賴於「以吾心為鏡，身為之台」。本篇以歌訣的形式，比較完整、系統地闡述了內丹修煉的理法，對鍾呂派的內丹學說具有較大影響，是丹道靜功的重要文獻。作者崔希範，號至一真人。係唐末五代的著名道功高師，精通道教典籍，深諳養生之道。鍾呂派的代表人物是鍾離權與呂岩（洞賓），呂氏嘗師事崔氏，得其修煉秘訣，曾賦詩云：「因看崔公《入藥鏡》，令人心地轉分明」，足見其受啟發之深。有將崔氏認作漢人者，不確。注者王玠，字道淵，號混然子，南昌（屬江西省）人。為元代的道教學者。所注簡明易

懂，因此頗為流行。其實王氏之注，係擴展元代著名的道教學者蕭廷芝的注釋而成。蕭氏之注在《金丹大成》中，可參看。

第九節　張三豐傳承呂洞賓、陳摶、火龍真人的丹道靜功而寫的《打坐歌》

　　初打坐，學參禪，這個消息在玄關。秘秘綿綿調呼吸，一陰一陽鼎內煎。性要悟，命要傳，休將火候當等閒。閉目觀心守本命，清靜無為是根源。百日內，見應驗，坎中一點往上翻。黃婆其間為媒妁，嬰兒姹女兩團圓。美不盡，對誰言，渾身上下氣沖天。這個消息誰知道，啞子做夢不能言。急下手，採先天，靈藥一點透三關，丹田下上泥丸頂，降下重樓入中元。水火既濟真鉛汞，若非戊己不成丹。心要死，命要堅，神光照耀遍三千。無影樹下金雞叫，半夜三更現紅蓮。冬至一陽來復始，霹靂一聲震動天。龍又叫，虎又歡，仙樂齊鳴非等閒。恍恍惚惚存有無。無窮造化在其間。玄中妙，妙中玄，河車搬運過三關。天地交泰萬物生。日飲甘露似蜜甜。仙是佛，佛是仙，一性圓明不二般。三教原來是一家，飢則吃飲困則眠。假燒香，拜參禪，豈知大道在目前，昏迷吃齋錯過了，一失人身萬劫難。愚迷妄想西天路，瞎漢夜走入深山。元機妙，非等閒，漏泄天機罪如山。四正理，著意參，打破玄關妙通玄。子午卯酉不斷夜，早拜明師結成丹。有人識得真鉛汞，便是長生不老仙，行一日，一日堅，莫把修行眼下觀。三年九載功成就，煉成一粒紫金丹。要知此歌何人作，清虛道人三豐仙。

※ 第五章 ※
呂洞賓自闡丹道修真篇

第一節　呂祖《百字碑》（張三豐注釋）

養氣忘言守

凡修行者，先須養氣。養氣之法，在乎忘言守一。忘言則氣不散，守一則神不出。訣曰：緘舌靜，抱神定。

降心為不為

凡人之心，動蕩不已。修行人心欲入靜，貴乎制伏兩眼。眼者，心之門戶，須要垂簾塞兌。一切事體，以心為劍，想世事無益於我，火烈頓除，莫去貪著。訣云：「以眼視鼻，以鼻視臍，上下相顧，心息相依，著意玄關，便可降伏思慮。」

動靜知宗祖

動靜者，一陰一陽也；宗祖者，生身之處也。修行人當知父母未生之前，即玄牝也；一身上下，乾坤八卦，五行四象，聚會之處，乃天地未判之先，一點靈光而成，即太極也。心之下，腎之上，彷彿之內，念頭無息所起之處，即是宗祖。所謂動靜者，調和真氣，安理真元也。蓋呼接天根，吸接地根，即闔戶之謂坤、闢戶之謂乾。呼則龍吟雲起，吸則虎嘯風生；一闔一闢，一動一靜，貴乎心意不動，任其真息往來，綿綿若存。調息至無息之息打成一片，斯神可凝、丹可就矣。

無事更尋誰

若能養氣忘言守，降伏身心，神歸炁穴。意注規中，混融

一炁，如雞抱卵，如龍養珠，念茲在茲，須臾不離，日久工深，自然現出黍米之珠，光耀如日，默化元神，靈明莫測，即此是也。

真常須應物，應物要不迷。

此道乃真常之道，以應事易於昏迷，故接物不可迷於塵事。若不應接，則空寂虛無。須要事來則應之，事去不留。光明正大，乃是不迷，真性清靜，元神凝結。訣曰：「著意頭頭錯，無為又落空。」

不迷性自住，性住氣自回。

凡人性烈如火，喜怒哀樂，愛惡欲憎，變態無常。但有觸動，便生妄想，難以靜性。必要有真懲忿，則火降；真寡欲，則水升。身不動，名曰煉精，煉精則虎嘯，元神凝固；心不動，名曰煉氣，煉氣則龍吟，元氣存守；意不動，名曰煉神，煉神則二氣交，三元混，元氣自回矣。三元者，精、氣、神也；二氣者，陰陽也。修行人應物不迷，則元神自歸，本性自住矣。性住則身中先天之氣自回，復命歸根，有何難哉！訣曰：「回光返照，一心中存，內想不出，外想不入。」

氣回丹自結，壺中配坎離。

修行人性不迷塵事，則氣自回，將見二炁升降於中宮，陰陽配合於丹鼎，忽覺腎中一縷熱炁上沖心府，情來歸性，如夫婦配合，如痴如醉。二氣氤氳，結成丹質，而炁穴中水火相交，循環不已，則神御炁、炁留形，不必雜術自長生。訣曰：「耳目口三寶，閉塞勿發通。真人潛深淵，浮游守規中。」直至丹田氣滿，結成刀圭也。

陰陽生反覆，普化一聲雷。

功夫到此，神不外馳，氣不外泄，神歸炁穴，坎離已交，愈加猛烈精進；致虛之極，守靜之篤，身靜於杳冥之中，心澄

於無何有之鄉。則真息自住，百脈自停，日月停景，璇璣不行，太極靜而生動，陽產於西南之坤。坤即腹也，又名曲江。忽然一點靈光，如黍米之大，即藥生消息也。赫然光透，兩腎如湯煎，膀胱如火炙，腹中如烈風之吼，腹內如震雷之聲，即復卦天根現也。天根現即固心王，以神助之，則其炁如火逼金，上行穿過尾閭，輕輕運，默默舉。一團和氣，如雷之震，上升泥丸，周身踴躍，即天風姤卦也。由月窟至印堂眉中，漏出元光，即太極動而生陰。化成神水甘露，內有黍米之珠，落在黃庭之中，點我離中靈汞，結成聖相之體。行周天火候一度，烹之煉之，丹自結矣。

白雲朝頂上，甘露灑須彌。

到此地位，藥即得矣。二氣結刀圭，關竅開通；火降水升，一炁周流；從太極中動天根，過玄谷關；升二十四椎骨節，至天谷關；月窟陰生，香甜美味，降下重樓，無休無息，名曰甘露灑須彌。訣曰：「甘露滿口，以目送之，以意迎之，送下丹釜，凝結元氣以養之。」

自飲長生酒，逍遙誰得知！

養氣到此，骨節已開，神水不住上下周流，往來不息，時時吞咽，謂之長酒。訣曰：「流珠灌養靈根性，修行之人知不知？」

坐聽無弦曲，明通造化機。

功夫到此，耳聽仙樂之音，又有鐘鼓之韻；五氣朝元，三花聚頂，如晚鴉來棲之狀。心田開朗，智慧自生；明通三教經書，默悟前生根本，預知未來休咎；大地山河，如在掌中；目視萬里，已得六通之妙，此乃實有也。吾行實到此際，若有虛言以誤後學，天必誅之。遇之不行，罪遭天譴；非與師遇，此事難知。

都來二十句，端的上天梯。

自「養氣忘言守」至此二十句，皆是呂祖真正口訣功夫，無半點虛偽，乃修行上天之階梯。得悟此決與注者，可急行之；勿妄漏泄，勿示匪人，以遭天譴；珍重奉行，克登天闕。

【呂祖抱度人宏願，而傳此《百字碑》；張祖抱度人宏願，而注此《百字碑》，張祖之心，而即呂祖之心也。故曰：純陽、三豐，乃神仙之耳目。西月跋】

第二節　《呂仙翁百字碑》(本碑珍藏於呂祖故里山西永濟市芮縣永樂宮呂公祠內)

——本百字碑立於呂祖故里：山西永濟永樂宮中

本性好清靜，保養心猿定。酒又何曾飲，色欲已罷盡。
財又我不貪，氣又我不競。見者如不見，聽者如不聽。
莫論他人非，只尋自己病。官中不繫名，私下憑信行。
遇有不輕狂，如無守本份。不在人殼中，免卻心頭悶。
和光且同塵，但把俗情混。因甚不爭名，曾共高士論。

呂祖百字碑（丹道命功）

養氣忘言守，降心為不為。動靜知宗祖，無事更尋誰？
真常須應物，應物要不迷。不迷性自住，性住氣自回。
氣回丹自結，壺中配坎離。陰陽生反覆，普化一聲雷。
白雲朝頂上，甘露灑須彌。自飲長生酒，逍遙誰得知。
坐聽無弦曲，明通造化機。都來二十句，端的上天梯。

第三節　古本《純陽丹經》（本古本珍藏於香港　先天道觀，蘇德仙 2010 年發現後公開）

寶　誥

志心皈命禮（《玄門日誦早晚課・呂祖寶誥》）

玉清內相，金闕選仙。化身為三教之師，掌法判五雷之令。黃粱夢覺，亡世上之功名。寶劍光輝，斬人間之妖怪。四生六道，有感必孚。三界十方，無求不應。黃鶴樓中留勝跡，紫芝洞內煉靈砂。存聖像於雲崖，顯仙蹤於玉宇。闡法門之香火，作玄嗣之梯航。大聖大慈，大仁大孝。開山啟教，玄應祖師。天雷上相。靈寶真人。純陽演正。警化孚佑帝君，興行妙道天尊。普度光圓。自在文尼真佛。

開經偈

一

聖師真口訣	明方萬古遺
傳與世間人	能有幾人知
衣破用布補	樹衰以土培
人損將何補	陰陽造化機
取將坎中實	金花露一枝
慶雲開天際	祥光塞死基
歸己昏昏默	如醉亦如痴
大丹如黍米	脫殼證無為
優游天地廓	萬象掌中珠
人能服此藥	壽與天地齊
如若不延壽	吾言皆是非

金丹重一斤	秘目靜存神
只在家中取	何勞向外尋
月到天心處	風來水面時
這般清意味	料得少人知
不飲欺心酒	休貪不義財
福因慈善得	禍從奸巧來
但患去針心	真銅水換金
鬢邊無白髮	駟馬去難尋
姹女住瑤台	仙花滿地開
金苗從此出	玉蕊自天來
鳳舞長生曲	鶯歌續命杯
有人明此道	海變幾千回

世祿暫榮，浮生難保。惟登真脫屣，可以後天為期。臣運屬休明，累叨榮爵。早悟升沉之理，深知止足之規。棲心玄關，偶得丹訣。黃金可作，信淮南之昔言。白日可逐，察真經之妙用。既得知意，余復何求？是用揮手紅塵，騰神碧海。扶桑在望，蓬島非遙。遐瞻帝闕，不勝受恩感切之志。

聖偈

一

惟至人兮開洪荒。柄生成兮位青陽。

啟紫府兮碧雲鄉。毓靈根兮歲月長。

二

召真侶兮盛筵張。薦奇果兮甘且芳。

羅珍饌兮進霞觴。霞觴醉兮發清狂。

三

調絲竹兮聽宮商。開心顏兮樂洋洋。

隨人世兮幾滄桑。願聖壽兮永無疆。

經　跋

粵自大道開天。靈文垂世。史傳柱下。玄語五千。吏隱漆園。卮言十萬。理極三元之奧。文成八會之章。瓊笈銀題。太上之靈以泄。丹書綠字。重玄之秘攸彰。借象筌真。因文窺要。無非念狂瀾之苦。濟彼慈航。憐永劫之迷。普茲法雨。洵生人之厚幸。實上聖之弘仁。乃者歧路既分。流源愈遠。五金八石。徒勞丹灶殘煙。三素九玄。莫溯玉京初諦。邈矣。青牛永去。關前紫氣空浮。嗟哉黃鵠不臨。嶺上白雲誰贈。泉掩英雄之夢。塵埋綺繡之香。薤露有悲。松風無韻。欲脫身於幻化。須銳志於真修。茲

紫清真人祖師。憫至道之失傳。救群迷之胥溺。飛鸞度世。搦筆宜人。受命彌羅天際。遙來鶴駕。傳經靈寶。人間永煥龍文。三教而統一元。八編而綜萬派。喝殘春夢。空中散玄圃瓊花。拂淨浮塵。眼底看赤城霞氣。粉碎百般窠臼。雪消半點呻吟。三誦而魔子魂銷。久持而善人慶集。還元闡奧。出世津梁。余也棲志蓬廬。托身泡影。未抱鄴侯之骨。徒擁闕裡之衣。僕僕 30 年。何當回首。炎炎方寸地。盡自捫心。暫隨飲啄人間。終擬逍遙物外。嗚呼蕩蕩斯世。蚩蚩此氓。同在五濁之中。焉知來者。欲出三塗之難。豈有他哉。心死可以身生。忘機乃能見性。道無可道。是在述者之明。玄之又玄。總歸作者之聖。同人有志。共證斯言。

一明妙訣（呂祖一明丹經妙訣）
志心皈命禮

一

靈根育孕本先天。藏在後天是水鉛。
悟得真心明本性。不空不色自方圓。

二

性命天機深又深。工程藥火細追尋。
求師訣破生身妙。取坎填離到寶林。

三

分明一味水中金。收得他家放下心。
攢簇五行全體就。長生不死鬼神欽。

四

歸根復命是還丹。養到純陽再換壇。
不曉個中消息意。聖基雖入道難完。

五

陽極陰生姤即連。此中消息要師傳。
含章在內神功妙。知者奪來造化權。

六

大觀若也更神觀。否泰盈虛怎得瞞。
用九隨能兼用六。執中精一結靈丹。

七

九還七返大丹功。煉就純陽要變通。
了命弗知兼了性。法身到底不飛翀。

八

金液還丹教外傳。五行四象火功全。
求師訣破其中奧。了悟源流好上船。

九

丹法原來造化基。逆生順死妙中奇。
仙翁指出還原理。怎奈傍門自己迷。

十

人生在世似浮漚。背理違天誰肯休。
任爾堆金多積玉。怎能買得命長留。

十一

天堂地獄在心頭。善惡分明禍福由。
富貴不淫貧賤樂。可生可死有何愁。

十二

存誠去妄法雖良。究竟難逃生死鄉。
何若金丹微妙訣。超凡入聖了無常。

十三

未修仙道先修人。人與虎蛇作近鄰。
急脫諸般凶惡念。小心敬讓保天真。

十四

已修人事急修仙。這個天機要口傳。
翻過五行歸正覺。霎時六賊化飛煙。

十五

大道原來仗火功。修持次序要深窮。
鑒形閉靜都拋去。步步歸真莫著空。

十六

迷徒不識本原因。誤認皮囊有寶珍。
心腎相交為大道。火生於木自傷身。

十七

真陽不在腎中藏。強閉陰精非妙方。
會得神觀微妙法。消除色欲不張遑。

十八

辨明心腎假陰陽。急問他家不死方。
木母金公同類物。調和決定到仙鄉。

十九

震兌交歡大道基。金從木順是天機。
打開個裡真消息。非色非空心不迷。

二十

心動意迷志不專。修行往往被他牽。
勸君戒懼勤防備。莫起風塵障道緣。

二十一

猖狂惑亂失靈明。大要留心念不生。
拄杖如能常穩定。何愁妄意不歸誠。

二十二

真土匿藏流性中。恃強戒定不成功。
若非伏氣行柔道。彼此何能言語通。

二十三

若還原本急明心。莫被塵緣稍有侵。
返照回光離色相。絕情絕欲退群陰。

二十四

伍行精一是靈根。生在乾家長在坤。
君子得輿留碩果。趁時竊取返陽魂。

二十五

人人妄想服金丹。弄儘傍門枉作難。
拋去珍珠尋土塊。俱將原本並根剜。

二十六

要活靈根有妙方。不須別處問端詳。
慈悲淨水勤澆灌。攢簇五行即返陽。

二十七

人生在世有其身。為食為衣壞本真。
若也陰柔無果斷。霎時認假失元神。

二十八

從來用義以成仁。殺裡求生最妙神。
這個機關知不的。行行步步起魔塵。

二十九

脫難須當脫難根。若無義道難終存。
縱然信寶忙中現。難免轉時戒定惛。

三十

若將白骨認為真。便是邪魔害法身。
腳力誠然歸實地。何愁斗柄不回寅。

三十一

性去求情仁合義。金來戀木義成仁。
智中全信分邪正。禮道兼行保本真。

第五章 呂洞賓自闡丹道修真篇

三十二

修真火候要周全。年月日時一氣連。
未悟河圖深奧理。方才舉步有災愆。

三十三

河圖妙理是先天。順則生人逆則仙。
閉艮開坤離外道。陰陽轉過火生蓮。

三十四

休施巧偽枉勞心。別有天機值萬金。
撲滅狐疑真土現。騰那變化點群陰。

三十五

五行攢簇已通靈。別立乾坤再煉神。
剝儘群陰無滓質。虛空打破上雲軿。

三十六

身在寶林莫問禪。心猿正處伏諸緣。
中和兩用無偏倚。明月當空照大千。

三十七

黑中有白是真陽。生在杳冥恍惚鄉。
若在地雷聲動處。神明默運返靈光。

三十八

向生身處問原因。子母相逢便識真。
金木相交真寶現。法財兩用返元神。

三十九

金丹大藥最通神。本是虛無竅裡真。
竊得歸來吞入腹。霎時枯骨又回春。

四十

善惡機心最敗行。機心一動燥心生。
未明這個凶危事。稍有煙塵道不成。

四十一

暴躁無情不可當。陰陽反覆喪天良。
真心本性同傷損。怎似虛無是妙方。

四十二

清心寡欲是良醫。氣質全消進聖基。
性靜原來無暴躁。神明自不入昏迷。

四十三

水性漂流最誤人。生情起欲陷天真。
此中消息須看破。斷絕貪痴靜養神。

四十四

運氣搬精俱用妖。誰知法身自逍遙。
若於根本求元運。無限邪行一筆消。

四十五

三教原來是一家。牟尼太極即金花。
若無大聖留真訣。枝枝葉葉盡走差。

四十六

旁門外道盡爭強。棄正從邪命不長。
別有心傳真口訣。入生出死上天堂。

四十七

執中精一有真傳。藥物功程火候全。
金木同功離坎簳。後天之內復先天。

四十八

五行攢簇已還元。住火停輪是法言。
若也持盈心未已。有傷和氣必遭蹇。

四十九

心忙性燥道難全。總是丹成有變遷。
靜養嬰兒歸自在。隨時脫化出塵緣。

五十

情亂性從愛欲深。出真入假背良心。
可嘆皮相痴迷漢。衣食忙忙苦惱侵。

五十一

自無柱杖用何功。外面搜求總落空。
任爾登天能入地。終歸大化入坑中。

五十二

窮理必須窮入神。博問多見未為真。
果然悟到如來處。知至意誠養法身。

五十三

痴迷每每服紅鉛。懷抱鬼胎妄想仙。
怎曉華池真一水。些兒入腹便延年。

五十四

煙花寨裡最迷真。志士逢之莫可親。
對景忘情毫不動。借他寶信煉元神。

五十五

色中利害最難防。或養或空俱不良。
正性修持歸大覺。有無悉卻保真陽。

五十六

大道修持怕有心。有心行道孽根深。
卻除妄想重增病。因假失真無處尋。

五十七

無心不是著空無。如有著空入假途。
試問參禪修靜客。幾人曾得到仙都。

五十八

隱微真假誰能知。須要幽獨自辨之。
非色非空歸妙覺。借真除假見牟尼。

五十九

陰陽匹配始成丹。水火不成道不完。
用六休教為六用。剝中求復有餘歡。

六十

未濟如何才得濟。依真作假運神功。
中孚露出虛靈物。消滅七情道氣衝。

六十一

陽極生陰理自然。能明大小火功全。
觀天造化隨時用。離坎相交一氣旋。

六十二

掃除一切淨心田。循序登高了性天。
可笑旁門外道客。著空執相盡虛懸。

六十三

著空著色盡為魔。不曉戒行怎奈何。
大道分明無怪誕。存誠去妄斬葛蘿。

第五章　呂洞賓自闡丹道修真篇

六十四

修行急早戒荊棘。不戒荊棘道難迷。
饒爾談天還論地。棄真入假總庸愚。

六十五

禪關話句並機鋒。埋沒如來妙覺宗。
不曉其中藏禍害。心息枉費反招凶。

六十六

三教聖人有實功。頑空寂滅不相同。
存誠去妄歸真道。結果收圓稱大雄。

六十七

清靜門中意味深。貪圖貨利穢污侵。
急須看破尋真路。大隱塵林養道心。

六十八

富貴榮華盡枉然。幾人活得百來年。
休將性命尋常看。急訪明師問大還。

六十九

虛靈不昧有神方。清夜良心大藥王。
如果打通真道路。憂疑盡去可還陽。

七十

精神與氣藥三般。為聖為魔在此間。
不曉個中機秘事。著空怎得盜靈還。

七十一

靈寶如何我得來。真中用假趁機裁。
陰陽不悖復原本。入聖超凡脫禍災。

七十二

可嘆忘形迷本徒。忘形採取盡糊塗。
邪行醜態不知戒。羅網纏身氣轉枯。

七十三

五金八石煉丹砂。到底無成破盡家。
世上盲師多很難。何如積德是生涯。

七十四

著空執相道中魔。高傲欺心怎奈何。
教外別傳藏秘訣。豈容聲色冒猜摩。

七十五

陰陽是否細鑽研。才識此天還有天。
真著實行神暗運。人心化盡道心圓。

七十六

悟得真心不色空。一行一止主人公。
如能觀察通權變。氣性降除反掌中。

七十七

不能伏氣怎同人。柔弱虛中必有鄰。
傲性師心都化盡。如如穩穩自全真。

七十八

秉受天良赤子心。聖賢根本煉丹金。
可嘆采戰邪行客。昧卻良心向外尋。

七十九

邪行掃去有生機。壞卻天良何益之。
大道光明兼正大。人人細辨認親兒。

八十

窺觀習靜欲求陽。便是身居黑暗鄉。
怎曉心傳中正理。存亡進退保真常。

八十一

有塞能止在心知。顛倒陰陽在片時。
不會其中消息意。些兒失腳便難醫。

八十二

陰陽配合要相當。慮險防危是妙方。
默運神功無色相。坎離顛倒不張遑。

八十三

至中至正是丹頭。神會心知不必憂。
用六休教為六用。大觀妙法了真修。

八十四

方圓應世大修行。暗運機關神鬼驚。
隱顯形蹤人不識。萬殊一本了無生。

八十五

金木相間性有偏。中和乖失怎為禪。
真心不現外空戒。陷害丹元道不全。

八十六

性情如一道何難。真戒實行不隱瞞。
內外相通全體就。除邪救正百骸安。

八十七

禍福無門總自招。陰功隱惡錄天條。
如能一念修真善。罪過當時盡化消。

八十八

玉液還丹誰得知。知之可作度人師。
輕傳妄泄遭天譴。大法何容慢視之。

八十九

外道傍門信口聲。竊偷天寶亂迷人。
明師盡被盲師蔽。學者還須細認真。

九十

狂言亂語不能欺。似是而非細辨之。
授受如能真直下。纏禪盜道脫群恩。

九十一

命之未了性何恃。了性還須立命基。
若是偷閒恃假慧。泰中必有否來隨。

九十二

空空一性便偷閒。破戒傷和入鬼關。
怎曉天人相合道。法財兩用出塵寰。

九十三

非心切實有真傳。配合陰陽造化全。
竊取生身初受氣。後天之內採先天。

九十四

四個陰陽天外天。是非真假細鑽研。
後天造化夫妻理。識得先天作佛仙。

九十五

真中有假假中真。假假真真定主賓。
金火同宮還本相。陰陽運化脫凡塵。

九十六

道成急須去韜光。莫露形跡惹禍殃。
大抵恩中還有害。當知綿裡裹針芒。

九十七

善中起見動人心。怎曉塵情利害深。
欲救本原完大道。潛藏默運化群陰。

九十八

火功運到始方圓。由勉抵安道可全。
消盡後天離色相。不生不滅大羅仙。

九十九

通前達後理無差。性命雙修是作家。
若遇真師傳妙訣。功完行滿赴龍華。

一百

貞下還元是首經。五行攢簇最通靈。
西遊演出圖書理。知者修持入聖庭。

一百一

紅塵白浪兩茫茫。忍辱柔和是妙方。
到處隨緣延歲月。終身安分度時光。

一百二

休將自己心田昧。莫把他人過失揚。
謹慎應酬無懊悔。耐煩做事好商量。

一百三

從來硬弩弦先斷。未見鋼刀身已傷。
惹事盡從閒口舌。招殃多為熱心腸。

一百四

是非不必爭你我。彼此何須論短長。
吃些虧處原無害。讓幾分時也不妨。

一百五

榮華總是三更夢。富貴還同九月霜。
人為貪財身先喪。蠶因奪食命早亡。

一百六

一服養身平胃散。三分順氣太和湯。
離合悲歡朝朝樂。好醜媸妍日日忙。

一百七

行客戲房花鼓懶。不知何處是家鄉。
寒暑頻催歲月流。利江堆裡莫尋求。

一百八

終須白骨埋菁冢。難把黃金買黑頭。
死後空留千載恨。生前誰肯一時休。

一百九

出門長嘯乾坤老。且弄江雲送白鷗。
從容做事拋煩惱。忍奈長調遠怨方。

一百一十

請公攜手回頭望。元源三教禮何長。
才見英雄邦國定。回首半途在郊荒。

一百一十一

任君蓋下千間舍。一身難臥兩張床。
一世功名千世孽。半生榮貴半生障。

哪時早隱高山上。紅塵白浪任他忙。

哪時早隱高山上。紅塵白浪任他忙。

一明妙訣終

第四節　呂祖《指玄篇》白玉蟾真人注

唐大道金闕選仙糾司度人孚佑演正警化興隆大道真人呂純陽撰
宋雷霆都府神霄大帝仙君五雷判善惡真人紫清白玉蟾注

一、《指玄篇》上篇——律詩一十六首【白玉蟾注和】

其一

嘆世凡夫不悟空，迷花戀酒送英雄。

春宵漏永歡娛促，歲月長時死限攻。

弄巧常如貓捕鼠，光陰猶似箭離弓。

不知使得精神盡，願把身尸葬土中。

玉蟾曰：純陽仙師慈悲，大開接引。故嘆世人險曲迷昧，自喪其身。後覽書者，當見仙翁之言，的無虛也，正好回頭悟道，切莫錯過光陰。非大慈悲，誰肯苦口勸人？

其二

昔年我亦赴科場，偶遇仙師古道旁。

一陣香風飄羽袖，千條雲帶繞霓裳。

開言句句談玄理，勸世聲聲唱洞章。

我貴我榮都不羨，重重再教煉黃房。

玉蟾曰：此詩自嘆遇鍾離老祖，講道勸化之意也。羽袖霓裳，乃仙家所穿之服；玄理洞章，乃仙家所修之業。黃房者，非世之黃房，乃中央屬土，黃帝所居之位也。

其三

　　玄篇種種說陰陽，二字名為萬法王。
　　一粒粟中藏世界，半升鐺裡煮山江。
　　青龍駕火遊蓮室，白虎興波出洞房。
　　此個工夫真是巧，得來平步上天堂。

　　玉蟾曰：陰陽二字，極有妙理。若欲見形，龍虎是也。一粒者，乃混沌之初，先天之炁，故能包羅天地，養育群生。半升鐺者，乃是煉藥鼎器，非鐵鼎之鐺也。青龍在東，東方屬木，木能生火，故謂之駕火，非凡之水火也。若求大藥，有足能行，是個活物，蓮室乃丹房之所。白虎在西，西方屬金，金能生水，故曰興波。波非海水，金非凡金，若求金水，有手能拈，亦是活物。近世多執凡水火，鍛鍊金石草木，以修諸身者，深可惜也。洞房者，乃出丹之所。噫！觀此書者，當知神仙稱贊大丹，若能得之，升天入地，不可測也！

其四

　　尋天撅地見天光，種得金花果是強。
　　哪怕世間諸餓鬼，何愁地下老閻王？
　　正心收住黃龍髓，張口擒吞白虎漿。
　　不是聖師當日訣，誰人做得者文章？
　　注：撅：同「掘」字。者：同「這」。

　　玉蟾曰：老子云：「先天地生。」若欲見之，必尋天撅

地，尋之得手，何畏鬼神？龍髓虎漿，乃是藥名。純陽得鍾離之傳，能知玄妙，方作大丹詩歌，以留於世。讀者參究，信受玄言。

其五

一三五數總皆春，後地先天見老君。
花發西川鋪錦繡，月明北海慶風雲。
好拋生計於斯覓，莫逞浮華向外營。
念念不忘塵境滅，靜中更有別乾坤。

玉蟾曰：一三五，乃陽數；二四八，乃陰數。修仙之士，能知「一生二、二生三、三生萬物」，便有還丹至寶，不可錯過。後地先天者，得地中一陽之氣，上升於天；天有一陰之氣，下降於地。二氣相交，發生萬物，則為泰卦；二氣不交，則為否卦。真陰真陽，隱於天地之中，無形無影，視之不見，聽之不聞，若能擒得，便是花發月明，總一意也。花發於春，月明十五，修丹煉藥，要識其時，不遇真師，紙上難得。若得師指，將家業拋去，趁其時而急修，不可遲延。苟或遲延，藥物過矣，即無用也。煉藥之時，念念不忘，道心如鐵，莫被塵境所牽，色欲所蔽，動中得靜，便是幽微。所謂有動工，有靜工。噫！妙哉意也！學道本無先與後，新筍生同舊竹高。

其六

世間無物可開懷，奉勸世人莫自埋。
好趁風雲真際會，須求鸞鳳暗和諧。
兩重天地誰能配？四個陰陽我會排。
會得此玄玄內事，不愁當道有狼豺。

玉蟾曰：世間榮華富貴，都是漫天之網，眾生被他罩住，故不開懷。只有上聖高真，有大智慧，將浮華掃退，煉就還丹，以超三界，永無憂矣！故真仙勸世，莫自沉埋。噫！未遇真師，何人識得？天地陰陽，其意玄微，惟有神仙，能窮本，得返還之理，何愁虎狼當道，蛇蟲遍地？自在逍遙，與天齊壽。噫！神仙都是凡夫做，只是凡夫不信心。

其七

> 前弦之後後弦前，圓缺中間氣象全。
> 急捉虎龍場上戰，忙將水火鼎中煎。
> 依時便見黃金佛，過後難逢碧玉仙。
> 悟得聖師真口訣，解教屋下有青天。

　　玉蟾曰：修丹之士，莫問弦前弦後，止看月缺月圓。月圓玉蕊生，月缺金花卸，生時好用工，卸即無用也。龍東虎西，間隔甚遠，學者趁圓缺之時，捉之相戰。水火，蓋龍虎中之元氣。取於金鼎，仔細烹煎，水冷須進火，水滾須抽火，進退之理，方保成也。

　　仙師再說「依時」二字，反覆丁寧，指示後來慕道賢士，能趁月圓之時，正好行功，非尋常也。黃金佛者，乃釋氏之大覺金仙，真身丈六，同大丹理。至於《周易》卦數，深有幽微。魏伯陽老仙，得丹之後，作《參同契》流傳於世。其言似解《周易》，其實明大丹之訣，頑石中藏寶，時人眼未明。卞和若一見，怎肯不相親？「過後難逢」者，乃月缺之時，有何用也？「屋下有天」者，非虛浮之事。以世理譬喻，天之在天，屋下豈能藏之？神仙之道，多般顛倒。火裡栽蓮，水中捉虎，死處逢生，故有登天之靈梯。

其八

修仙善士莫痴迷，於此宜當早見機。
花發拈花須仔細，月圓賞月莫延遲。
得來合口勤烹煉，既濟休工默守持。
從此不須心懊惱，管教平步宴瑤池。

玉蟾曰：花發月明，前已漏泄，花不在山，月不在天。要知著實，家家有之，人人可修。水火不合，卦爻未濟；水火一合，道得既濟。休工默守，然後修煉，以復其初也。日滿工完，皆同眾仙，遊宴瑤池聖境，其實不虛也。噫！

洞賓一得真鉛後，棄卻瓢囊碎卻琴。
傳與後學牢把念，六根有耳不聞音。

其九

要知大藥妙通神，不是凡砂及水銀。
世間藥材俱是假，人燒水火總非真。
有形有質何須煉？無象無名自可親。
一得便超三界外，乘鸞跨鶴謁楓宸。

玉蟾曰：大丹妙藥，至靈至神。非世間金石草木，黑鉛水銀；亦非爐釜水火，俱是有形有質可見之物。蓋靈丹妙藥，乃是生天生地之祖炁，無形無影，難執難見，隱於空洞玄牝之中。惟有神仙參透陰陽造化，旋斗歷箕，暗合天度，攢簇五行，和合四象，龍吟虎嘯，天地動靜，方得元始祖炁，化為黍米，降見浮空。採而服之，還元接命，以作長生之客。升入無形，故有無窮變化，自在逍遙。後之學者，切莫聽信邪師，惑

誤性命。必仔細參求，投明棄暗。噫！迷者自迷，各宜窮理，覆雞用卵。

其十

天機不泄世難知，漏泄天機寫作詩。
同類鑄成驅鬼劍，共床作起上天梯。
人須人度超塵世，龍要龍交出污泥。
莫怪真情都實說，只緣要度眾群迷。

玉蟾曰：同類者，天以地為類，日以月為類，女以男為類，陽以陰為類。《契》云：「勾陳螣蛇，青龍白虎，相呼相喚，相扶相舞，顛倒修之，離取坎補。」純陽此詩，真實泄漏天機。蟾復解此，唯願後來萬萬人，學同長生之域，各當及早修持，莫待今生錯過。

十一

返本還源已到乾，能升能降作飛仙。
一陽發是興工日，九轉周為得道年。
煉藥但尋朱裡汞，安爐先立地中天。
此中就是還丹理，不是真人莫浪傳。

玉蟾曰：返本還源，須要天地相合，龍虎相交，方得木火下降，金水上升。要識一陽生時，安爐立鼎，撅地尋天，採丹接命。知之者，切莫亂傳，若非道心堅固者，雖金玉叢中，視若浮云。任是父子骨肉，道心不堅，敢輕妄傳，天必殃報，九祖沉淪。還丹秘寶《度人經》云：「四萬劫一傳。」故純陽告誡。

十二

天生一物變三才，交感陰陽結聖胎。

龍虎順行陰鬼出，龜蛇逆往火神來。

嬰兒日食黃婆髓，姹女時餐白玉杯。

功滿自然居物外，人間寒暑任輪廻。

玉蟾曰：一物，是真鉛也。蓋真鉛生於天地之先，號為元始一炁，能生天生地生萬物。今者返而求之，須用陰陽交感，逆施造化，故能成仙成佛。上聖已知汞性好飛，遇鉛乃結，煉真鉛伏制真汞，如母伏子，不致逃失，方結聖胎，以為長生不老神仙。

十三

先天一炁號虛無，運轉能教骨不枯。

要識汞根尋蒂子，方求鉛本問仙姑。

人人會飲長生酒，個個能成不死夫。

色即是空空即色，朗然飛過洞庭湖。

玉蟾曰：先天炁為鉛，無形而能制汞。離虛坎實，採而補之，汞精不致飛走，故能結胎神化。妙在心如太虛，色境兩忘，忘無可忘，方可求之。若人欲橫流，終不能成。

十四

大道玄機顛倒顛，掀翻地府要尋天。

龜蛇共穴誰能見，龍虎同宮孰敢言。

九夏高山生白雪，三冬奮火種金蓮。

丁寧學道諸君子，好把無毛猛虎牽。

玉蟾曰：顛倒之機，前篇已露。純陽復作此詩，唯恐後人信心不堅。知牽無毛猛虎，道不遠矣！

十五

地上靈芝天上安，時中採得結純乾。

無根自有陽春至，有本多因氣脈纏。

姹女戲時神力壯，嬰兒舞處道心堅。

可憐世上無知識，我得長生壽萬年。

玉蟾曰：花果非在天地，不離人身，嬰兒姹女，無媒不合。有緣能悟，便可得仙。噫！只待地母花開日，便是黃河徹底清。

十六

勸君保重一分陰，悟此仙機在用心。

只是人身常運轉，何勞物外苦搜尋？

忙求北海初潮水，灌濟東山老樹根。

此個玄機重漏泄，彈琴須要遇知音。

玉蟾曰：以上詩十六首，以為二八一斤之數。古仙嘗惜分陰，今人反有休息，將身至死，猶不知悔。須將精氣顧惜，莫聽邪師妄惑，服煉草木藥石，皆是胡為，去道遠矣！有等愚夫俗子，又不知出世間法，不知還丹至理，妄生議論，皆言修道煉丹，必居深山窮谷，必須拋妻棄子。此輩真可惜也！蟾今直指，各宜究參。深山所有者，草木禽獸，皆是非類，豈能修煉還丹？《悟真》云：「未煉還丹莫入山，山中內外盡非鉛。此般至寶家家有，只是愚夫識不全。」又云：「汞是我家原有物，鉛是他家不死方。」若將金石草木任猜量，到底枉猜量，

必入輪廻去。今純陽云「北海初潮」，即是丹井中新出之甘泉，實為難得之寶耳！蓋「初潮」二字，便是先天一炁，真鉛之炁，故謂之至寶、無價之寶，可為大丹之母。東山枯木，北泉注之，枝葉重榮，根本永固。歌云：「北方正氣為河車，東方甲乙為丹砂。兩情合養為一體，朱雀調運生金花。」《契》云：「丹砂木精，得金乃並。太陽流珠，常欲去人。卒得金花，轉而相因。」蓋此意也。以上丹經萬卷，天機不漏。今純陽真人，憫世愚迷，故詩中發泄。蟾今又注釋之，指下琴音，世無知者。此書在處，當有神祇擁護。學仙者有緣得遇，信受奉行，立躋天仙也。

二、《指玄篇》下篇——絕句三十二首【白玉蟾注和】
（32 首應 64 卦之火候）

其一

世人宜假不宜真，難度長生上品經。
不免天機重漏泄。靈丹只是氣和精。

和曰：

純陽仙聖得全真，慈度重宣上品經。
後學殷勤加愛敬，只宜修煉氣和精。

其二

道在人為日用常，逆修入口遍身香。
便須默養天胎就，穩跨翔鸞謁玉皇。

和曰：

無中生有得非常，西海金生麗水香。
取得歸來鐺內煮，待爐丹熟禮虛皇。

其三

西北東南在兩廂，長房縮地合中央。
後人好學神仙法，一樣丹砂補敗場。

和曰：

雄虎雌龍各一廂，憑媒牽引入中央。
煉時匹配休輕視，頃刻終成大道場。

其四

此法真中妙更真，無頭無尾又無形。
窈冥恍惚能相見，便是超凡出世人。

和曰：

真中無假假中真，聽不聞聲視沒形。
學道知機能著力，得之凡骨變仙人。

其五

東華姓木老仙翁，獨坐長房未有功。
忽遇西王金聖母，靈丹一粒便騰空。

和曰：

家家有過主人翁，只為貪迷昧聖功。
若解轉頭顛倒做，守真志滿總歸空。

其六

一法通時萬法通，休分南北與西東。
朝朝只在君家舍，要見須知掘土中。

和曰：

玄牝之門若會通，百川萬派總歸東。
時人若識真消息，子正陽生月正中。

其七

黃鶴樓中吹笛時，白蘋紅蓼滿江湄。
衷情欲訴無人識，只有清風明月知。

和曰：

鐵笛橫吹正子時，一輪明月見江湄。
此中便是真端的，試問諸君知不知。

其八

法是先天一點炁，將來鍛煉作元神。
法官存想驅雷使，煉此方能上玉京。

和曰：

太乙含住先天炁，靈陽藏固養精神。
兩般若得相和合，指日飛升朝玉京。

其九

二八佳人體似酥，腰間仗劍斬愚夫。
分明不見人頭落，暗裡叫君骨髓枯。

和曰：

無情何怕體如酥，空色兩忘是丈夫。
識得剛柔相濟法，一陽春氣為噓枯。

其十

曾讀仙經萬卷多，篇篇只教運黃河。
此中有盞長生酒，問道時人能吃麼？

和曰：

一句通玄不用多，大家著力挽銀河。
三花灌上崑崙頂，不是神仙是什麼？

十一

朝遊北海暮蒼梧，袖裡青蛇膽氣粗。
三醉岳陽人不識，朗吟飛過洞庭湖。

和曰：

一對鸞鳳戲碧梧，性情相契要精粗。
有人識得玄中理，何必登山及泛湖。

十二

我命從來本自然，果然由我不由天。
金丹一服身通聖，可作蓬萊閬苑仙。

和曰：

道本無言只自然，真鉛要識地中天。
河車運上崑崙頂，作聖超凡便是仙。

十三

修仙不問男和女，煉藥無拘富與貧。
一念不差皆可作，我知不是世間人。

和曰：

王母本是凡人女，葛洪家道十分貧。
二仙有樣皆當學，苦口良言不懼人。

十四

神仙歌訣泄天機，方便慈悲指世迷。
見者莫生顛倒見，大家都好學粃痴。

和曰：

篇篇字字有真機，悟者回頭莫執迷。
大藥丹方難得遇，遇之不煉是愚痴。

十五

不死金丹種土砂，諸人會得早離家。

一心只望長生路，切莫如蜂苦戀花。

和曰：

非金非木亦非砂，此個原來本在家。

釋氏初生全漏泄，因何末後又拈花？

十六

真鉛大藥本無形，只在人心暗與明。

老子懷胎十個月，功行圓滿自通靈。

和曰：

啞子得夢醒無形，有口難言只自明。

膿血皮包無價寶，若還人得便通靈。

十七

鼎爐安立守其心，八兩朱砂八兩金。

和合天平兌定了，便須仔細定浮沉。

和曰：

昨夜進心要堅心，鍛鍊頑銅化赤金。

赫赫光明侵碧嶂，丹成妙訣定浮沉。

十八

奉真修道守中和，鐵杵成針要琢磨。

此事本然無大巧，只爭日逐用功多。

和曰：

人人天賦此元和，好把真常各打磨。

今古上仙成道者，皆緣掘地採鉛多。

十九

一陽氣發用功夫，日月精華照玉壺。
到此緊關休妄動，恐防墮落洞庭湖。

和曰：

達摩當日用功夫，獨坐長蘆用酒壺。
得了一杯傾灌頂，摘蘆腳踏過東湖。

二十

曲江月現水澄清，沐浴須當定主賓。
若得水溫身暖處，便當牢固辦前程。

和曰：

採藥須知濁與清，饒他為主我為賓。
若非猛火湯烹處，端坐休教再進程。

二十一

龍虎相逢上戰場，霎時半刻定興亡。
諸君逢惡當行善，若要爭強必損傷。

和曰：

五炁朝元做道場，三華聚頂萬邪亡。
嗜美景時須謹慎，切防危險莫遭傷。

二十二

道本無言法本空，強名指作虎和龍。
天然一物真元始，隱在閻浮同類中。

和曰：

須信金丹本不空，成功須用虎和龍。
子時運入崑崙頂，午後循環滄海中。

二十三

人言我道是虛浮，我笑世人太沒謀。
一粒金丹長命藥，暗中失了不知愁。

和曰：

煉丹須要識沉浮，未煉還丹用意謀。
指教後人能得手，不須日夜用心愁。

二十四

龍虎金丹妙合天，風雲際會泄甘泉。
白頭老子能知此，返老還童壽萬年。

和曰：

金丹妙道本先天，隱在坤維化玉泉。
松柏因他滋本固，經霜耐雪沒窮年。

二十五

兩口相逢是呂岩，諸人識得莫胡譚。
離中力量人難敵，能把乾坤一擔擔。

和曰：

伏虎須教入虎岩，吞聲忍氣絕言談。
得他虎子牢擒捉，配個龍兒一擔擔。

二十六

降龍須要志如天，伏虎心雄氣似煙。
痴蠢愚人能會得，管教立地做神仙。

和曰：

虧心虧理即欺天，四物相遮黑似煙。
此輩即同禽獸類，如何見得玉天仙。

二十七

一本梅花十月開，預先待得早春來。
木微尚且知時景，人不回頭只得呆。

和曰：

枯木逢春花再開，皆因天地一陽來。
諸人年老難重少，只是貪痴呆上呆。

二十八

方方遊化唱仙歌，反被時人笑似魔。
不識真金如糞土，老龍把做毒蛇蹉。

和曰：

顛倒修行唱道歌，篇篇剪怪又驅魔。
人人要上蓬萊路，會用功夫心莫蹉。

二十九

昔年遊戲岳陽樓，好個鶯花鸚鵡洲。
今日重來沽美酒，故人多半喪荒丘。

和曰：

茅庵靜坐勝高樓，耐守功完上十洲。
堪嘆玉堂諸學士，文章錦繡葬荒丘。

三十

遨遊大地十餘秋，勸化時人不肯修。
留此一篇真奧妙，飄然直上鳳麟洲。

和曰：

暑往寒來春復秋，人生如夢早宜修。
仙家豈有浮空語，悟透玄風上十洲。

第五章　呂洞賓自闡丹道修真篇

三十一

苦勸人修不肯修，卻將恩德反為仇。

如今回首朝天去，不管人間得自由。

和曰：

世人宜早發心修，夫婦恩深總是仇。

不信吾言當自省，眼昏背曲為何由？

三十二

浮名浮利事如風，飄來飄去有何功？

諸人各自宜三省，莫把仙方當脫空！

和曰：

純陽袖大惹春風，歸去來兮甚有功。

留下玄機無價寶，玉蟾解和亦譚空。

第五節　蘇東坡手書《呂純陽五言律詩十六首》
　　　（本文原載陳攖寧主編《中華仙學》乃中國
　　　近代道學名家玄中子傳家寶，由常遵先先生
　　　注釋）

　　民七（即公元 1918 年），余客粵中，海軍總長林悅老，命赴詔安，組督軍行署。翌年，調駐汕頭。友人玄中子，本閩中巨族，家富藏書，唯東坡先生所書《呂純陽祖師五言律詩十六章》最所珍貴。

　　據云：「係其曾祖總督陝甘時，遇天山老僧所贈。歸田後，即服膺斯道。89 歲，童顏鶴髮。一日，老僧來，暢敘數日，乃隨去，追之不及，遂不知所終。」

　　玄中子光復時，在雲南軍中，遇於野外，呼與言笑，轉若

十五六童子矣。並囑玄中云：「兒有清福，速歸讀純陽詩，七八年後，自有人告汝。」直上高峰而去。玄中子訪道數年，與余談極暢，出詩質之，余閱字確為東坡親筆。而詩句中字韻，多與坊本不同。心亦愛極。日俟公餘，必與玄中子商解數時，恒午夜忘倦。茲特將當年筆記，依次錄之，願與海內外高賢一商榷焉。

一

省識句句理，文光眉岱開。
金童登錦帳，玉女下銀台。
虎嘯天魂住，龍吟地魄來。
有人明此道。立地返嬰孩。

玄中子問：「上兩聯何義？」余曰：「內省不疚，能識百日全貞之道。即孔子所謂；『三月不違仁也。』保守百日，自有祥光發現眉間。」考相書，印堂主文學，故曰文光。至金童，指陽炁。玉女，指元精。錦帳，是青宮。銀台，是丹田。於是紫炁由青宮而起，元精從丹田而生矣。

玄中子云：「天魂應在龍宮，地魄應藏虎穴，何反云虎嘯魂住，龍吟魄來，豈坡公筆誤耶！」

余曰：「否，此真玄機也。」《黃帝內經》云。『魂藏於肝，魄藏於肺，精蓄丹田，化為玉液清泉，上升天地，以潤華蓋。』華蓋者，肺也。《內景經》云：『肺部之宮似華蓋，下有童子坐玉闕。』《參同契》云：『金為水母，母隱子胎。水為金子，子藏母胞。真人至妙，若有若無。』言肺得子母相需之道，玉闕清淨，童子自可歸來安居。然氣感相通，魂亦愛與晤聚。因金和不剋，木炁暢達，魂亦舒適也。《黃庭經》云：

『肝部之宮翠重裡，下有青童神公子。』蓋肝清則魂住，魂魄最喜聚居，恒相往來。《參同契》云：『舉東以合西，魂魄自相拘。』此即降龍伏虎，魂魄雙修之道也。夫丹道不出互藏，修養不外陰陽。先天陰陽並立，是以東西為天地之緯，而虎緯於卯，龍緯於酉，因卯酉乃刑德之門也。何故？卯應春分，為庚金受胎之處，酉應秋分，為甲木受胎之地。金主刑剋，木主德育，而胎養所繫，二氣咸通。故《參同契》云：『龍西虎東，建緯卯酉，刑德並會，相見歡喜。』者即此義也。有人能明解此道，立地可以返其嬰孩時之真像耳。」

二

　　　姹女住南方，身邊產太陽。
　　　蟾宮烹玉液，龜澤煉瓊漿。
　　　過去仙留飲，攪來我獨嘗。
　　　一杯延萬紀，物外任翱翔。

　　玄中子曰；「姹女，即地魄乎？」

　　余曰「然。肺下有玉闕，乃姹女居室。肺居人身極高之區，故象南方。肝居肺左，故云身邊。肝為炁腑，上升則光發兩目。而目名日月，故曰產太陽。蟾宮，即玉闕，乃金水相生之處，本玉液之源流，故云烹。龜為北方之精，龜澤即下丹田，精水所蓄之處，文武火鍛之爐，故云煉瓊漿。由此兩處經過去之酥酪，即神仙所留之飲料，攪來獨嘗。所用我字，指元神，即佛家舍利子也，亦丹經所謂黍珠之增，（此理見《詳註六部經解》中）。所以一杯萬紀，物外逍遙也。《參同契》云『伏煉九鼎，化跡隱倫，含精養神，通德三元』者是也。」

三

頓悟黃芽理，陰陽稟自然；

乾坤爐裡煉，日月鼎中煎。

木產長生汞，金烹續命鉛；

依時勤採取，白日上沖天。

黃芽，即黃庭中金丹之芽。頓然悟得萌芽產生之理，實稟乎陰陽之自然，本先天木公金母之炁所化，由無意中所得來，故曰自然。玄中子云：「三四兩句太平淡。」

余曰：「不然。此理古人不肯輕道。嘗有修養一生，而不通日月鼎中煎之解者。夫乾陽坤陰，水火相濟，聚於爐中所煉丹砂，人所共知。而左目為日，右目為月，目中童子，一並拉來安在鼎中，此則千古仙機，不肯露泄者。故釋道家只云垂目而坐，又云合目靜養。惟孔子《論語》則曰：『閉目養神』。余今於此解明，方知余謂孔門修養，是明以告人。釋道是暗指引導，不肯全說。即此可知，汞是陽火，鉛是陰精；火生於木，水生於金也。果能依時採取，自可白日飛升矣。」

四

宇宙產黃芽，經爐鍛作砂；

陰陽烹五彩，水火煉三花。

鼎內龍降虎，壺中龜遺蛇；

功成歸化外，自在樂煙霞。

玄中子云：「黃芽產在丹田，何云宇宙？」

余曰：「即此可知余解第三首為不錯。坎乃水府，水生於金。金為華蓋，居於極高；坎為北海，居於極低，故像以宇宙

二字。金水相生而得金丹之芽，必經爐火鍛鍊方成砂也。三四句，即三花聚頂、五氣朝元之義。人身有金木水火土五行，炁分五色，故云五彩。嘗藉陰陽烹煉，上朝天池。三花經水鍛就，方克由五龍捧聖，上聚天池，下潤瓊樓玉宇耳（見《詳注六部經解》中）。龍降虎，指進火鍛砂，故曰鼎內。修煉家必先煉蛇息龜縮之法，如大蟒得道，能修成蚯蚓之小；龜靈得道，能頭縮殼甲之中。即是腎根縮小，如童子形，所謂返老還童者是也。女子則兩乳平坦，癸水不來，又所謂閉關者也。下關一閉，方是渡鵲橋之時。此下丹田之證，故曰壺中。此功告成，可超脫物外，居自在之天，得煙霞嘯嗷之樂耳。」

五

要覓長生路，除非反九關；
都來一味藥，剛到數千般。
汞自鼎中取，丹從爐裡還；
依時服一粒，立便返童顏。

玄中子云：「何謂反九關？」

余曰：「人身作用，全在九竅，學長生，當知閉反九關之道。九關不閉，真陽不生，黍珠不產。故閉關，則大藥集聚，如千般雲合，將其納入丹爐，取鼎中汞以煉之，則成還魂九轉丹矣。再依採取之時間，以服之，立成童顏也。即子午安爐，文武鍛鍊之法。然必依陰陽氣候，進退修養。如冬逢復卦，乃乾陽進氣之機，正宜培植根本，以合元神，即邵子所謂地逢雷處見天根者是也。夏逢姤卦，又坤陰漸長之際，正宜休養胎息，以固根基，即邵子所謂乾遇巽時觀月窟者是也。果能依此氣機加以修養，何難不立返童顏乎？或謂《揚善社半月刊》編

者多以五經強解佛老之道，余曰：「《易經》，乃儒家道書，無論三教，不知易理卦氣，何能明天地陰陽，而依時修養耶！嘗聞釋道中有謂佛老是必離家入山，與孔子專重人倫不同，且佛是要死去再來者。嗟嗟，何誣聖之甚耳！佛老不重人道，何以漢朝尚有老子後為顯宦者，至今猶有佛民之書？若果死去再來是身入輪迴，豈不與佛經自相矛盾？此老麻僧對藏地愚民之策，豈可云教乎？人貴明理，此尚不明，而可枉言學佛耶！央掘羅云：『汝修蚊蚋行，無知宜默然。』吾輩誠宜默然也。」

六

姹女住瑤台，蓮花滿池開。

金苗從此出，玉蕊自天來。

鳳舞長生縷，鸞歌續命杯。

有人明此道，海變已千回。

玄中子問此詩意。

余曰：「姹女，月中仙子也。《參同契》云：『河上姹女，靈而最神者是也。』瑤台，即玉闕。仙子住其中，生氣浡浡，如滿沼蓮花，得氣而開。金苗，即金丹，此字指華蓋，即金生水也。玉蕊，指玉液，由天池而下，故云自天來。鳳鸞，指精神也。神清炁舞，精鍛成章，皆陰中之小陰陽也。陳摶云：『鸞飛鳳舞見精神，別有陰陽大小分。』世人故未聞耳。人能明此中道理，則長生不老，滄海桑田已變千回矣。《五篇靈文》云：『坤宮乃產藥川源，陰陽交媾之處也。』」

七

亙古靈珠子，根元起甲庚。

水中聞虎嘯，火裡見龍行。

進退窮三候，參乘用八紘。

衝天功行滿，寒暑不能侵。

玄中子云：「此與第一首義同否？」

余曰：「稍深。所謂靈珠子其根基元本出於先甲三日，後庚三日，因藥苗三日至八日行於甲方，始老而可採。至下弦二十三日行於庚方，而成退火之機矣?先天坎在西，離在東。後天坎在北，離在南。因相生之義，故云虎嘯於水，龍行於火，即先天而後後天也。」《莊子》云：「黑虎魂靈白虎星，火龍胎氣出青龍」者此也。皆指卦氣錯縱之義，採藥運火之法。是以繼言窮三候，以定進火退符之時。參乘者，參伍相乘，變化之妙。八紘，指八卦。迨到衝出天門，內外功行完滿時，則冬可衣葛，夏可衣裘，寒暑無害耳。

八

我悟長生理，太陽伏太陰。

離宮生白玉，坎戶產黃金。

要主君臣義，須存母子心。

九重神室內，虎嘯與龍吟。

玄中子曰：「太陽伏太陰何也？」

余曰：「太陽指炁。太陰指精，即煉精化炁也。仙經云：『命門合精延。守我身黃寧。』黃寧者，脾神也。修煉家必取命門真火，合和腎精。腎命堅固，華芝日生。男女修煉知此者，返老還童。仙經云：『芒精六合房，回者變皓形。』又守命核桃康。桃康者，腎中司命之神也。其功大，其居廣：有時

在六合，運用河車而還精補腦，仙經云：『桃君守六合，勒精衛泥丸』。即離宮生白玉也，有時在天谷，秘修崑崙。仙經云：『保符泥丸內，守神曰桃康』；有時在內腎，即坎戶產黃金也。蓋一指是太陽膀胱命火，一指是太陰，脾經也。果能連火以鍛腎精，而合和黃寧，自能化精成炁。此伏字義，為道家根本之學。淺見淺聞者，夢想不到也。南方有玉液可取，北方有金砂可提；然須知君臣主義，不可以砂作丹。而《參同契》云：『子生母中』之道，尤貴深知。九重神室，指黃庭中也。百神會聚，故有虎嘯龍吟之兆。」

九

靈丹產太虛，九轉入重爐。

浴就紅蓮顆，燒成白玉珠。

水中鉛卅兩，火內汞千銖。

宴會瑤台後，升天任海枯。

玄中子曰：「靈丹寶物，何以產自太虛？」

余曰：「可知余解靈丹為元陽不錯耳。蓋由無生有、由有入無。《五篇靈文》云：『無中生有，有中生無。』無因有激之而成象，有因無感之而通靈。《黃庭經》云：『呼吸元氣以求仙，無英公子真上玄。』又云：『含精養氣口如朱，帶執性命守虛無。』《洞經》云：『無英真上玄，玄中元素氣，無英木公長子，號金公。』《悟真篇》云：『金公本是東家子。』能化元氣，從虛無中生。即丹產太虛之義也。《內景經》云：『惟待九轉八珍丹。』人能九轉金丹，八轉瓊丹，方能學長生。因九四屬金，三八屬木，東成西就，金因木運，瓊漿入口，名曰九轉八瓊丹，即金液大還也。重爐者，黃庭也，黍米

入中，沐浴成蓮，進火鍛鍊，方成玉珠，即《內景經》云：
『三十六咽玉池裡，顏色光生金玉澤』是也。採藥一兩，必進
火二十四銖，即鉛汞各八兩，共合一斤之義。此乃九轉吞啖之
法，不得真諦，豈能知乎？故有升天之兆。」

十

姹女玉華君，侍書居左宮。

爐中七返畢，鼎內九還終。

悟了魚投水，欣同鳥脫籠。

縱教年耄耄，立地變衝童。

玄中子曰：「姹女名玉華乎？」

余曰：「否。天上有玉華仙女，居無欲天，為玉皇左侍
書。謚曰玉華君，主下界三十六洞學道之流。特借以比陰丹
也。《內景經》云『燒香潔手玉華前』者是也。《參同契》
云：『九還七返，八歸六居。』蓋二七為火，在人為心。心有
七竅，靈液由衝脈下流，達於規中。規中者，廬間也。《內景
經》云：『七液流沖潤廬間。』《外景經》云，『七孔通達永
不老』者，即此之謂也。四九為金，在人為肺。肺名華蓋下有
玉闕，能生九液，即金生水也。七液者，心中靈液，乃內丹根
芽。九液者，乃腎中真液，為外丹根本。由下丹田而翻返上鵲
橋，降落玉闕，是名九還丹，即金丹也。《參同契》云：『臨
爐施條。』又云：『伏煉九鼎。』故爐鼎，皆取譬之義，喻心
肺兩部也。然皆採藥煉丹之功，若悟透陰陽和合之道，存養黃
庭，則如魚得水，不難脫形出殼，若鳥出籠樊也。縱耄耄之
年，亦可返童子時矣。」

十一

盜得乾坤竅，陰陽繫大宗。
日魂招活虎，月魄制生龍。
運寶昆池浴，還珠合浦封。
有人通此義，萬載不龍鍾。

玄中子曰：「此詩義較深乎？」

余曰：「一而二，二而一，乾坤法竅，全在河圖洛書。乾坤真奧，大宗一繫，全出陰陽，即太陰太陽，如人一夫一婦，所出派系，均為大宗。其義即在魂招魄制一聯。《參同契》云：『龍西虎東，建緯卯酉。』《金丹四百字》云：『日魂玉兔脂，月魄金烏髓。』謂坎中一陽，乃東方之卯兔；離中一陰，乃西方之酉烏。蓋後天之坎離，正先天之乾坤。而先天之坎離，適在後天酉烏卯兔之上。故東家兔脂，能招西江之月魄。西方烏髓，能制東天之日魂也。若運寶還珠，又即寄養上丹田、封守黃庭者也。果能通此，雖萬載不至老耄龍鍾矣。」

十二

個個覓長生，根源不易尋。
要貪天上寶，須棄海中琛。
煉就水中火，燒成陽內陰。
祖師曾示訓，砂裡洗黃金。

玄中子曰：「水中火，陽中陰，何也？」

余曰：「此即探源之義。天上寶，神也。海中琛，精也。能於精水中尋得一點真炁，以煉黍珠；再於純陽中求一點真陰，以結金光，是為全功。即煉精化氣，煉氣化神也。先天坤

卦，後天坎卦，均在北方。坎水中爻，屬陽、為火。先天乾卦，後天離卦，均在南方。離卦中爻屬陰。能於坎中得陽炁鼓動，上還離中；再將離中陰炁驅降入坎，則仍返先天乾坤，即是修煉家探本還原法。柳華陽云：『天機秘密，欲求其根源，如以神順此精，由自然之造化，則人道成。若以神逆此精，修自然之造化，則仙道成。』即此義也。砂裡黃金，即精中陽炁也。」

十三

燦燦金丹子，玄玄造化功。

三才成六六，四象返空空。

胎氣微微白，童顏漸漸紅。

一丸還九九，霄漢任沖沖。

玄中子云：「三才成六六者何也？」

余曰：「此祖師述光華燦爛之金丹，其玄理與天地造化之功相貫通。自一畫開天，三才定位，而道學乃明。蓋三才成於八卦。而八卦乃十二陽爻，二十四陰爻，合成三十六爻，即六六三十六也。邵康節云：『三十六宮皆是春』者此也。若四象，又分少陰少陽，錯縱翻返，由八卦而至六十四卦，復由六十四而返先天，以至無極空蒙之道。於是胎氣微微而現白光，嬰孩漸漸而成紅孩兒矣。八一功成，九還丹就。服此一丸。則沖霄凌漢耳。」

十四

萬物生於土，黃庭隱上仙。

青龍噓紫氣，白虎吐烏鉛。

悟者子投母，迷應地作天。

笑他盲煉客，百計補丹田。

玄中子曰：「此言煉己功乎？」

余曰：「然。師言土生萬物，仙在黃庭，不在丹田耳。真是一語打破鴻蒙，泄盡古今不言之天地大蘊也。《黃庭經》云：『黃庭內人服錦衣，重掩金闕密樞機』者是也。汞為龍性，東方之木也。其色青，其神名無英，《內景經》云：『肝部之宮翠重裡，下有青童神公子』，即紫氣東來也。鉛本虎精，西方之金也。共色烏，其神名皓華。《內景經》云：『肺部之宮似華蓋，下有童子坐玉闕。』即金生水也。悟者能明子投母之神妙，迷者應求地作天之玄機。若謂養丹必在下丹田中，如此盲修，雖百計補丹田，不過保精延年，終不能脫輪廻之道。妄言學仙，豈不令人笑倒耶！」

十五

二十四神清，三千功行成。

風雲從地出，日月照天明。

玉液黃婆釀，丹田赤帝耕。

個中真妙理，悟透便長生。

玄中子云：「是否於廿四節氣中，神清心淨乎？」

余曰：否。陳泥丸曰：『一陽復卦子時生，午後一陰生於姤。』守陽真人云：『子行三十六，積得陽爻百八十數，午行二十四，合得陰爻百二十數。蓋陽乾九也，陰坤六也，以四堞之。故得卅六、廿四兩數也。』此其用耳，至於體實，則是《內景經》所云：『兼行形中八景神，二十四真出自然。』言

人身分上中下三部，每部有八景神，三八二十四真，係出於自然。人果精思存念，駕河車而搬運之，則廿四真神，皆安靜清閒矣。於是三千功行完成矣。雲從龍，風從虎，皆由地中生。地中者，神土也，謂龍虎風雲變幻之道，皆從坤土中胎養而成。（詳見《六部經解》中）日月，指兩眸子。回光返照，天庭自發光明，釋家又謂之天眼。（詳見《六部經解》中）黃婆，中宮主婦，能釀金波玉液，即土生金也。赤帝子，火龍也。先天離卦在東方，中丹田鄰於咫尺。耕者，火生土也。此個中有玄妙真理，能悟解透徹，便可修養長生矣。《道藏》中劉真人云：『自剝返乾，由坤變乾，而為純乾，則真性自如，我命可立』者，即此義也。」

十六

妙妙妙中妙，玄玄玄更玄。
妙中無有道，玄外有無仙。
合掌珠胎隱，昂頭月魄圓。
雙修功行滿，直上大羅天。

玄中子曰：「此詩義較深？」

余曰：「然。鍾離真人云：『元炁三妙通神明。』即陽光三現，大藥產生，是為妙中妙。《內景經》云：『陽風三玄出始青。』即一陽來復，從三玄之內，出乎始青之天，是以玄更玄。《道德經》云：『常無欲以觀其妙。』《參同契》云：『真人之妙，若有若無。』《內景經》云：『師父師母丹玄鄉。』此皆丹家內外動靜，陰陽消息之妙，即在玄丹之鄉也。故《道德經》云：『玄之又玄，眾妙之門。』此仙師所以教人於無中求妙道，有外覓仙機也。合掌，是珠精結胎之始；昂

頭，是煉神鍛魄之時。不出雙修之妙。到功純果滿，自然飛升而成大羅天仙矣。」

上呂純陽祖師詩十六章，余與玄中子研究於粵東沱江之上，凡兩閱月。玄中子確具宿根，克明明德，曾與余有西湖肥遁之約。余南旋，理廬墓，以完子職。經十餘載，而湘中罹匪禍，劫掠之下，恒產蕩然，乃添內顧之憂，因妻孥幼艾，不得不稍盡人事。此老氏優游柱下，曼倩遊戲人間，亦緣人事未盡耳！故玄中子湖上之招，云中子天蕩之遊，真師天山之約，都不克踐於一時矣。然於道學，浪遊 40 年，從未向人道及一語者，不欲駭世也。

近感《金剛經》佛言：「受持此經，至四句偈以告人者，其福勝恒河沙數，七寶及身命有施」。又葦氏問六祖云：「昔梁王問佛，建廟供佛，功德如何?佛答以無功德者何也？」六祖對曰：「彼求個人之福，非濟眾生，故無功德。」《中庸》云：「修道之謂教」，《論語》云：「學而不厭，誨人不倦」。於是決意將《大學》、《中庸》、《道德經》、《陰符經》、《金剛經》、《心經》六部詳加注解，闡大道之源，以公同好。

現脫稿者已有兩部，正在整修付梓也。希冀世界同仁，先於家庭教育，同負此道德之誠。俾後起者，保存其良知良能之善根，以止於至善，豈非和平之根也哉。因暑中休息，聊作此同解以遣興焉。

或曰：「君以北派法解此何耶？」余嘆曰：「時勢使然」特引《黃庭經》、《參同契》、《悟真篇》語意，識者自明。所謂仁者見仁，智者見智也。

第六節　九真玉書篇（本篇最早載於《宋史‧藝文志》中，後收入《道藏》）

以身為鼎，以氣為藥；配以陰陽，默而交作。

純陽子曰：修煉丹者，先正其爐。爐者，鼎之外垣，其身是也。其中有長生之藥者，神氣、精液是也。爐分八門。八門者，目也、耳也、口也、鼻也，是為視、聽、吐納之關，素鑰闔闢之戶，運動各取其宜，常固守之，勿使形色、滋味、八邪、六賊傷於內真，然後於天地之爐、造化之鼎，調和藥物，匹配陰陽，制煉神氣焉。

天者，乾也、金也。《內景》曰：肺宮，上為華蓋，下覆諸藏，而通於鼻。鼻者，天門也。升降呼吸，運轉榮衛，循環五藏，流注一身，動變浮沉，大小有定；如天運星斗，地轉江河焉。故天者，鼎也。天門連肺，出入清氣，為鼎之蓋焉。

地者，坤也、土也。《內景》曰：脾包羅水穀，而通於心。心者，地戶也、咽門也。收納水穀，下伏於胃院。其流轉之水，內應乎血脈。於是脾受天門升降之氣，運轉動搖，消磨造化，以分水穀之清濁。清者，升於上焦肺宮，清靜之界而為神氣、精液焉；濁者，下泄於大小府。故地者，鼎之復氣，變化萬物者也。胃者，造化之鼎也。

日者，天魂也，太陽之火精也。其位居於乾艮，夏王冬衰，夜短晝長，內藏陰氣，而隱金鸝。金鸝者，酉也，外應於四方。夫金石能生其水者也。故乾為天金，艮為水石，是以水生於山石之中。此陽中有陰也。《內景》曰：上焦為天，心為靈府，首為艮山，口為洞谷，出水之源也。水者，坤也、地也。積陰之氣，升於上天，凌乎華蓋。其零為雨露，浸潤於心官，陽中之陰也。離者，外陽而內陰，如丹砂焉。本屬於火，

而中隱水銀。太陰，詫女之魂，服五彩之衣。離者，麗也。其精為日，日有五彩焉。中有絳官，上通於目。目者，泥丸之門也。其宮有神，天地之主也，其德合於無為，修命者，先澄其神，神清心正，則邪不性矣，心不能自伏，則內生奸火，猶丹砂不死，見火則飛者也。然則，心者，其生命之主乎！

月者，地魄也，太陰之水精也。位屬於坤巽，冬王夏衰，畫短夜長，中隱陽精，而藏玉兔。玉兔者，卯也，東方之木能生其火。此陰中有陽也。《內景》曰：下焦五藏曰二腎。二腎中央者，丹田也。前有巽海，人之水府也。其位在寅。此陰中含陽也。坎者，陷也，受水之府也，故江湖歸巽焉。世不知陰陽之正位，以北為坎，南為離，非也。坎者，南方坤巽之位也。坎中奇陽者，南方巳午之火也。離者，北方乾艮之位也。離中偶陰者，北方亥子之水也。坎者，內陽而外陰，如鉛錫焉。是為陽中產乎白銀，砂石之水包乎赤金。金銀者，俱陰中之陽也。是為嬰兒，上與太陰姥女合為夫婦，情類相戀，凝而成砂焉。然則，坎者，水海隱龍之宮乎！其尊猶帝王處北闕，而南面者也。月者，地也，無陽則萬物不生。

夫萬物者，稟天地而生，向陽而長者也。況人者，萬物之靈，可不順天地乎！順天道者，常存其身之元陽，真一太和，純粹之氣，則坐致長生矣，然必畫夜修煉焉。內功者，一日也；天運者，一歲也。升降陰陽，運行四序，十有二時。其畫則法春夏，其夜則法秋冬；畫夜終始，天地交泰矣。亥、子、丑之時者，應天之冬者也。陰升於天心，陽降於水府，溫養於腎，變煉於骨，亦如山石受天地陰陽升降之氣，化成金銀、丹砂、銅鐵者也。寅、卯、辰之時者，應天之春者也。陰降於華蓋，陽升於鼎鼎之上，溫養於肝，生成於筋脈，亦如天地草木受陽和之氣，以生華葉苗蔓者也。巳、午、未之時者，應天之

夏者也。陰降於水府，陽極於火宮，溫養於心，變成於血脈，真陽燒煉而為白乳者也。申、酉、戌之時者，應天之秋者也。陽極而降地，陰復而升天，溫養於肺，變換於皮膚者也。畫夜以應乎四時，陰陽以守乎一體。此入聖之道也。

《內景》曰：身為國，面為城，耳、目、口、鼻為門，手足、四肢為四方之將，以防國之不虞焉。國之君者，心也；臣者，氣也、腎也。故心為氣主，氣為心神。澄靜則和寧，猶太平之象者也。神氣和合，則長生久視矣。君者，絳宮純元真一之氣也；臣者，坎宮太陰玄冥之液也。天降真氣，化生萬物，猶臣受恩也；地升陰氣，凝成雨露，滋潤萬物，猶臣利民也。心連於舌之下，有玉池焉。左曰金精，右曰玉液，本出於坎宮者也。氣升於上，化為雨露泉澗，浸潤於心，心則活矣。臣利國也。腎者，純陰真一太和之宮也，其氣本生於離位者也。降氣於下，溫養丹田二腎中央曰丹田焉。君之聖也，治身者猶治家歟！

身者，宅也；五藏者，宮也。乾天者，父也；坤地者，母也。坎，中男；離，中女也。震，長男；巽，長女也。艮，少男；兌，少女也。

三男、三女，夫婦配焉；乾父、坤母，匹偶成焉。束官者，肝也、木也。以甲為兄，乙為妹；己為甲之婦，庚為乙之夫，故肝得水而沉，木帶金之氣者也。

西官者，肺也、金也。以庚為兄，辛為妹；乙為庚之婦，丙為辛之夫，故肺得水而浮，金帶木之氣者也。

南官者，心也、火也。以丙為兄，丁為妹；辛為丙之婦，壬為丁之夫，故心能拒於火者也。

北宮者，腎也、水也。以壬為兄，癸為妹；丁為壬之婦，戊為癸之夫，故腎者，火之氣者也。

中官者，脾也、土也。以戊為兄，己為妹；癸為戊之婦，甲為己之夫，故脾能納穀，土帶水之氣者也。此所謂造化之鼎者歟！

真象者，爐之中天地、日月、星辰、河漢、山岳、江海、草木、風雲也。爐者，吾之身也。天者，乾也、金也。華蓋者，則其肺也。玄象、星斗、天輪、日月者，則其上焦榮衛血氣流行之度也。太清玄界之上下，而分清濁者，則吾之中焦羅膈也。五岳群山者，則其首面也。潤谷者，則其口鼻也。泉源者，則其津液飲食也。江河共奔大海者，則其飲食聚於水穀之府也。雲雨生於山谷者，呼吸之氣也。吹以為風，呵以為雲也。草木者，則其毛髮也。天地長久者，得正一真元之道也，吾天地爐鼎之中，陰陽交合，不失元氣，而得自然，亦可以長久矣。

何以言之？夫人稟天地而生，其內亦有天地長久之道，能於內境而識知天地，交合陰陽，抱養神氣，精液日月既滿，惡有不長久者耶？其要在乎變煉五行而已。

五行者，五藏也。以戊己鼎鼎之器，調和四象，變轉五行焉。水者，液也。液中有金，謂之金液。金剋木，木中生火，火復煉金，四象還返，皆主於土者，神也。神得其道，升為仙；失其道，沉為鬼矣。

修真者，宜去繁華，絕嗜欲，屏腥膻；清今逍遙，潔嚴齋戒，登壇入室，擇日俟時；背陰向陽，閉目而坐，握固冥心，開關爐門，以運火候，修煉其五藏焉。其功必經乎九轉。四月者，三轉也；一周者，九轉也；三年丹成。其大方寸，其重一斤，陰陽各半焉。外應六十四卦之爻一斤者，三百八十四銖也。六十四卦者，三百八十四爻也，陰陽之大數也。

第七節　呂洞賓祖師七言律詩一百零七首

一

周行獨力出群倫，默默昏昏亘古存。
無象無形潛造化，有門有戶在乾坤。
色非色際誰窮處，空不空中自得根。
此道非從它外得，千言萬語謾評論。

二

通靈一顆正金丹，不在天涯地角安。
討論窮經深莫究，登山臨水杳無看。
光明暗寄希夷頂，赫赤高居混沌端。
舉世若能知所寓，超凡入聖弗為難。

三

落魄紅塵四十春，無為無事信天真。
生涯只在乾坤鼎，活計惟憑日月輪。
八卦氣中潛至寶，五行光裡隱元神。
桑田改變依然在，永作人間出世人。

四

獨處乾坤萬象中，從頭歷歷運元功。
縱橫北斗心機大，顛倒南辰膽氣雄。
鬼哭神號金鼎結，雞飛犬化玉爐空。
如何俗士尋常覓，不達希夷不可窮。

五

誰信華池路最深，非遐非邇奧難尋。
九年採煉如紅玉，一日圓成似紫金。
得了永袪寒暑逼，服之應免死生侵。
勸君門外修身者，端念思維此道心。

六

水府尋鉛合火鉛，黑紅紅黑又玄玄。
氣中生氣肌膚換，精裡含精性命專。
藥返便為真道士，丹還本是聖胎仙。
出神入定虛華語，徒費工夫萬萬年。

七

九鼎烹煎九轉砂，區分時節更無差。
精神氣血歸三要，南北東西共一家。
天地變通飛白雪，陰陽和合產金華。
終期鳳詔空中降，跨虎騎龍謁紫霞。

八

憑君子後午前看，一脈天津在脊端。
金闕內藏玄谷子，玉池中坐太和官。
只將至妙三周火，煉出通靈九轉丹。
直指幾多求道者，行藏莫離虎龍灘。

九

返本還元道氣平，虛非形質轉分明。
水中白雪微微結，火裡金蓮漸漸生。
聖汞論時非有體，真鉛窮看亦無名。
吾今為報修行者，莫問燒金問至精。

十

安排鼎灶煉玄根，進退須明卯酉門。
繞電奔雲飛日月，驅龍走虎出乾坤。
一丸因與紅顏主，九轉能燒白髮痕。
此道幽微知者少，茫茫塵世與誰論。

十一

醍醐一盞詩一篇，暮醉朝吟不記年。

干馬屢來遊九地，坤牛時駕出三天。
白龜窟裡夫妻會，青鳳巢中子母圓。
提挈靈童山上望，重重疊疊是金錢。

十二

認得東西木與金，自然爐鼎虎龍吟。
但隨天地明消息，方識陰陽有信音。
左掌南辰攀鶴羽，右擎北極剖龜心。
神仙親口留斯旨，何用區區向外尋。

十三

一本天機深更深，徒言萬劫與千金。
三冬大熱玄中火，六月霜寒表外陰。
金為浮來方見性，木因沉後始知心。
五行顛倒堪消息，返本還元在己尋。

十四

虎將龍軍氣宇雄，佩符持甲去匆匆。
鋪排劍戟奔如電，羅列旌旗疾似風。
活捉三尸焚鬼窟，生擒六賊破魔宮。
河清海晏乾坤淨，世世安居道德中。

十五

我家勤種我家田，內有靈苗活萬年。
花似黃金苞不大，子如白玉顆皆圓。
栽培全賴中宮土，灌溉須憑上谷泉。
只候九年功滿日，和根拔入大羅天。

十六

尋常學道說黃芽，萬水千山覓轉差。
有畛有圓難下種，無根無腳自開花。
九三鼎內烹如酪，六一爐中結似霞。

不日丹成應換骨，飛升遙指玉皇家。

十七

四六關頭路坦平，行人到此不須驚。
從教犢駕轟轟轉，盡使羊車軋軋鳴。
渡海經河稀阻滯，上天入地絕欹傾。
功成直入長生殿，袖出神珠徹夜明。

十八

九六相交道氣和，河車晝夜迸金波。
呼時一一關頭轉，吸處重重脈上摩。
電擊離門光海岳，雷轟震戶動婆娑。
思量此道真長遠，學者多迷溺愛河。

十九

金丹不是小金丹，陰鼎陽爐裡面安。
盡道東山尋汞易，豈知西海覓鉛難。
玄珠窟裡行非遠，赤水灘頭去便端。
認得靈竿真的路，何勞禮月步星壇！

二十

古今機要甚分明，自是眾生力量輕。
盡向有中生有質，誰能無裡見無形。
真鉛聖汞徒虛費，玉室金關不解扃。
本色丹瓢推倒後，卻吞丸藥待延齡。

二十一

浮名浮利兩何堪，回首歸山味轉甘。
舉世算無心可契，誰人更與道相參。
寸猶未到甘談尺，一尚難明強說三。
經卷葫蘆並挂杖，依然擔入舊江南。

二十二

本來無作亦無行，行作之時是妄情。

老氏語中猶未決，瞿曇言下更難明。

靈竿有節通天去，玉藥無根得地生。

今日與君無恡惜，功成只此是蓬瀛。

二十三

解將火種種刀圭，火種刀圭世豈知。

山上長男騎白馬，水邊少女牧烏龜。

無中出有還丹象，陰裡生陽大道基。

顛倒五行憑匠手，不逢匠手莫施為。

二十四

三千餘法論修行，第一燒丹路最親。

須是坎男端的物，取他離女自然珍。

烹成不死砂中汞，結出長生水裡銀。

九轉九還功若就，定將衰老返長春。

二十五

欲種長生不死根，再營陰魄及陽魂。

先教玄母歸離戶，後遣空王鎮坎門。

虎到甲邊風浩浩，龍居庚內水溫溫。

迷徒怎與輕輕泄，此理須憑達者論。

二十六

閉戶存神玉戶觀，時來火候遞相傳。

雲飛海面龍吞汞，風擊岩顛虎伏鉛。

一旦煉成身內寶，等閒探得道中玄。

刀圭餌了丹書降，跳出塵籠上九天。

二十七

千日功夫不暫閒，河車搬載上昆山。

虎抽白汞安爐裡，龍發紅鉛向鼎間。
仙府記名丹已熟，陰司除籍命應還。
彩雲捧足歸何處？直入三清謝聖顏。

二十八

解匹真陰與正陽，三年功滿結成霜。
神龜出入庚辛位，丹鳳翔翔甲乙方。
九鼎先輝雙瑞氣，三元中換五毫光。
塵中若有同機者，共住煙霞不死鄉。

二十九

修生一路就中難，迷者徒將萬卷看。
水火均平方是藥，陰陽差互不成丹。
守雌勿失雄方住，抱黑無虧白自干。
認得此般真妙訣，何憂風雨妒衰殘。

三十

才吞一粒便安然，十二重樓九曲連。
庚虎循環餐絳雪，甲龍天矯迸靈泉。
三三上應三千日，九九中延九萬年。
須得有緣方可授，未曾輕泄與人傳。

三十一

誰知神水玉華池，中有長生性命基。
運用須憑龍與虎，抽添全藉坎兼離。
晨昏點盡黃金粉，頃刻修成玉石脂。
齋戒餌之千日後，等閒輕舉上雲梯。

三十二

九天雲淨鶴飛輕，銜簡翩翩別太清。
身外紅塵隨意換，爐中白石立時成。
九苞鳳向空中舞，五色雲從足下生。

回首便歸天上去，願將甘雨濟焦岷。

三十三

嬰兒迤邐降瑤階，手握玄珠直下來。
半夜紫雲披素質，幾回赤氣掩桃腮。
微微笑處機關轉，拂拂行時戶牖開。
此是吾家真一子，庸愚誰敢等閒猜。

三十四

才得天符下玉都，三千日裡積功夫。
禱祈天地開金鼎，收拾陰陽鎖玉壺。
便覺凡軀能變化，深知妙道不虛圖。
時來試問塵中叟，這個玄機世有無？

三十五

誰識寰中達者人，生平解法水中銀。
一條拄杖撐天地，三尺昆吾斬鬼神。
大醉醉來眠月洞，高吟吟處傲紅塵。
自從悟裡終身後，贏得蓬壺永劫春。

三十六

紅爐迸濺煉金英，一點靈珠透室明。
擺動乾坤知道力，逃移生死見功程。
逍遙四海留蹤跡，歸去三清立姓名。
直上五雲云路穩，紫鸞朱鳳自來迎。

三十七

時人若要學長生，先是樞機晝夜行。
恍惚中間專志氣，虛無裡面固元精。
龍交虎戰三周畢，兔走烏飛九轉成。
煉出一爐神聖藥，五雲歸去路分明。

三十八

亦無得失亦無言，動即施功靜即眠。
驅遣赤牛耕宇宙，分張玉粒種山川。
栽培不憚勞千日，服食須知活萬年。
今日示君君好信，教君現世作神仙。

三十九

不須兩兩與三三，只在崑崙第一巖。
逢潤自然情易伏，遇炎常恐性難降。
有時直入三元戶，無事還歸九曲江。
世上有人燒得住，壽齊天地更無雙。

四十

本末無非在玉都，亦曾陸地作凡夫。
吞精食氣先從有，悟理歸真便入無。
水火自然成既濟，陰陽和合自相符。
爐中煉出延年藥，溟渤從教變復枯。

四十一

無名無利任優游，遇酒逢歌且唱酬。
數載未曾經聖闕，千年惟只在仙洲。
尋常水火三回進，真個夫妻一處收。
藥就功成身羽化，更拋塵氛出凡流。

四十二

杳杳冥冥莫問涯，雕蟲篆刻道之華。
守中絕學方知奧，抱一無言始見佳。
自有物如黃菊蕊，更無色似碧桃花。
休將心地虛勞用，煮鐵燒金轉轉差。

四十三

還丹功滿未朝天，且向人間度有緣。

第五章　呂洞賓自闡丹道修真篇

拄杖兩頭擔日月，葫蘆一個隱山川。
詩吟自得閒中句，酒飲多遺醉後錢。
若問我修何妙法，不離身內汞和鉛。

四十四

半紅半黑道中玄，水養真金火養鉛。
解接往來三寸氣，還將運動一周天。
烹煎盡在陰陽力，進退須憑日月權。
只此功成三島外，穩乘鸞鳳謁諸仙。

四十五

飛龍九五已升天，次第還當赤帝權。
喜遇汞珠凝正午，幸逢鉛母結重玄。
狂猿自伏何須煉，野馬親調不著鞭。
煉就一丸天上藥，頓然心地永剛堅。

四十六

舉世何人悟我家，我家別是一榮華。
盈箱貯積登仙籙，滿室收藏伏火砂。
頓飲長生天上酒，常栽不死洞中花。
凡流若問吾生計，遍地紛紛五彩霞。

四十七

津能充渴氣充糧，家住三清玉帝鄉。
金鼎煉來多外白，玉爐烹處徹中黃。
始知青帝離宮住，方信金精水府藏。
流俗要求玄妙理，參同契有兩三行。

四十八

紫詔隨鸞下玉京，元君相命會三清。
便將金鼎丹砂餌，時拂霞衣駕鶴行。
天上雙童持佩引，月中嬌女執幡迎。

此時功滿參真後，始信仙都有姓名。

四十九

修修修得到乾乾，方號人間一醉仙。
世上光陰催短景，洞中花木任長年。
形飛峭壁非凡骨，神在玄宮別有天。
惟願先生頻一顧，更玄玄外問玄玄。

五十

金丹一粒定長生，須得真鉛煉甲庚。
火取南方赤鳳髓，水求北海黑龜精。
鼎追四季中央合，藥遣三元八卦行。
齋戒興功成九轉，定應入口鬼神驚。

五十一

碧潭深處一真人，貌似桃花體似銀。
鬢髮未斑緣有術，紅顏不老為通神。
蓬萊要去如今去，架上黃衣化作雲。
任彼桑田變滄海，一丸丹藥定千春。

五十二

誰解長生似我哉，煉成真氣在三台。
盡知白日升天去，剛逐紅塵下世來。
黑虎行時傾雨露，赤龍耕處產瓊瑰。
只吞一粒金丹藥，飛入青霄更不回。

五十三

亂雲堆裡表星都，認得深藏大丈夫。
綠酒醉眠閑日月，白蘋風定釣江湖。
長將氣度隨天道，不把言詞問世徒。
山水路遙人不識，茅君消息近知無。

五十四

鶴為車駕酒為糧，為戀長生不死鄉。
地脈尚能縮得短，人年豈不展教長。
星辰往往壺中見，日月時時袖裡藏。
若欲時流覷得見，朝朝不離水銀行。

五十五

靈芝無種亦無根，解飲能餐自返魂。
但得煙霞供歲月，任他烏兔走乾坤。
嬰兒只戀陽中母，姹女須朝頂上尊。
一得不回千古內，更無冢墓示兒孫。

五十六

世上何人會此言，休將名利掛心田。
等閒倒盡十分酒，遇興高吟一百篇。
物外煙霞為伴侶，壺中日月任嬋娟。
他時功滿歸何處，直駕雲車入洞天。

五十七

玄門帝子坐中央，得算明長感玉皇。
枕下山河和雨露，笛中日月混瀟湘。
坎男會遇逢金女，離女交騰嫁木郎。
真個夫妻齊守志，立教牽惹在陰陽。

五十八

遙指高峰笑一聲，紅霞紫霧面前生。
每於廛市無人識，長到山中有鶴迎。
時弄玉蟾驅鬼魅，夜煎金鼎煮瓊英。
他時若赴蓬萊洞，知我仙家有姓名。

五十九

堪笑時人問我家，杖擔雲物惹煙霞。

眉藏火電非他說，手種金蓮不自誇。
三尺焦桐為活計，一壺美酒是生涯。
騎龍遠出游三島，夜久無人玩月華。

六十

九曲江邊坐臥看，一條長路入天端。
慶雲捧擁朝天闕，瑞氣徘徊起白煙。
鉛汞此時為至藥，坎離今日結神丹。
功能濟命長無老，只在人心不是難。

六十一

玄門玄理又玄玄，不死根元在汞鉛。
知是一般真個術，調和六一也同天。
玉京山上羊兒鬧，金水河中石虎眠。
妙要能生覺本體，勤心到處自如然。

六十二

公卿雖貴不曾酬，說著仙鄉便去遊。
為討石肝逢蜃海，因尋甜雪過瀛洲。
山川醉後壺中放，神鬼閒來匣裡收。
據見目前無個識，不如杯酒混凡流。

六十三

曾邀相訪到仙家，忽上崑崙宴月華。
玉女控攬蒼獬豸，山童提挈白蛤蟆。
時酙海內千年酒，慣摘壺中四序花。
今在人寰人不識，看看揮袖入煙霞。

六十四

火種丹田金自生，重重樓閣自分明。
三千功行百旬見，萬里蓬萊一日程。
羽化自應無鬼籙，玉都長是有仙名。

今朝得赴瑤池會，九節幢幡洞裡迎。

六十五

因看崔公入藥境，令人心地轉分明。
陽龍言向離宮出，陰虎還於坎位生。
二物會時為道本，五方行盡得丹名。
修真道士如知此，定跨赤龍歸玉清。

六十六

浮生不實為輕忽，衲服身藏奇異骨。
非是塵中不染塵，焉得物外通無物。
共語難分情兀兀，獨自行兮輕拂拂。
一點刀圭五彩生，飛丹走入神仙窟。

六十七

莫怪愛吟天上詩，蓋緣吟得世間稀。
慣餐玉帝宮中飯，曾著蓬萊洞裡衣。
馬踏日輪紅露捲，鳳銜月角擘雲飛。
何時再控青絲轡，又掉金鞭入紫微。

六十八

黃芽白雪兩飛金，行即高歌醉即吟。
日月暗扶君甲子，乾坤自與我知音。
精靈滅跡三清劍，風雨騰空一弄琴。
的當南遊歸甚處，莫教鶴去上天尋。

六十九

雲鬢雙明骨更輕，自言尋鶴到蓬瀛。
日論藥草皆知味，問著神仙自得名。
簪冷夜龍穿碧洞，枕寒晨虎臥銀城。
來春又擬攜筇去，為憶軒轅海上行。

七十

龍精龜眼兩相和，丈六男兒不奈何。
九盞水中煎赤子，一輪火內養黃婆。
月圓自覺離天網，功滿方知出地羅。
半醉好吞龍鳳髓，勸君休更認彌陀。

七十一

強居此境絕知音，野景雖多不合吟。
詩句若喧卿相口，姓名還動帝王心。
道袍薜帶應慵掛，隱帽皮冠尚懶簪。
從此更無餘個事，一壺村酒一張琴。

七十二

華陽山裡多芝田，華陽山叟復延年。
青松岩畔攀高幹，白雲堆裡飲飛泉。
不寒不熱神蕩蕩，東來西去氣綿綿。
三千功滿好歸去，休與時人說洞天。

七十三

天生不散自然心，成敗從來古與今。
得路應知能出世，迷途終是任埋沉。
身邊至藥堪攻煉，物外丹砂且細尋。
咫尺洞房仙景在，莫隨波浪沒光陰。

七十四

自隱玄都不記春，幾回滄海變成塵。
玉京殿裡朝元始，金闕宮中拜老君。
悶即駕乘千歲鶴，閒來高臥九重雲。
我今學得長生法，未肯輕傳與世人。

七十五

北帝南辰掌內觀，潛通造化暗相傳。

金槌袖裡居元宅，玉戶星宮降上玄。
舉世盡皆尋此道，誰人空裡得玄關？
明明道在堪消息，日月灘頭去又還。

七十六

日影元中合自然，奔雷走電入中原。
長驅赤馬居東殿，大啟朱門泛碧泉。
怒拔昆吾歌聖化，喜陪孤月賀新年。
方知此是生生物，得在仁人始受傳。

七十七

六龍齊駕得升干，須覺潛通造化難。
真道每吟秋月淡，至言長運碧波寒。
晝乘白鶴遊三島，夜頂金冠立古壇。
一載已成千歲藥，誰人將袖染塵寰？

七十八

五岳灘頭景象新，仁人方達杳冥身。
天網運轉三元淨，地脈通時萬物生。
自曉谷神通此道，誰能理性欲修真。
明明說向中黃路，霹靂聲中自得神。

七十九

欲陪仙侶得身輕，飛過蓬萊徹上清。
朱頂鶴來雲外接，紫鱗魚向海中迎。
嫦娥月桂花先吐，王母仙桃子漸成。
下瞰日輪天欲曉，定知人世久長生。

八十

四海皆忙幾個閒，時人口內說塵緣。
知君有道來山上，何以無名住世間。
十二樓台藏秘訣，五千言內隱玄關。

方知鼎貯神仙藥，乞取刀圭一粒看。

八十一

割斷繁華掉卻榮，便從初得是長生。
曾於錦水為蟬蛻，又向蓬萊別姓名。
三住住來無否泰，一塵塵在世人情。
不知功滿歸何處，直跨虯龍上玉京。

八十二

當年詩價滿皇都，掉臂西歸是丈夫。
萬頃白雲獨自有，一枝丹桂阿誰無。
閒尋渭曲漁翁引，醉上蓮峰道士扶。
他日與君重際會，竹溪茅舍夜相呼。

八十三

金錘灼灼舞天階，獨自騎龍去又來。
高臥白雲觀日窟，閒眠秋月擘天開。
離花片片乾坤產，坎蕊翻翻造化栽。
晚醉九岩回首望，北邙山下骨皚皚。

八十四

結交常與道情深，日日隨他出又沉。
若要自通雲外鶴，直須勤煉水中金。
丹成只恐乾坤窄，餌了寧憂疾患侵？
未去瑤台猶混世，不妨杯酒喜閒吟。

八十五

因攜琴劍下煙蘿，何幸今朝喜暫過。
貌相本來猶自可，針醫偏更效無多。
仙經已讀三千卷，古法曾持十二科。
些小道功如不信，金階捨手試看麼。

八十六

傾倒華陽醉再三，騎龍遇晚下南岩。
眉因拍劍留星電，衣為眠雲惹碧嵐。
金液變來成雨露，玉都歸去老松杉。
曾將鐵鏡照神鬼，霹靂搜尋火滿潭。

八十七

鐵鏡烹金火滿空，碧潭龍臥夕陽中。
麒麟意合乾坤地，獬豸機關日月東。
三尺劍橫雙水岸，五丁冠頂百神宮。
閒鋪羽服居仙窟，自著金蓮造化功。

八十八

隨緣信業任浮沉，似水如雲一片心。
兩函道經三尺劍，一條藜杖七弦琴。
壺中有藥逢人施，腹內新詩遇客吟。
一爵永添千載壽，一丸丹點一斤金。

八十九

琴劍酒棋龍鶴虎，逍遙落托永無憂。
閒騎白鹿遊三島，悶借青牛看十洲。
碧洞達觀明月上，青山高隱彩雲流。
時人若要還如此，名利浮華即便休。

九十

紫極宮中我自知，親磨神劍劍還飛。
先差玉子開南殿，後遣青娥入紫微。
九鼎黃芽棲瑞鳳，一軀仙骨養靈芝。
蓬萊不是凡人處，只怕愚人泄世機。

九十一

回身方始出埃塵，造化工夫只在人。

早使亢龍拋地網，豈知白虎出天真。

綿綿有路誰留我，默默忘言自合神。

擊劍夜深歸甚處，披星戴月折麒麟。

九十二

春盡閒閒過落花，一回舞劍一吁嗟。

常憂白日光陰促，每恨青天道路賒。

本志不求名與利，元心只慕水兼霞。

世間萬種浮沉事，達理誰能似我家。

九十三

日為和解月呼丹，華夏諸侯肉眼看。

仁義異如塵世異，世情難似泰衡難。

八仙煉後鐘神異，四海磨成照膽寒。

笑指不平千萬萬，騎龍撫劍九重關。

九十四

別來洛汭六東風，醉眼吟情慵不慵。

擺撼乾坤金劍吼，烹煎日月玉爐紅。

杖搖楚甸三千里，鶴矗秦煙幾萬重。

為報晉城仙子道，再期春色會稽峰。

九十五

未煉還丹且煉心，丹成方覺道元深。

每留客有錢沽酒，誰信君無藥點金。

洞裡風雲歸掌握，壺中日月在胸襟。

神仙事業人難會，養性長生自意吟。

九十六

鐵牛耕地種金錢，刻石時童把貫穿。

一粒粟中藏世界，半升鐺內煮山川。

白頭老子眉垂地，碧眼童兒手指天。

若向此中玄會得，此玄玄外更無玄。

九十七

箕星昴宿下長天，凡景寧教不愕然。
龍出水來鱗甲就，鶴沖天去羽毛全。
塵中教化千人眼，世上難知爾雅篇。
自是凡流福命薄，忍教微妙略輕傳。

九十八

閒來掉臂入天門，拂袂徐徐撮彩雲。
無語下窺黃穀子，破顏平揖紫霞君。
擬登瑤殿參金母，回訪瀛洲看日輪。
恰直嫦娥排宴會，瑤漿新熟味氤氳。

九十九

曾隨劉阮醉桃源，未省人間欠酒錢。
一領布裘權且當，九天回日卻歸還。
鳳茸襖子非為貴，狐白裘裳欲比難。
只此世間無價寶，不憑火裡試燒看。

一百

因思往事卻成慙，曾讀仙經第十三。
武氏死時應室女，陳王沒後是童男。
兩輪日月從他載，九個山河一擔擔。
盡日無人話消息，一壺春酒且醺酣。

一百零一

垂袖騰騰傲世塵，葫蘆攜卻數遊巡。
利名身外終非道，龍虎門前辨取真。
一覺夢魂朝紫府，數年蹤跡隱埃塵。
華陰市內才相見，不是尋常賣藥人。

一百零二

萬卷仙經三尺琴，劉安聞說是知音。
杖頭春色一壺酒，爐內丹砂萬點金。
悶裡醉眠三路口，閒來遊釣洞庭心。
相逢相遇人誰識，只恐沖天沒處尋。

一百零三

曾戰蚩尤玉座前，六龍高駕振鳴鑾。
如來車後隨金鼓，黃帝旗旁戴鐵冠。
醉抒黑鬒三島暗，怒抽霜劍十洲寒。
軒轅世代橫行後，直隱深岩久覓難。

一百零四

頭角滄浪聲似鐘，貌如冰雪骨如松。
匣中寶劍時頻吼，袖裡金錘逞露風。
會飲酒時為伴侶，能吟詩句便參同。
來朝定赴蓬萊會，騎個猙獰九色龍。

一百零五

神仙暮入黃金闕，將相門關白玉京。
可是洞中無好景，為憐天下有眾生。
心琴際會閒隨鶴，匣劍時磨待斬鯨。
進退兩楹俱未應，憑君與我指前程。

一百零六

九鼎烹煎一味砂，自然火候放童花。
星辰照出青蓮顆，日月能藏白馬芽。
七返返成生碧霧，九還還就吐紅霞。
有人奪得玄珠餌，三島途中路不賒。

一百零七

星辰聚會入離鄉，日月盈虧助藥王。

三候火燒金鼎寶，五符水煉玉壺漿。

乾坤反覆龍收霧，卯酉相吞虎放光。

入室用機擒捉取，一丸丹點體純陽。

第八節　呂洞賓祖師《修真秘訣》

洞玄靈寶定觀經

　　天尊告左玄真人曰：夫欲修道，先能舍事。外事都絕，無與忤心。然後安坐，內觀心起。若覺一念起，須除滅務令安靜。其次，雖非的有貪著，浮游亂想，亦儘滅除。晝夜勤行，須臾不替。唯滅動心，不滅照心。但凝空心，不凝住心。不依一法，而心常住。然則凡心，躁兢其次，初學息心甚難，或息不得，暫停還失。去留交戰，百體流行。久久精思，方乃調熟。勿以暫收不得，遂廢千生之業。少得靜已，則於行立坐臥之時，涉事之處，喧鬧之所，皆作意安。有事無事，常若無心。處靜處喧，其志惟一。若束心太急，又則成病。氣發狂顛，是其候也。心若不動，又須放任。寬急得所，自恒調適。制而不著，放而不動。處喧無惡，涉事無惱者，此是真定。不以涉事無惱，故求多事；不以處喧無惡，強來就喧。以無事為真宅，有事為應跡。若水鏡之為鑒，則隨物而現形。善巧方便，唯能入定。慧發遲速，則不由人。勿令定中，急急求慧。急則傷性，傷則無慧。若定不求慧，而慧自生，此名真慧。慧而不用，實智若愚。益資定慧，雙美無極。若定中念想，多感眾邪。妖精百魅，隨心應見。所見天尊，諸仙真人，是其祥也。唯念定心之上，豁然無覆；定心之下，曠然無基。舊業日消，新業不造。無所掛礙，迥脫塵籠。行而久之，自然得道。

夫得道之人，凡有七候。一者，心得易定，覺諸塵漏。二者，宿疾普銷，身心輕爽。三者，填補夭損，還年復命。四者，延數萬歲，名曰仙人。五者，煉形為氣，名曰真人。六者，煉氣成神，名曰神人。七者，煉神合道，名曰至人。其於鑒力，隨候益明。得至道成，慧乃圓備。若乃久學定心，身無一候。促齡穢質，色謝方空。自云慧覺，又稱成道者，求道之理，實所未然。說頌曰：智起生於境，火發生於緣。各是真種性，承流失道源。起心欲息知，心起知更煩。了知性本空，知則眾妙門。

靈者，神也，在天曰靈。寶者，珍也，在地曰寶。天有靈化，神用不測，則廣覆無邊；地有眾寶，濟養群品，則厚載萬物。言此經如天如地，能覆能載，有靈有寶，功德無窮。證得此心，故名靈寶。定者，心定也。如地不動。觀者，慧觀也。如天常照，定體無念，慧照無邊，定慧等修，故名定觀。

天尊告左玄真人曰：左者，定也。玄者，深妙也。真者，純也，一而無雜。人者，通理達性之人也。曰者，語辭也。

夫欲修道，先能捨事。進取之心，名為修道；一切無染，名為舍事。

外事都絕，無與忤心。六塵為外事，須遠離也。六塵者，色、聲、香、味、觸、法，更不染著，名為都絕。境不來忤，心即無惱。心不起染，境則無煩。心境兩忘，即無煩惱，故名無與忤心。

然後安坐。攝澄煩惱，名之為安。本心不起，名之為坐。

內觀心起。若覺一念，起須除滅，務令安靜。慧心內照，名曰內觀。漏念未除，名為心起。前念忽起，後覺則隨；起心既滅，覺照亦忘，故稱除滅。了心不起，名之為安。覺性不動，名之為靜。故稱安靜。

其次雖非的有貪著，浮游亂想，亦盡滅除。眾心不起，妄念悉忘。亂想不生，何有貪著？故曰滅除。

晝夜勤行，須臾不替。晝之言淨，夜之言垢。垢淨兩忘，無有間替，故名不替。

唯滅動心，不滅照心。妄想分別，名曰動心。覺照袪之，故名為滅。慧照常明無有間，故名不滅照心。

但凝空心，不凝住心。不起一切心，名空心。一切無著，名之不凝住心。

不依一法，而心常住。若取一法，即名著相。心不取法，名為不依。照而常寂，故為常住。

然則凡心躁競，其次初學，息心甚難。或息不得，暫停還失。言習性煩惱，難可滅除。定力未成，暫停還失也。

去留交戰，百體流行。心起染境，境來牽心，心境相染，故名交戰。妄念不息，百非自生，名曰百體流行。

久久精思，方乃調熟。勿以暫收不得，遂廢千生之業。定心不起，則契真常。一念不收，千生遂廢。

少得淨已，則於行立坐臥之時，初得清淨，正慧未生，故云少得淨已。行立坐臥，四威儀之時也。

涉事之處，喧鬧之所，皆作意安。見一切諸相，為涉事之處。起一切諸心，名為喧鬧之所也。息亂歸寂，名為作意；恬淡得所，名之為安也。

有事無事，常若無心；處靜處喧，其志唯一。有無雙遣，寂用俱忘；萬法不二，名之唯一。

若束心太急，又則成病。氣發狂顛，是其候也。偏心執靜，名曰束心。心外見相，名為顛也。

心若不動，又須放任；寬急得所，自恒調適。從定發慧，名為放任。定慧齊融，名曰得所。定多即愚，慧多即狂；定慧

等用，名曰調適。

制而不著，放而不動；處喧無惡，涉事無惱者，此是真定。寂而常照，照而常寂；空而常用，用而常空。得本元寂，故為真定。

不以涉事無惱，故求多事；不以處諠無惡，強來就諠。習性塵勞，常須制御，不可縱逸。

以無事為真宅，有事為應跡。見本性空寂，故為真宅。慧用無邊，故為應跡。

若水鏡之為鑒，則隨物而現形。本心清淨，猶如水鏡，照用無碍，萬物俱現，名為現形。

善巧方便，唯能入定。諸法性空，寂無所起，故為入定。

慧發遲速，則不由人。勿令定中急急求慧。急則傷性，傷則無慧。急求知見，真定乃亡。貪著諸相，故云無慧。

若定不求慧，而慧自生，此名真慧。心體寂靜，妙用無窮，故名真慧。

慧而不用，實智若愚。了無分別，名之不用。韜光晦跡，故曰若愚。

益資定慧，雙美無極。寂照齊融，故云雙美無極。

若定中念想，多感眾邪，妖精百魅，隨心應見。為心取相，諸相應生。一切邪魔，競來擾亂。

所見天尊，諸仙真人，是其祥也。此為諸相，不可取著。

唯令定心之上，豁然無覆；定心之下，曠然無基。前念不生，故云無覆。後念不起，故曰無基。

舊業日銷，新業不造。宿習並盡，名曰舊業日銷。更不起心，故名新業不造。

無所掛礙，迥脫塵籠。一切無染，故名無所掛礙；解脫無繫，故云迥脫塵籠。

行而久之，自然得道。智照不滅，名曰行而久之。契理合真，故云得道。

夫得道之人，凡有七候：一者心得定易，覺諸塵漏。心得清淨，塵念盡知，故曰覺諸塵漏。

二者宿疾普銷，身心輕爽。真氣胎息，故疾盡瘳。體道合真，身輕不老。

三者填補夭損，還年復命。骨髓堅滿，故填補夭損。駐顏不易，名為還年復命也。

四者延數萬歲，名曰仙人。長生不死，延數萬歲，名編仙籙，故曰仙人。

五者練形為氣，名曰真人。得本元氣，故曰練形為氣。正性無偽，故曰真人。

六者練氣成神，名曰神人。真氣通神，陰陽不測，故曰神人。

七者練神合道，名曰至人。真神契道，故曰至人。

其於鑒力，隨候益明。鑒力者，常照不息也。益明者，明明不絕也。

得至道成，慧乃圓備。若了本性，得道成真，智慧圓明，萬法俱備。

若乃久學定心，身無一候，促齡穢質，色謝方空。自云慧覺，又稱成道者，求道之理，實所未然。通神合道，即身得道真。心證身亡，不離生死。《西升經》云：是故失生本，焉能知道源？

而說頌曰：

智起生於境，火發生於緣。
各是真動性，承流失道源。

起心欲息知，心起知更煩。

了知性本空，知則眾妙門。

太上老君內觀經

老君曰：天地媾精，陰陽布化，萬物以生。承其宿業，分靈道一。父母之和合，人受其生。始一月為胞，精血凝也；二月成胎[1]，形兆胚也；三月陽神其為三魂動而生也[2]；四月陰靈為七魄長靜鎮形也；五月五行分藏，以安神也；六月六律定腑，用滋靈也；七月七精開竅，通光明也；八月八景神具，降真靈也；九月宮室羅布，以定精一一也，十月炁足[3]；萬象成也。元和哺為食，時不停也。太一帝君在頭曰泥丸君，總眾神也。照生識神，人之魂也。司命處心，納生元也[4]。無英居左，制三魂也三魂也。白元居右，拘七魄也。桃孩住臍，深精根也[5]。照諸百節，生百神也。所以周身，神不空也。元炁入鼻，灌泥丸也。所以神明，形固安也。運動住止，關其心也。所以謂生，有由然也。予內觀之，歷歷分也。心者，禁也，一身之主。心能禁制，使形神不邪[6]也。心則神也，變化不測，故無定形[7]。所以五藏藏五神：魂在肝，魄在肺，精在腎，志在脾，神在心。所以字殊，隨處名也。心者，火也。南方太陽之精主火，上為熒惑，下應心也。色赤，三葉如蓮花，神明依泊，從所名也。其神也，非青非黃[8]，非大非小，非短非長，非曲非直，非柔非剛，非厚非薄，非圓非方，變化莫測，混合陰陽；大包天地，細入毫芒；制之則正，放之則狂；清淨則生，濁躁則亡，明照八表，暗迷一方。但能虛寂，生道自常；永保無為，其身則昌也。以其無形，莫之能名，禍福吉凶，悉由之矣。所以聖人立君臣，明賞罰，置官僚，制法度，正以教人，人以難伏[9]，唯在於心。心若清

淨，則萬禍不生。所以流浪生死，沉淪惡道，皆由心也。妄想
憎愛，取捨去來，染著聚結，漸自纏繞，轉轉繫縛，不能解
脫，便至滅亡。由如牛馬引重趨泥，轉增陷沒，不能自出，遂
至於死。人亦如是[10]，始生之時，神元清靜，湛然無雜。既
受納有形，形染六情，眼則貪色，耳則躭聲，口則耽味，鼻則
受馨，意隨健羨[11]，身欲肥輕[12]。從此流浪，莫能自悟。
聖人慈念，設法教化，使內觀己身，澄其心也。

老君曰：諦觀此身從虛無中來，因緣運會，積精聚炁，乘
業降神[13]，和合受生；法天像地，捨陰吐陽；分錯五行，以
應四時。眼為日月，髮為星辰，眉為華蓋，頭為崑崙，布列宮
闕，安置精神。萬物之中，人最為靈[14]。性命合道，人當愛
之[15]。內觀其身，惟人尊焉[16]。而不自貴，妄染諸塵，不
淨臭穢，濁亂形神。熟觀物我[17]，何疏何親。守道長生
[18]，為善保真。世愚役役，徒自苦辛也。

老君曰：從道受分謂之命，自一稟形謂之性，所以任物謂
之心，心有所憶謂之意，意之所出謂之志，事無不知謂之智，
智周萬物謂之慧，動而營身謂之魂，靜而鎮形謂之魄，流行骨
肉謂之血，保神養炁謂之精，炁清而馱[19]謂之榮，炁濁而遲
謂之衛，總括百骸[20]謂之身，萬象備見謂之形，塊然有閡謂
之質，狀貌可則謂之體，大小有分謂之軀，眾思不測謂之神
[21]，邈然應化謂之靈[22]，氣來入身謂之生，神去於身謂之
死，所以通生謂之道。道者，有而無形，無而有情，變化不
測，通神群生，在人之身則為神明，所謂心也。所以教人修
道，則修心也，教人修心，則修道也。道不可見，因生而明
之；生不可常，用道以守之。若生亡則道廢，道廢則生亡，生
道合一，則長生不死、羽化神仙。人不能長保者，以其不能內
觀於心故也[23]。內觀不遺，生道長存[24]。

老君曰：人所以流浪惡道，沉淪滓穢，緣六情起妄而生六識，六識分別，繫縛憎愛，去來取捨，染著煩惱，與道長隔。所以內觀六識因起六欲。識從何起？識自欲起。欲從何起？欲自識起[25]。妄想顛倒，而生有識。亦曰自然，又名無為，本來虛靜[26]，元無有識。有識分別，起諸邪見。邪見即興，盡是煩惱。輾轉纏縛，流浪生死，永失於道矣。

老君曰：道無生死，而形有生死。所以言生死者，屬形不屬道也。形所以生者，由得其道也；形所以死者，由失其道也。人能存生守道，則長存不亡也。

老君曰：人能常清靜其心，則道自來居。道自來居則神明存身，神明存身則生不亡[27]也。人常欲生，而不能虛心，人常惡死，而不能保神，亦由欲貴而不用道，欲富而不求寶，欲速而足不行，欲肥而食不飽也[28]。

老君曰：道以心得，心以道明。心明則道降，道降則心通。神明之在身，由火之因炬也。明從火起，火自炷發[29]，炷因油潤，油藉炬停。四者若廢，明何生焉？亦如明緣神照，神托心存，心由形有，形以道全，一物不足，明何依焉？所以謂之神明者，眼見、耳聞、意知、心覺，分別物理，細微悉知，由神以明，故曰神明也。

老君曰：虛心者遣其實也[30]，無心者除其有也，定心者令不動也，安心者使不危也，靜心者令不亂也[31]，正心者使不邪也，清心者使不濁也，淨心者使不穢也。此皆以有令使除也[32]。四見者[33]，心直者不反覆也，心平者無高低也，心明者無暗昧也，心通者無窒礙也[34]。此皆本自然[35]者也。粗言數者，余可思也。

老君曰：知道易，信道難；信道易，行道難；行道易，得道難；得道易，守道難。守而不失，乃常存也[36]。

老君曰：道也者，不可言傳，口受而得之，常虛心靜神，道自來居^{〔37〕}。愚者不知，勞其形，苦其心，役其志，躁其神，而道愈遠，而神愈悲。背道求道，當慎擇焉^{〔38〕}。

老君曰：道貴長存，保神固根，精炁不散，純白不分^{〔39〕}。形神合道，飛升崑崙。先天以生，後天以存，出入無間，不由其門。吹陰煦陽，制魄拘魂。億歲眷屬，千載子孫。黃塵四起，騎羊真人。金堂玉室，送故迎新。

老君曰：內觀之道，靜神定心，亂想不起，邪妄不侵，固身及物^{〔40〕}，閉目思尋，表裡虛寂，神道微深。外觀^{〔41〕}萬境，內察一心。了然明靜，靜亂俱息。念念相繫，深根寧極。湛然常住，杳冥難測^{〔42〕}。憂患永消，是非莫識。

老君曰：吾非聖人，學而得之。故我求道，無不受持，千經萬術，惟在心也^{〔43〕}。

太上老君內觀經竟

注釋

〔1〕「成」，《雲笈七籤》本作「為」。

〔2〕「而」，《雲笈七籤》本作「以」。

〔3〕「黑」，《雲笈七籤》本作「氣」。下同。

〔4〕「生元」，《雲笈七籤》本作「心源」。

〔5〕「深」，《雲笈七籤》本作「保」。

〔6〕「心能禁制，使形神不邪也」，《雲笈七籤》本作「禁制形神，使不邪也」。

〔7〕「故無定形」，《雲笈七籤》本作「無定形也」。

〔8〕「非青」之下，《雲笈七籤》本尚有一「非白非赤」。

〔9〕「人以難伏」，《雲笈七籤》本作「人之難伏」。

〔10〕「是」，《雲笈七籤》本作「之」。意義相同。

〔11〕「隨」，《雲笈七籤》本作「懷」。

〔12〕「肥輕」，《雲笈七籤》本作「輕肥」。

〔13〕「業」，原作「華」。茲據《雲笈七籤》本改。

〔14〕「人最為靈」，《雲笈七籤》本作「人稱最靈」。

〔15〕「人當愛之」，《雲笈七籤》本作「當保愛之」。

〔16〕「惟人尊焉」，《雲笈七籤》本作「誰尊之焉」。

〔17〕「熟」，《雲笈七籤》本作「孰」。

〔18〕「長」，《雲笈七籤》本作「全」。

〔19〕「駃」，原作「駛」，形近而訛也。「駃」音ㄎㄨㄞˋ，同「快」。茲據《雲笈七籤》本改。

〔20〕「骸」原作「神」。茲據《雲笈七籤》本改。

〔21〕「測」，《雲笈七籤》本作「得」。

〔22〕「邈」，《雲笈七籤》本作「莫」。

〔23〕《雲笈七籤》本無「長」、「能」二字。

〔24〕「長」，《雲笈七籤》本作「常」。

〔25〕「識從何起」至「欲自識起」，《雲笈七籤》本作「從何而起，從心識起，心從我起，我從欲起」。

〔26〕「靜」，《雲笈七籤》本作「淨」。

〔27〕「亡」原作「忘」。茲據《雲笈七籤》本改。

〔28〕「由」，《雲笈七籤》本作「猶」。按「由」乃「猶」之假借字。又《雲笈七籤》本在「不用道」、「不求寶」有「肯」字。「速」，《雲笈七籤》本作「疾」，義同。

〔29〕「發」，《雲笈七籤》本作「存」。

〔30〕《雲笈七籤》本在「老君曰」彼尚有「所以言」三字。

〔31〕《雲笈七籤》本無「安心者使不危也，靜心者令不

亂也」二句。

〔32〕《雲笈七籤》本「以」作「已」、「令」作「今」，誤。

〔33〕《雲笈七籤》本無「四見者」三字。

〔34〕「窒」，《雲笈七籤》本作「質」。

〔35〕「然」，原作「照」。茲據《雲笈七籤》本改。

〔36〕「守而不失，乃常存也」，《雲笈七籤》本作「守道不失，身常存也」，義較確。

〔37〕「居」，《雲笈七籤》本作「也」。

〔38〕「當慎擇焉」，《雲笈七籤》本作「怨道不慈」。

〔39〕「純」，《雲笈七籤》本作「淳」。

〔40〕「固」，《雲笈七籤》本作「周」。

〔41〕「觀」，原作「藏」。茲據《雲笈七籤》本改。

〔42〕「杳」，《雲笈七籤》本作「窈」。

〔43〕《雲笈七籤》本在「心」後多一「志」字。

諸真聖胎神用訣

師曰：知至道者天不殺，服元炁者地不滅。夫至道者不遠，祇在己身，用心精微，命乃長久。

《劉公秘旨》曰：欲得長生，當修所生之本。始於精炁，精炁待而為形，形為受炁之本，炁是有形之根，元炁稟形之由，可察成形之理。

經曰：深根固蒂，長生久視之道。

又曰：形中子母，何不守之？且形中以元炁為母，以神為子，初因呼吸之炁而立成形，故為母也。形炁既立，而固有神，故為子也。夫至神也，與炁合形，神與炁但循環於藏府之

內，馭呼吸於上下，久久習之，則神自明，而炁自和。神既內明，照徹五藏，炁和則使用於四肢。故黃帝三月內視，住心以神，則化生纏綿五藏。斯言可推而得之也！

又曰：意中動靜，炁得神通。行道自持，我神光明。斯理之然，然可推而得之也。今世之人，神與炁各行，子與母相離，炁雖呼吸於內，神常運物於外。如此遂使炁無主而神不通，神不通而精自散。又以神為主，以形為宅舍，主人不營於內，日營於外，自然宅舍空虛，而形體衰朽矣。瓦末世道流，每一晝一夜，百刻之中，形炁之得總一萬三千五百息，皆外役於神，無息住於形體之中，而何能冀長生久視之道。

先生曰：若知神炁之所主，子母運行，則長生不死之門可見也。若炁無主宰，任自呼吸吽，通利五臟，消化五穀而已，不能還陰返陽，填補血腦耳。

師曰：吾以神為車，以炁為馬，終日御之，而不倦也。

經云：天下有道，卻走馬以糞。正謂此也。

尹真人曰：神能御炁，則鼻不息。斯言至矣。

御炁之法

上至泥丸，下至命門，二景相隨，可救殘老矣。若呼不得神宰，一息不全，吸不得神宰，亦一息不全。若能息息之中，使神炁相合，則胎從伏炁中結，炁從有胎中息，胎炁內結，永無死矣。功成之後，男子聚精，女子結嬰，雖動於欲不能與神爭，是謂真返精為神也。此者乃是上清玉真修息之訣。日能行之，自得其味，漸合太上真道。

海蟾真人胎息訣

夫元炁者，天地之母，大道之根，陰陽之質。在物名淳利之炁，在人名元炁者也。乃性命也。凡一晝一夜，一萬三千五百息，常常口鼻中泄了真炁。聖人久煉胎息者，常納於

丹田，故微微出入，定自身，安而得長生。長生者，乃心與神炁相合，與道同真也。

玄葫真人胎息訣

夫大道以空為本，絕相為妙達，本元靜定太素，納炁於丹田，煉神於金室，定心於覺海。心定神寧，神寧則炁住，炁住則自然心樂。常於百刻之中，含守於真息。又云神息定而金木交，心意寧而龍虎會，此內丹之真胎息之用也。

凡修道之人，若要長生不死，先須煉心。真人曰：心者，在肺之下，一寸三分。曰：玉壺內有虛白一炁。經云：虛中生白，一名玉壺，二名神室，三名玉館，四名絳宮。中有救苦天尊，中有不死之神，中有靈寶天尊，中有元始符命，中有太一真人，中有救苦真人。常持元炁，勿令失散，丹砂結就，大如黍米，色如黃金，一名寶琳。若人識得辯得認得，塞其六門，常守天真，胎息自成，延年久而不死矣。

袁天綱胎息訣

夫陰陽者，天地之真炁，一陰一陽，生育萬物。在人為呼吸之炁，在天為寒暑之炁。又云：此兩者能改移四時之炁，此乃戊己，包藏真炁。云：春至在巽，能發生萬物，夏至在坤，能長養萬物，秋至在干，能成熟萬物，冬至在艮，能含藏萬物。此皆陰陽出沒，升降神用，故陽炁出水盛木，陰炁出火盛金，陽生於子，出乎卯，陰生於午，入乎酉。此四仲之辰，皆是天地之門戶也。凡大道者，必取四時之正炁，凡修行，動息為陰，定息為陽。凡作時須得心定力定，神定息定，龍親虎會，結就聖胎，名曰真人胎息也。

于真人胎息訣

凡所修行，先定心炁，心炁定則神凝，神凝則心安，心安則炁升，炁升則境空，境空則清靜，清靜則無物，無物則命

全，命全則道生，道生則絕相，絕相則覺明，覺明則神通。經云：心通萬法皆通，心靜萬法皆滅。此一門如來真定者也。凡修道者，先修心定之法，既得定法，還丹不遠，金液非遙，仙道得矣。

徐神公胎息訣

夫神者，虛元之用，息者，元炁之用。煉去塵世之境，若是非人我，財色取捨，得失冤親，平等如一，自然佑護，道心成矣。經云：神者虛無用之。精、炁、神三者，便是靈台。修行之人，若是息定精炁神三件，可長生不死，必為出世之仙，則不虛矣。

煙蘿子胎息訣

夫動者本動，靜者本靜，古者本無動靜，且動靜者一源。蓋為一切眾生，妄想不定，聖人留教，教人定息，神隨炁定，炁住神定，若炁動心動，心動神疲。凡修道之人，不行胎息則有動靜之源，怎入無為之門戶也？走失了也。

達磨禪師胎息訣

夫煉胎息者，煉炁定心是也。常息於心輪，則不著萬物，炁若不定，禪亦空也。炁若定則色身無病，禪道雙安。修行之人，因不守心，元炁失了不收，道怎成矣。古人云，炁定心定，炁凝心靜，是大道之要，又名還丹。道人無諸挂念，日日如斯，則名真定禪觀。故三世賢聖修行皆在此訣，名為禪定雙修也。

李真人胎息訣諱子明

夫胎息真炁者，入於一淨室，焚香面壁，束南結跏趺坐，心無掛念，意無所思，澄神定息，常於遍身觀之，自然通暢。諸學之人不得全閉定炁，全閉則傷神，但量自家息之長短，放炁出入，不得自耳聞之，如此則妙也。若常常調息，不出不

入，久而在於丹田，固守在之者，名為真胎也。道必成矣！

抱朴子胎息訣

凡修行之人，須要定息。息者，正也，安也，順也，歸也，伏也，寧也，靜也。若四威儀中，常作如是，決入真道。勿著諸境，虛心實腹，最為妙也。但澄息心定，心定則炁寂，炁寂則神靜，神靜則境空，境空則寂滅，寂滅則無事，無事則清靜，清靜則道生，道生則自然，自然則逍遙，既入逍遙，則無量自在，得做神仙。自然五行總聚，六炁和合，八卦配偶，成於內丹，身形永劫不壞矣。

亢倉子胎息訣

凡修煉入道，息心勿亂精神，勿泄息神，勿惕息忓，勿出息言，勿語息血，勿滯息唾，勿遠息涕，勿棄息慎，勿惱息神，勿憂息怨，勿念息我，勿爭息害，勿記若人，行住坐外，常持如是，其心自樂，自然成就，不修此理，枉費其功，終無成法，但日日如是，其丹必就，若動靜雙忘，道不求自得矣。

元憲真人胎息訣

夫學無為胎息者，只是本清靜心也，亦名真如，本無物也。有若太虛相似，無去無來，無上無下，非動非靜，寂寂寥寥，與真空同體，與大道同源，與本面目相逢者也。若修大道，當修無為，其心清虛，寂而無寂，靜而無靜，心澄境謝，心境雙忘，則入無為真道也。學道之人，若修如是法門，則其丹自成，自然炁定而得胎息矣。

何仙姑胎息訣

夫煉者，修也，息者，熙也，神也，精也。息炁本源者，清靜真炁也。觀入丹田，細細出入。如此者，龍虎自伏，若心無動，神無思，熙無欲，則名曰太定。真炁存於形質，真仙之位，變化無窮，號曰真人矣。

夫胎息者，須存神定意，抱守三關者，精炁神也。凡修行之人，須每於六時，常抱守三法，則自然有寶聚也。國富民安，心王自在，乃神和暢，少病也，少惱也，身體輕便也，耳目聰明也。是修真之人，真道徑路。若三五年間，常行此法，天護佑，神加持，凡人愛敬，久而自然得道矣。

玉雲張果老胎息訣

夫胎者，受生之宮也。息炁納於元海，在母臍下一寸三分，名曰丹田。受真精成形，納天地之炁，一月如珠，二月如露，三月如桃李，此名醇和之炁，樸也。子在母胞胎之中，母呼則呼，母吸則吸，至於十月炁足而生，六情轉於外，豈於返視元初，不守內息，故有生死。故聖人云：我不縱三尸，六情常息於丹田，守而無退。凡修道之人，先修心靜之門。又云：了心修道，則省力而易成，不了心而修道，修道者，返費功而無益，先了心源，然後自定，自然龍虎伏，觀仙道必成矣。夫丹田者，在臍下一寸三分，是元炁之宮位，管三百六十坐精光神，守護元炁。內有神龜一坐，吐納元炁，往來呼吸，一晝一夜，一萬三千五百息，皆元炁，於口鼻中泄出，故引入邪炁所侵而生病也。丹田者，生炁之源，一名丹田，二名精路，三名炁海，四名守宮，五名大源，六名神室，七名元藏，八名採寶，九名戊己，十名本根。皆是太和元炁居止之處，若存精炁於丹田，則得長生久視之道。凡修行之人，行住坐外常含納真息於丹田，則得元炁成實，久煉而成仙矣。斯乃真人之胎息者也。

侯真人胎息訣

夫真一法界者，不離於本源。本源者，則是一心也。不動不行，心則是源，不停不住，源則是心。其心清靜，則成大藥，其心惑亂，則成大賊。奪其精，盜其神，敗其爐，失其

藥，患其身，喪其命也。凡在道之人，必先修心靜之法。但於心靜，必得定心。心定則神安，鉛汞相投，龍虎親也。周天數足，添精益炁養神，此三法若全，則萬神感會於丹田，血炁周流於遍體，逍遙於長生之道。又云：如何清靜？當澄其神，絕其慮，亡其我，滅其境，抱其真，此謂妙靜之道。

鬼谷子胎息訣

凡修道之人，返本還純，內合真炁，故道返，則四象、五行、六炁、七元、八卦而煉精炁神成其形質，則是虛中取實，無中取有，而內秘真丹也。故煉心為神，煉精為形，煉炁為命，此是陰陽升降之炁也。炁源者，命之根也。故修三法則大道也。

黃帝胎息訣

凡修道者，常行內觀，遣去三尸，出於六情，返內存三，心神守官，炁閉不散，諸神歡暢，養炁煉形存性，此三法不可棄，是真一胎息也，玄關大藥也。

陳希夷胎息訣

夫道化少，少化老，老化病，病化死，死化神，神化萬物。炁化生靈，精化成形，神炁精三化，煉成真仙。故云存精、養神、煉炁，此乃三德之神，不可不知，子午、卯酉、四時，乃是陰陽出入之門戶也。定心不動謂之曰禪，神通萬變謂之曰靈，智通萬事謂之曰慧，道元合炁謂之曰修，真炁歸源謂之曰煉，龍虎相交謂之曰丹，三丹同契謂之曰了。若修行之人，知此根源，乃可入道近矣。

逍遙子胎息訣

夫修者，志也，養也；養者，頤也，伏也，真也。凡欲養息，先須養精，凡欲養精，先須養神，凡欲養神，先須養性，凡欲養性，先須養命。性命者，乃是神炁也，魂魄也，陰陽

也，離坎也。久而行之，結成聖胎，乃真胎息也。

張天師胎息訣

夫元炁無形，真心無法，大道無邇，唯煉息一法，乃含真道。又云心定、炁定、神定，凡修道流，若合大丹元道，清虛寂靜，絕慮忘意，空靜無物，萬法無蹤，真修胎息也，成仙無疑也。

郭真人胎息訣

夫煉者，修也，養也，虛也。耳不聽也，眼不見也，鼻不聞也，舌不味也，息炁定心也。此法從不有中有，不無中無，不色中色，不空中空，非有為有，非無為無，非色為色，非空為空，此乃真胎息養熙調神之法。又云視不見我，聽不得聞，離種種邊，名為妙道。此法最為上也。

中央黃老君胎息訣

夫本立天地，生於陰陽，清炁為天，濁熙為地，清炁為心，濁熙為腎。被世牽惹，引動人心，故清濁不分也。怎曉此理哉！每動作處，經行處，眼見耳聞，五賊送了真元，眼送與心，心動神疲；又被耳送與心，心送音聲入腎，神勞心煩，壞了也。若動念則泄真炁，故胎息不成矣。如何得成？若人靜坐念心不動，息念忘情，炁神調勻，久而自成仙矣。

柳真人胎息訣

夫人往往在世間，不知自身日用物所造化也。噫！乃上天之炁也。元精不衰，物結成器，上依天之清炁，聚而成形，下接地之濁炁，凝而成體。內包一真，世人不識，故泄於外，乃精炁神也。若不守此三者，老死近矣。

聖人常不離此三法，行住坐臥，久結成胎，神仙矣。頌曰：為人在世不知根，一向貪心棄本真。不管元陽真息炁，至今天怒病纏身。

驪山老母胎息訣

經云：天地萬物之盜，萬物人之盜，人萬物之盜。故三盜相反，走失了真熙精神也，不成胎息。若修行之人，不愛萬物，自不盜你本性也。

故云：本分道人，我不要你底，你不要我底，只守分。守分者，何也？乃是不出不入，常守本源，不動不靜，不來不去似有似無，是個死的活人。仙道近矣！

李仙姑胎息訣

夫世間之人，奉道持修，須要朝真謝罪。每於庚申甲子之日，父母遠忌之辰，三元八節之日，宜修齋醮者，神天佑護。更若每日清靜無事，澄心靜坐，調神養炁，不離本室，自然三宮升降，六氣周流，百脈通行，萬物齊會於黃庭。黃庭者，乃中宮也。若常守於中宮，精炁不走，此乃真胎息也。

天台道者胎息訣

凡人修煉，常行平等忍辱，一屏邪心所起，真心志堅，運心腎二炁，上下往來，交媾於中宮。諸神不散，溫養元炁，丹砂黃芽自出，深根固蒂，永息綿綿，久而長生，出世得道矣。

劉真人胎息訣

若修胎息元道之法，心不殺、不欲、不盜、不偷、不邪、不妄、不頹、不狂，心自明朗，常守齋戒，真息常調，觀照遍身世界。身心清靜，乃是長生。道人若金坑寶貝堅實，六門不開，邪炁不入，一身無病患。若六門不閉，盜盡金寶，人生疾也。道自不成矣！

頌曰：心中真炁是天英，正是神清炁鏡明。大道若依玄妙用，心中清靜炁生靈。

一去一來不暫停，上下無休造化成。神靜炁澄無事染，這回息住自然靈。後學之者，不息元道，妄念不停，生滅不息，

隨他物去了。怎成胎息也？

朗然子胎息訣

凡修行之人，焚香入室，靜坐冥心，叩齒集神，定意馬，伏心猿，都收在一處，放在丹田，令溫養之。內觀勿出，如元帥行軍。神是主，炁是軍。炁到處神到，二物相逐，不得相離。萬病不干，千災皆滅。

學道之人，若得此法，勤而行之。今日貧道方泄天機，你若不行，我有殃矣。

百嶂內視胎息訣

且胎息者，世人不知，諸賢皆從證果。若不得此法也，把不定，不得口訣，不得下手，不得親傳。把手教著尚做不過，一等愚人，便待定心猿捉意馬，往往空費其功夫，不成大事。若真修煉之人，欲捉心猿收意馬，先須調炁定息，然後澄心息慮忘情，乃可應也。若不如是，則空過了時光日月。不因師指，此事難知矣。

曹仙姑胎息訣

且胎息者，非方衛之所能為。為者，則失道遠矣。且人之生也，須以神存炁留道生，神與炁二者相須，乃成性命。虛者通靈而光明，和者周流而柔潤，神安則炁暢，炁暢則血融，血融則骨強，骨強則髓滿，髓滿則腹盈，腹盈則下實，下實則行步輕健，行步輕健則動作不疲，四肢康強，猶國之封域平泰，炁血和盛，猶國之府庫充實，譬人家富，神志和悅，顏色自怡，行步歌舞，仙道近矣。

故曰：今人念佛念道，只要除災救禍，不如志念除妄。還好麼？達人觀斯而行之，自成胎息者矣。

諸真聖胎神用訣竟

養生胎息訣

進取訣

凡欲服氣，先須高燥淨空之處，室不在寬，務在絕風澳。常令左右燒香不用穢污。床須厚軟，腳稍令高《真誥》曰：床高鬼吹不及，言鬼神善因地炁以吹人為祟，床高三尺可也。衾被適寒溫，令冬稍暖尤佳。枕高二寸餘，令與背平。每至半夜後生氣時，或五更睡之初覺，先吹出腹中濁惡之炁，一九下止。若要細而言之，則亦不在五更，但天炁調和，腹中空，則為之。先閉目，叩齒三十六通，以警身神。畢，以手指捻目大小眥，兼按鼻左右，旋耳及摩面目，為真人起居之法。更隨時少為導引，以宣暢關節。乃以舌柱上腭，料口中外津液，候滿口則咽之，令下入胃，存胃神承之，如此三，止。是謂漱咽靈液，灌溉五臟，面乃生光。此之去就，大體略同。便兀然放神，使心如枯木，空身若委衣，內視返聽，萬累都遣，然後淘之。每事皆閉目握固，唯臨散氣之時，則展指也。夫握固，所以閉關防而卻精邪。初服氣之人，氣道未通，則不得握固，待至百日或半年，覺氣通暢，掌中汗出，則可握固。《黃庭經》云：閉塞三關握固停，漱咽金醴吞玉英，遂至不食三蟲亡，久服自然得興昌。

咽氣訣

訣曰：服內氣之妙，在乎咽氣。世人咽外氣以為內炁，不能分別，何以談哉？納吐之士，宜審而為之，無或錯誤耳。夫人皆稟天地之元氣而生身，身中自分元氣而理。每咽及吐納，則內氣與外氣相應，自然氣海中氣，隨吐而上，直至喉中，但喉吐極之際，則輒閉口連鼓而咽之，令郁然有聲，汩汩然從男左女右而下，納二十四節，如水瀝瀝，分明聞之也。如此，則

內氣與外氣相顧，皎然而別也。以意送之，以手摩之，令速入氣海。氣海，臍下三寸是也，亦謂之下丹田。初服氣人，上焦未通，以手摩之，則令速下，若流通，不摩亦得。一閉口，三連咽止。乾咽，號曰雲行。一濕口咽取口中津咽，謂之雨施。初服氣之人，炁未流行，每一咽則旋行之，不可遽至三連咽也。候氣通暢，然後漸漸加之，直至於小成也。一年後始可流通，三年功成，乃可恣服。新服氣之人，炁既未通，咽或未下，須一咽以為候，但自郁然有聲，汩汩而下，直入氣海。

行氣訣

法曰：下丹田近後二穴，通脊脈，上達泥丸。泥丸，腦宮津名也。每三連咽，即速存下丹田所，得內元炁，以意送之，令入二穴。因想見兩條白炁，夾脊雙引，直入泥丸，薰蒸諸宮，森然遍下毛髮、面部、頭項、兩臂及巨手指，一時而下入胸，至中丹田。中丹田，心宮神也。灌五臟，卻歷入下丹田，至三星，遍經袵膝、脛、踝，下達湧泉。湧泉，足心是也。所謂分一氣而理，鼓之以雷霆，潤之以風雨之狀也。只如天有泉源，非雷霆騰鼓，無以潤萬物。若不回蕩濁惡之氣，則令人有不安。既有津液，非漱咽之，不堪溉灌五臟，發其光彩，終不能還精補腦；非交合，則不能溯而上之。咽服內氣，非吐納則不能引而用之。是知回蕩之道，運用之理，所以法天則地。想身中濁惡結滯，邪氣瘀血，被正榮氣蕩滌，皆從手足指端出去，謂之散氣。氣散則展手指，不須握固。如此一度，則是一通。通則無疾，則復調之，以如使手。使手復難，鼓咽如前。閉炁鼓咽至三十六息，謂之小成。若未絕粒，但至此常須少食，務令腹中曠然虛淨，無問坐臥，但腹空則咽之，一日通夕至十度，自然三百六十咽矣。若久服炁，息頓三百六十咽，亦謂之小成，一千二百咽，謂之大成，謂之大胎息。但閉炁數至

一千二百息，亦是大成。然後胎不結，然不能煉形易質，縱得長生，同枯木無精光。

煉氣訣

訣曰：服氣煉形，稍暇入室，脫衣散髮，仰臥，展手勿握固，梳頭令通，垂席上布之，則調氣咽之。咽訖便閉氣，候極，乃冥心絕想，任氣所之以通理，悶即吐之，喘息即調之，候氣平，又煉之。如此十遍，即止。新服氣之人，未通，有暇漸加一至十；候通，漸加至二十至五十。即令遍身汗出，如有此狀，是其效也。安心和氣，且臥勿起衝風，乃卻老延年之良術爾。但津液清爽，時為之爾；氣惛亂欲睡，慎勿為也。常勤行之，四肢煩悶不暢亦為之，不必每日旦，要獨清爽時，為之十日、五日。《黃庭經》云：千災已消百病痊，不憚虎狼之凶殘，亦以卻老年永延。

委氣訣

訣曰：夫委氣之法，體氣和平也，身神調暢，無問行住坐臥，皆可為之。但依門戶調氣，或伸於床，或兀然而坐，無神無識，寂寂沉沉，使心同太空，因而調閉，或十氣、二十氣皆通。須任氣，不得與意相爭。良久，氣當從百毛孔中出，不復口吐也，縱有十分無二也。復調能數至千二百息已上，彌佳。行住坐臥，亦可為之。如此勤行，百關開通，顏色光澤，氣清長如新沐浴之人。但有不和則為之，亦當清泰也。《黃庭經》云：高拱無為魂魄安，清淨神見與我言。

閉氣訣

訣曰：忽有修養乖宜，偶生疾患，宜速於密室，依服氣法，布手足訖，則調氣咽之。念所苦之處，閉氣以意想注，以意攻之，氣極則吐之。訖，復咽氣，相繼依前攻之，氣急則止，氣調復攻之。或二十至五十，攻覺所苦處，汗出通潤，即

止。如未損，即每日夜半，或五更、晝日頻作，以意攻之。不拘病在頭面、手足，但有疾之處、則攻之，無不癒者。是知心之所使氣，甚於使手，有如神助，功力難比也。

布氣訣

訣曰：凡欲布氣與人療病，先須依前人五臟所患之處，取方面之炁，布入前人身中，令病者面其方，息心靜慮，此與炁。布炁訖，便令咽氣。鬼賊自逃，邪氣永絕。

六炁訣

訣曰：六氣者，噓、呵、呬、吹、呼、嘻是也。氣各屬一臟，餘一氣屬三焦。呬屬肺，肺主鼻，有寒熱不和及勞極，依呬吐納，兼理皮膚疥瘡，有此疾，則依狀理之，立癒也。

呵屬心，心主舌，口乾舌澀，氣不通及諸邪氣，呵以去之，大熱大開口，小熱小開口呵。若須作意，是宜理之。

呼屬脾，脾主中宮，如微熱不和，腹胃脹滿，氣悶不泄，以呼字炁理之。

吹屬腎，腎主耳，腰肚冷，陽道衰，以吹字炁理之。

嘻屬三焦，三焦不和，嘻以治之。氣雖各有所治，但五臟三焦，冷熱勞極、風邪不調，都屬於心，心主呵，呵所治諸疾皆愈，不必六氣也。

噓屬肝，肝主目，赤腫昏眩等，皆以噓治之。

調氣液訣

訣曰：人食五味，五味各歸一藏，每藏各有濁氣。同出於口。又六氣三焦之氣，皆湊此門，眾穢並投，合成濁氣，每睡覺，薰薰氣從口而出，自不堪聞，審而察之，以知其候。凡口中焦乾，口苦舌澀，乳煩無津，或咽唾喉中痛不能食，是熱極狀也，即須大張口呵之，每咽必須依門戶，出之十呵、二十呵，即鳴天鼓，或七或九，以舌下撩華池而咽津，復咽令熱氣

退，止。但喉口中清水甘泉生，即是熱退五臟涼也。若口中津液冷淡無味，或呵過多，心頭汪汪然，食飲無味，不受水，則是冷狀也，即當吹以溫之，如溫熱法。伺候口美心調，溫即止。《黃庭經》云：玉池清水灌靈根，審能修之可長存。又云：漱咽靈液災不干。

飲食調護訣

訣曰：服氣之後，所食須有次第，可食之物有益，不可食之物必有損，損宜永斷，益乃恒服。每日平旦，食少許淡水粥，或胡麻粥，甚益人，治脾氣，令人足津液。日中淡面餺飥及餅並佳，只不得承熱食之，勃亂正氣也。煮蔥薤羹可佳，飯必粳米，大麥麵益人。服氣之人經四時，甚宜服食之。此等物不必日日食之，任隨臨時之意欲食之。鹿肉作白脯，食之佳，如是齋戒，即不得食也。三十六禽神直日，其象鳥並不可食。棗、栗之徒兼追餅，亦得食也。作可餒慎勿飽，飽則傷心，氣尤難行。凡熱麵、蘿蔔羹，切忌切忌。鹹酸辛物，宜漸漸節之。每食畢，即須呵出口中食毒濁氣，永無患矣。

服氣之人，腸胃虛淨，生冷、醋滑、黏膩、陳硬、腐敗、難消之物，不用食。若偶然食此等之物一口，所在處必當微痛，慎之。但食軟物，乃合宜也。每食先三五咽氣，而吃食令做主，兼吞三五粒生椒佳也。食畢，更吞三粒下走引氣。此物能消食，引氣向下，通三焦，利五臟，趁濁穢，消宿食，助正氣也。宜長久服之，能辟寒冱暑濕，明目生髮，治氣功力，不可具述，備在《太清經》中，服椒別有方。服候有氣下，則泄之，慎而勿留，留則恐為疾。每空腹隨性飲一兩杯清酒，甚佳。冬溫夏冷，助正氣排遣諸邪，其功不細。戒在多，多則惛醉，醉則傷神損壽。若遇尊貴，不獲已，即宜飲，放即三五口，飲並即大開口十數下，以遣出面藥之毒，調治之。常時飲

一二升，徐徐飲之，亦不中酒，兼不失食，味亦不退，乃如故矣。不用衝生產、死亡並六畜，一切穢惡不潔之氣，並不宜及門，況近之耶？甚不宜正氣。如不意卒逢以前諸穢惡，速閉氣，上風閉目速過，便求一兩杯酒以蕩滌之。覺氣入腹不安，即須調氣，過出濁氣，即卻咽下，更納新氣，以意送之，當以手摩之，則便含椒及飲一兩杯酒，令散矣。如不肯散，即不須過理逼，任出無苦。此則上焦擁，故終須調氣理之，使和平也。而食油膩辛味，甚犯正氣，切意省之。尚知向犯者，使勿忤也。亦有服氣一年通氣，二年通氣實，三年功成，元氣凝實，縱有觸犯，無能為患。日服千咽，不足為多，返老還童，漸從此矣。氣化為津，津化為血，血化為精，精化為髓，髓化為神。一年易氣，二年易血，三年易脈，四年易肉，五年易髓，六年易筋，七年易骨，八年易髮，九年易形，即三萬六千真神，皆在身中化為仙童，號曰真人矣。勤修不倦怠，則關節相連，五臟牢固。《黃庭經》云：千千百百自相連，一一十十似重山。是內氣不出，外氣不入，寒暑不侵，刀兵不害，升騰變化，素同三光也。

休糧訣

訣曰：凡欲休糧，但依前勤修，三年之後，正氣流通，髓實骨滿，百神守位，三尸遁逃。如此漸不欲聞五味之氣，常思不食，欲絕則絕，不為難也。但覺腹空，即須咽氣，無問早晚，何論限約，久久自知節候，無煩其言，何用藥物！大抵服藥之人，多不能服氣，終日區區，但以藥物為務，身形不得精實，固為未得亦非上士用心也。《黃庭經》云：百穀之實土地精，五味外美邪魔腥，臭亂神明胎氣零，那從返老卻還嬰，何不食氣太和精，故能不死入黃寧。此之謂也。

慎守訣

訣曰：世上之人，多嗜欲傷生伐命，今古共焉。不早自防，追悔何及！夫人臨終方始惜其身命，罪定而後思求善事，病成方求其藥，天綱已發，何可救之？故賢哲上士，惜未絕之命，防未禍之禍，理未病之病，遂拂衣入寰，攝心歸道。道者，氣也；氣者，心之主；精者，命之根。愛精重氣，然後身心保之矣。《黃庭經》云：方寸之中，謹蓋藏，精神還老復丁壯，養子玉樹令如杖，急固子精以自償。又曰：長生至慎房中急，何謂死作令神泣？若當訣海百瀆傾，葉去樹枯失青青。夫長生久視，未有不由愛精保氣能致之。陰丹內御之道，世莫得知，雖務於氣，而不解絕情欲，亦未免殃矣。故曰：人自失道，非道失人；人常去生，非生去人。修養君子，自保省爾。

服氣胎息訣

訣曰：精者，氣也；氣者，道也。先叩齒三十六通，右轉頭一匝，如龜引頸，其胎息上至咽喉，即咽之。如此三遍，方閉口以舌內外摩料，取津滿口漱流，昂頭咽之，上補泥丸，泥丸即昂頭是也。下潤五臟。老子曰：甘雨潤萬物，胎津潤五臟。晝夜不寐，乃成真人，上致神仙，下益壽考。在身所有疾苦，想氣送至所苦處，即瘥。真氣逐濁氣，上沖下泄，覺神清爽，則氣自沖和。故聖人有言：夫人在氣中，氣在人中，人不離氣，氣不離人，人藉氣而生，因失氣而死，死生之理，盡在氣也。但調得其氣，求死不得。則每夜半及五更，展兩腳，握固，展手去身五寸，其枕不得過二寸，閉目，依前法咽之。梳洗訖，以暖一杯酒飲之，益胎息，潤六府，引氣開百關。昔峨眉山仙人幽秘法，此不可言也。

老君曰：靈芝玉英，並在其腹，名山大澤，取藥服之，與

道甚乖。吾道甚易，但能行之。早起展兩腳，喘息勻，以兩手叉腦後，手前拽，頭向後拽頓，如此三，畢；兩手相叉向前拽，前拽三兩遍，左右擊三二十遍。畢，咽津二十遍。如覺四體不和，即乃舌漱液三二十咽，流卻疾去。萬金不傳非其人，造次傳者，殃及三代也。

存守三一訣

兩眉間為上丹田；心為絳宮中丹田；臍輪三①寸為下丹田。

夫存三守一之法，居靜室，焚名香，面南坐，握天關，鳴大鼓，開天門，塞地戶，思日在左耳下，思月在右耳下，想北斗魁星覆兩膊上，餘三星覆頭上，直指南方。然後收心內觀，各有玉台、金闕、泥丸，真人赤子居之，注心凝定，更莫散亂，則瓊光自照，睹夜如晝，久能行之，宮中之神，歷歷如目前矣。存雖有三，法本是一。仙經曰：子欲長生，守一當明。又曰：服丹守一，與天相畢。西升經曰：人能守一萬事畢，此之謂矣。

注解：

①臍輪三口：醫心方卷二十七養生谷神第二載「臍下三寸為命門宮，此下丹田也」，據此，疑作「臍下三寸」。

❀ 第六章 ❀
呂洞賓弘道詩文篇

雜著九條

一、修身訣三首

人命急如線，上下來往速如箭。認得是元神，子後午前須至煉。隨意出，隨意入，天地三才人得一。既得一，勿遺失，失了永求無一物。堪嘆荒郊冢墓中，自古滅亡不知屈。一本無後兩句。

煙花爛漫，人事悠悠。得之者一氣含元，失之者三泉昧景。至藥龍居虎位，虎[1]據龍宮。當龍虎混合之時，認恍惚杳冥之路。大電霹而神莫為，迅雷烈而神莫知。去彼取此兮一本去彼繁華取此真實，用資久視之功，即是遷神之妙。

先住其子，後覓其母[2]。率首為宗，擒和正取。水伏其火，龍引其虎。得自兩眉，始應玄牝。雷驚電杳，無非黃蓋之家一作中。金液瓊漿，盡屬丹池之寶。老子之術，盡於斯矣。嗟夫，金玉滿堂，莫之能守也。

二、三字訣

這個道，非常道。性命根，生死竅。說著醜，行著妙。人人憎，個個笑。大關鍵，在顛倒。莫厭穢，莫計較。得他來，立見效。地天泰，烏朕兆。口對口，竅對竅。吞入腹，自知

道。藥苗新，先天兆。審眉間，行逆道。澤質物，自繼紹。二者余，方絕妙。要行持，令人叫。氣要堅，神莫耗。若不行，空老耄。認得真，老還少。不知音，莫語告。些兒法，合大道。精氣神，不老藥讀作要。靜裡全，明中報。乘鳳鸞，聽天韶。

內丹百字吟

養氣忘言守，降心為不為。

動靜知宗祖，無事更尋誰。

真常須應物，應物要不迷。

不迷性自住，性住氣自回。

氣回丹自結，壺中配坎離。

陰陽生返復，普化一聲雷。

白雲朝頂上，甘露灑須彌。

自飲長生酒，逍遙誰得知。

坐聽無弦曲，明通造化機。

都來二十句，端的上天梯。

外丹百字吟

鉛汞鼎中居，煉成無價珠。

都來兩個字，了卻萬家書。

用鉛不用鉛，非鉛汞不歸。

會盜鉛裏黑，定死石中朱。

大藥良無頭，金丹釜無耳。

不須用別藥，鉛汞自相制。

相制作夫妻，自然得相契。

百日火符功，鼎中有天地。

一載成大丹，功能方出世。

用鉛者無數，貴鉛者有幾。

勸世文

一毫之善，與人方便。

一毫之惡，勸君莫作。

衣食隨緣，自然快樂。

算是甚命，問什麼卜。

欺人是禍，饒人是福。

天眼昭昭，報應甚速。

諦聽吾言，神欽鬼伏。

長短句

　　落魄且落魄，夜宿鄉村朝遊城廓。閒來無事玩青山，困來街市貨丹藥。賣得錢不籌度，沽美酒自斟酌。醉後吟哦動鬼神，任意日頭向西落。

六言詩

春暖群花半開，逍遙石上徘徊。

獨攜玉律丹訣，閒踏青山碧苔。

古洞眠來九載，流霞飲幾千杯。

逢人莫說人事，笑指白雲去來。

四言自述

唐朝進士，今日神仙。

足躡紫霧，卻返洞天。

月朗風清，一聲鐵笛。

均山回首，四海無跡。

題景福寺二聯

莫道神仙無學處，古今多少上升人。

三、歌九篇

鄂渚悟道歌

縱橫天際為閒客，時遇季秋重陽節。

陰雲一布徧長空，膏澤連綿滋萬物。

因雨泥滑門不出，忽聞鄰舍語丹術。

試問鄰公可相傳，一言許肯更無難。

數篇奇怪文入手，一夜挑燈讀不了。

曉來日早纔看畢，不覺自醉如恍惚。

恍惚之中見有物，狀如日輪明突帆。

自言便是丹砂精，宜向鼎中烹凡質。

凡質本來不化真，化真須得真中物。

不用鈆不用汞，還丹須向爐中種。

玄中之玄號真鈆，及至用鈆還不用。

或名龍或名虎，或號嬰兒並詫女。

丹砂一粒名千般，一中有一為丹母。

火莫燃水莫凍，修之煉之須珍重。

直待虎嘯折巔峰，驪龍奪得玄珠弄。

龍吞玄寶忽升飛，飛龍被我捉來騎。

一翕上朝歸碧落，碧落廣闊無束西。

無曉無夜無年月，無寒無暑無四時。

自從修到無為地，始覺奇之又怪之。

敲爻歌

漢終唐國飄蓬客，所以敲爻不可測。

縱橫逆順沒遮攔，靜則無為動是色。

也飲酒也食肉，守定胭花斷淫欲。

行禪唱詠胭粉詞，持戒酒肉常充腹。

色是藥酒是祿，酒色之中無拘束。
只因花酒悟長生，飲酒帶花神鬼哭。
不破戒不犯淫，破戒真如性即沉，
犯淫壞失長生寶，得者須由道力人，
道力人真散漢，酒是良朋花是伴。
花街柳巷覓真人，真人只在花街飯。
摘花戴飲長生酒，景禮無為道自昌。
一任群迷多吠怪，仙花仙酒是仙鄉。
到此鄉非常客，姹女嬰兒生喜樂。
洞中常採四時花，花花結就長生藥。
長生藥採花心，花藥層層艷麗春。
時人不達花中理，一訣天機值萬金。
謝天地感虛空，得遇仙師是祖宗。
附耳低言玄妙旨，提上蓬萊第一峰。
第一峰是仙物，惟產金花生恍惚。
口口相傳不記文，煩得靈根堅髓骨。
堅髓骨煉靈根，片片桃花洞裏春。
七七白虎雙雙養，八八青龍總一斤。
真父母送元宮，木母金公性本溫。
十二官中蟾魄現，時時地魄降天魂。
鉛初就汞初生，玉爐金鼎未經烹。
一夫一婦同天地，一男一女合乾坤。
庚要生甲要生，生甲生庚道始萌。
拔取天根並地髓。白雪黃芽自長成。
鉛亦生汞亦生，生汞生鉛一處烹。
烹煉不是精和液，天地乾坤日月精。
黃婆匹配得團圓，時刻無差口付傳。

八卦二元全藉汞，五行四象豈離鉛。

鉛生汞汞生鉛，奪得乾坤造化權。

杳杳冥冥生恍惚，恍恍惚惚結成團。

性須空[3]意要專，莫遣猿猴取次攀。

花露初開切忌觸，鎖居土釜勿抽添。

玉爐中文火爍，十二時中惟守一。

此時黃道會陰陽，三性元宮無漏泄。

氣若行真火煉，莫使玄珠離寶殿。

加添火候切防危，初九潛龍不可煉。

消息火刀圭變，大地黃芽都長遍。

五行數內一陽生，二十四氣排珠宴。

火足數藥方成，便有龍吟虎嘯聲。

三鉛只得一鉛就，金果仙芽未現形。

再安爐重立鼎，跨虎乘龍離凡境。

日精才現[4]月華凝，二八相交在壬丙。

龍汞結虎鉛成，咫尺蓬萊柢一程。

坤鉛干汞金丹祖，龍鉛虎汞最通靈。

　達此理道方成，三萬神龍護水晶。

守時定日明符刻，專心惟在意虔誠。

　黑鉛過採清真，一陣交鋒定太平。

三車搬運珍珠寶，送歸寶藏自通靈。

天神佑地祇迎，混合乾坤日月精。

虎嘯一聲龍出窟，鸞飛鳳舞出金城。

朱砂配水銀停，一派紅霞列太清。

鉛池迸出金光現，汞火流珠入帝京。

龍虎媾外持盈，走聖飛靈在寶瓶。

一時辰內金丹就，上朝金闕紫雲生。

仙桃熟摘取餌，萬化來朝天地喜。
齋戒等候一陽生，便進周天參同理。
參同理煉金丹，水火薰蒸透閟關。
養胎二月神丹結，男子懷胎豈等閒。
內丹成外丹就，內外相接和諧偶。
結成一塊紫金丸，變化飛騰天地久。
丹入腹非尋常，陰行剝儘化純陽。
飛升羽化三清客，名遂功成達上蒼。
三清客駕譎舉，跨鳳騰霄入太虛。
似此逍遙多快樂，遨游三界最清奇。
太虛之上修真士，朗朗圓成一物無。
一物無惟顯道，五方透出真人貌。
仙童仙女彩雲迎，五明宮內傳真誥。
傳真誥話幽情，只是真鉛煉汞精。
聲聞緣覺冰消散，外道修羅縮項驚。
點枯骨立成形，信道天梯似掌平。
九祖先靈得超脫，誰羨繁華貴與榮。
尋烈士覓賢才，同安爐鼎化凡胎。
若是怪財并惜寶，千萬神仙不肯來。
修真士不妄說，妄說〔5〕一句天公折。
萬劫塵沙道不成，七竅眼睛皆逬血。
貧窮子發誓切，待把凡流盡提接。
同赴蓬萊仙會中，凡景煎熬無了歇。
塵世短更思量，洞裡乾坤日月長。
堅志苦心三二載，百千萬劫壽彌疆。
達聖道顯真常，虎兕刀兵更不傷。
水火蛟龍無損害，拍手天宮哄一場。

這些功真奇妙，分付與人誰肯要。

愚徒死戀色和財，所以神仙不肯召。

真至道不擇人，豈論高低富與貧。

且饒帝子共王孫，須去繁華銼銳分。

瞋不除態不改，墮入輪廻生死海。

堆金積玉滿山川，神仙冷哎應不彩。

名非貴道極尊，聖聖賢賢顯子孫。

腰金跨玉騎驕馬，瞥見如洞隙裏塵。

隙裏塵石中火，何在留心為久計。

苦苦煎熬喚不回，奪利爭名如鼎沸。

如鼎沸永沈淪，失道迷真業所根。

有人平卻心頭棘，便把天機說與君。

命要傳性要悟，入聖超凡由汝做。

三清路上少人行，畜類門前爭入去。

報賢良休慕顧，性命機關堪守護。

若還缺一不芳菲，執著波查應失路。

只修性不修命，此是修行第一病。

只修祖性不修丹，萬劫陰靈難入聖。

達命宗迷祖性，恰似鑒容無寶鏡。

壽同天地一愚夫，權物家財無主柄。

性命雙修玄又玄，海底洪波駕法船。

生擒活捉蛟龍首，始知匠手不虛傳。

秘訣歌

求之不見，來即不見。不見[6]不見，君之素面。火裡曾飛，水中亦見。道路非遙，身心不戀，又不知有返陰之龜，回陽之鷹。遇即遇其人，達[7]即達其神。一萬二千甲子，這一

壺流霞長春。流霞流霞，本性一家。飢餐日精，渴飲月華。將甲子丁丑之歲，與君庾破束門之大菰。

直指大丹歌

三清宮殿隱昆巔，日月光浮起紫煙。

池沼泓泓翻玉液，樓台迭迭運靈泉。

青龍乘火鈆為汞，白虎騰波汞作鈆。

欲得坎男求匹偶，須憑離女結因緣。

黃婆設盡千般計，金鼎開成一朵蓮。

列女擘烏當左畔，將軍戴兔鎮西邊。

黑龜卻伏紅爐下，朱雀還柄華閣前。

然後澄神窺見影，三周功就駕雲耕。

谷神歌

　　我有一腹空谷虛，言之道有又還無。言之無兮不可捨，言之有兮不可居。谷兮谷兮太玄妙，神兮神兮真大道。保之守之不死名，修之煉之仙人號。神得一以靈，谷得一以盈。若人能守一，只此是長生。

　　長生[8]本不遠，離身還不見。煉之功若成，自然凡骨變。谷神不死玄牝門，出入綿綿道若存，修煉還須夜半子，河車搬載上崑崙。龍又吟虎又嘯，風雲際會黃婆叫。火中姥女正含嬌，回觀水底嬰兒俏。嬰兒姥女見黃婆，兒女相逢兩意和。金殿玉堂門十二，金翁木母正來過。重門過後牢關鎖，點檢斗牛先下火。進火消陰始一陽，千歲仙桃初結果。曲江東岸金烏飛，西岸清宮玉兔輝。烏兔走歸峰頂上，爐中詫女脫青衣。脫卻青衣露素體。嬰兒領入重幃裏。十月情濃產一男，說道長生永不死。勸君煉勸君修，谷神不死此中求。此中悟取玄微處，與君白日登一作到瀛洲。

窯頭坯歌

頭逐隨雨破，柢是未曾經水火。若經水火燒成磚，留向世間住萬年。棱角堅完不復壞，扣之聲韻堪磨鑴。凡水火尚成功，堅完萬物誰能同。修行路上多少人，窮年煉養費精神。不道未曾經水火，無常一旦臨君身。既不悟終不悔，死了猶來借精髓。主持正念大艱辛，一失人身為異類。君不見洛陽富鄭公，說與金丹如盲聾。執迷不悟修真理，焉知潛合造化功。又不見九江張尚書，服藥失明神氣枯。

不知還丹本無質，反餌金石何太愚。又不見三衢趙樞密，參禪作鬼終不識。修完外體在何邊，辯捷語言終不實。墦頭逐隨雨破，便似修行這幾個。大丈夫超覺性，了盡空門不為證。伏羲傳道至於今，窮理盡性至於命。了命如何是本元，先認坎離並四正。坎離卻即是真常家，見者超凡須入聖。坎是虎離是龍，二體本來同一宮。龍吞虎啖居其中，離合浮沉初復終。

剝而復否而泰，進退往來定交會。弦而望明而晦，消長盈虛相匹配。神仙深入水晶宮，時飲醍醐清更濃。餌之千日功便成，金肋玉骨身已輕。此個景象惟自身，上升早得朝三清。三清聖位我亦有，本來只奪乾坤精。飲凡酒食膻腥，補養元和中更盈。自融結轉光明，變作珍珠飛玉京。須臾[9]六年腸不餒，血化白膏體難毀。不食方為真絕糧，真氣薰蒸肢體強。

既不食超百億，口鼻都無凡喘息。真人以踵凡以喉，從此真凡兩邊立。到此遂成無漏身，胎息丹田湧真火。老氏自此號嬰兒，火候九年都經過。留形住世不知春，忽爾天門頂中破。真人出現大神通，從此天仙可相賀。聖賢三教不異門，昧者勞心休憖麼。有識自愛生，有形終不滅。嘆愚人空駕說，愚人流蕩無則休，落趣循環幾時徹。學人學人細尋覓，且須研究古金碧。金碧參同不計年，妙中妙兮玄中玄。

勉牛生夏侯歌

二秀才，二秀才兮非秀才，非秀才兮是仙才。中華國裏親遭遇，仰面觀天笑眼開。一作回。鶴形兮龜骨，龍吟兮虎顏。我有至言相勸勉，願君兮勿猜勿猜。但煦日吹風，咽雨呵雷，火寄冥宮，水濟丹台。金木交而土歸位，鈆汞分而露胎。赤血換而白乳流，透光竅兮動百骸。然然卷，然然舒，一及哀哈哈，孩兒喘而不死。腹空虛兮長齋，酬名利兮狂歌醉舞，酬富貴兮麻機莎鞋，甲子問時休記。看桑因變作黃埃，青山白雲好居住，勸君歸去來兮歸去來。

寄白龍洞劉道人

玉走金飛兩曜忙，始聞花發又秋霜。徒誇錢壽千來歲，也似雲中一電光。一電光何太疾，百年都來三萬日。其問寒暑互煎熬，不覺童顏暗中失。縱有兒孫滿眼前，卻成恩愛轉牽纏。

及乎精竭身枯朽，誰解教伊暫駐顏。延年之道既無計，不免將身歸逝水。但看古往聖賢人，幾個解留身在世。身在世也有方，只為時人誤度量。

競向山中尋草藥，伏鈆制汞點丹陽。點丹陽事迥別，須向坎中求赤血，取來離位制陰精，配合調和有時節。時節正用媒人，金翁姹女結親姻。金翁偏愛騎白虎，姹女常駕赤龍身。

虎來靜坐秋江裏，龍向潭中奮身起。兩獸相逢戰一場，波浪奔騰如鼎沸。黃婆丁老助威靈，撼動乾坤之神鬼。須臾戰罷雲氣收，種個玄珠在泥底。從此根芽漸長成，隨時灌溉抱真精。

十月脫胎吞入口，忽覺凡身已有靈。此個事世問稀，不是等閒人得知。宿世若無 [10] 仙骨分，容易如何得遇之。金液丹宜便煉，大都光景急如箭。要取魚須結荃，何不收心煉取鈆。

莫教燭被風吹滅，六道輪廻難僽天。近來世上人多詐，盡著布衣稱道者。問他金木是何般，噤口不言如害啞。卻云服氣與休糧，別有門庭道路長。豈不見陰君破迷歌裏說，太乙含耳法最強。莫怪言詞太狂劣，只為時人難鑒別。惟君心與我心同，方敢傾心與君說。

題桐梧山黃先生庵門

吾有玄中極玄語，周遊八極無處雲餅飄泛到凝陽，一見君兮在玄知君本是孤雲客，擬話希夷生恍無為大道本根源。要君親見求真其中有一分三五，本自無名號丹寒泉瀝瀝氣綿綿，上透崑崙還紫浮沉升降入中宮，四象五行齊見驅青龍擒白虎，起祥風兮下甘露，鉛凝真汞結丹砂，一派火輪真為主。

既修真須堅確，能轉乾坤泛海岳。運行天地莫能知，變化鬼神應不覺。千朝煉就紫金身，乃至全神歸返樸。黃秀才黃秀才，既修真須且早，人間萬事何時了。貪名貪利愛金多，為他財色身衰老。我今勸子心悲切，君自思兮生猛烈。

莫教大限到身來，又是隨流入生滅。留此片言，用表其意。它日相逢，必與汝央。莫退[11]初心，善愛善愛。

四、漁父詞一十八首

入定

閉目藏真神思凝，杳冥中裏見吾宗。

無邊半，迴朦朧，玄景觀來覺盡空。

初九

大道從來屬自然，空堂寂坐守機關。

三田寶。鎮長存，赤帝分明坐廣寒。

玄用

日月交加曉夜奔，崑崙頂上定乾坤。
真鏡裡，實堪論，謖謖紅霞曉寂問。

神效

恍惚擒來得自然，偷他造化在其間，
神鼎內火烹煎，盡歷陰陽[12]結成丹。

沐浴

卯酉門中作用時，赤龍時蘸玉清池，
雲薄薄，雨微微，看取妖容露雪肌。

延壽

子午常飧日月精，玄關門戶啟還扃，
長如此，過平生，且把陰陽仔細烹。

瑞鼎

會合都從戊己家，金鉛水汞莫須誇，
只此物，結丹砂，反覆陰陽色轉華。

活得

位立三才屬五行，陰陽合處便相生，
龍飛躍，虎狂獰，吐個神珠各戰爭。

燦爛

四象分明八卦周，乾坤男女論綢繆，
交會處，更嬌羞，轉覺情深玉體柔。

煉質

運本還元於此尋，周流金鼎虎龍吟。
身不老，俗難侵，貌返童顏骨變金。

神異

還返初成立孌童，瑞蓮開處色輝紅。
金鼎內，迥朦朧，換骨添筋處處通。

知路

那個仙經述此方，參同大易顯陰陽。
須窮取，莫顛狂，會者名高道自昌。

朝帝

九轉功成數盡乾，開爐撥鼎見金丹。
飧餌了，別塵寰，足躡青雲突上天。

方契理

舉世人生何所依，不求自己更求誰。
絕嗜欲，斷貪痴，莫把神明暗裡欺。

自無憂

學道初從此處修，斷除貪愛別嬌柔。
長守靜，處深幽，服氣飧霞飽即休。

作甚物

貪貴貪榮逐利名，追遊醉後戀歡情。
年不永，代君驚，一報身終那裡生。

疾瞥地

萬劫千生得個人，須知先世種來因。
速覺悟，出迷津，莫使輪廻受苦辛。

常自在

閉目尋真真自歸，玄珠一顆出輝輝。
終日骯，莫拋離，免使閻王遣使追。

五、夢江南詞十一首

淮南法，秋石最堪誇。位應乾坤白露節，象移寅卯載河車，子午結朝霞。

王陽術，得秘是黃芽。萬蕊初生將此類，黃鍾應律始歸家，十月定君誇。

黃帝術，玄妙美金花。玉液初凝紅粉見，乾坤覆載暗交加，龍虎變成砂。

長生術，玄要補泥丸。彭祖得之年八百，世人因此轉傷殘，誰是識陰丹。

陰丹訣，三五合玄圖。二八應機堪採運，玉瓊回首免榮枯，顏貌勝凡妹。

長生術，初九秘潛龍。慎勿從高宜作客，丹田流注氣交通，耆老返嬰童。

修身客，莫誤入迷津。氣衛金丹傳在世，象天象地象人身，不用問東鄰。

還丹訣，九九最幽玄。三牲本同一體內，要燒靈藥切尋鉛，尋得是神仙。

長生藥，不用問他人。八卦九宮看掌上，五行四象在人身，明了自通神。

學道客，修養莫遲遲。光景斯須如夢裡，還丹粟粒變金姿，死去莫回歸。

治生客，審細察微言。百歲夢中看即過，勸君修煉保尊年，不久是神仙。

六、沁圓春四首

其一

昨日南京，今朝天岳，獎焉忽焉。指洞庭為酒，渴時浩
飲。君山作枕，醉後高眠。談笑自如，往來無碍，半是風狂半
是仙。隨身在，有一襟風月，雨袖雲煙。人間放浪多年，又排
辦束華第二筵。把珊瑚砍倒，栽吾琪樹。天河放淺，種我金
蓮。槌碎玉京，賜翻蓬島。稽首玉皇玉案前，無難事。信功成
八百，行滿三千。

其二

火宅牽纏，夜去明來，早晚無休，奈今日不知明日事。波
波劫劫，有甚來由，人世風燈，草頭珠露，我見傷心眼淚流。
不堅久，似石中迸火，水上浮漚。休休，聞早回頭，把往日風
流一筆勾。但粗衣淡飯，隨緣度日，任人笑我，我又何求。限
到頭來不論貧富，著甚千忙日夜憂。勸年少把家緣棄了，海上
來遊。

其三

詩曲文章，任汝空留，數千萬篇，奈日推一日，月推一
月。今年不了，又待來年。有限光陰，無涯火院，只恐蹉跎老
卻賢。貪痴漢，望成家學道，兩事雙全。凡夫只戀塵緣，又誰
信壺中有天。這道本無情，不親富貴，不疏貧賤，只要心堅。
不在勞神，不須苦行，息慮忘機合自然。長生事，待明公放
下，方可相傳。

其四

七返還丹，在人先須煉己待時。正一陽初動中宵漏永，溫
溫鉛鼎，光透簾幃。造化爭馳，虎龍交媾，進火功夫牛斗危，

曲江上，看月華瑩淨，有個烏飛。

當時自飲刀圭，又誰信無中養就兒，辯水源清濁，木金間隔。不因師指，此事難知。道要玄微，天機深遠，下手速修猶太遲。蓬萊路，待三千行滿，獨步雲歸。

七、雜曲十首

稽首鍾離，群真領袖。道天地先，身天地後。顛倒乾坤，縱橫宇宙。唐朝呂仙，秘訣親授。咦蓬壺碧落幾遨遊，萬古豐神常似舊。何處去，浪苑瀛洲風細細。何處來，胡麻飯罷下天台。咄。自從二祖談玄後，海上金蓮萬朵開。

心空道亦空，風靜林還。捲盡浮雲，月自明中，有山河影。供養及修行，舊話成重省，豆爆生蓮火裏時，痛撥寒灰玲。右卜籌之。

坎離坤兌逢子午，須認取自家根祖。地雷震動山頭雨，雨要洗濯[15]黃芽出土。捉得金精牢閉錮，煉甲庚要生龍虎。待他問汝甚人傳，但說道先生姓呂。向有一太守好道，令妓者唱道情詞曲，妓無以應命，遂迎方士求之。忽有道人過門，索酒題詞於壁而去。次日妓佐公筵以此歌之，太守驚問，欲求道人，竟失其蹤，方知其為呂公也。妓亦因此脫籍。右步蟾宮。

大道淵源，高真隱秘，風流豈可知聞。先天一氣，清濁自然分，不識坎離顛倒，誰能辨木浮沉。幽微處，無中產有，澗畔虎龍吟。壺中真造化，天精地髓，陰魄陽魂。運周天水火燮理寒溫，十月脫胎丹就，除此外皆是傍門。君知否，塵寰走徧。端的少知音。右滿庭芳。

仙風道骨，顛倒運乾坤。平分時節，金木相交坎離位。一粒刀圭凝結，水虎潛形，火龍伏體，萬丈毫光烈，仙花朵秀，聖男靈女扳折。霄漢此夜中秋，銀蟾離海，浪捲千層雪。此是

天關地軸，誰解推窮圓缺。片餉功夫，霎時丹聚，到此憑何訣。倚天長嘯，洞中無限風月。右滿江月。

目前咫尺長生路，多少愚人不悟。愛河浪闊，洪波風緊，丹船難渡，略聽仙師語，到彼岸只消一句。煉金丹換了凡胎濁骨，免輪廻三塗苦。

萬事澄心定意，聚真陽都歸一處，分明認得靈光真趣，本來面目。此個幽微理，莫容易等閒吩咐。知蓬萊自有神仙伴侶，同攜手，朝天去。右水龍吟。

我有屋三椽，住在靈源，無庶四壁任蕭然。萬象森羅為斗拱，瓦蓋青天，無漏得多年，結就因緣，修成功行滿三千。降得火龍伏得虎，陸地神仙。右浪淘沙。

天不高，地不大，惟有真心，物物俱含下。不用之全體在，用即拈來，萬象周沙界。虛無中，塵色內，盡是還丹，歷歷堪收採。這個鼎爐解不解，養就靈烏飛出光明海。右蘇幕遮

三百年間，功留青史。幾多俱委埃塵，悟黃粱，棄儒事，厭世藏身。將我一枝丹桂，換他千載青春。岳陽樓上，綸巾羽扇，誰識天人。蓬萊願應仙舉，誰知會合仙賓。遙望吹笙玉殿，奏舞鸞捆，風馭雲耕，不散碧桃紫棟長新。願逢一粒，九霞光裏，相繼朝真。右雨中花題岳陽樓。

西風吹渭水，落葉滿長安。茫茫塵世裏，獨清閒。自然爐鼎，虎繞與龍盤。九轉丹砂就，一粒刀圭，便成陸地神仙。從他富貴擁華軒，到了亦徒然。黃粱猶未熟，夢驚殘。是非海裏，終久立身難。拂袖江南去，白蘋紅夢，再遊溢浦盧山。右促拍滿路花題長安酒樓桂。

八、五言古風一篇

又記

數載樂幽幽，欲逃寒暑逼。不求名與利，猶恐身心役。苦志慕黃庭，殷勤求道跡。陰功暗心修，善行長日積。世路果逢師，時人皆不識。

我師機行密，懷量性孤僻。解把五行移，能將四象易。傳余造化門，始悟希夷則。服取兩般真，從頭路端的。烹煎日月壺，不離乾坤側。至道眼前觀，得之元咫尺。真空空不空，真色色非色。推倒玉葫蘆，迸出黃金液。緊把赤龍頭，猛將驪珠吸。吞歸臟腑中，奪得神仙力。

杪號一黍珠，延年千萬億。同途聽我吟，與道相親益，未曉真黃芽，徒勞遊紫陌。把住赤烏魂，突出銀蟾魄。未省此中玄，常流容易測。三天應有路，九地終無厄。守道且藏愚，忘機要混邊。群生莫相輕，已是蓬萊客。

九、七言律詩二首

其一

發頭滴血眼如環，吐氣雲生怒世間。
爭奈不平千萬事，須期一訣蕩凶頑。
蛟龍斬處翻滄海，暴虎除時拔遠山。
為臧世情兼負義，劍光腥染點痕斑。

其二

雨雪霏霏天已暮，金鍾滿勸撫焦桐。
詩吟席上未移刻，劍舞筵前疾似風。
何事行杯當午夜，忽然怒目便騰空。
不知誰是虧忠孝，擁個人頭入坐中。

十、七言古風二篇

贈劉方處士

六國愁看沉與浮，攜琴長嘯出神州。
擬向煙霞煮白石，偶來城市見丹丘。
受得金華出世術，期於紫府駕雲遊。
年來摘得黃岩翠，琪樹參差連地肺。
露飄香隴玉苗滋，月上碧峰舟鶴唳。
洞天消息春正深，仙路往還俗難繼。
忽因乘興下白雲，與君邂逅於塵世。
塵世相逢開口希，共論太古同流志。
瑤琴寶瑟與君彈，瓊漿玉液勸我醉。
醉中亦話興亡事，雲道總無珪組累。
浮世短景倏成空，石火電光看即逝。
韶年淑質曾非固，花面玉顏還作土。
芳樽但繼曉復昏，樂事不窮今與古。
何如識個玄玄道，道在杳冥須細考。
壺中一粒化奇物，物外千年功力奧。
但能制得水中華，水火翻成金丹龜。
丹就人間不久居，自有碧霄元命誥。
玄洲暘谷悉可居，地壽天齡永相保。
鸞車鶴駕逐雲飛，迢迢瑤池應易到。
耳聞爭戰還傾覆，眼見妍華成枯槁。
唐家舊國盡荒蕪，漢室諸陵空白草。
蜉蝣世界實足悲，槿花性命莫遲遲。
珠璣溢屋非為福，羅綺滿箱徒自危。
志士戒貪昔所重，達人忘欲寧自期。
劉方劉方審聽我，流光迅速如飛過。

陰淫果決用心除，尸鬼因循為汝禍。

八瓊秘訣君自識，莫待鉛空車又破。

破車壞鉛須震驚，直遇伯陽應不可。

悠悠憂家復憂國，耗盡三田元宅火。

咫尺玄關若要開，憑君自解黃金鎖。

贈喬二郎

與君相見皇都裡，陶陶動便經年醉。醉中往往愛藏真，亦不為他名與利。

勸君休戀浮華榮，直須奔走煙霞程。煙霞欲去如何去，先須肘後飛金晶。

金晶飛到上宮裡，上宮下宮通光明。當時玉汞涓涓生。奔歸元海如雷聲。

縱此夫妻相際會，歡娛踴躍情無外。水火都來兩半間，卦候翻成地天泰。

一浮一沉陽煉陰，陰盡方知此理深。到底根元是何物，分明只是水中金。

喬公喬公急下手，莫逐烏飛兼兔走。何如修煉作真人，塵世浮生終不久。

大道長生沒得來，自古至今有有有。

十一、五言絕句四首

賜齊州李希遇

少飲欺心酒，休貪不義財。

福因慈善得，禍向巧奸來。

題紫極官

宮門一閉入，臨水憑欄立。

無人知我來，朱頂鶴聲急。

贈沈處士貞吉二首

鶴背發長歌，清聲振林越。
萬里洞庭秋，湖波弄明月。
片月已蒼蒼，詩成天欲曙。
獨鶴忽不見，閒雲自來去。

十二、五言律詩一十八首

悟了長生理，秋蓮處處開。
金童登錦帳，玉女下香階。
虎嘯天魂住，龍吟地魄來。
有人明此道，立便返嬰孩。
姹女住南方，身邊產太陽。
蟾官烹玉液，坎戶煉瓊漿。
過去神仙餌，今來到我嘗。
一杯延萬紀，物外任翔翔。
頓悟黃芽理，陰陽稟自然。
乾坤爐裡煉，日月鼎中煎。
木產長生汞，金生續命鉛。
世人明此道，立便返童顏。
宇宙產黃芽，經爐緞作砂。
陰陽烹五彩，水火煉三花。
鼎內龍降虎，壺中龜遣蛇。
功成歸物外，自在樂煙霞。
要覓長生路，除非認本源。
都來一味藥，剛到數千般。
丹鼎烹成汞，紅爐煉作鉛。

依時服一粒，白日上沖天。
姹女住瑤台，仙花滿地開。
金苗從此出，玉藥自天來。
鳳舞長生曲，鸞歌續命杯。
有人明此道，海變已千回。
古往諸仙子，根元占甲庚。
水中聞虎嘯，火裡見龍行。
進退窮三候，相吞用八弦。
沖天功行滿，寒暑不能爭。
我悟長生理，太陽伏太陰。
離宮生白玉，坎戶產黃金。
要主君臣義，須存子母心。
九重神室內，虎嘯與龍吟。
靈丹產太虛，九轉入重爐。
浴就紅蓮顆，燒成白玉珠。
水中鉛一兩，火內汞三銖。
吃了瑤台寶，升天任海枯。
姥女住離宮，身邊產雌雄。
爐中七返畢，鼎內九還終。
悟了魚投水，迷因鳥在籠。
耄年服一粒，立地變嬰童。
道德乾坤祖，陰陽是本宗。
天魂生白虎，地魄產青龍。
運寶泥丸住。搬精入上宮。
有人明此法，萬載貌如童。
要覓金丹理，根元不易逢。
三才七返足，四象九還終。

浴就微微白，燒成漸漸紅。
一丸延萬紀，物外去衝衝。
個個覓長生，根元不易尋。
要貪天上寶，須棄世間琛，
煉就水中火，燒成陽內陰。
祖師親有語，一味水中金。
萬物皆生玉，如人得本元。
青龍精是汞，白虎水為鉛。
悟者子投母，迷應地是天。
將來物外客，個個補丹田。
二十四神清，三兒功行成。
寒雲連地轉，聖日滿天明。
玉子偏宜種，金田豈在耕。
此中真妙理，誰道不長生。
鈔鈔紗中紗，玄玄玄更玄。
動言俱演道，語默盡神仙。
在掌如珠異，當空似月圓。
他時功滿後，直入大羅天。
密室靜存神，陰陽重一斤。
煉成離女液，咽盡坎男津。
漸變逍遙體，超然自在身。
更修功業滿，旌鶴引朝真。
通道復通玄，名留四海傳。
交親一拄杖，和氣兩空拳。
要果遺巡種，思茶逐旋煎。
豈知來混世，不久卻回天。

十三、七言絕句廿九首

捉得金精固命基，日魂東畔月華西。

於中煉就長生藥，服了還同天地齊。

莫怪瑤池消息稀，只緣人事隔天機。

若人尋得水中火，有一黃童上太微。

混元海底隱生倫，內有黃童玉帝名。

白虎神符潛妊女，靈元鎮在七元君。

三畝丹田無種種，種時須借赤龍耕。

曾將此種教人種，不解營治道不生。

閃爍虎龍神劍飛，好憑身事莫相違。

傳時須在乾坤力，便透三清入紫微。

不用梯媒向外求，還丹只在體中收。

莫言大道人難得，自是功夫不到頭。

飲酒須教一百杯，東浮西泛自梯如。

日精能與月華合，有個明珠走上來。

不負二光不負人，不欺神道不欺貧。

有人問我修行法，只種心田養自身。

時人若擬去瀛洲，先過巍巍十八樓。

自是電雷聲震動，一池金水向東流。

瓶子如金玉子黃，上升下降續神光。

三元一會經年爭，這個天中日月長。

學道須教徹骨貧，囊中只有五三文。

有人問我修行法，遙指天邊日月輪。

我自忘心神自悅，跨水穿雲來相謁。

不問黃芽肘後方，妙道通微怎生說。

丹傳肘後千年術，口誦黃庭兩卷經。

鶴觀古壇松影裡，悄無人跡戶長肩。

獨上高峰望八都，黑雲散後月還孤。

茫茫宇宙人無數，幾個男兒是丈夫。

天下都遊半日功，不須跨鳳與乘龍。

偶因博戲飛神劍，摧卻終南第一峰。

趁倒葫蘆掉卻琴，倒行直上臥牛岑。

水飛石上迸如雪，立地看天坐地吟。

吾家本住在天齊，零落白雲鑠石梯。

來往八千消半日，依前歸路不曾迷。

黃峰道士高且潔，不下蓮宮經歲月。

星辰夜禮玉簪寒，龍虎曉開金鼎熱。

東山東畔忽相逢，握手叮嚀語似鍾。

劍術已成君把去，有蛟龍處斬蛟龍。

朝泛蒼梧暮卻還，洞中日月我為天。

匣藏寶劍時時吼，不遇同人誓不傳。

偎岩拍手葫蘆舞，過嶺穿雲拄杖飛。

來往八千須半日，金州南畔有松扉。

養得兒形似我形，我身枯梓子光精。

生生世世常如此，爭似留神養自身。

精養靈根氣養神，此真之外更無真。

神仙不肯分明說，迷了千千萬萬人。

不事王侯不種田，日高猶自抱琴眠。

起來旋點黃金買，不使人間作業錢。

天涯海角人求我，行到天涯不見人。

忠孝義慈行方便，不須求我自成真。

莫道幽人一事無，閒中盡有靜工夫。

閉門清晝讀書罷，掃地焚香到日晡。

息精息氣養精神，精養丹田氣養身。

有人學得這般術，便是長生不死人。
斗笠為帆扇作舟，五湖四海任遨遊。
大千世界須臾至，石爛松枯經幾秋。
或為道士或為僧，混俗和光別有能。
苦海翻成天上路，昆盧常點百千燈。

十四、過洞庭湖君山

午夜君山玩月回，西鄰小圃碧蓮開。
天香風露蒼華冷，蕾在青霄鶴未來。

十五、贈鳳翔府天慶觀

得道年來八百秋，不曾飛劍取人頭。
玉皇未有天符至，且貨烏金混世流。

十六、劍畫於襄陽雪中

峴山一夜玉龍寒，鳳林千樹梨花老。
襄陽城裡少人知，襄陽城外江山好。

十七、海上逢趙同

南宮水火吾須濟，北關夫妻我自媒。
洞裡龍兒嬌郁律，山前童子喜徘徊。

十八、贈劍客五首

先生先生貌獰惡，拔劍當空氣雲錯。
連喝三回急急去，欻然空裡人頭落。
劍起星奔萬里珠，風雷時逐雨聲麓。
人頭攜處非人在，何事高吟過五湖。
麓眉卓堅語如雷，聞說不平便放杯。

使劍當空千里去，一更別我一更回。
龐眉國堅惡精神，萬里騰空一踴身。
背上匣中三尺劍，為天且示不平人。
先生先生莫外求，道要人傳劍要收。
今日相逢江海畔，一杯村酒勸君休。

十九、贈曹先生

鶴不西飛龍不行，露乾雲破洞蕭清。
少年仙子說閒事，遙隔彩雲聞嘆聲。

二十、與潭州智度寺慧覺禪師

余遊韶彬，東下湘江。今見覺公，觀其禪學精明，性源純潔，促膝靜坐，收光內照。一袖之外無餘衣，一缽之外無餘食。達生死岸，破煩惱殼。方今佛衣寂寂兮無傳，禪理懸懸兮幾絕。扶而興者，其在吾師乎。

達者推心兼濟物，聖賢傳法不離真。
請師開說西來意，七祖如今未有人。

二十一、閒題

獨自行來獨自坐，無限世人不識我。
惟有城南老樹精，分明知我神仙過。
松枯石老水縈回，個裡難教俗客來。
抬眼試看山外景，紛紛風急障黃埃。

二十二、七言律詩十首

夾脊雙關透頂門

夾脊雙關透頂門，修行徑路此為根。

華池神水頻來咽，紫府元君往濟潯。
常使氣衝關節透，自然精滿谷神伸。
他年得赴瑤池會，須感當初指教人。

調氣訣

混混沌沌不計年，一吸略記五千言。
燒丹煉藥南山秀，服氣吞霞九海乾。
曾經幾度鬚眉濫，數番滄海變桑田。
陛下問臣年多少，先有吾身後有天。

對君作

我家至道本無為，白雪壺中配坎離。
常飲三杯無事酒，閒行數著不爭棋。
抽鉛添汞存真體，返本還元復命基。
會得兩般歸一處，到頭端的上天梯。

參玄作

無心獨坐轉黃庭，不遂時流入利名。
救老只存真一氣，修生長遺百神靈。
朝朝煉液歸瓊府，夜夜朝元養玉英。
莫嘆老人貧裡樂，十年功滿上三清。

別客

時人受氣稟陰陽，均體乾坤壽命長。
為產本宗能壽永，因輕元祖遂淪亡。
三宮自有回流法，萬物那無運用方。
咫尺崑崙山上玉，幾人知是藥中王。

贈陳處上

青霄一路少人行，休話興亡事不成。

金榜因何無姓字，玉都必是有仙名。
雲歸大海龍千尺，月滿長空鶴一聲。
深謝宋朝明聖主，解書丹詔詔先生。

哭陳先生

天網恢恢萬象疏，一身親到華山區。
寒雲去後留殘月，春雪來時問太虛。
六洞真人歸紫府，千年鸞鶴老蒼梧。
自從遺卻先生後，南北東西少丈夫。

贈羅浮山道士軒轅集二首

一

羅浮道士誰同流，草衣木食輕王侯。
世間甲子管不得，壺裡乾坤得自由。
數著殘棋江月曉，一聲長嘯海山秋。
飲餘回首話歸路，遙指白雲天際頭。

二

天生一物變三才，交感陰陽結聖胎。
龍虎順行陰鬼去，龜蛇逆往火龍來。
嬰兒日吃黃婆髓，姹女時飧白玉杯。
功滿自然居物外，人間寒暑任輪廻。

答僧茲

三千里外無家客，七百年來雲水身。
行滿蓬萊為別館，道成瓦礫盡黃金。
待賓袖裡常存酒，化藥爐中別有春。
積德求師何患少，由來天地不私親。

❊第七章❊
呂洞賓度人修道篇

第一節　呂祖度陳摶

雍熙間呂祖同劉海蟾西遊華山教希夷出神秘訣。希夷名摶字圖南，亳州真源人也。唐長興中舉進士不第（公元 932年）。遊四方有大志，見世運衰微，喟然嘆曰：「時不可為也。」父母歿，乃盡散家貲，惟攜一石鐺，遁入太華。周世宗高其風致，賜號「白雲先生」。首遇呂祖與海蟾子，授以道要，麻衣子傳以相法，次遇孫君昉，勸隱武當，久之復歸華山。居雲台觀。

嘗乘驢遊華陰，聞宋太祖登極，拍手大笑曰：「天下自此定矣。」帝手書詔召之，辭曰：「九重仙詔，休教丹鳳銜來，一片野心，已被白雲留住。」帝咨嗟不已。高隱華山，自稱蓮峰道士，得蟄龍法恒臥不起。呂祖與海蟾時往過之，祖贈以詩云：

> 蓮峰道士高且潔，不下蓮宮經歲月，
> 星辰夜禮玉簪寒，龍虎曉開金鼎熱。

並勉其及時溫養借睡全真。宋太祖累遷使趣命入朝，摶不得已，應召出山，至京師藏真不露。帝言宰相宋琪等曰：「陳摶獨善其身，不干勢利，可謂方外之高士矣。」賜號希夷先生，放還。呂祖與海蟾、麻衣，復往過之，教以出神法，希夷

敬受焉。

或問先生居溪崖，寢止何室，希夷笑吟曰：

> 華山高處是我宮，出即凌空跨曉風，
> 台榭不將金鎖閉，來時自有白雲封。

端拱初，忽遣門人火龍子、賈得升鑿石室於張超谷。既成造視曰：「吾其歸於此乎？」端然坐化，有五色雲，封谷口彌月。歷年一百一十八歲。

第二節　度劉海蟾（本文載《劉海蟾仙師事略》陳攖寧撰）

師姓劉名操，字宗成，號海蟾子，燕山人也。仕燕為宰相，平昔嗜性命之學，然未窺玄奧。一日，有道者來謁，自稱正陽子。師以賓禮待之，問姓名不答。惟索雞卵十枚，金錢一文，置錢於几，而以十卵累疊其上，如浮圖狀。

師嘆曰：「危哉！」

道人曰：「居榮祿，履憂患，相公身命之危，更甚於此」。言訖，擲錢卵於地，長笑而去。

師於是大悟。即日解相印，易布衣，遠泛秦川，遁跡終南太華之間。韜光隱耀，眾莫能測。民間流傳所謂「劉海耍金錢」，又誤謂劉海戲金蟾等俗語，蓋由於此。歷代所顯靈跡，見於記載者甚多，不及備述。南北兩派，皆發源於海蟾師。其功不在呂祖之下也。

後人有詩贊之曰：「擊碎珊瑚不相燕，身同野鶴伴蒼煙；攜琴直上崑崙頂，冷笑浮生盡小年。」擊碎珊瑚，與攜琴上崑崙等論，見於海蟾師自作詩歌中。

圓頓按：「陝西通志」載：劉哲，字元英，號海蟾子，以明經仕燕主劉守光為相，雅好性命之學。解印後，隱終南山下，丹成尸解。白氣自頂門出，仙鶴沖天云云。

與《道藏》所記對勘，僅名字稍有不同。弊事跡則無差別。考其出世因緣，亦由於十雞印。噫！今之據要津，其危甚於海蟾師者多矣！縱累百卵千卵，又安能令其醒悟哉？何古今人之不相及如此！

第三節　何仙遇道

何仙姑，零陵市道女也。始十三歲，隨女伴入山採茶，俄失伴，獨行迷歸。路見東峰下一人，修髯、紺目、冠高冠、衣六銖衣，即洞賓也。

仙姑始仆仆亟拜之，洞賓出一桃曰：汝年幼必好果物，食此盡，他日當飛升，不然止居地中也。

仙姑僅能食其半，髯者指以歸路。仙姑歸自謂：止一日。不知已逾月矣。自是不飢無漏洞，知人事休咎。後尸解去。

洞賓嘗謂仙姑曰：吾嘗遊華陰市中賣藥，以靈丹一粒置他藥萬粒中，有求藥者，於瓢中信手探取與之，觀其緣分也。如是數日，他藥萬粒探取八丁，而此丹入手即墜。因嘆世間仙骨難值如此。

第四節　度王重陽（本文載《王重陽真人事略》陳攖寧撰）

王重陽真人，始名中孚，字允卿，世家咸陽。生於宋政和壬辰 12 月 22 日。膂力拔俗，矢心報國，早通經史，晚習弓刀。因易名世雄，字德威。初試武舉，獲中甲科。乃獻賦春

官，寓言其非，因忤旨而黜，時年 47 也。乃喟然嘆曰：孔子四十而不惑，孟子四十不動心，已過之矣，尚吞腥啄腐，紆紫懷金，不亦愚類楚狂之放蕩乎！

至甘河橋遇二道者，各被白氈，倏然而坐。煙霞態度，霄漢精神，趨揖與言，皆出世語，滌塵浣濁，鐲膏剔髓，如醉而醒，如喑而鳴。因再拜求道，密授口訣。有詩曰「四十八上始逢師」之句。明年復遇於「醴泉觀」，又授金丹真旨，為更名哲，字知明。既而指東方曰：「汝何不觀之？」知明回首而望，見七朵金蓮結子。二師笑曰：「豈止如是，將有萬朵玉蓮房也。」

知明拜求姓氏，曰正陽、純陽。又曰：「時值九陽遇我，當號重陽。汝當立功累德，渡世超凡。」二師去。乃穴居以修，名活死人墓。既而得心境大開，性光朗然。因更求二師指示虛空了當之旨，師曰：「小則獨善其身，大則兼善天下」。重陽感悟。

聞朝廷棄川陝，乃出關東遊，接引渡世，以應金蓮之兆。後又得鍾離之誡曰：「九轉成，入南京；得知友，赴蓬瀛。」

重陽遂立願普化三洲，同歸五會。一曰平等，二曰金蓮，三曰玉華，四曰三光，五曰七寶。乃設一榜，隨在懸上。其文曰：

竊以平等者為道德之祖，清淨之源，乃金蓮玉華之本，三光七寶之宗。普濟群生，遍照世俗，銀焰充盈於八極；彩霞蒸滿於十方。人人願吐黃芽，比比不遊黑路。玉華者氣之宗，金蓮者神之祖。氣神相結，謂之神仙。心忘念慮，即超欲界；心忘境緣，即超色界；心不著空，即超無色界。離此三界，神居仙聖之源，性在清虛之境矣。

有先輩雲遊者見之嘆曰：「願力宏深，真旌陽再世！」

重陽繼至東萊武宮莊渡劉處玄，登州傳道於譚處端、王處一、郝大通、馬丹陽、孫不二、邱長春，以足七朵金蓮之數。一日，忽召諸弟子曰：「昔祖師授我偈言云：『人當生忠孝之世』，今上不行其道，我將赴約蓬瀛矣。」

門人懼，乞遺世語。重陽曰：「三年前已題於壁矣，汝等猶未省乎？」復宣曰：

> 地肺重陽子，強呼王害風；
> 來時隨日月，去處任西東；
> 作伴雲和月，為鄰虛與空；
> 一靈真性在，不逐世人同。

誦畢，奄然返真。白鶴翔空，青鸞繞漢，仙儀冉冉，高出雲端。士庶官僚，號呼瞻拜，靡不贊嘆。師於升遐之後，潘儀橋下談玄，誘臧老之心；劉蔣溪頭賜藥；愈張公之病；或舞蹈於昆明池右，或吟詠於終南境中，皆表其不死也。繼在文登縣作醮，於五色雲中見白黿甚大，背有蓮花。師端坐於上，神變無窮，不能備錄。東海西秦，勸化道俗，其長歌長詠，殆千餘首。目之曰《全真前後集》、《韜光集》、《雲中錄集》、《分梨十化說》，皆有刻本行世。

第五節　邯鄲夢度盧生

乾符中，呂祖北遊，自號呂翁。行邯鄲道中，（一作開元19年一作開成7年開元間呂詔尚未出世開成祇5年耳，均誤）息邸舍，攝帽弛囊而坐。俄見一少年，衣短褐，乘青駒，將適於田，亦止旅中，與翁共席坐，言笑殊暢。問姓名，曰盧英，

字萃之。生自顧衣裝弊褻，乃長嘆息曰：「大丈夫生世不諧，困如是也。」

翁曰：「觀子行體，無苦無恙，詼諧方適，而嘆其困者何也？」

生曰：「吾苟此生耳，何適之謂？」

翁曰：「此不謂適而何適？」

答曰：「士之生世，當建功樹名，出將入相，列鼎而食，選聲而聽，使族益昌，而家益肥然後可以言適。吾嘗志於學，富於遊藝，自謂當年青紫可拾。今已過壯，猶勤畎畝，非困而何？」言訖，目昏思寐。

時主人方蒸黍，翁探囊中青磁枕以授生，曰：「子枕吾枕，當令子榮，一如其願。」

生俯視竅，端有小口，漸大明朗，乃舉身入。至家數月，娶清河崔氏女，容甚麗，嫁資豐，由是服御日益鮮盛。明年舉進士第，釋褐登朝，授校書郎，應制渭南尉。俄遷監察御史，轉起居舍人。知制誥三載，出典同州，遷陝州。

生性好上功，自陝西鑿河八十里，以濟不通。邦人利之，刻石紀德。移節汴州，領河南採訪使，徵為京兆尹。是時神武皇帝，方事戎狄，恢宏土宇。會吐蕃悉那邏，及燭龍莽布支，攻陷瓜州。而節度使王君，新敗死，河湟震動。帝思將帥之才，遂除御史中丞。河西道節度，大破戎虜，斬首七千級，開地九百里，築大城以遮要害。

邊人立石於居延山以頌之，歸朝冊勛，恩禮極盛，轉吏部侍郎，遷戶部尚書，兼御史大夫。時望清重，羣情大翕，為時宰所忌，以非中之，貶端州刺史。三年，徵為常侍。

未幾，同中書門下平章事，與蕭中令嵩裴，侍中光庭，同執大政。十餘年嘉謨密命，一日三接，獻替啟沃，號為賢相。

同列害之，復誣與邊將交結，所圖不軌，下制獄府吏，引徒至其門而急收之，甚惶惑不愕，謂妻子曰：「吾家山東，有良田五頃，足以禦寒餒，何苦求祿，以至於此？」而今而後，再欲衣短褐，乘青駒，行邯鄲道中，不可得也，引刀自刎，其妻救之獲免。後為三省中官保護，減死罪，投驩州數年。帝察其冤，復詔為中書令，封燕國公，旨殊恩異。

生五子，曰儉，曰傳，曰位，曰倜，曰倚，皆有才氣。儉進登第，為考功員外。傳為侍御史，位為太常丞，倜為萬年尉。倚最賢，年 24，為左衰，其姻媾皆天下望族，有孫十餘人。兩竄荒徼，再登台鉉，出入中外，徊翔台閣，50 餘年，崇盛赫奕，性頗奢蕩，好佚樂，後庭聲色，皆第一綺麗，前後賜良田甲第，佳人名馬，不可勝數。後年漸衰邁，屢乞骸骨不許，病中候問者。相接於道。名醫上藥，無不至焉。將歿，上疏曰：「臣本山東諸生，以田圓為娛，偶逢聖運，得列官敘，過蒙殊獎，特被鴻私，出擁節旄，入升台輔，周旋中外，綿歷歲時，有忝天恩，無裨鑿化，負乘貽寇，履薄增憂，日懼一日，不知老至。今年逾八旬，位極三公，鐘漏並歇，筋骸俱耄，彌留沉頓，待時益盡，顧無成效。上答體明，空負深恩，永辭聖代，無任感戀之至，謹奉表陳謝。」詔曰：「卿以俊德，作朕元輔，出擁藩翰，入贊雍熙，升平二紀，實卿所奈。比因疾疹，日謂痊平，豈期沉痼，良用憫側。今令驃騎大將軍高力士，就第侯省，共勉加針石，為予自愛，猶冀無藥，期於自療。」是夕薨。

盧生欠伸而寤，見其身方偃於邸舍，呂翁坐其旁，主人蒸黍未熟，觸類如故，生蹶然而興曰：「豈期夢耶？」翁曰：「人生之適，亦如是矣。」生憮然良久，謝曰：「夫寵辱之道，窮通之理，得喪之情，生死之際，盡知之矣，此先生所以

窒吾欲也。」謹受教，稽首再拜求度，翁慨然許錄，傳以大丹之秘，並授以劍術，遂從呂翁往來海上云。

第六節　度郭上灶（原文載《道藏》）

郭上灶，乃老樹精後身。一日帝君詭為丐者，垢面鶉衣，瘡痍淋漓。日往來啜茶，不償一金。求茶者掩鼻皆去，自是經月不售。郭無慍色，益取佳茗待之。帝君曰：子可教也，吾呂公耳，子前生乃老樹精，還記之否。郭恍然若夢覺也，曰：幸見先生，可教弟子學道。帝君曰：子欲學道，不懼生死，宜受一劍。郭唯唯，帝君引劍向其首，郭大呼，帝君俄不見。

郭怏怏，自是遍遊雲水。一日忽遇帝君，遂得道。後磁州趙長官奉之，一日與趙長官言：吾來日午時去也，求一小棺，首開一穴，以竹竿通中。

趙曰：諾。來日午時，郭果坐逝。趙如其言，瘞之河岸上，以竹竿貫其穴，重疊累石護之。至秋大雨，河水溢，趙掘之，但見破絮無尸。

詩曰：樹靈前已積陰功，得報人身隱市中。一劍塵緣今世了，數年法雨宿生通。俗情泯息心無極，天性圓明體太空。何必化棺再陳丑，故留蹤跡振家風。

第七節　茅山度老兵

紹興 20 年，茅山大修醮事。江東運使鄭清，卿王亦顏同往縱觀。至午，憩於茅舍。遇道人，白苧衫，青布巾，修眉美髯，風骨清俊。

鄭王相謂曰：豈非呂仙舫乎。召與語，命之坐，酌酒數行，兩主人皆已醉。謾問客曰：能更進否。曰：能。可飲幾

何,曰:無籌。

乃令侍史注酒兩壺於銀盆中,恣其痛飲一杯,復一杯不已。鄭曰:先生如有藥,求數粒。曰:有。即引手擦左腋下垢汗,捻成青粒與之,曰:只可嗅,不得吃。王亦求之,復擦右腋下污,成紅粒與之,所言亦然。

酒盡,客去。先是一老兵守邸閣,一漕老兵臥檐間,日晏未醒,漕因戲以兩藥納其鼻中,氣即吸入,猶未覺。使人喚之起,問曰:汝覺四體如何。曰:覺得極輕,殆欲凌雲耳。明日,騰空而去。二漕相視,悔恨無綠。蓋假手以度老兵也。

第八節　跛仙遇道

長沙劉跛仙,遇洞賓於君山,得靈龜吞吐之法。功成歸隱岳麓,自號瀟湘子。常侍洞賓往來抱黃洞,賓數遊城下,有詩曰:南山七十二,獨愛洞真墟。後有鄭思者,遇跛仙於清泰門外,相與俱仙云。

第九節　道友講經

陳淡然,富而儒者也。性慕道,延雲水士多年,竟無所遇。洞賓詭為佣者,為治圃歲餘,所作工役力過常人。陳愛之,然止以佣者待之而已。

一日陳與一道友講《陰符經》,至天發殺機、天地返覆,未曉殺機之旨。

洞賓從旁抗聲曰:生者不生,死者不死,已生而殺生,未無而學死,則長生矣。

陳大罵曰:汝非佣者邪,誰教汝為此言。既而詰之,則復繆悠其辭,不可解。

道友曰：田野村夫，定於何處竊得此語耳，非實通曉也。

居無何，忽辭陳曰：吾將遠行，明年五月五日午時復來也。既去寂然，陳有鄉人客於巴陵，遇之曰：為我寄語陳公，我呂洞賓也。

始意公可授道，徐察之則不然，吾不復來矣。言訖，走入呂仙亭竹林中不見。明年端午日午時，陳公暴卒。

※第八章※
呂洞賓醫道救人篇

第一節　《醫道還元》

一、脈理奧旨總論

洪蒙未判，一氣混元；太極初分，五行列位。陰陽貫乎萬象，水火運於兩間。天氣輕清，常充盈而流轉；地氣重濁，實凝固而安貞。稟三才之末，身具百脈之關。上則符天，下則符地。天有暑度，人之脈竅同其源；地有山河，人之脈絡合其妙。三百六十，無非脈之貫通；八萬四千，盡是脈之穿透。同源異用，合一分三。內景和諧，諸災不作，本真耗散，百病俱生。時手庸醫，習古書而未化；強猜誤認，視人命若無關。悉由脈源不分，脈理所以多錯也。

吾試言之：北坎命根，活五黃而通九紫；南離神室，宰白壁而守青松。其動也，若換宿移星，其生也，如長虹閃電。清清淑淑，洋洋悠悠。十二辰動數有常，上下關周行不滯。略言其概，大象如斯。至若究乎命之源本，必審乎脈之根苗。土釜溫潤，息息之來不暴；金鐘鳴響，點點之報有神。火得水而不飆，象如燕飛下上；水得火而可治，形若鵝行往來。藏魂宮安，那有鈍刀刮竹；載意垣穩，豈見競弩張弦。其至如賓，知五臟之完固；其去似客，識六腑之平和。興衰雖按四時，端的實憑三指。此乃以平等而論之，先知無病所流露也。

來長去短，陰海泉涸何疑？去疾來遲，陽關氣虧莫錯。察來撒豆拋珠，知命基之不立；按去轉繩扭索，有暴客之相侵。鐵尺橫空水土敗，燈籠懸象火德非。純陰自有本相，張舉則難速生；純陽宜守舊規，消沮而期將至。頻頻到手，辨實與虛；間間通音，問寒與熱。江中竹筏，須按部位以究其端；池底藕蓮，亦依方所以原其疾。猛虎下山，當知攻法；微羊宿草，間宜施威。蔥裡試問有否，石內那見空焉。滑等油車之轉，男婦作用當分；澀如石路之行，陰陽損虧宜辯。絡不流通，定是兩端首鼠；關茍蔽塞，好比一個驚鴻。三陰賊劫敲到，密而且微；三陽敵攻打來，重亦兼疾。

魚戲波，難逃十日；鳥啄木，莫度三朝。暴然半刻不來，將作行尸之體；倏爾幾聲亂應，急求保命之丹。時假時真兼望問，欲前欲卻有吉凶。得藥加大知添病，服湯益頻更違和。幾呼方來點水，無常欲臨；一吸已動七星，聖醫難救。

浮大則晝可卜，沉細則夜為期。其或暴脫根株，難窺源本；兼辨聲色，可究情由。其音重急，應知內蘊非虛；其響緩微，多是中藏不實。欲言而舌結，沉沉失珠光於海底；無問而唇竟，杳杳起魔障於絳宮。

聽若鏗鏗，不壞關元氣海；發之囁囁，定是敗土破金。此乃聲之原於經脈，實見脈之達於聲音。脈隨五氣以發舒，色因五行而遞見。黃氣流形，中宮之惡；黑雲發見，下隰（ㄒㄧˊ：底濕之地，指陰部）之殃。青則震位之徵，白則兌宮之驗。病起南離為大赤，皆合八卦而同推。黃帶青，木盛土瘦；黃而黑，土燥泉乾。赤入黃中，火燒瓦釜；白侵黃裡，土失金甌。互相察著，自覺詳分。脈合而一箭破的，脈殊而九竅當參。載籍備詳，勤稽自得。竅竅皆統於三焦，滴滴咸歸於六部。

察其兩旁，大小攸辨；究其三驛，強弱暗分。獨盛一指，

當問賊由誰唆；兼變兩關，還尋惡從何起。左衝右突似敗兵，細觀何宮之異；忽來即去如狂鳥，詳搜攸伏之緣。按部位以參求，憑靈苗為照燎。擒賊先擒王，正本清源之說；除惡如除草，救火避水之能。推本末之所流，合外內以互證。脈病坎宮，宜建金屋；脈傷離位，早灌木林。少女衰弱，黃庭打掃光明；長男憂愁，黑虎豢（ㄏㄨㄢˋ）養周密。中堂敝陋須補葺（ㄑㄧˋ：修繕），大法包羅要覓尋。此乃察脈之先徵，即以防病於未發。

口腹之資，按脈理而敬避；調理之妙，憑心法以為宗。制治於未乂（一ˋ：治理），保邦於未寧。外寇所以不興，內賊亦以不作。醫未病之病，見在機先；逐既災之災，法在指下。推之四時八節，妙合天機；溯其分鎮各司，理同地道。星辰次舍，盡在身中；山岳川流，悉歸臟內。斯理至奧，其妙靡（ㄇㄧˊ：沒有、無）窮。

得吾說以靜觀，久久無微不入；在斯人之靈悟，一一可會其源。大開方便之門，克受無疆之福。體天地而救濟，作人卷以流傳。世皆獲益，身期得康。恍如桃李逢春，何須張子之辟穀；似此黃金不換，可冀彭祖之延年。吾道在此，特為傳之。

二、症候源流總論

《易》象包羅天地，不外休徵咎徵；人身調理陰陽，當稽無病有病。俯察仰觀，可識兩間之變；寒來暑往，悉憑四序之遷。奇正相生，祥殃互異。風狂雷迅，自是天氣不平；川竭山崩，孰非地靈失守。人稟其氣以成形，脈絡依然契合；身因乎氣之作慝（ㄊㄜˋ：罪惡），症候自貴詳分。萬態千般，曷（ㄏㄜˊ）勝枚舉；賅（ㄍㄞ）原括委，自獲統宗。

百脈推本乎五行，諸災咸歸於八卦。乾元渾統，察來識，

分鎮之愆；首出高居，按去聽，諸關之報。中男構釁，欲耳不聞；少女蒙塵，掩鼻而過。雙目闓闢，兼眾職而輔至尊；一口吐茹，合庶司以歸無上。界限分明，稽查何宮之異；脈源互證，歸本攸屬之行。一卦變則原其始終，數爻動亦推其本末。或虛或實，孰偽孰真？一以貫之，無不明也。

兌位西方，會合庚辛之氣；兌掌秋節，權衡子卯之功。白帝遇災，望平林而赤龍莫托，盼智（ㄐㄩㄢ，枯竭）井則玄璃無光。山不生輝，每因白圭之玷；土難奠定，多是白石之崩。谷水二道，送往須待金車；驛舍千門，迎來亦憑金節。握樞則才堪調燮（ㄒㄧㄝˋ），失職則患自頻仍。因其端緒，莫昧分毫；溯其根由，難移寸步。二七離火鎮南藩，文明而天下治，撲滅則境土殃。君王坐位不端，鬼交夜裡；神京刺客久寓，毒流寰中。少年似老叟，孰使腰曲背彎？朝嘯夕瞑，多由液乾火熾。以火引火，一發焚遍萬山；積薪毀薪，重逢命懸一縷。惡流入宮危旦夕，毒氣沖竅喪英靈。旨歸當究，一合何疑？妙手隨施，十全罔缺。

震則位乎青宮，巽獨為其淑配。陰前陽後，資益無方；陽唱陰隨，貞恒有象。七情搖動，久久破散良金；四德悖違，常常鏟除淨土。修竹引風嫌過茂，古松蔽日患終凋。怯怯如閨媛（ㄩㄢˊ），林中失鹿；洸洸似武士，數里鳴鴻。伐木只伐惡叢，培材宜培嘉植。勿使枯柴興烈焰，仍防冷炭遇寒冰。勘厥左關，須求符節。憑茲妙策，莫誤針砭（ㄅㄢ）。真流入坎，獨推生物之源；暴客問津，恐沉渡人之筏。大淵龍斗，巨浸浪翻。波無日照，深谷澤冷空停；水失金生，窮溝泉涸立待。昆崗火燃，欲救先須掘井；圓林日灌，競汲切勿罷梁。雞鳴破谷道，耗冱（ㄏㄨˋ）首在此關；鴉宿燥天庭，崩殘亦由斯闕。未寒先栗誰作祟，真飢假飽此為殃。神而明之，同條共貫；道則

高矣，原始反終。

艮為山、坤為地，少男隨老嫗而制治，進來賴化去以成能。長棹（ㄓㄠˋ）偶停，如此來，如此去；中原不樂，孰是飽？孰是飢？泥垣（ㄩㄢˊ）客水灌，濕流四方；地室狂火燒，燥止五位。運轉百貨，駕馭眾司。山虞藉以厚生，反奸還當內省。水衡賴以壯志，退弱緣失扶持。萬化原可興，百惡亦可作。所以五行無土不生，千川得土以鎮。因其變故，補不足而削有餘；使之安平，致廣生而昭大化。要之，坤土率艮土以化成，權操生死；震木統巽木而藏納，令掌榮枯。坎握潤下之功，非火不治；離為溫中之本，無水則災。

兌苟失位，聲氣安求？乾若招非，官司互變。或貽外來之劫奪，或由內發而牽連。無不包管於《易》象，即以著見於周身。觸類旁通，察之明而見之定；潛心體認，理其本更治其標。語求統宗，不為泛涉；人思集益，可試靜觀。

三、藥法闡微總論

蓋謂藥物繁生，何止飛潛動植；丹方妙用，恒施水火陰陽。五氣清濁，化成聲形色味；九星正變，造就時地性情。道合君臣，何須重作本草；事關人命，慎勿輕投古方。縱教讀盡方書，未必能窺原本；若非殷勤救世，何勞詳發玄微？疾亦多門，固貴因端竟委；藥求妙法，尤在運巧制宜。味若輕清，急需則或相倍蓰（ㄒㄧˇ）；品如重濁，過用則立見災非。善走多耗本真，太和易生惡積。或降或升，有時交相為用；作通作塞，亦間準類以施。除災如除盜，攻守自有權衡；調藥似調兵，後先豈無節度？

按剛柔之妙用，別進退之機關。春夏相生，和同大造；秋冬交濟，氣合化工。性稟中五，每貫徹乎八方；關膈有三，實

統融於一氣。生生法乎河洛，在在妙其屈伸。真訣無多，全憑領悟；奇功至廣，試為詳言。其或泉竭自中，物求潤下。陰柔氣原不振。得助則力可上行，獨投而功難再著。汲水救焚，勿兼抱乎薪棘；引泉灌樹，何妨提彼金鋤？

澤沛而土可滋生，佐以陽剛之用；露垂而風堪止息，濟以直劫之能。水四火三，原燎之秋宜忌；木五水二，林震之頃勿憐。池邊方漏，開源尤待塞流之功；澮道不通，納來並施抉去之法。以火烹水，水有時而不溫；取水寒金，金有時而還燥。狂澤亂中原，北坎雖枯，且漫興雲致雨；寒流聚天室，東林縱旱，勿輕挈瓶揚波。欲佐天一之生，並興地四之力。溺海無源，從上游而問渡；谷門如刺，向下隰而施恩。

因逆亂之重輕，以求主帥；看戰功之寬緊，以定卒徒。佐使奪權難報效，斬饒非法最害良。去雜歸純，一箭自堪破的；由常達變，三陰可振全軍。火德至剛，獨稟離明之氣；火性最烈，可回既倒之瀾。水泛土崩，必須炎光一灼；金寒木朽，還待暖日頻臨。氣本上騰，揚之即舉；力非下降，墜而亦沉。雷電施威，濟以和風則不殺；盾矛反剝，入於迷陣而徒勞。氣若幽蘭，宜防藏刀於笑裡；味同嚼蠟，漫等棄甲於軍中。一暴難當十寒，半星又燒萬頃。獻日莫暖金鐘，須引溫泉來滌；燒薪仍冷土釜，並貴古穴含光。明暗既覺有分，疾徐亦宜相配。大敗之餘，殷尋良將；甫平之際，尚葺衛營。任他疑難相生，難離法制；唯此經權不易，可獲調停。依類以推，無殊符節；得門而入，何啻（彳）衡平？

至若木含精英，實稟東方之氣；材分貴賤，同長林麓之春。樹上無花，培樹根尤須甘泉幾點；竹中有鳩，逐鳩鳥還待古杖一枝。撲叢林之火，不必伐林；除惡樹之根，定當斫樹。風狂葉落，往往疏木以止風；土瘦枝枯，常常愛才而肥土。水

雖可生，氾濫則朽；金縱能剋，平調自安。欲尊帝室，首在建立青宮；要定幽都，勿多眷戀蒼壁。林鬼為臣，功多則害主；木公作帥，權重亦殃民。

　　調之使和，無乖走守；巧而不悖，常計盈虛。運妙法於一心，措施自然各當；審機宜於百味，熟悉乃無妄投。金為兌位之神，奉養當稽品物，疏達貴葉權謀。本真明潔，粘濁焉可上浮；物氣飛揚，糅雜亦難退舉。開鐘內之聲，當叩兩端而竭；續蓋中之氣，先尋一本至親。破中垣，易傷白衣女子，宜用顧瞻；逐外寇，最驚白羽雁群，當求安定。歪倒可扶，察歧途而措手；滲消永固，兼舉火以逞能。

　　益之使強還使運，導之以活更以和。隨水下流，必仿春雷出地之勢；因風上壅，當悟殘花墜檻之機。補破之手宜輕，抉實之功貴力。濁流氾濫，調庚辛之將以排疏；赤澤蔽凝，合坤申之才而鼓鑄。明大法、別重輕，同工異曲；究原因、排隊陣，彼拒此迎。偏師制勝，可暫不可常；碩果僅存，能收亦能發。理之使暢，自見大地陽光；耗而難充，安期半身貞固？

　　法在個中，無所隱也；義原至廣，於此求之。土鎮乎中，實宰制乎六合；土性至厚，每統括乎三元。水湧則流，當思孰為止蓄；木強則瘦，宜問誰作膏腴（ㄩˊ）？晝長夜短，入地室自須問夜如何？月朗日陰，守黃宮正宜待日之出。覆簣（ㄎㄨㄟˋ）忌垛堆，微微疏剔；鑿垣防塌陷，緩緩推移。莫道相剋不相生，使之貪生忘剋；縱云能生不能剋，亦慮被剋難生。來去無情，轉令情投意合；迎拒亂道，急求道泰居安。午馬方臨，勿向震宮請客；酉雞不唱，安得民宅迎祥？

　　赤龍放佚（一ˋ）無歸，喚醒黃童管轄；白鳥渴飢失守，開將黃鵠拘（ㄐㄩ）聯。成大造之功，致廣生之妙。培元贊化，經畫每費苦心；慮險防危，處分自有善策。憑自然之矩度，致

久大之化成。訣以口傳，條分縷晰；學求心得，綱舉目張。

要而論之：法自分門，運生機於奇奇巧巧；品原別類，制權要於正正堂堂。水性有吉亦有凶，合用則化凶為吉；火氣或和又或戾，得宜則因戾見和。金則靈蠢各殊，因時立制；木則剛柔相判，隨事逞能。燥土與潤土有分，霸道與王道各勝。所謂清濁咸宜，亦即正變不悖。

行法符星辰之順逆，布治按氣候之盈虧。添減必究來因，去留亦依實據。先辨物以求統宗，復酌理而期歸宿。在在妙轉移，方方通玄奧。神明有主，製作無差。可作續命之師，獨擅濟人之術。倘期進此，當自勉旃（ㄓㄢ）。

四、天地心總論

浩浩穹蒼，茫茫下土。既包含於無外，亦發育而靡窮。孰為主宰？依然主宰若存；誰是綱維？自覺綱維不墜。化工迭運，亙古常新。弭悖害之虞，往來自通消息；還靜虛之體，布濩足見玄微。聲臭皆無，旋來妙機一點；質形常寂，流出大用千般。按實數以窮推，仍然陳跡；逞聰明而臆說，莫究真元。

闔闢互為其根，動靜統歸於鑰。生生殺殺，不假安排；始始終終，儼如布置。無為而無不為，不一而歸至一。是以道求散殊，宜觀萬物之理；倘若道尋源本，當究天地之心。妙在領悟，治心可獲真機；奧待推演，明心乃通要旨。

大雷不終朝，震動無過差之弊；狂風難竟日，怒號作暢發之基。夏長春生，任二氣之蕩摩，而功成告退；秋斂冬肅，隨三光之旋轉而剝去復還。雨露下垂遍物，被澤不知誰為；土壤廣育群生，成能未曾有作。

雖云戾亦時生，生機何以不息？究其虛而常直，直道乃為厥宗。喜怒不干，愛憎無象。不自生而長生道合，不親殺而反

殺患泯。蓋心無其心,真心是以永固;道無所道,大道乃覺常凝。要之:大竅空空,四維依然不著;元陽耿耿,片刻莫可相離。言其剛,則無物可屈;論其柔,則有物皆孚。不變含至變之神,無無寓不無之用。圓神方智,合五德而產人身;受氣成形,統三才而藏帝室。天賦人而人即天,地養人而人亦地。得其秘奧,自與天地同流;固此真常,可入佛仙勝景。

心同即道同,立地頂天從此出;道泰則心泰,參天兩地以是幾。妙在行間,直泄苞符妙中妙;玄尋言下,且寓一身玄外玄。秘密難傳今已傳,深造先求其放;精微未到終必到,貞恒定底於成。苟能達茲,豈不懿歟?

五、五氣心法總論

佛土之宮,神州之宇,七寶羅全以供養,五氣交濟而氤氳。一穴含光,分垂自見萬象;三田獨貫,兼管掌握元綱。內藏生剋,剋處自是逢生;外多合離,離時依然求合。秋冬堪符奧妙,春夏亦法權宜。截長補短,求合天地之中;去雜歸純,直調陰陽之理。既錯綜而參伍,尤慎守而安居。

號絳宮、名赤縣,名號何止一端;談認祖、言歸宗,言談非有異致。為聖為賢由此達,作仙作佛以是幾。不求妙用,垂老亦覺無成;苟獲真機,霎時居然有造。理本至微,不憤不啟;道非可隱,與知與能。法有待於推演,修始免乎迷昧。原夫木德內含,春風常流和煦;仁道至粹,淑氣降自維皇。本根能固,枝葉自繁,嘉樹得活,澤而滋生。芽萌莫遏,大林賴神;刀以剪刈(一),卉毒皆清。

丙丁不發陽光,婀娜之柔條堪濟;戊已偶染陰濁,茂密之美蔭可遮。百煉歸元,萬魔遠害。太和保合,久久真一自回;至道精微,時時防維宜密。至若火中正氣,實光照乎大千;夏

令當權，每推原於二七。蘊之則義方內具，發之則剛烈外流。
頃刻燎原，急法清流善下；終朝烹鼎，宜擇美檟頻供。

最喜旭日東升，尤嫌陽烏西墜。得其節度，依然稱物平
施；反厥本來，自覺剛中特立。法本玄微，須觀太陽之迭運；
理苟明達，可入神室而調停。制心奇功，莫難於此；安神妙
法，已統括之。氣有發，亦有收，待秋金之斂肅；心不違，亦
不御，合體制之防閑。雖云大繩不鏤，守仍合乎規中；縱令古
民無知，行且循乎矩內。

擁金城之固，戎馬曷來？履白雪之寒，強兵不用。得火就
範，既可隨作方圓；以水淬鋒，自不流於柔鈍。靈明地上，活
動儼若泉流；智慧囊中，靜深直似淵海。曲直圓方原隨器物；
東西南朔莫逆本真。可止狂暴炎飆，能長發舒嘉植；勿壅之而
橫濫，宜導之使順行。蕩瀉無關，真元亦覺難蓄；激揚不節，
本色必至漸虧。得此真機，驪珠終期在手；循茲妙訣，兔魄自
可入懷。此理既極詳申，欲修自宜細究。

中土含溫潤之德，大信統化治之宗。合水火而成能，中孚
為質；並木金以為用，無妄秉靈。狂瀾賴以止蓄，允執厥中；
掣電藉以收藏，為物不貳。悟此關頭，自是圓融境界；臻斯奧
妙，難將底蘊形容。默而守之，道在是矣。要之、大道不離方
寸，致力首辨五行，順逆推來，皆成妙諦；淺深按去，直到真
元，兩大玄微，從茲著手。萬源分派，以是為綱。人無異心，
心無異理。惟願好修之士，共入至德之門，斯則神聖所慰懷，
亦即天地所默眷也。

六、無礙心印總論

人身之內，有靈谷焉。太陽出入於其間，神龍隱約乎其
下。光流萬彩，霧縠（ㄏㄨˊ：有皺紋的紗）皆消；氣吐千祥，

蛇蟒遠遁。大川廣漠，咸靜寂以納日魂；庶匯群生，亦歡欣而承氣化。言功施則周行無礙，溯體段則渾穆難形。心學苟得還元，方斯妙境；《道藏》以是為至，隨意卷舒。

莫謂三教分途，同歸此中極樂；倘求一心印證，試把其妙詳陳。維彼執中允協，過化存神。靈光所被，民物自然咸庥（丁一ㄡ：庇蔭）；德意潛流，雲山無從相隔。千里之遙，神行依然咫尺；百世而下，慧照奚啻目前。

從心所欲，妙實莫知其然；不約而孚，機更難並其捷。靜含動而動亦靜，若時出之淵泉；常寓奇而奇如常，表大經於宇宙。配天配地，有浩乎靡既之藏；即誠即明，得悠然不盡之用。修齊治平，內耀全則恢恢如遊刃；經權常變，素靈具則洋洋若順舟。不分其美而美自彰，不損其氣而氣莫遏。

純儒功臻極地，神明之無碍若斯；後學果能循途，道岸之誕登一也。言及虛空法界，大妙由大覺而生；清靜功修，能化以能誠為本。收萬物之靈以為靈，曇花煥發；合兩間之氣以為氣，玉宇馨流。涅槃雖云常住，恒河難量布施。彼岸既超，白雪莫方其潔；阿僧入定，赤日曷比其光。不著半點殺機，萬種邪魔潛跡；唯憑三品真乘，億載人類托靈。

獨具華藏，無終無始；大開普照，靡間靡遺。既空空而非橋，亦色色而皆真。襲其形似，實後人之通弊；達茲奧妙，見古佛於無言。舍利國中，風清月白；簡篇言下，水碧沙明。欲印心者，於此求之。至若道教真宗，印心亦歸無碍；天機逸趣，存想難合自然。劍利情柔，斷邪緣於頃刻；根深蒂固，放大慧於居常。日見當來舊主，在後在前；獨顯不測神通，無方無體。燈明萬歲，常在湛寂之中；芽吐毫端，忽插雲霄之上。守有存無，密室堪藏廿八宿；還元反本，幽徑自具卅六天。縱橫自在隨所行，夷險俱忘莫不樂。

豺虎既伏，何自怵惕孩嬰；露電堪觀，盡足歡娛耆叟。境原無奇，世多錯認；語必中的，人自釋疑。不作奇險之談，惟望智愚皆達。是知心者藏道之區，印心即可印道；道者宅心之本，明道亦所以明心。靈台無滯，教教咸共本原；大願克完，人人堪離苦海。尋墜緒之茫茫，領源頭於默默。隨其身之所處，無不會厥祖宗；任眾口之相譏，究何損於分量。斯至道賴以不沒，即心學得而長明焉。

七、性命洞源總論

兩大會宗，三元合一。先五行而定位，配八卦以成能。儀象未生，理自存於混沌；質形既降，路實判乎陰陽。本相合而相離，遂不純而不固。大順推行，莫符地天之泰；僭（ㄐㄧㄢ）差為用，難調雷風之恒。電火飛揚，玉露飄空則伏；月光沉墜，斗樞動轉還升。神龍搖首到咸池，靈龜噴浪；活虎輕蹄步南極，彩鳳流音。種大樹於中州，終成奇果；採神芝於北岸，蘊蓄異香。落在冥忘，如膠投漆；反歸僭寂，若帷內燈。理本至奧，誰共探源？

道非可離，自當索解。原夫五常迭運，猶是性體之流；六氣安平，悉係性光之發。枝葉茂繁，當尋生生所自出；涓滴湧決，宜悟汩汩之從來。溯沖虛於岩谷，聲應可達真靈；對冥漠於玄黃，機緘直符本相。去有象而歸無形，大象依然如睹；從至變而參不動，百變不易厥中。物物皆同，惟人獨備；層層反轉，入聖還真。

性道之微，數言可括；配天之學，億載難移。破卻雜說紛紛，推到源頭默默。不墜世途偽學，性自克完；欲依仙佛全修，命尤宜固。命基何在？耿耿元精；命蒂安歸？

綿綿真息。或遍三關而鼓鑄，或作六合之恩波。清濁攸

殊，分清自然別濁；盈歉靡定，由歉亦可求盈。剛柔成配對之能，動靜司化行之柄。瓊花未放，西池蓄聚金波；玉兔逢生，南宮收藏紫電。高高下下，相見咸宜；忽忽飄飄，循環常續。任暑寒之倚伏，卻邪惡之逼侵。

藥求長生，須認先天真種；道尋不滅，亦歸太極全圖。苟辨別之不明，恐持循而失實。是以細為剖析，杜絕歧趨；庶幾進獲安詳，復完賦畀（ㄅㄧˋ：給與）。究之性者命之本，性定則命可修；命者性之基，命立而性始盡。

性中之命，生發無窮；命裡之性，回旋靡既。盈虛消長，互為其根；剝復升沉，迭相作用。到神氣之相抱，見性命之歸根。門曰希夷，不外抱元守一；功臻融化，是謂煉藥還丹。此則天地之秘機。亦即人身之妙諦也。

八、修性復命總論

金丹大道，原係天地秘機；白雪奇功，允推神仙手段。旁門邪術，以偽雜真；正道妙行，修性復命。沉光既能反舍，枯樹亦可回春。得法修持，功成則騰雲白晝；肆言謗毀，罪滿則囚鎖烏沙。自古迄今，靡輕授受；承恩敕命，始顯傳宣。

舉世不乏緣人，修身當尋正學。是以長篇累簡，不辭曲折以導之；惟望反本窮源，共樂清虛之界也。陰陽未判，每混一乎地天；水火既成，遂分投於南北。二七騰光，不仿天際流星，夏至之陰奚起？一六流潤，未睹江中洄浪，冬至之陽曷生？澄目觀空，波裡月明堪玩賞；凝神入室，檻邊花放莫折撓。先施神手撥浮雲，方期月白；繼把靈鞭驅毒蜥，可俟花紅。到得玩月觀花，不愧補天煉石。

三尸剿滅，陰交陽接纏綿；七氣羅全，逆轉順行活潑。金精初還上界，木母帶轉中宮。老馬卸鞍，何須絆足；狡兔營

窟，原忌啟毛。三秀神君，合制天孫雲錦；六通居士，獨懷帝子寶圭。化作明珠，時收時放；護以慧劍，常定常安。

起憑百日之功，結期九年之效。非同勞形按影，種種偽為；不事服氣餐霞，層層妄作。萬法尋王，眩以兩字；十真歸本，統於一元。歷代口口相傳，不差累黍；依程時時習煉，可脫凡塵。欲求內果圓成，尤待外功培植。山巔散佚，悉屬法界有偏；水湄謫居，盡是德功不立。或樹精、或石怪，氣盡難免大化循環；或煞帥、或遊魂，炎消復歸冥城輪轉。

是以中外交持，乃得還歸無上；法財兩用，方冀累劫不磨。無量布施，只完本量；雙修美備，是為純修。玄外真玄，已包管於言下；法中妙法，若顯著於目前。惟望歧向之流，齊歸覺岸；恪守上乘之教，何至沉淪。會厥旨者，何幸如之。

九、真體圓成總論

萬物有壞期，統歸大幻；人身亦虛器，當求至真。既稟氣而成形，實含靈而負異。冥冥沉墜，舉世盡屬如斯；赫赫英光，凡人何修得此？總在性命歸本位，自從虛靈結真身。異卻濁血凡軀，豪光萬丈；可入清虛樂境，壽算億年。

真借假成，拘精制液；假憑真立，積德累功。法既備於前篇，疑欲釋乎後學。是以意待詳申，俾知歸結；語非贅復，可達根由。孤陰不生，和凝唯在地靈天寶；獨陽弗長，感召端憑離宅坎門。孰為金剛？二五之精所結；成茲玉貌，卅六之洞可通。始如旭日流光，繼等祥雲煥彩。飛形入石，豈是凡體魄魂；出舍騰空，不避荒郊邪魅。

日中無影，自見自知；風上有輪，誰窺誰測？世緣借作道緣，和光混俗；人事完乎天事，受籙合符。不論白髮青年，體真則一；直如蒼松古柏，華聚乎三。身即道而道即身，氣是形

而形是氣。成功靡易，首勵不息之功；得法既真，可破按圖之法。說到盡頭，方知乘空非濁質；果是妙手，但向宿海溯清源。至於石金草木，毒丹且殘血體，遑問真膚；噴吐咽吞，雜氣多害元陽，安成道骨？

卻粒固非正學，禁咒亦屬邪妄。不求腹裡乾坤，終纏生老病死；苟得胸中華岳，自脫危難苦勞。總在先天靈陽，是為未生身處；尋把後天補漏，以待既濟功完。質列三才，何人不堪求妙道？賦同一本，他圖孰若結真靈。所患有志眾生，聰明誤逞；倘令殷懷上乘，奧決在茲。道若大路然，人自不求耳！

《醫道還元》又名《呂祖醫道還元》，九卷附呂祖《奇症新方》一卷。

此書刊印於清光緒 20 年甲午（1894）。

卷一：脈理奧旨總論　脈理奧旨詳解
卷二：症候源流總論　症候源流詳解
卷三：藥法闡微總論　藥法闡微詳解
卷四：天地心總論　　天地心詳解
卷五：五氣心法總論　五氣心法詳解
卷六：五礙心印總論　五礙心印詳解
卷七：性命洞源總論　性命洞源詳解
卷八：修性復命總論　修性復命詳解
卷九：真體圓成總論　真體圓成詳解

第二節　呂祖《奇症新方》

（因古書以錢為單位，現代單位計算每錢等於 3 克）
一治忽然頭斜腳曲，若不早治，三日不救。

藥用：黑丑，三錢；萆薢，錢半；苡仁，二錢二分；秦艽二錢；川羈，一分二厘，沖藥服。

一治頭瘟症，霎時頭紅即腫，一日之間，頭遂如斗大。此症斃人亦甚易，急治或可有救。

藥用：赤小豆，四錢；銀花，五錢；生薄荷，三分；牛七（或是「牛膝」之誤），二錢；赤茯，一錢五分；草節，四分；綠豆，一升，以一合同煎，其餘磨漿塗其首。若穀道蔽塞，則加元（玄）明粉錢半。

一治縮頭症。若不急治，一起即死。此乃肝腎兩絕之症。

藥用：膽（南）星，三錢；升麻，二錢；全蝎，錢半；青黛，三錢；連翹，錢半；薄荷，三分；巴戟，二錢；百草霜，三錢，是鑊池正的。

一治頭瘟症。此症無論大小老少，一有所染，合家遍戶，甚可畏也。初起急宜救治，不至引遍鄰里。

藥用：婆娑葉，三錢；生蓮藕，四兩；鬼畫符，二錢；草蕨尾，錢半；黃牙葉，二錢；山豆根，錢半；生燈芯，五條；石螓蜍，錢半；東風菜，二兩；柴胡，一錢；生蜜糖，一兩，沖服。淨水煎服。

一治頭腦如刀劈，兩眼如火燒，一時痛楚不休。

藥用：摩犀，錢半；竹葉，二錢；酒芩，錢半；赤茯，一錢；苡仁，錢半；秦艽，七分；葛根，一錢七分；生石羔（膏），三錢；蔓荊子，一錢；炒檐仁，錢半；桑枝葉，二錢。

一治兩目倏然黑暗，不見太陽，此乃腎絕之症。若不急治則危。

藥用：熟地，五錢；山萸肉，錢半；枸杞子，一錢七分；淮山（藥）、三錢；炙甘草，七分；杜仲，一錢三分；鹽炒。

一治兩目眼珠懸出，命在呼吸。

藥用：黃牙葉，三錢，炒乾；無名異，一錢二分；天仙藤，錢半；桑寄，二錢七分；白芷，八分；火麻仁，一錢；牛膝，一錢；炙甘草，六分。

一治兩眼紅如丹朱，淚出不收。

藥用：黑豆，五合；生地，五錢；野菊花，三錢；青皮，錢半；蟲蛻，一錢；川連，五分；薄荷，二片。外以黑豆擂汁去渣洗之。

一治兩目兩耳流血不止。

藥用：元（玄）參，三錢；生地，三錢；麥冬，錢半；竹茹，一錢七分；生枝，一錢二分；白芍，一錢二分；酒苓，錢半；用生蓮藕半斤擂汁和藥服。

一治兩目紅腫，淚出如墨汁者。

藥用：外以生大黑豆一升擂汁，敷之待黑血出盡，自然癒矣。首烏，三錢；桔梗，五分；草決明，二錢；黃菊花，三錢；里明，一錢；青黛，一錢；蟲蛻，三只；赤芍，一錢；穀精草，錢半。淨水煎服。

一治眼眶腫脹痛楚。

藥用：牙硝，五分；皂角，三分；麥芽，一錢；桑葉，錢半；蒼朮，一錢；炙甘草，五分。

一治肝木過盛，兩目畏風作痛。

藥用：赤芍，三錢；柴胡，七分；青黛，錢半；決明，錢半；蟬蛻，二分；穀精，錢半；鉤藤，一錢；木賊，錢半；草節，一錢；黑棗，三枚。

一治中風，一時口眼喎斜，無脈可察，看其面色多藍，危在須臾。

藥用：白花蛇，二錢，炙；川麝，二分；羌活，錢半；白

523

茯苓，八分；鉤藤，一錢七分；炙甘草，五分；生薑，三片；白芷，二錢三分。

一治勞心過度，一時昏倒，兩眼反張，四肢束制，若不急治，往往措手不及。

藥用：花旗（參），三錢；熟地，五錢；白朮，二錢三分；茯苓，錢半；生薑，三片；歸麵，三錢；川芎，一錢三分；羌活，七分；白芷，一錢；炙甘草，五分。

一治牙癰腫脹，臭腐難堪。

藥用：草決明，三錢；山雞谷，二錢；苡薏仁，二錢；白芍，錢半；白菊花，二錢三分；五倍子，一錢六分；草節，七分。

一治五吼流血不止，若不急治，越日而斃。

藥用：生地，八錢；白芍，一錢七分；赤獲，一七分；瓦楞子，一個，打；香附炭，一錢三分；花蕊石，八分；杏花，一錢半，即杏黃花。加生蓮藕搗汁同服。

一治重舌木舌，一時滿口皆點，若不急治，必至危亡。

藥用：白頭翁，三錢；水擁木皮，二錢半；蘇木，一錢三分；燈芯草，七條；淡竹葉，一錢七分；龍眼木皮，二錢；紅鐵樹葉，一片；蓮心，七分；膽草，一錢。如一時取藥不及，即以銀針刺之，然後服藥。

一治馬面症。馬面者，一時面如馬面也，又名削面瘟。

藥用：青蒿，三錢；番桃蕊，二錢；棗木皮，錢半；龍眼核，錢半；淡豆豉，十二粒。

一治僵尸症，此症先十餘日，水米不沾，行動自如，惟兩目赤紅。若不早治，臨時莫救。

藥用：海螵蛸，五錢；石榴皮，三錢；山豆根，錢半；鬼羽箭，三錢；熟石膏，錢半；乾地黃，三錢；海桐皮，一錢七

分；生甘草，錢半；大黑豆，十二粒；鴨腳木皮，二錢半。

一治面上忽如金色，如鬱濕之症。若不早治，勢必危險。

藥用：香薷，二錢；杜仲，一錢七分；箭旗，錢半；苡仁，錢半；生薑，三片；天生尤，錢半；枇杷葉，一錢只分；赤小豆，一錢。

一治面如藍靛。

藥用：生地，五錢；烏梅，七個；芍藥，錢半；藁本，一錢；木瓜，一錢三分；絲餅，一錢七分；川仲；錢半；苡仁；錢半。

一治鵝頸症，忽然頸如鵝，痛楚異常，不拘男婦，皆有。

藥用：桑寄生，三錢；前胡，七分；蟲蛻，三分；半夏，五分；杜鵑葉，三錢；生車前，一錢；生綠豆，一合。

一治喉痛，一時呼吸莫及，死在頃刻。

藥用：石螺蜍，三錢；柴胡，二錢；竹葉，三錢；生薄荷，七分；東風菜，二錢；燈芯，五條；桑葉，錢半；赤小豆，五分；紅地氈，三錢。

一治瘂症，有因大病後者，有因誤服藥者。

藥用：潞黨，三錢；歸而，二錢；蟲蛻，二錢；阿子，錢半；菖蒲，三分；竹葉，一錢；首烏，二錢；白尤，錢半；柴胡，三分；炙甘草，五分。

一治唇縮唇黑，及牙關緊閉，不省人事。

藥用：花旗，三錢；箭旗，錢半；焦術，錢半；秦艽，錢半；陳皮，五分；半夏，錢半；天冬，一錢；大棗，三錢；茯苓，錢半；青皮，一錢；澤瀉，七分；尖檳，三分。

一治嘔吐黑水，百藥不治。

藥用：白芍，三錢；青蒿，錢半；蒙石，七分；吳萸，五分；桑寄，錢半；白木耳，錢半；苦穗葉，錢半，焙乾；生檳

榔米，一粒。

一治嘔吐，臭腐不堪。此臭如生物變壞之臭，若酸鬱等類，不在此論。若不速治，勢必難救。

藥用：川連，三分；川椒，三分；熟附，七分；陳皮，五分；半夏，一錢；竹葉，一錢；藿香，一錢；艾葉，三分；青皮，五分；香附，一錢；木通，五分；生薑，三片。

一治暴怒，嘔吐不已，危在旦夕。

藥用：生香附，二錢；生白芍，錢半；炒檐仁，錢半；合歡皮，二錢；藿香葉，七分；古文錢，三文；川朴，五分；竹葉，一錢；生薑，三片。

一治嘔吐反胃，水藥入口即吐，危在旦夕。

藥用（此方，若見面帶赤色者，不宜用）：香附，錢半，酒炒；炒枝，錢半；藿香，一錢；波蔻，三粒；尖檳，一錢；丁香，五分；川椒，三分；茯苓，錢半；半夏，錢半；星朴，五分；艾葉，一錢；福麴，一錢。

一治霍亂乾嘔，危在須臾。

藥用：櫻粟殼，三錢；炒枝仁，一錢；五味子，錢半；連翹召，錢半；木通，一錢；赤芍，錢半；炙甘草，二分五厘。

一治吐疣症。

藥用：熟地，四錢；蓮肉，二錢；淮山藥，錢半；川椒，三分；茯苓，一錢；烏梅，一錢；丹皮，七分；澤瀉，八分；炙甘草，三分；尖檳，三分。

一治龜肩症，此症名為龜肩者，因其首如龜，時出時縮，若得治法，一藥可癒，半月不治，則難救。

藥用：桑寄，五錢；阿魏，一分，煅；榕木吊，三錢；松木脂，七分；薄荷，三分；細辛，一分二厘；箣古薑尾，錢半，以從根吊下不到泥者為是。

一治反手症，若不急治，五日則危。

藥用：白背拈葉尾，三錢，炒；黑腳蕨，二錢，連頭葉焙乾；枯拈木皮，三錢，炒；赤石脂，七分；黃牙蕊，錢半，炒；生蔥，三條。酒水各半，煎服。

一治兩手忽然不能舉動，此症與大痿者不同，大痿者必痛，不可不辨。

藥用：首烏，三錢；羌活，一錢；續斷，錢半；柏子仁，五分；枇杷葉，錢半；西砂仁，三粒；赤小豆，五分；苡仁，錢半；獨活，一錢；桑寄，一錢；生薑，三片。

一治心窩脹痛。

藥用：首烏，三錢；潞黨，二錢；菖蒲，三分；川椒，三分；積殼，二分；香附，五分；鬱金，七分；茯苓，一錢。

一治痰結胸窩，倏然不省人事，一時措手不及。

藥用：生南星，錢半；川貝，一錢；香附炭，錢半；生半夏，錢半；柏子仁，一錢；芥穗，五分；赤茯，錢半；紫貝葵，三分；大紅棗，五枚；炙甘草，五分；生薑，五片。

一治心如懸鐘，日夕痛楚，百藥莫效。

藥用：武夷，錢半；枳實，一錢；蠶砂，一錢七分；桃仁，五分；桑寄，錢半；一治腹蟲積傷心，危在頃刻，藥用：山棗葉，三錢；黑牽牛，錢半；敷地氈，五分；白芍，錢半；烏球木皮，一錢，炒。加陳倉米一撮，同煎服。

一治男人兩乳紅腫突出，大可盈寸，手不能近。

藥用：赤小豆，三錢；小茴香，錢半；老麥芽，二錢；元（玄）明粉，二錢；竹葉，二錢；萆薢，錢半；白芷，七分；茯苓，一錢；川連，一錢。

一治肚實腫脹，一二日大如籮即死。此症乃濕注中宮，並不發泄於手足，故有此患。

藥用：山豆根，三錢；火麻仁，二錢；赤小豆，錢半；生大黃，三錢；巴豆霜，一分二厘；萆薢，一錢七分；草節，一錢；生蔥，三條。同煎服，最忌肥甘。

一治肚內覺有龜蛇走動，及一切血積能動者。

藥用：五靈脂，二錢；蓽茇，七分；苦楝木皮，錢半，子亦可；桃仁，一錢；洋桃子木皮，錢半；自歸尾，錢半。加陳倉米一撮，同煎服。

一治肚積硬如鐵石，痛楚難堪。

藥用：酸桃葉，三錢，焙乾；威靈仙，一錢；黑腳蕨，錢半；萆麻葉，七分；丹竹心，廿四條；北杏仁，七分；坡雞草（即收雞草），錢半；生沙薑，五片。

一治肚臍腫脹懸出，大如盂。

藥用：水仙花頭，三錢；萊菔子頭，錢半；籬勾花薑，錢半；赤芍，錢半；芥穗，三分；葛麻薯，一錢三分；五味子，一錢；無名異，七分；馬兜鈴，八分。另從背後對正患處，用艾灸三壯，務須看準，不可錯誤。

一治肚內腸痛，愈痛愈急，百藥不治。

藥用：良薑，二錢；草菓，一錢；武夷，八分；神麯，錢半；川朴，五分；丁香，七分；香附，一錢；炒枝，五分；尖檳，五分。

一治臟內蛇，此症初起，日夕自覺臟內震動，但穀道時行出水可考。

藥用：生菊花，三錢；紅花葉，七分；紅黃精，一錢；生白芷，錢半；生黃蓍，錢半；終南葉，一錢；生綠豆，十二粒；紅鳥球木皮，錢半。

一治陰縮症，一時措手不及。

藥用：花旗，三錢；熟附，錢半；故紙，一錢；草肉，錢

半；焦朮，一錢；焦羌，一錢；川楝子，五分；赤芍，錢半；川椒，三分；川杜仲，錢半；玉桂，四分。

一治背腰忽然如弓。

藥用：枇杷葉，五錢；桑寄，三錢；武夷茶，一錢三分；五茄皮，一錢七分；生綠豆，一合；苡仁，一錢。

一治大小便俱閉，言語莫出。

藥用：生大黃，五錢；白鴿屎，錢半，炒黃；無爹藤，二錢三分，炒；朴硝，七分；豬牙皂，五分；滑石，錢半；青蒿，一錢三分。加黑豆三十二粒，同煎服。

一治腸鳴如語，若不早治，三日即危。

藥用：甘遂，七分；紅花，五分；絲餅，一錢；武夷，錢半；丁香，三分；草果，一錢；半夏，錢半；生檳榔米，三粒，打；萊菔子，三分。酒水各半，煎服。此方若非腸鳴如語，則不宜用，當細察之。

一治水穀二道，亂流不絕，一時醫者無可措手。

藥用：紅蠶蛾，三錢；火麻仁，二錢；決明粉，錢半；爐甘石，七分；草豆蔻，五分；白芍，二錢；羌活，錢半。男女皆可服，小兒半服。此方紙，可調其源，不能久服。

一治如廁，糞未出而腸先出，若不早治，必至危亡。

藥用：花旗，三錢；升麻，一錢七分；雲母石，二錢；海桐皮，錢半；益智仁，一錢七分；陳枳殼，三分。

一治穀水二道，純下清血。

藥用：正麗參，二錢；黑芝炭，七分；生地，三錢；蓮肉，錢半；地榆，一錢；銀花，錢半；升麻，五分；芍藥，錢半；牡蠣，一錢；青皮，三分；杏仁，一錢；鱉甲，一錢二分；滑石，一錢；葵花，錢半。

治足眼紅腫，痛楚不能行動。

藥用：生薑，錢半；秦芁，錢半；獨活，錢半；苡仁，錢半；巴戟，三錢；大楓子，七分；黑牽牛，錢半；蟬蛻，三只。

一治周身紅點如豆粒。

藥用：葵花葉，三錢；紅樟朋薑，錢半；赤芍，錢半；里明，錢半；蟬蛻，五分；白茯，錢半；羌活，七分；生地，錢半；苡仁，錢半；草節，七分；丹竹心，七莖。

一治周身黑點如錢樣，若不急治莫救。

藥用：馬蹄香，二錢；澤瀉，三錢；生地，二錢半；火麻仁，七分；鱉甲，錢半；赤茯，錢半；秦芁，一錢；甘草，七分；水擁木葉，一錢。童便制。

一治遍身黑如綠烏油，見面即治，失法即危。

藥用：生地，七錢；元參，二錢；丹皮，錢半；澤瀉，錢半；蟬蛻，二分；蘿菜頭，三錢；生薄荷，五片；黑牽牛，錢半；龍眼蕊，錢半；巴戟，錢半；白芍，錢半；青蒿，一錢；萆薢，一錢。

一治遍身水疱大如紅棗，身熱，飲水不休。

藥用：乾葛，三錢；赤小豆，錢半；白芍，一錢；甜瓜蒂，三分，末沖服；紅芋葉，二錢；茅芁，錢半；木通，三分；茯苓，一錢；車前子，三分；五茄皮，錢半；紅牛粘葉，錢半，焙乾。

一治遍身白點如菊樣，俗名梅花疔。

藥用：箭旗，四錢；當歸麵，二錢；于朮，錢半；茯苓，錢半；川貝，一錢；萆薢，錢半；柴胡，七分；銀胡，五分；秦芁，一錢；野菊，錢半；巴戟，一錢七分；芒硝，三分；荊芥穗，三分；草節，五分；苡仁，錢半。

一治遍身黑疹，寒熱往來。

藥用：生薑，一錢；柴胡，一錢；竹葉，錢半；銀花，錢

半；白芷，五分；牛子，一錢；連翹，錢半；羌活，七分；秦
艽，一錢；荊芥，五分；薄荷，三分；蟲蛻，三分；茯苓，錢
半；草節，七分；苡仁，錢半；丹皮，錢半；澤瀉，七分；野
菊，錢半；生丹竹心，七莖。

一治遍體鱗甲，癢痛不堪。

藥用：白芷，二錢；僵蠶，錢半；蛇蛻，三分，煅；茯
苓，錢半；鉤藤，一錢；白菊，錢半；青黛，一錢；紅黃，三
分；蟲蛻，五分；甘草，一錢；地膚子，錢半；百草霜，一錢
七分；枯朴皮，五分；生綠豆，一合；連召，錢半；木通，五
分；荊芥，五分；烏球木皮，錢半。

一治厚皮症，倏然周身皮厚，如木不知癢痛。若不急治，
數日即斃。此症與血損腎將敗者不同。虛者由漸至此，則突然
如是。

藥用：芥穗，錢半；海藻，七分；苦參，一錢；枳實，一
錢；朴硝，三分；炒枝，錢半；茯苓，錢半；白芷，二錢；蒼
朮，錢半；川椒，三分；酒苓，錢半；海螵蛸，三錢；海桐
皮，錢半。

一治赤皮丹毒。此症初發，不論男婦，遍身如塗朱，但皮
最可認，不治即死。

藥用：百草霜，錢半；車前子，一錢；蒼耳子，一錢；炒
枝仁，錢半；錦鱗草，一錢；竹葉，錢半；香附，五分；草
節，一錢；蟲蛻，三分。

一治無名腫症，忽然周身頭面皆腫，此乃平時夾濕，一旦
因風而腫者。

藥用：羌活，三錢；白芷，二錢；秦艽，錢半；茯苓，二
錢；萆薢，二錢；肉桂，一錢二分；芥穗，二分；苡仁，一
錢；生薑，三片。

一治水腫，四肢破流，腥臭異常。

藥用：茅朮，三錢；秦艽，一錢；必達，三分；川連，三分；川椒，五分；苡仁，錢半；菟絲子，錢半；茯苓，錢半；枳實，四分；苦藻，錢半，是川藥或根或葉俱可用。

一治氣關疏泄而喘者。

藥用：海桐皮，三錢；花椒葉，一錢；鬼羽箭，二錢；赤芍，錢半；奇艾，錢半；炙甘草，錢半。

一治狂風之症，忽然人事顛倒，診及其脈，並無可測，何以人事顛倒？此乃木盛生風，關竅閉塞，故專以疏肝為本，開竅為標。

藥用：良薑，三錢；芥穗，錢半；芍藥，錢半；鉤藤，一錢；白芷，七分五厘；蟲蛻，三只；青皮，五分三厘；生薑，三片；星朴，三分六厘。

一治狂風亂形，遍體紅黑，人事不省。

藥用：天仙藤，二錢；鉤藤鉤，錢半；蔓荊子，錢半；白芷，二錢；白芍，一錢；僵蠶，一錢；羌活，一錢；蟲蛻，三分；竹葉，錢半；靈仙，一錢；全蝎，三分；薄荷，三分；炒草，七分；生薑，三片。

一治噩夢驚心，顛倒言語，心如亂麻，不急治必成狂症。

藥用：熟地，五錢；歸麵，三錢；茯神，錢半；菖蒲，七分；蒼朮，一錢；絲餅，錢半；鱉甲，一錢；杜仲，七分；棗仁，一錢；遠志，五分；杏仁，一錢；芥穗，三錢。

一治邪祟，侵犯傷心，日夕見妖邪，不省人事，此症察其脈，時假時真，無有一定。

藥用：蒼朮，二錢；菖蒲，七分；銀花，錢半；荷葉，二錢；天冬，錢半；鬼畫符薑，二錢；朱砂，二分七厘。沖服。

一治鬼惑之症，夜後靜時，忽然驚恐，如見鬼魅一般，此

症言鬼而非鬼，乃係虛而神恍惚，又與火蔽神明者不同。須按脈之虛實寒熱，庶不至誤用。唯上下關並虛者方合。

藥用：熟地，五錢；當歸麵，三錢；靈仙，七分；遠志，三錢；玉竹，錢半；淮山藥，三錢；丹參，七分；沙參，錢半；元參，七分；炙草，五分；柏子仁，錢半；益智仁，錢半；枇杷葉，二錢。

一治黑斑癮疹泄瀉，或頭痛肚痛，或寒熱往來者。

藥用：竹葉，錢半；牛子，錢半；連翹，錢半；防風，一錢；北胡，一錢；蟬蛻，三分；荊芥穗，錢半；薄荷，三分；銀花，錢半；獨活，七分；青皮，五分；生草節，錢半；秦艽，錢半。

一治婦人逆生倒產，命在須臾，若不急治必危。此症專以安胎為本，順其氣息自可無虞。

藥用：生黃蓍，七錢；全歸，五錢；川芎，二錢；續斷，一錢七分；菟絲子，二錢；沙殼，三分；炙甘草，八分。

一治婦人產後百病叢生，一時難窺其脈，而危在頃刻。

藥用：（此方只可去病，不能補益。）白芷，二錢；全歸，二錢；川芎，一錢三分；黑薑，錢半；奇艾，八分；防風，一錢；羌活，五分；桂心，四分；蒼朮，五分；白芍，一錢；升麻，五分。

一治產後胞衣來遲。

藥用：雞內金，三個，煆灰，開酒服之，或開薑湯，服之立下。又方：全歸，五錢；川芎，二錢半；桂心，一錢；防黨，錢半；熟香附，三分；黑豆，一百二十粒。

一治小兒暴然驚恐，一時父母難辨其病因何而作。

藥用：生黨參，錢半；升麻，四分；鉤藤，五分；星朴，七分；尖檳，五分；枳殼，三分；半夏，一錢；紅棗，三枚。

一治瘡疽將發。

藥用：赤茯，二錢；淡豉，十二粒；苡仁，錢半；草節，一錢；銀花，錢半；生百合，二錢；生枝葉，錢半；黃羌葉，一錢七分；百草霜，一錢；生半夏，錢半；生薄荷，十二片；蟬蛻，三分。酒一杯，同煎服。

一治五疔瘡，或有紅絲，或無紅絲，一起見面，即宜急治。

藥用：野菊花，二錢；蒲公英，錢半；天仙藤，錢半；生綠豆，一合；紅竹篙草，八兩；赤芍，三錢；銀花，三錢；芥穗，一錢；白芷，七分。

一治神門瘡，即氣門也。初起不甚紅腫，漸漸赤痛，久則誤人。

藥用：黃耆，三錢；白朮，錢半；桂心，七分；赤茯，一錢；柴胡，七分；荊芥，三分；蟲蛻，三只；炒甘草，五分。

一治馬刀瘡，多在兩腿，其形如刀，痛楚異常，久則腐爛。

藥用：獨活，錢半；首烏，錢半；赤茯，錢半；葵花，一錢；川朴，七分；牛子，錢半；銀花，一錢。

一治掌疽，厚如牛皮，刀割不穿，夜後痛楚，旦明則癒。

藥用：熟地，五錢；細辛，二分；赤芍，錢半；鱉甲，錢半；青皮，七分；胡黃連，五分；川楝子，一錢；海螵蛸，錢半；生枝葉，錢半；腹皮，三分；連翹，一錢。

一治粉疽症，不拘部位，其色樣如鐘如鼓，初起寒熱往來，久則傷命。

藥用：芙蓉花，三錢；菊花葉，錢半；山羌葉，一錢；黃羌葉，錢半；赤芍，錢半；荊芥，一錢；杏仁，錢半；膽星，三分；竹黃，三分；蘇葉，三錢；草節，五分；草決明，一錢七分。

一治荒疽，多在腿臂之間，初起片紅核，實大如杏桃。此症殺人反掌。

藥用：綠豆葉，五錢；葵花葉，二錢；萆麻葉，錢半；葛麻葉，一錢；互楞葉，錢半；秦艽，一錢；薄荷，三分；生燈芯，三莖；番波羅子，三錢，心亦可。

一治杏疽，初起多在糞門左右，形如杏棗，不大，癢痛難堪。

藥用：赤小豆，二錢；火麻仁，錢半；山豆根，錢半；竹蔗頭，錢半；里明薑，一錢；生燈芯，三莖；白薯葉，錢半；生薑皮，一大片；茨菇，一錢；苡仁，錢半。

一治遇癰疽，多在信門上一二分之間，初起不甚紅腫，直至七日後始紅腫。

藥用：熟附，三錢；焦艽，錢半；肉桂，一錢二分；黃蓍，二錢；熟地，三錢；苡仁，錢半；炙甘草，五分。

一治羽箭疽，起於左掌心居多，形如羽箭，多有嘔逆。

藥用：赤芍，錢半；白芷，錢半；青蒿，一錢；積殼，三分；銀花，錢半；生薄荷，五分；芙蓉花，一錢；草果仁，三分；山豆根，一錢；山茨菇，錢半；蟬退，三分。

一治鐵板疽，多在兩腿分界之所，硬如鐵石，痛楚異常。

藥用：蒲黃，二錢；羌黃，錢半；大黃，錢半；荷葉，錢半；前胡，一錢；獨活，錢半；穿山甲，一錢；苡仁，一錢；川朴，三分；秦艽，一錢；草節，錢半。

治骨疽，多在腿骨，癢痛久則成癰。

藥用：生地，五錢；丹皮，錢半；澤瀉，錢半；青黛，一錢；牙硝，三分；草節，錢半。外用紅黃白芷，開茶油或開茶塗之。

一治頷疽，多在頷下兩旁，初起寒熱往來，久則耗盡陰源

而死。此症緩治多不救。

藥用：生綠豆，三合；草果仁，一錢；生芍藥，錢半；生地，三錢；青箱子，一錢；石南葉，錢半；大楓子，三分；巴戟，錢半；北柴胡，五分；茯苓，一錢。

一治甫疽，多在頸喉鎖關之處，此疽最易斃人，若不急治，對時危亡。

藥用：山茨菇，二錢；水擁葉，一錢；萊菔子，七分；赤小豆，一錢；桑寄，二錢；銀花，錢半；蟲蛻，三分。

一治舌疔，一時紅腫，不急治，七刻即死。

藥用：生芯草，七條；生石膏，三錢；山茨菇，二錢；葵花谷，錢半；生綠豆，一撮；連翹，五錢；黃柏，一錢；竹葉，錢半；苡仁，錢半。此症若用此方後，倘有便秘結之患，則宜川藥大通其便，以免復發。

一治箣古疔，形如箣古，痛楚異常。

藥用：酒茯苓，二錢；銀花，二錢；薄荷，三分；芥穗，一錢；白芷，錢半；秦艽，一錢；里明，錢半；白茯，一錢；蟲蛻，三分；甘草，錢半。

一治皮疔，黃如黃豆初起，寒熱往來，不急治三日則死。

藥用：牛子，一錢；連翹，一錢；川貝，一錢；萆薢，一錢；蟲蛻，三分；薄荷，三分；丹參，錢半；玉竹，錢半；青蒿，一錢；百合，錢半；牙硝，三分；草決明，三錢；生銀花，二錢。

一治粟米疔，紅如紅棗，黑如漆，一起禁口不食，多致誤人。

藥用：菊花葉，三錢；地拈藤，一錢；車前葉，錢半；鋪地氈，七分；寄生，錢半；箣古心，五條，取白用；錦鱗草，錢半；生薄荷，三片；青黛，錢半。

一治馬眼疗，多在手足眼發，誤人最易。

藥用：生地，五錢；秦艽，錢半；薄荷，三分；萱草，三分；浙貝貝，一錢；商陸，二分三厘；葵花，錢半；牽牛，錢半；地丁，五分；土茯，一錢；青蒿，一錢三分。

一治獨腳療，初起在腳曲之所，形如扁豆，或紅或黑，寒熱往來，口渴不休，三日內不治即死。

藥用：蒲瓜葉，五錢；鐘乳石，錢半；絲綢葉，一錢；生薄荷，三片；鱉甲，二錢；紅杜鵑，錢半；白芍藥花，錢半。（用人家種的。）

一治敷衍疗，在頭面四肢，起時嘔吐反逆作渴，其形如豆。

藥用：菟絲子，二錢；秦艽，錢半；獨活，一錢；木通，七分；車前子，三分；芥穗，七分；蟬蛻，三分；薄荷，三分。

一治耳企疗，初起黑色，形如豆大，若不即治，七日危亡。

藥用：菟絲子，三錢；百草霜，錢半；赤小豆，一錢；生地丁，錢半；苦穗子，七分，（打）；製首烏，錢半；柏子仁，三分；小麥，十二粒；赤茯，一錢；薄荷，三分；竹葉，錢半。

一治稿兒疗，多在鼻準之處，見面速治，三日則不救。

藥用：川楝子，一錢；菊花葉，一錢；生大黃，二錢；生燈芯，三莖；降香，錢半；青黛，錢半；苡仁，錢半；青蒿，一錢；蟬蛻，三分；枳實，七分；川朴，三分；草節，五分；連翹，一錢；此症若有寒熱往來則加：防風，一錢；荊芥，四分；酒芩，一錢。

一治鎖口疗，多在口角左右。

藥用：黃連，三錢；地骨皮，錢半；地榆，一錢；秦艽，錢半；牛子，一錢；連翹，錢半；蟬蛻，三分；木通，一錢；

車前，三分；生薄荷，五分。

一治漢口疔，在人胸窩，發時寒熱交作。

藥用：寸冬，三錢；竹葉，二錢；丹皮，錢半；赤茯，一錢；枳實，三分；鉤藤，七分；熟附，三分；川椒，二分；蒺藜，一錢；大黃，一錢；田橫子，錢半；野菊花，錢半。

一治剪手疔，多起於手背上，紅腫作痛。

藥用：苦參，三錢；丹參，一錢；元參，錢半；沙參，錢半；茯神，錢半；銀花，一錢；百解薯，一錢。

一治背癰初發。

藥用：火蔴仁，三錢；紅花葉，一錢；赤茯，錢半；川貝母，錢半；生鱉甲，一錢；炒梔枝仁，七分。

一治魚眼癰。遍體如魚眼一般，三日後出水癢痛。

藥用：波羅木葉，錢半；桑葉，錢半；丹竹葉，錢半；荔枝葉，一錢；苦楝木葉，二錢；白芷，一錢；生陳皮，錢半；茯苓，一錢；川朴，三分；炒草，三分。加陳倉米一撮。

一治復善癰，在胸口下，不甚紅腫，久久至於臭爛即死。

藥用：生大黃，三錢；生南星，錢半；生香附，錢半；生半夏，錢半；熟地炭，錢半；葵花谷，一錢；吳萸，三分；苡仁，錢半；蘇葉，三片；生薑皮，一片。

一治角癰，多在眉棱左右，硬如牛角，痛楚非常。四十日內不治則死。

藥用：白花蛇，二錢，炙；山豆根，一錢；生燈芯，三莖；藁本，錢半；山藥，錢半；白芷，錢半；白歸，一錢；青蒿，一錢；蒼术，七分；香附，一錢；薄荷，三分；角刺，一錢；炒甘草，六分。

一治腹癰，在內不在外，時慣作痛，其腹日漸大外，不見其形，口吐酸腥之水，是此症也初起，或可治，久則不救。

藥用：生棗仁，三錢；生黃豆，一撮；菟絲子，錢半；柏子仁，一錢；檸檬葉，錢半；赤小豆，一錢；銀花，錢半；苡仁，半錢；白茯，一錢。

一治心內癰，在心胞絡，生時覺心痛，不思飲食，口吐白沫。

藥用：苦穗葉，三錢；皂角刺，二錢；冬瓜仁，錢半；生薄荷，三片；蓽茇，三分；白礬，二分；枳殼，三分；蓮心，五分。

一治鐵尺癰，在肚內肌肉之界，外不見紅腫，獨見其實，如錢尺，在兩脅居多。

藥用：赤芍，三錢；柴胡，錢半；香附，錢半；鉤藤，一錢；白芷，錢半；牽牛，一錢；蒲黃，錢半；銀花，錢半；川貝，一錢；瓜蔞霜，錢半；無名異，三分。

一治眠內癰，在肺腋間，初起飽吐黃水如醬，臭腐難聞。

藥用：神麴，二錢五分；麥芽，錢半；草果，一錢；百合，二錢；茅朮，一錢三分；首烏，一錢；甜瓜蒂，錢半；生蕉葉，二錢。

治普佗癰，多在背腰脊梁間，腫而無頭，日夕痛楚。

藥用：熟地，五錢；淮山藥，三錢；白芍，錢半；當歸面，一錢；香附，錢半；芥穗，五分；苡仁，錢半；甘草節，一錢；鉤藤，一錢。

一治刺骨癰，初起多在腿臂之間，骨內痹痛，久久不治，其骨自縮。

藥用：生地，四錢；元參，二錢；續斷，錢半；萆薢，一錢；龍骨花，錢半；鵲舌薑，二錢，炒；生白芷，八分；生蔥頭，三個，連鬚煎服。

一治膳癰，無定所，初起其頭數個，腫脹後數吼，出黃

水，癢痛。

藥用：黃鱔藤，二錢，炒；雞剝藤，錢半，炒；生白芷，一錢；半夏，錢半；茯苓，一錢；甘草，五分；生薑，三片。（數吼或為「數孔」之誤。）

一治血箭，或一二眼，或十餘眼，此乃內之血不安其位，若不治則愈起愈多，亦可斃命。

藥用：粉乾葛，七錢；血餘，錢半，灰；鬱李仁，三錢；生地黃，三錢；鉤藤鉤，一錢；羌活，七分；赤芍，錢半；黃羌葉，一錢七分，焙。

一治縮骨症，突然手足骨節抽掣，而漸漸縮者。

藥用：胡桃肉，五錢；骨碎補，二錢二分；柏子仁，二錢二分；鹿角霜，錢半；火麻仁，二錢；威靈仙，錢半；大黑棗，三枚。

一治嚙沙症，即起即死，急治或可十求四五。

藥用：青箱子，二錢；葛麻藤，二錢；丹竹心，錢半；赤小豆，一錢；山豆根，錢半；火麻仁，錢半；生燈芯草，五條；生綠豆，一撮；苦穗木皮，錢半；白芍，一錢。

一治板癧初起，即治十中可救五六。

藥用：生地，五錢；赤芍，錢半；桑枝，錢半；川貝，錢半；青黛，錢半；炒甘草，五分；苦參，一錢；葶藶，一錢；茯苓，一錢；滑石，一錢；枯朴木寄生，三錢。

一治瘰癧板癧。此方內外俱可用，乃三仙神方也。

藥用：靈仙，錢半；鐵腳仙，一錢；仙茅，錢半；寸冬，三錢；赤芍，錢半；銀花，錢半；桑白，錢半；蟬蛻，三分；銀胡，錢半；炙甘草，錢半。

一治斷骨外傷或內骨粉碎，不見血者，內外俱用。

藥用：骨碎補，錢半；榕木吊，錢半；敷地金，錢半；紅

花葉，七分；青霄草，錢半，俗名過骨霄；全當歸，三錢；赤芍，錢半；續斷，錢半；靈仙，錢半；杜仲，錢半。

一治瘟症，一時周身紅如塗朱，若不急治，必至危亡。此症又名赤皮瘟，若赤而痛者，更宜急治。

藥用：土茯苓，一錢；生枝葉，錢半；瓜子菜，錢半；生葵花，一錢；元參，二錢；丹皮，錢半；澤瀉，七分；生綠豆，三十二粒；白背木耳，三錢。

一治黃瘟，此症一起，周身通黃，發黃而臭者，不可治，惟黃而不臭者，急治或可救。

藥用：苡仁，三錢；連翹，錢半；蓮心，一錢；海藻，一錢；牛蒡子，一錢二分；蒲黃，三分；甘草，五分；赤小豆，一錢；陳倉米，一撮。

一治黃牙瘟，此症一起有冷熱可考。不急治，鮮不誤人。

藥用：淡豆豉，一合；甘蔗頭，一兩；黑牽牛，一錢；野菊花，一錢；黑棗，五錢；蘆薈，二分；紅鐵樹皮，一片。

一治咬牙瘟，如戰慄一般，此症有眼目可考，果係此症，兩眼必紅，不早治，三日即死。

藥用：雞屎藤，一兩；蘆甘石，錢半；白地拈，二錢；羊不挨，一錢；榕木吊，一錢三分；鬼羽箭，一錢；波羅麻心，三錢；木鱉子，一錢。（如無果，即仁亦可，仁則要煅過）淨水煎，緩緩服。

一治縮腳瘟，有縮一腳者，有兩腳俱縮者，若失治即起即死。

藥用：獨活，二錢；巴戟，二錢；蓮葉，錢半；良薑，三分；前胡，一錢；棕蘭葉，七分；番桃子，一錢七分；（如不逢時，即乾者亦可，乾者亦無，則木強皮亦可暫用）生蔥頭，三只。

一治流瘟。流瘟者，瘟毒已退，尚未盡清除也。或鄉里間大毒盛行，後漸欲止息，而仍有感此毒者，其毒已輕。

藥用：青蓮葉，三錢；青黛，二錢；青蒿，錢半；牛子，錢半；連翹，一錢；銀花，二錢；薄荷，二分。

一治疫癧已退，其氣仍未清除，一時外感而有頭暈肚脹不安之病。

藥用：生洋參，二錢；生地丁，一錢；麥冬，錢半；赤芍，二錢；苡仁，錢半；桑葉，三錢。

一治內有病而外感時毒，四肢抽筋，痰壅氣逆，言語不通。

藥用：生杜仲，錢半；香附米，錢半；炒黃芩，一錢；赤芍，錢半；川厚朴，五分；竹葉，錢半；甘草，五分。如痰壅氣逆加：青木香，三分。

一治時感疫癧，忽然頭眩頭痛，或不省人事，皆可通用：

赤芍，三錢；竹茹，二錢；竹葉，二錢；苦楝皮，三錢；萊菔子，四分；甜葶藶，三錢；甘草節，錢半。

一治時症，頭痛作熱，一時眩倒者。

藥用：赤芍，三錢；寸冬，二錢；青黛，九分；升麻，三分；炒枝，三錢；竹葉，二錢；茯苓，錢半；甘草，四分。另取五尺地下真黃土攪水沖服。

一治時感疫病，老少俱可服。

藥用：鬼羽箭，二錢；生連翹，錢半；黑牽牛，錢半；路邊青，錢半；柴胡，一錢三分；茅朮，一錢；青黛，錢半；地丁，錢半；炒枝，錢半；銀花，錢半；草節，錢半；酒茯苓，錢半；生燈芯，三條。

一治感鼠疫，老少俱可服。

藥用：竹葉，錢半；赤芍，錢半；杜仲，二錢；連翹，錢半；銀花，三錢；青黛，三錢；蟲蛻，五分；青皮，一錢；茯

苓，錢半；牽牛，錢半；炒枝仁，三錢；夏枯草，三錢；甘草，錢半。

一治中疫，胡言亂語，急治或有可救。

藥用：生蓮心，錢半；赤芍，一錢；柴胡，一錢；川黃連，五分；威靈仙，五分；炒梔仁，錢半；菖蒲，七分；竹葉，錢半；杜仲，二錢；藿香，五分；草節，一七分；芍藥，一錢；連翹，一錢；牛蒡子，一錢；生燈芯，三條。

一治感疫癧，忽然頭暈眼花，四肢不能舉動，嘔吐不休。

藥用：北胡，錢半；茅朮，二錢；青蒿，錢半；青黛，二錢；枳殼，五分；牛子，錢半；連翹，錢半；銀花，二錢；羌活，一錢；獨活，錢半；川厚朴，五分；茯苓，一錢；杜仲，二錢；草節，一錢；生蓮葉，三錢；尖檳榔，七分。

一治鵝掌瘋，起於手掌腳掌。

藥用：首烏，三錢；青黛，錢半；赤芍，一錢；連翹，錢半；杏仁，一錢；川麝，一分二厘，沖服；丹參，一錢；澤瀉，錢半；青皮，三分；銀花，五分。

一治赤腳瘋，在兩腳，紅如紅棗，癢痛無比。

藥用：首烏，二錢；獨活，錢半；苡仁，錢半；楓葉，二片；鱉甲，一錢；白芷，錢半；萆薢，三分；蟬脫，三分；鉤藤，錢半；荷葉，一錢七分；地骨皮，三錢。大黑棗，三枚。

南海符耀龍初校、三水蔡萬銓復校

光緒貳拾柒年重刊　板藏粵東省城善書總局

（編者特別敬告：

讀者中如欲使用呂祖《奇症新方》中藥方醫病，請務必在資深中醫道醫悉心指導下使用，如此以體呂祖治病救人厚德。萬不可擅自使用，否則其責自負，與本書所載呂祖《奇症新方》無關，特此敬告，萬望慎重，真切之心，蒼天可鑒。）

國家圖書館出版品預行編目資料

呂洞賓丹道修真長壽精華 / 蘇華仁總主編。
──初版，──臺北市，大展，2013 [民 102.09]
面；21公分─（道家養生與生命科學；10）
ISBN　978-957-468-972-9（平裝）
1.（唐）呂洞賓　2.研究考訂　3.道教修鍊
235.2　　　　　　　　　　　　　　102013386

呂洞賓丹道修真長壽精華

原　　著/呂 洞 賓
總 主 編/蘇 華 仁
責任編輯/趙 志 春
發 行 人/蔡 森 明
出 版 者/大展出版社有限公司
社　　址/臺北市北投區（石牌）致遠一路 2 段 12 巷 1 號
電　　話/（02）28236031，28236033，28233123
傳　　真/（02）28272069
郵政劃撥/01669551
網　　址/www.dah-jaan.com.tw
E - m a i l / service@dah-jann.com.tw
登 記 證/局版臺業字第 2171 號
承 印 者/傳興印刷有限公司
裝　　訂/承安裝訂有限公司
排 版 者/菩薩蠻數位文化有限公司
授 權 者/山西科學技術出版社
初版 1 刷 / 2013 年（民 102 年）9 月　　　　定價 / 400 元

●本書若有破損、缺頁請寄回本社更換●

大展好書　好書大展
品嘗好書　冠群可期

大展好書　好書大展
品嘗好書　冠群可期